A MEDIAÇÃO DA SANTA SÉ NA QUESTÃO DO CANAL DE BEAGLE

A MEDIAÇÃO DA SANTA SÉ NA QUESTÃO DO CANAL DE BEAGLE:
UM CONFLITO DE SOBERANIA MARÍTIMA ENTRE ARGENTINA E CHILE

SALMO CAETANO DE SOUZA

Doutor em Direito Internacional
pela Faculdade de Direito da
Universidade de São Paulo (USP)

Copyright © 2008 Editora Manole Ltda., por meio de contrato de co-edição com o autor.

Projeto gráfico e editoração eletrônica: Departamento Editorial da Editora Manole
Capa: Departamento de Arte da Editora Manole
Imagens do miolo e da capa: cedidas pelo autor

Dados Internacionais de Catalogação na Publicação (CIP)
(Câmara Brasileira do Livro, SP, Brasil)

Souza, Salmo Caetano de
  A Mediação da Santa Sé na Questão do Canal de Beagle: um conflito de soberania marítima entre Argentina e Chile / Salmo Caetano de Souza. – Barueri, SP : Minha Editora, 2008.

  Bibliografia.
  ISBN 978-85-98416-45-8

  1. Argentina – Fronteiras – Chile 2. Canal de Beagle (Argentina e Chile) 3. Chile – Fronteiras – Argentina 4. Mediação internacional 5. Santa Sé 6. Soberania 7. Solução pacífica de controvérsias internacionais I. Título.

07-9996   CDU-341.623(82:83)

Índices para catálogo sistemático:

1. Canal de Beagle : Conflito : Argentina e Chile :
Mediação pacífica : Direito internacional   341.623(82:83)

Todos os direitos reservados.
Nenhuma parte deste livro poderá ser reproduzida, por qualquer processo, sem a permissão expressa dos editores.
É proibida a reprodução por xerox.

1ª edição – 2008

Editora Manole Ltda.
Avenida Ceci, 672 – Tamboré
06460-120 – Barueri – SP – Brasil
Tel.: (11) 4196-6000 – Fax: (11) 4196-6021
www.manole.com.br
info@manole.com.br

Impresso no Brasil
Printed in Brazil

*Ao Professor Guido Fernando Silva Soares,
mestre e amigo para sempre.*

*À dona Maria Gilka Bastos Cunha, cuja caridade
possibilitou esta publicação.*

SUMÁRIO

Lista dos anexos XIII

Apresentação XV

Prefácio XVII

Introdução XXI

Capítulo I – A Questão de Beagle: a origem do conflito 1
  1. Introdução histórica 1
    1.1 – A independência das duas colônias:
        Argentina (1816) e Chile (1818) 1
      1.1.1 – O princípio do *uti possidetis* (de fato) 1
      1.1.2 – O princípio do *uti possidetis juris*,
          de 1810 (de direito) 14
    1.2 – A chegada dos ingleses a Beagle (1830) 24
  2. O nascimento da Questão: principais tratados 32
    2.1 – A divergência de interpretação sobre a
        "Questão de Beagle" 32
      2.1.1 – O Tratado de 1826 33
      2.1.2 – O Tratado de 1856 ou Tratado Lamarca 35
      2.1.3 – O Tratado de 1878 36
      2.1.4 – O Tratado de 1881 41
          2.1.4.1 A questão da Patagônia 41

2.1.5 – A reinterpretação do Tratado de 1881 61
2.1.6 – O artigo 2º do Protocolo de 1º de maio de 1893 66
2.1.7 – O Tratado de 1902 67
3. A solução arbitral 70
3.1 – O Laudo Inglês de 1977 70
4. Os resultados nulos da arbitragem.........................87
5. O pedido de intervenção papal 93
5.1 – O Acordo de Montevidéu, de 1979 93

Capítulo II – A personalidade jurídica internacional da Santa Sé 97
1. A Questão Romana (1870)................................97
2. Lei das Garantias (1870-1929) 100
3. Os Acordos de Latrão (1929).............................105
3.1. A Santa Sé e o Estado da Cidade do Vaticano 107
3.2 – Identidade Pessoal (União Pessoal) 116
3.3 – Conclusão 118
4. A Santa Sé no plano eclesial...............................121
4.1 – Conceito 121
4.2 – Sua personalidade jurídica..........................127
4.3 – Seu poder supremo 128
5. A Santa Sé no plano internacional 129
5.1 – O conceito de pessoa moral na doutrina canonística ...129
5.2 – A Santa Sé enquanto membro da comunidade
internacional 131
5.3 – As relações bilaterais e multilaterais da Santa Sé 133
5.4 – Secretaria de Estado 134
5.5 – A Secção dos Assuntos Gerais ou Primeira Secção 135
5.6 – A Secção das Relações com os Estados ou
Segunda Secção....................................137
5.6.1 – Inumeráveis concordatas 142
5.6.2 – Mediações 143
5.6.3 – Ações pacificadoras dos papas opondo a
espiritualidade ao uso da força.................143

5.6.4 – Intervenções da Santa Sé em disputas territoriais....144
5.6.5 – Mediações na América após o seu descobrimento....146
5.6.6 – Atividades da Santa Sé nas relações
internacionais atuais..........................148
5.7 – Justificação ou razões da diplomacia da Santa Sé......148
5.8 – Princípios que constituem uma espécie de *corpus*
da moral internacional da Santa Sé..................150

Capítulo III – A estratégia diplomática da Santa Sé para a solução do conflito, segundo Santiago Benadava..........157

1. A natureza dos Bons Ofícios...............................161
   1.1 – Declaração de Paris, de 16 de abril de 1856..........162
   1.2 – Conferências de Paz de Haia, de 1899 e 1907.........162
   1.3 – Tratado Interamericano sobre Bons Ofícios e
   Mediação de Buenos Aires, de 1936.................163
   1.4 – A Carta da ONU, de 1945........................163
   1.5 – O Pacto de Bogotá, de 1948......................164
   1.6 – A definição de Bons Ofícios, segundo a doutrina:
   alguns exemplos..................................165
2. A natureza da Mediação..................................168
   2.1 – Pacto da Liga das Nações........................169
   2.2 – Conferências de Paz de Haia, de 1899 e 1907.........169
   2.3 – Tratado Interamericano sobre Bons Ofícios e
   Mediação, de 1936................................169
   2.4 – O Pacto de Bogotá, de 1948......................170
   2.5 – Carta da ONU, de 1945..........................170
   2.6 – Definição de Mediação, segundo a doutrina:
   alguns exemplos..................................170
3. Distinção entre Bons Ofícios e Mediação....................180
4. Solução pacífica de controvérsias..........................183
5. Tática diplomática da Santa Sé ou metodologia de ação
   descrita por Santiago Benadava..........................186
   5.1 – Primeiro passo: Bons Ofícios......................187

    5.2 – Segundo passo: a Mediação 193
        5.2.1 – Etapa da informação. 193
        5.2.2 – As orientações pontifícias 195
        5.2.3 – Linhas gerais e pautas gerais 196
        5.2.4 – Busca ou troca das convergências 200
    5.3 – A Proposta Papal (12 de dezembro de 1980):
        sugestões e conselhos 208
        5.3.1 – A aceitação chilena 215
        5.3.2 – A insatisfação argentina 216
        5.3.3 – Principais renúncias para a Argentina 218
        5.3.4 – A sonolência do processo de Mediação 222
        5.3.5 – A retomada das negociações: as conversações B-B
        (Benadava-Barberis) 226
    5.4 – A plena coincidência das divergências: o Acordo Final
        (29 de novembro de 1984) 230
        5.4.1 – Delimitação marítima 230
        5.4.2 – Navegação. 232
        5.4.3 – Solução de controvérsias 233
        5.4.4 – Delimitação da boca oriental do Estreito
        de Magalhães. 233
        5.4.5 – Outros temas. 234
    6. Mapas 237
        6.1 – O justo natural na Mediação Papal 244

Considerações finais. 253
    1. Análise crítica 254
    2. Objetivo e finalidade última de toda pesquisa:
        pontos principais 263
    3. Sugestão de temas a serem desenvolvidos por eventuais
        interessados 266

Bibliografia................................269
 1. Nota introdutória à bibliografia 269
 2. Bibliografia citada...269
 3. Bibliografia referencial..................................272
 4. Documentos oficiais do Estado e das
    Instituições Internacionais................................294

Anexos......................................297

LISTA DOS ANEXOS

ANEXO I – Relação de Estados com os quais a Santa Sé mantém relações diplomáticas 299

ANEXO II – Relação das organizações e organismos internacionais dos quais a Santa Sé participa 303

ANEXO III – 2-BIS... 307

ANEXO IV – Documento n. 1 – Tratado de Amistad del 20 de Noviembre de 1826 317

ANEXO V – Documento n. 3 – Tratado de Amistad del 29 de Abril de 1856 321

ANEXO VI – Documento n. 4 – Tratado Fierro-Sarratea – Noviembre 1878 323

ANEXO VII – Documento n. 6 – Tratado de Limites del 23 de Julio de 1881 325

ANEXO VIII – Documento n. 8 – El Tratado de 1902 329

ANEXO IX – Documento n. 11 – Declaración de Nulidad de la Decisión de la Corte Arbitral y del Laudo de su Majestad Británica (25 de Enero de 1978) 331

ANEXO X – Actas de Montevideo................................. 343

ANEXO XI – El Tratado de Paz y Amistad 347

ANEXO XI.A

    Capítulo 1 – Procedimiento de Conciliación Previsto en el
               Artículo 5° del Tratado de Paz y Amistad. 357

    Capítulo 2 – Procedimiento Arbitral Previsto en el Artículo 6°
               del Tratado de Paz y Amistad 363

ANEXO XI.B – Navegación entre el Estrecho de Magallanes y
               Puertos Argentinos en el Canal Beagle, y
               Viceversa. 367

ANEXO XII – Acta de Principio de Acuerdo de Puerto Montt 373

APRESENTAÇÃO

Este livro, inicialmente, apresenta a origem da Questão do Canal de Beagle entre Chile e Argentina; posteriormente, passa à contextualização histórica dessa controvérsia, mostrando, depois, como esses dois países decidem solicitar a intervenção diplomática da Santa Sé para guiá-los a uma solução pacífica do conflito.

Em seguida, mostra o que é a Santa Sé, seus elementos característicos, sua missão e os métodos para atingir seus objetivos, que, no caso em apreço, é a solução pacífica e honrosa da Questão do Canal de Beagle.

Descreve também as formas de soluções pacíficas de litígios, propostas pelo mediador às partes, a fim de resolver a referida controvérsia. Essa proposta obteve pleno sucesso com a assinatura do Tratado de Paz e de Amizade, de 1984, entre as partes em questão.

O autor, finalmente, conclui que o sucesso da Mediação Papal na Questão do Canal de Beagle deve-se à eficácia ou à competência do Mediador; à experiência diplomática quase bimilenar da Santa Sé; à formula da solução jurídica adotada com base no justo natural; bem como à sua tática ou aos métodos diplomáticos aplicados ao caso concreto; além da boa vontade e da colaboração das partes.

PREFÁCIO

A Mediação da Santa Sé na Questão do Canal de Beagle: um conflito de soberania marítima entre Argentina e Chile: eis o que trata o presente livro.

Um dos aspectos que a mídia não ressaltou na extraordinária passagem do Papa João Paulo II por esse mundo, considerado o Papa Peregrino e o Papa da Paz, foi a sua atuação diplomática enquanto chefe da Santa Sé. Este é um ponto, a meu ver, que ressalta o profundo respeito que a humanidade sempre devotou a essa excepcional figura, que nos deixou no dia 2 de abril de 2005.

O livro que tenho o prazer de prefaciar foi elaborado por Salmo Caetano de Souza, e constituiu sua tese de doutor em Direito Internacional, defendida com brilho, em 25 de outubro de 2004 na Faculdade de Direito da Universidade de São Paulo (USP). O assunto é a atuação da Santa Sé como mediadora na questão que envolveu a Argentina e o Chile pela soberania do arquipélago situado no extremo sul do Continente Americano.

A definição da soberania sobre esse Canal, as ilhas e a zona marítima circunstante determinaria ser ou não a Argentina uma potência marítima do Oceano Atlântico Sul, além de constituir ponto estratégico de controle da navegação entre os dois oceanos (Atlântico e Pacífico). Quanto ao Chile, as pretensões eram similares às da Argentina, e tanto os mapas históricos quanto as negociações diplomáticas mal davam elementos para uma solução.

Foi solicitada à Coroa Britânica uma solução por arbitragem, cujo laudo prolatou-se em 1977. Esse laudo, totalmente favorável às pretensões chilenas, não foi capaz de pacificar a região. Pelo Acordo de Montevidéu, de 1979, tanto a Argentina quanto o Chile solicitaram a intervenção de Sua Santidade, o Papa, na solução do litígio. O Santo Padre interveio com a modalidade dos Bons Ofícios e da Mediação; e a Proposta Papal, de 1980, com suas sugestões e conselhos, logrou que as partes chegassem ao Acordo Final de 1984.

A intervenção do Santo Padre em questões de fronteiras na América do Sul é tradicional; provas de tal afirmação foram as inúmeras intervenções dos Núncios Apostólicos por arbitragens e Mediações em Questões que envolveram o Brasil e seus vizinhos. A atuação do Papa João Paulo II deve ser encarada como resultado de um Chefe de Estado que empenha sua palavra e seu prestígio para a pacificação de uma região. Sendo assim, pode-se dizer que não foi uma figura solitária que propiciou a solução mediadora de 1984, mas, sim, um trabalho de altos funcionários diplomáticos, cartógrafos, agentes diplomáticos; em suma, todas aquelas pessoas que auxiliaram o Papa durante o seu pontificado: Sua Santidade, o Papa, os funcionários da Cúria Romana, os agentes diplomáticos que o Papa envia e acolhe, os Núncios Apostólicos e todo um grupo de indivíduos a serviço da política exterior de Sua Santidade.

Esse complexo de pessoas constitui uma pessoa de direito internacional denominada Santa Sé, na qual consiste o conteúdo do Capítulo I, denominado "A Questão de Beagle: a origem do conflito". No Capítulo II, cujo título é "A personalidade jurídica internacional da Santa Sé", o autor descreve os incidentes jurídicos associados à personificação jurídica internacional da Santa Sé. Este é um assunto pouco versado no Brasil, que mereceu tratamento adequado, em uma visão histórica e internacional, conforme os conceitos da atualidade. O autor analisa no Capítulo III, chamado "A estratégia diplomática da Santa Sé para a solução do conflito, segundo Santiago Benadava", a natureza dos Bons Ofícios e da Mediação enquanto métodos pacíficos de solução de controvérsias. Termina ele por descrever a atuação do Papa e os reflexos da Mediação entre os dois países. Transcreve-se a seguir a Conclusão ou o Resumo que consta da tese defendida em 2004, à página I.

O livro traz à lume importantes documentos diplomáticos que serviram para a solução do litígio, conforme consta dos Anexos.

Escusado de dizer o interesse da presente questão tratada nesta obra a um tempo em que, sem a presença física e corporal do Papa João Paulo II, a humanidade lamenta sua morte e anseia pela continuidade da ação internacional dessa excepcional figura humana que marcou a segunda metade do século XX, é com prazer que vejo esta obra publicada, não só pela relevância dos assuntos, mas, também, pelos méritos pessoais de seu autor, Salmo Caetano de Souza.

Guido Fernando Silva Soares
Professor Titular de Direito Internacional Público
da Faculdade de Direito da Universidade de São Paulo (USP)

INTRODUÇÃO

O método utilizado nesta obra é o histórico-narrativo, por meio do qual se descreve o fato histórico sem intencionar, contudo, emitir juízo de valor sobre os aspectos positivos e negativos para ambas as partes envolvidas no acordo, quem e no que levou vantagem e o que teve de ceder. Como nota característica dessa obra, há a imparcialidade na exposição dos fatos, evitando qualquer tipo de juízo valorativo sobre as partes em questão. Claro está, porém, que essa imparcialidade não é absoluta, uma vez que, na realização desta obra, foi recolhido, selecionado e ordenado o material necessário para viabilizá-la por meio de pesquisa de campo. Tudo isso leva consigo uma dose de parcialidade do próprio autor; todavia, trata-se de uma parcialidade explícita, ou seja, claramente indicada no texto. Em outras palavras, há um esforço máximo – e dentro dos limites inerentes à pessoa, nas vestes de um historiador, ainda que não de profissão – para ser imparcial na exposição dos fatos sobre o litígio a ser tratado. Dessa forma, foi feito um trabalho científico e não político. Segue-se, portanto, a estratégia da imparcialidade, que caracteriza a Sé Apostólica na sua práxis diplomática mediadora.

Por meio desse método, busca-se, nesta obra, apresentar uma abordagem valorativa do papel da Santa Sé na Mediação da Questão de Beagle, isto é, mostrar seus elementos característicos, além da sua práxis diplomática nesse caso, salientando o que levou a Santa Sé a fazer uma Mediação diplomática internacional dessa envergadura: não foi a ambição de hegemonia política ou de poder como fim em si mesmo, mas o desejo de prestar serviço a todos.[1]

Por meio desse método, busca-se alcançar os seguintes objetivos:

1. Mostrar a presença e a atuação da Santa Sé na comunidade internacional.
2. Mostrar a práxis diplomática da Santa Sé, por meio de um exemplo concreto, latino-americano, para, assim, trazer à tona vários aspectos do seu desempenho, mas, sobretudo, os seguintes: a estrutura diplomática da Santa Sé; sua personalidade jurídica internacional.
3. Evidenciar a essencialidade e a atualidade do Capítulo VI da Carta das Nações Unidas, que trata da Solução Pacífica dos Litígios Internacionais por intermédio de dois de seus meios – os Bons Ofícios e a Mediação.
4. Mostrar como o conceito de "guerra preventiva" consistiu em uma flagrante ruptura da ordem internacional e, portanto, em contradição com o referido Capítulo VI da Carta das Nações Unidas.
5. Demonstrar como a Santa Sé resolveu a Questão de Beagle pelo método da solução pacífica de controvérsias internacionais.
6. Apresentar a questão do justo natural.

Eis, portanto, como se articula o corpo da obra, com seus três capítulos e a seleção dos textos que lhes servem de apoio.

No item 1, *Introdução histórica*, do Capítulo I, intitulado "A Questão de Beagle: a origem do conflito", será feita a análise histórica da controvérsia, a partir do fato histórico mais importante do início da questão, ou seja, *A independência das duas colônias: Argentina (1816) e Chile (1818)*. Nesse item, serão tratados dois conceitos fundamentais para entender toda a problemática: *O princípio do uti possidetis (de fato)* e *O princípio do uti possidetis juris, de 1810 (de direito)*. Em seguida, será analisada *A chegada dos ingleses a Beagle (1830)*. No item 2, *O nascimento da Questão: principais tratados*, será mostrado como nasceu a divergência de interpretação

---

1. CONCÍLIO VATICANO II. *Constituição Pastoral Gaudium et Spes*, Parte II, Cap. V, n. 89: "[...] *a Igreja deve estar absolutamente presente na comunidade dos povos, para fomentar e despertar a cooperação entre os homens; e isto tanto por suas instituições públicas, como ainda pela plena e sincera colaboração de prestar serviço a todos*".

sobre a Questão de Beagle nos tratados assinados entre os dois países. No item 3, *A solução arbitral*, será abordado o Laudo Inglês, de 1977. No item 4, *Os resultados nulos da arbitragem*, serão pontuadas as principais razões que levaram a Argentina a reputar nulo o Laudo Inglês, de 1977. No item 5, *O pedido de intervenção papal*, ver-se-á a crise que sucedeu à declaração de nulidade do Laudo Inglês, de 1977 por parte da Argentina; as tentativas infrutíferas de solução bilateral da Questão pelo Chile e Argentina; o pedido que ambos fizeram ao Papa para intervir na Questão e como isso levou à assinatura dos Acordos de Montevidéu, de 1979, pelos quais as partes pediram, oficialmente, que o Pontífice Romano mediasse o litígio pela via pacífica de solução de controvérsia.

No item 1 do Capítulo II, intitulado "A personalidade jurídica internacional da Santa Sé", analisar-se-á *A Questão Romana (1870)*, para, regressivamente, analisar-se historicamente a discussão sobre a personalidade jurídica internacional da Santa Sé ou do seu chefe, o Papa, uma vez que ele perdeu a sua base territorial com a anexação de Roma ao Reino da Itália. No item 2, *Lei das Garantias (1870-1929)*, será visto como o Estado italiano tentou, unilateralmente, regularizar as relações do Reino da Itália com a Santa Sé, em razão da Questão Romana, e como, ainda, a Santa Sé não aceitou essa iniciativa, porque a personalidade jurídica do Papa e a sua soberania internacional não podiam decorrer da Lei das Garantias. No item 3, *Os Acordos de Latrão (1929)*, será analisado como esse Tratado conseguiu resolver definitivamente o litígio entre a Santa Sé e o Reino da Itália quanto à Questão Romana, reconhecendo ao Sumo Pontífice a personalidade jurídica internacional, além de conceder-lhe uma base territorial, ou seja, o Estado da Cidade do Vaticano, atribuindo-lhe plena soberania internacional. No item 4, *A Santa Sé no plano eclesial*, será individualizado o papel da Santa Sé no plano eclesial. No item 5, verificar-se-á *A Santa Sé no plano internacional*.

No Capítulo III, e último, intitulado "A estratégia diplomática da Santa Sé para a solução do conflito, segundo Santiago Benadava", colher-se-ão os passos concretos dados pela diplomacia da Santa Sé para solucionar pacificamente a Questão. No item 1, será estudada *A natureza dos Bons Ofícios*; no item 2, *A natureza da Mediação*; no item 3, a *Distinção entre Bons Ofícios e Mediação*; no item 4, A natureza do Instituto da *Solução pacífica de controvérsias*; no item 5, a *Tática diplomática da Santa Sé ou metodologia de ação descrita por Santiago Benadava*.

Os elementos propriamente novos para o presente livro podem ser resumidos da seguinte maneira:

Em primeiro lugar, mostra-se o modo pelo qual foi realizada essa pesquisa, que parece ser novo. Em seguida, buscou-se fazer uma abordagem valorativa da atuação da Santa Sé na Questão de Beagle, além de mostrar e demonstrar como a Santa Sé é instrumento atual, atuante e disponível para a solução de conflitos internacionais hodiernos pela via pacífica. Evidencia-se, assim, que a Santa Sé possui uma estrutura diplomática que atua por intermédio de uma rede de relações diplomáticas em nível bilateral e multilateral, que abrange cerca de 178 Estados, além da maioria dos organismos internacionais. Verifica-se, então, que isso se deve à experiência praticamente bimilenar da Santa Sé no campo diplomático, experiência essa que é anterior à própria existência dos estados modernos e da prática diplomática a eles inerentes em, pelo menos, um milênio e 300 anos. Constata-se, por sua vez, a própria atuação da Santa Sé no campo da solução pacífica de controvérsia entre Estados, por meio de um caso concreto, isto é, a Questão de Beagle. Observa-se, todavia, que isso só é possível porque a Santa Sé e seu Chefe Supremo, o Papa, possuem a mesma personalidade jurídica internacional de natureza pública, que o coloca igualmente entre os seus pares, ou seja, os Estados. Dessa forma, atualiza-se uma das prerrogativas mais relevantes do Pontífice Romano, utilizada tantas vezes na história das nações, mas, contemporaneamente, menos utilizada, isto é, aquela de solucionar pacificamente conflitos internacionais como autoridade mundialmente reconhecida não só no plano religioso e moral, mas também no plano político e do Direito Internacional. Conseqüentemente, esta obra mostra como a Santa Sé age internacionalmente, sempre segundo o Direito Internacional, albergado pela Carta das Nações Unidas. Em outras palavras, este livro recupera e salienta a práxis histórica da Santa Sé no plano político internacional (diplomático), que é a mais antiga da humanidade em ordem de atuação até o século XX, com a criação da Organização das Nações Unidas (ONU), em 1945. Outra novidade deste estudo é chamar a atenção para a atualidade do meio de solução pacífica de litígios internacionais em um contexto marcado por iniciativas unilaterais e de um certo princípio chamado guerra preventiva, baseado na força das armas e do capital, mas inconsiliável – por ser estranho e ilegal – com o consistente e pormenorizado Direito Internacional. Esta obra amealha uma bibliografia, abordada de forma diretamente citada ou referencial, para aprofundamento, seja na forma de livros ou na de artigos, como fruto da pesquisa de campo realizada pessoalmente em Buenos Aires, em Santiago do Chile, na Biblioteca do Itamarati, na Biblioteca Internacional da Faculdade de Direito do Largo de São Francisco (USO), além do próprio Canal de Beagle, ou seja, Ushuaia – Argentina: museu, biblioteca, conversas com as pessoas de lá sobre o período do litígio de Beagle. Finalmente, outro elemento inovador desta obra foi ter juntado nos Anexos os principais tratados referidos ao longo dela. Encerra-se, assim, esta introdução, desejando que os males e as situações de injustiça e de conflito que afligem a sociedade internacional contemporânea não sejam vistos como uma fatalidade, mas potencialmente solucionáveis pela composição pacífica dos litígios internacionais previstos pelo Direito Internacional na Carta da ONU, no seu Capítulo VI.

CAPÍTULO I

A Questão de Beagle: a Origem do Conflito

1. INTRODUÇÃO HISTÓRICA

1.1 A independência das duas colônias: Argentina (1816) e Chile (1818)

1.1.1 O princípio do uti possidetis (de fato)[1]

Dois conceitos são fundamentais para o entendimento desta obra: o de *uti possidetis* (de fato) e o de *uti possidetis juris*, (de direito) de 1810. O primeiro refere-se a uma posse real e efetiva da coisa (de fato), vinculada ao ato da ocupação, com qualquer título, mas, normalmente, sem título. Esse conceito foi aplicado com sucesso por Portugal quanto às suas pretensões por mais território americano além Tordesilhas. O Brasil Imperial adotou esse mesmo princípio para a delimitação definitiva de seu território com seus dez vizinhos no continente. O Império brasileiro adotou, então, o *uti possidetis*

---

1. Cf. OLIVEIRA, J.G. *Gusmão, Bolivar e o princípio do* uti possidetis. São Paulo, Gráfica Bentivegna, 1958; KOHEN, M.G. L'uti possidetis revisite: l'arret du 11 septembre 1992 dans l'affaire El Salvador/Honduras. *Revue Générale de Droit International*. v.34, n.4, 1993. p.939-73 (especialmente p.950-4); LALONDE, S. Uti possidetis: its colonial past revinted. *Revue Belge de Droit International*. v.34, n.1, 2001. p.23-99 (especialmente p.32-3); GÓES FILHO, S.S. *Navegantes, bandeirantes diplomatas: um ensaio sobre a formação das fronteiras do Brasil*. São Paulo, Martins Fontes, 2001; NESI, G. Uti possidetis juris e delimitazioni marittime. *Rivista de Diritto Internazionale*. v.74, n.3. Milano, 1991. p.534-70; URQUID, J.M. *El* uti possidetis juris *y el de facto*. Cochabamba, 1946.

(de fato) como "pacote ideológico ideal para justificar a própria dinâmica do sistema expansionista de conquistas fronteiriças".[2] O *uti possidetis* (de fato) vai adaptar-se como uma luva aos interesses da nação mais expansionista[3] da América do Sul: o Império brasileiro.

É partindo desse princípio que o Brasil vai expandir a sua fronteira em mais de dois terços além Tordesilhas.[4] Embora o Império brasileiro tenha sido feliz na aplicação de tal princípio, baseado na posse de fato do território, pode-se discutir se tal posse do território brasileiro era realmente efetiva. Mas não resta dúvida de que a posse de fato, "se não é um título, vale como um bom título, além de ser sempre um ótimo argumento, que se construiu, afinal, com os trabalhos de demarcação, por meio de uma arbitragem ou outro meio de solução pacífica de controvérsia de limites".[5] Já o segundo, ou seja, o *uti possidetis juris*, de 1810 (de direito), era o que a Espanha e suas colônias americanas teriam direito a possuir, mas ainda não possuíam, com base no chamado princípio dos títulos coloniais – documentos territoriais oficiais que Castela possuía sobre o território americano. Portanto, o que se discutia não era a ocupação efetiva das terras, geralmente inexistente, mas, sim, o valor dos documentos apresentados e, portanto, visava salvaguardar de qualquer violência uma posse de direito.

A problemática toda não consistia na posse ou não, mas sim no fato de que as divisões territoriais dos novos Estados não coincidiam exatamente com a anterior divisão espanhola desses territórios (Vice-reinado do Peru, Vice-reinado do Prata). O *uti possidetis*, de 1810 (de direito), foi aplicado somente pelos países hispano-americanos e serviu para resolver várias questões de limites entre nações hispânicas; mas, por outro lado, faria surgir as diferenças de interpretação dos textos históricos sobre limites de fronteira

---

2. MARTINIÈRE, G. Les estratégies frontalières du Brésil Colonial. In: *Cahier des Amérique Latines*, n.18, 65 apud GÓES FILHO, S.S. op. cit., p.210.
3. GÓES FILHO, S.S. op. cit., p.252, nota de rodapé 61, e p.166.
4. Id. Ibid. p.252 e nota de rodapé 61 da mesma página.
5. RIZZO ROMANO, A. *La cuestión de límites con Chile en la zona del Beagle*. Buenos Aires, Pleamar, 1967. p.116. Citando um comentário do embaixador argentino de então, Amancio Alcosta, a propósito da tática chilena de tomar posse de terras que não eram suas: [...] *Chile practica el eficaz sistema de John Bull: ocupa todo territorio cuyo dominio pretende aunque esté al Oriente del encadenamiento principal de los Andes. Sabe que el uso o la posesión, si no es un título, vale como un buen título y es siempre un argumento excelente* [...].

e a necessidade freqüente de se recorrer à arbitragem ou Mediação como forma de solução do contencioso fronteiriço, como, aliás, ocorre na Questão de Beagle, que será analisada.

Essa distinção entre o *uti possidetis* (de fato) e o *uti possidetis juris*, de 1810 (de direito), é necessária, porque, ao longo da história e até hoje em dia, esses dois conceitos misturaram-se e confundiram-se, sendo tomados um pelo outro no entendimento geral, quando a diferença entre ambos é total, sobretudo, como será visto a seguir, se analisados em confronto com o Tratado de Madri, de 1750, com o Tratado de El Pardo, de 1761, com o Tratado de Santo Idelfonso, de 1777, e com o Tratado de Badajós, de 1801.

Explica Synesio Sampaio Goes Filho[6] que, para entender os traços básicos da conquista do território brasileiro, é preciso relembrar os seguintes fatos ou dados históricos:

1. "O século XVI, o primeiro da colonização portuguesa na América, basicamente dedicado à ocupação de pontos isolados no litoral leste, viu surgirem as entradas pioneiras".[7]
2. "O século XVII foi o período das grandes bandeiras paulistas, trilhando o Sul e o Centro-Oeste; foi também a época da fundação de Belém, das tropas de resgate e das primeiras missões de religiosos portugueses no rio Amazonas e seus afluentes; em 1680, o governador do Rio de Janeiro funda a Colônia de Sacramento, na tentativa de assegurar a fronteira natural do Prata".[8]
3. "A primeira metade da centúria seguinte foi o tempo das 'Minas Gerais', dos centros mineradores de Goiás e Mato Grosso e das monções que ligavam Cuiabá a São Paulo; da consolidação da presença portuguesa em vários rios da Amazônia e das monções do norte, a navegação entre Vila Bela e Belém; e, também, das lutas pela posse da Colônia e das tentativas de ocupação do território que hoje se divide entre o estado do Rio Grande do Sul e o Uruguai".[9]
4. Embora a Independência ainda tardasse 72 anos, a exata metade do século XVIII, 1750, é uma boa data para dividir a História do Brasil, "[...] atingido o auge, começa a diminuir a produção aurífera do Brasil; morre

---

6. GÓES FILHO, S.S. op. cit., p.163-6.
7. Id. Ibid., p.163.
8. Id. loc. cit.
9. Id. loc. cit.

D. João V [...] e sobe ao trono D. José I, com seu Primeiro-Ministro, o futuro Marquês de Pombal [...]; completa-se com a extinção das bandeiras paulistas, um ciclo importante da ocupação do território brasileiro; e, o que mais interessa aqui, assinam o Tratado de Madri as potências coloniais (Portugal e Espanha)".[10]

5. Curioso é o destino desse Tratado assinado, ratificado e promulgado em 1750. Já em 1761 era anulado pelo Tratado de El Pardo. Retomado quase integralmente, à exceção da fronteira sul, pelo Tratado de Santo Ildefonso de 1777, foi novamente anulado em 1801, quando se desfechou mais uma das muitas guerras peninsulares. Ao restabelecer a paz, nesse mesmo ano, pelo Tratado de Badajoz, não se revalidou acordo anterior algum. Durou, portanto, muito pouco para um tratado de limites, tipo de acordo que visa a soluções permanentes. E, apesar dessa curta vigência formal, é na História do Brasil o texto fundamental para a fixação dos contornos do território nacional.[11]

6. Realmente, fora o Acre, o triângulo formado pelos rios Japurá, Solimões e a linha Tabatinga – foz do Apaporis –, e pequenos acertos de fronteiras – capítulos posteriores da formação territorial do Brasil –, foi o Tratado de Madri que legalizou a posse do Rio Grande do Sul, do Mato Grosso e da Amazônia, regiões situadas a ocidente da linha de Tordesilhas. Além de dar título jurídico a essa grande área ocupada pelos portugueses, o tratado permutou a Colônia do Sacramento pela região dos Sete Povos, aldeamento jesuítico situado no oeste do atual Rio Grande do Sul. Como dividiu um continente, fato sem precedentes e sem conseqüente no Direito Internacional, ao fixar os limites brasileiros estava, também, estabelecendo os lindes terrestres básicos de todos os dez vizinhos do Brasil.[12]

7. "Historiadores de nacionalidades neutras encontram no Tratado de Madri as qualidades de equilíbrio e moderação que caracterizaram os bons acordos".[13] No Brasil, a tendência é também elogiosa e é padrão de muitas opiniões a do Barão do Rio Branco:

---

10. Id. Ibid., p.164.
11. Id. Ibid., p.164.
12. Id. loc. cit.
13. Consulte Id. Ibid., p.165.

O estudo do Tratado de 1750 deixa a mais viva e grata impressão de boa-fé, lealdade e grandeza de vistas que inspiraram esse ajuste amigável de antigas e mesquinhas querelas, consultando-se unicamente os princípios superiores da razão e da justiça e as conveniências da paz e da civilização da América.[14]

Os especialistas hispano-americanos, geralmente, vêem com antipatia o Tratado de Madri – às vezes, chamado com desprezo "tratado da permuta" – pois o consideram prejudicial às colônias americanas da Espanha e, em conseqüência, aos países sul-americanos em que aqueles se transformaram.[15]

8. "Na realidade, ao se olhar um mapa do Brasil com a linha reta de Tordesilhas e a foice do Tratado de Madri, tem-se a impressão de que a Espanha cedeu muito. Afinal, cerca de dois terços do território nacional são constituídos por terras extra-Tordesilhas. A explicação corrente do Acordo é que houve uma compensação global: no Oriente, foi a Espanha quem legalizou a posse de regiões que seriam portuguesas pela divisão de 1494, como as ilhas Filipinas e Molucas. Tratou-se, portanto, de um acerto mundial de contas. O argumento é, aliás, consignado no próprio texto dos Tratados, quando, na introdução, Portugal alega que a Espanha violou a linha de Tordesilhas na Ásia; e a Espanha, que Portugal a violou na América".[16]

Aliás, sobre essa questão, é bom que se diga ainda que o interesse de Tordesilhas/Filipinas–Molucas não era o Brasil, mas sim a rota comercial no Oriente (especiarias dessa região)[17] e a inclusão de Santos – São Paulo – ao

---

14. Id. loc. cit.
15. Id. loc. cit.
16. Id. Ibid., p.163-6.
17. JUAN, J. & ULLOA, A. *Disertación histórico y geográfica sobre el meridiano de demarcacion MDCCLIX*. Madrid, Instituto Histórico de Marina, 1972. p.29-30 (trata-se de uma obra composta como subsídio para as negociações do Tratado de Madri [1750], demonstrando a evolução da discussão sobre o lugar exato do Meridiano de Tordesilhas): "*La célebre empresa de Fernando de Magallanes havia conducido despues de la muerte de este famoso Capitan las Naves Castellanas, que quedaron de su expedicion comandadas por Gonzalo Gomez de Espinosa, a las Islas de la Especeria, ò Molucas, y algunos de sus Reyes havian reconocido vassallage al Emperador*

domínio português, uma vez que, por apenas cerca de 1 grau, aquelas ficaram para a Espanha, segundo Tordesilhas. As léguas espanholas mediam menos que as portuguesas; daí a diferença de mais ou menos 1 grau para mais ou para menos. Acabou prevalecendo a medida portuguesa e, com isso, Santos – São Paulo – entrou para o domínio português, já que essas terras já eram de fato ocupadas por Portugal e, portanto, aplicando-se o *uti possidetis* (de fato), esse território acabaria por ser anexado pelos portugueses.[18]

O Brasil só vai ocupar o centro da discussão na relação Tordesilhas/Prata quando Don Manuel Lobo, governador do Rio de Janeiro, recebeu de Portugal a missão de fundar no Prata, em 1680, a Nova Colônia do Santíssimo Sacramento.[19] Com isso, Portugal pretendia estender a sua jurisdição até esse marco. Mesmo porque, como afirma Synésio Sampaio Góes Filho, ao contrário do que se pensa, o rio da Prata não foi descoberto por espanhóis, mas sim por portugueses:

> No rio da Prata, a história é oposta: descoberto por portugueses, foi ocupado por espanhóis. Vespúcio, navegando numa expedição lusa em

---

Carlos V, como Rey que entonces era de Castilla, ofreciendole à serle Feudatarios, y à continuar em buena correspondiencia com sus vasallos en el trato de la Especerìa. Estas noticias que llegaron à España con la nao vitoria à 6 de septiembre de 1522, suscitaron zelos en la Nacion Portuguesa, que temiendo interès en quelos Castellanos no se estableciessen en aquel comercio, empezó à introducir varias solicitudes sobre querer se declarasse pertenecerle aquellas Islas, u caer dentro de su demarcacion, alegando ademàs à su favor, aunque no con los fundamentos precisos à su justificacion, haver sido descubiertas por Vasallos suyos yendo à hacer el mismo trato de la Especerìa: el Emperador por su parte no fundaba con menos solidez su derecho, antes bien por las relaciones de la navegacion, y situacion de las Islas, venìa a concluìr casi sin duda, que estaban comprehendidas en lo que hacia la mitad del Globo Terraqueo de supertenencia: y en esta inteligencia, haviendole suplicado el Reyno en las Cortes de Valladolid del año de 1523, peticion 83, que pues la Especerìa entonces descubierta era tan importante, y pertenecia a la Corona de Castilla, segun lo contratado con el Rey de Portugal, mandasse sostenerla, y sobre ello no se tomasse medio con èl, le respondio este Principe: a esto vos respondemos, que sostenemos la Especerìa (son las voces de la misma respuesta) y no tomarèmos assiento ninguno sobre ello em perjuicio de estos Reynos". Consulte, também, as páginas 37 a 40, que descrevem os conflitos armados travados entre as duas potências pela disputa da região.

18. Confronte mapa na página seguinte.
19. Para aprofundamento sobre a questão, consulte GÓES FILHO, S.S. op. cit., p.129-36.

1501, teria sido o primeiro a avistar o grande rio [...]. O certo é que em 1514, a armada organizada em Lisboa pelos financistas Nuno Manoel e Cristóvão de Lisboa chegou ao Prata, donde teriam levado a seu rei o machado de prata que deu ao rio seu nome definitivo.[20]

Além disso, nem espanhóis, nem portugueses se ocuparam de determinar com exatidão até que ponto se estendiam os respectivos territórios. Havia muita flexibilidade das linhas demarcatórias. A necessidade de fixação de limites surgirá no momento em que as populações hispânicas e portuguesas aproximam-se até o ponto de ficarem face a face.[21]

Na hora de estipular os territórios de Portugal, é evidente, portanto, que o critério mais prático para essa metrópole seria invocar a posse efetiva do terreno: o *uti possidetis,* princípio adotado para nortear o Tratado de Madri, de 1750. As bases desse Tratado foram arquitetadas pelo brasileiro Alexandre

---

20. Id. Ibid., p.129. Para maior aprofundamento, leia as páginas seguintes.
21. JUAN, J. & ULLOA, A. op. cit., p.41-2: *"Con la determinacion y convenio de esta línea se creyò por el congeturàl juicio de un prudente càlculo, que el Brasìl pertenecìa à la Corona de Portugal, por considerarse estàr al Oriente del Meridiano de Demarcacion – Tordesilhas – sin ponerse el mayor cuidado en establecer puntualmente hasta què sitios podrìan estenderse sus Dominios, porque empleados Castellanos y Portugueses en formar establecimientos en aquellos Paìses, como distaban mucho los del Perù del Brasìl, no pensaron los primeros en la averiguacion de lo que les correspondia, hasta que adelantando las conquistas y dilatandose las Poblaciones llegaron à acercarse, y puestos frente a frente, se empezò a contender sobre la jurisdicion de los Estados, como que ya llegaba el caso de que cada Nacion quisiese saber hasta donde podia estenderse, sin salir de los Países de su pertenencia, y defenderlos de ser usurpados por la ambición del Vecino. Esta tuvo principio en el Rio de la Plata, donde con el motivo de haver passado al Gobierno del Rio Janeiro por parte de la Corona de Portugal Don Manuel Lobo en el año de 1679 con orden, y disposicion de su Corte para establecer Poblacion en el Rio de la Plata, diò principio à ello en su orilla septentrionàl el siguiente de 1680 empezando la fundaciòn de una nueva Colonia con el nombre de Sacramento, frente de unas Islas nombradas de San Grabriel [...]".*

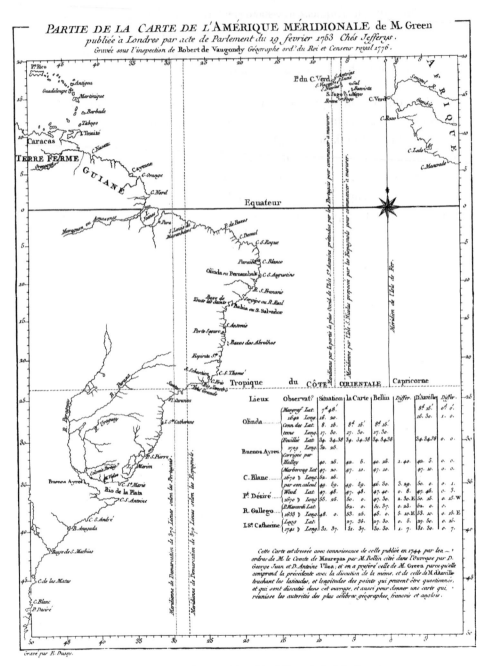

Figura 1.1   Parte da Carta da América Meridional de M. Green.
Fonte: Juan e Ulloa, 1972.

de Gusmão[22,23], representando a Coroa Portuguesa, sintetizadas nas seguintes propostas, segundo Synésio Sampaio Góes Filho:[24]

- era necessário celebrar um tratado geral de limites e não fazer ajustes sucessivos sobre trechos específicos, como queria originalmente a Espanha;
- tal tratado só poderia ser feito abandonando-se o Meridiano de Tordesilhas, violado pelos portugueses na América e, mais ainda, pela Espanha no hemisfério oposto;
- as colunas estruturais do acordo seriam os princípios do *uti possidetis* e das fronteiras naturais, assim referidas, respectivamente, no preâmbulo: "cada parte há de ficar com o que atualmente possui" e "os limites dos dois Domínios [...] são a origem e o curso dos rios, e os montes mais notáveis";
- a Colônia do Sacramento e o território adjacente eram portugueses, se não pelo Tratado de Tordesilhas, certamente, pelo segundo Tratado de Utrecht, de 1715;

---

22. GÓES FILHO, S.S. op. cit., p.166-7: *"Alexandre de Gusmão foi um paulista de Santos que, depois de vários anos de vida diplomática, exerceu entre 1730 e 1750 as funções de Secretário Particular de D. João V. Nesse período, teve grande influência nas decisões da metrópole sobre o Brasil, tendo sido, em especial, o principal artífice do Tratado de Madri. Foi o primeiro a expressar claramente os princípios que norteiam o acordo, princípios posteriormente chamados de 'uti possidetis' e das fronteiras naturais. Este, ademais, no centro da política que visava a preparar fisicamente a colônia e intelectualmente a metrópole para a negociação, contribuindo num caso para consolidar a presença portuguesa em regiões de estratégias, como o Rio Grande do Sul e Mato Grosso e estimulando, no outro, os estudos cartográficos portugueses".*
23. CORTESÃO, J. (org. e coment.). *Alexandre de Gusmão e o Tratado de Madrid (Obras Completas)*. Lisboa, Livros Horizonte, 1984; Ibid. *Alexandre de Gusmão, de 1695 a 1735*. Rio de Janeiro, Ministério das Relações Exteriores, Instituto Rio Branco, 1940. t.1, p.1,; Ibid, mesmo título (1735-1753). Rio de Janeiro, 1940. t.2, p.1; Ibid, obras várias de Alexandre de Gusmão. Rio de Janeiro, Ministério das Relações Exteriores, Instituto Rio Branco, 1940; Ibid. Antecedentes do Tratado de Madri, jesuítas e bandeirantes no Paraguai, Biblioteca Nacional, 1955; Ibid. Documentos biográficos. Rio de Janeiro, Ministério das Relações Exteriores, Instituto Rio Branco, 1950. t.1, p.2.
24. GÓES FILHO, S.S. op. cit., p.184-5.

- poder-se-ia admitir (é clara a lembrança da Colônia do Sacramento), "que uma parte troque o que lhe é de tanto proveito, com a outra parte, a que faz maior dano que ela o possua".[25]

Foi Alexandre de Gusmão, portanto, o primeiro que percebeu a conveniência de se utilizar as regras do *uti possidetis* (e das fronteiras naturais) para assegurar para Portugal as terras por ele ocupadas além Tordesilhas.[26]

É importante ressaltar aqui, quanto aos parâmetros históricos da fixação dos limites territoriais brasileiros, que, quando o Brasil iniciou o trabalho de tratativas com os seus dez países vizinhos, nos séculos XIX e XX, nenhum dos tratados antes mencionados estava em vigor, porque o Tratado de Madri de 1750 foi anulado em 1761 pelo Tratado de El Pardo. O Tratado de Santo Ildefonso de 1777 retomou quase integralmente o Tratado de El Pardo, para ser, depois, anulado pela Guerra de 1801; ele, por sua vez, não foi revalidado pelo Tratado de Badajóz, que se seguiu naquele mesmo ano. Como afirma Synésio Sampaio Góes Filho:

> Não havendo, pois, nenhum tratado em vigor sobre fronteiras, foi preciso para estabelecê-las recorrer-se a algum princípio regulador: o que se encontrou foi o uti possidetis, que determina que cada parte fique com o que possui no terreno.[27]

Esse mesmo autor observa que a passagem da rivalidade da doutrina de Santo Ildefonso de 1777 para o recurso ao *uti possidetis* para resolver problemas de fronteira pelo Brasil foi pouco a pouco firmando-se na diplomacia imperial, depois de vários anos de indecisão.[28]

Tal indecisão foi superada graças a Duarte da Ponte Ribeiro, Barão da Ponte Ribeiro[29], que, em 1837, nas discussões sobre limites com a Bolívia, aconselhou o Império a adotar definitivamente o uso do *uti possidetis* para resolver os problemas de limites.[30]

---

25. Para aprofundamento de todo o Tratado, consulte GÓES FILHO, S.S. op. cit., p.183-200, além das obras já citadas, a nota 25.
26. GÓES FILHO, S.S. op. cit., p.188.
27. Id. Ibid., p.206.
28. Id. Ibid., p.206.
29. Arquiteto da construção e execução da admirável política de limites do império.
30. GÓES FILHO, S.S. op. cit., p.207.

O princípio do *uti possidetis*, contudo, só passou a ser norma geral da diplomacia imperial a partir de 1849, quando Paulino José Soares de Souza, o Visconde do Uruguai, assumiu o posto dos Negócios Estrangeiros.[31]

Em 1857, segundo Synésio Sampaio Góes Filho[32], o princípio do *uti possidetis* transforma-se na coluna básica de uma construção doutrinária – para a negociação de fronteiras –, assim exposta pelo Visconde do Rio Branco:

> O Tratado de 1777 foi roto e anulado pela guerra superveniente em 1801 entre Portugal e Espanha, e assim ficou para sempre, não sendo restaurado pelo Tratado de Paz assinado em Badajós aos 6 dias de junho do mesmo ano. A Espanha conservou a praça de Olivença, que tinha conquistado pelo direito de guerra, e Portugal, todo o território pertencente à Espanha, que, em virtude do mesmo direito, ocupara na América. É, pois, incontestável que nem mesmo a Espanha ou Portugal poderia hoje invocar o Tratado de 1777, porque contra semelhante pretensão protestaria a evidência do direito internacional. O governo de S.M. o Imperador do Brasil, reconhecendo a falta de direito escrito para a demarcação de suas raias com os Estados vizinhos, tem adotado e proposto as únicas bases razoáveis e eqüitativas que podem ser invocadas: o uti possidetis onde esse existe e as estipulações do Tratado de 1777, onde elas se conformam ou não vão de encontro às possessões atuais de uma e outra parte contratante. Estes princípios têm por si o assenso da razão e da justiça e estão consagrados no direito público universal. Rejeitados eles, o único elemento regulador seria a conveniência e a força de cada nação.[33]

Hildebrando Accioly define da seguinte forma o *uti possidetis*: "[...] é a posse mansa e pacífica, independente de qualquer outro título".[34]

Andrés Bello, jurista venezuelano, manifesta assim o seu entendimento sobre o *uti possidetis*:

---

31. Id. Ibid., p. 207-8.
32. Id. Ibid., p. 205-10.
33. BRAGA, S.L. & ENGEL, J.M. Delimitação, demarcação e cartografia das fronteiras do Brasil. In: *Curso de conhecimentos e informações sobre cartografia.* v.3, p.3.133 apud GÓES FILHO, S.S. op. cit., p.208.
34. SOARES, J.C.M. Fronteiras do Brasil no regime colonial, p.207 apud Id. Ibid., p.208.

> El *uti possidetis* a la época de la emancipación de las colonias españolas era la posesión natural de España, lo que España poseía real y efectivamente con cualquier título o sín título alguno, no lo que España tenía derecho de poseer y no poseía.[35]

Guy Martinière, historiador contemporâneo francês, com vários trabalhos sobre o Brasil, assevera desse modo a sua percepção do *uti possidetis*: "O uti possidetis constitui o pacote ideológico ideal para justificar a própria dinâmica do sistema expansionista de conquistas fronteiriças".[36]

Synésio Sampaio Góes Filho arremata com a seguinte afirmação sobre o *uti possidetis:*

> Na verdade, o princípio (do *uti possidetis*) adapta-se como uma luva aos interesses da nação mais expansionista; é a resposta diplomática dinâmica a uma política territorial também dinâmica. "Diplomacia bandeirante", na expressão de alguns divulgadores de conveniência duvidosa [...].[37]

De uma maneira geral, pode-se dizer que os gabinetes imperiais desenvolveram – graças à aplicação do princípio do *uti possidetis*, entendido enquanto "posse efetiva" – uma política de limites coerente, persistente e bem sucedida de limites, admirada [...] até por seus naturais adversários. Pode-se dizer, então, que foi graças à política de limites do Império ou à utilização do princípio do uti possidetis que mais de 50% das fronteiras terrestres do Brasil foram estabelecidas.[38]

Synésio Sampaio Góes Filho observa:

> [...] o princípio do *uti possidetis* não está entre os princípios mais universalmente aceitos do Direito Internacional. *Vinculado ao ato da ocupação*[39], só é admissível no período de formação das fronteiras, não mais o sendo quando o território nacional já está definido por um tratado.[40]

---

35. Barão do Rio Branco. Olhos do Barão do Rio Branco. v. 5. p.78 apud GÓES FILHO, S.S. op. cit., p.209.
36. MARTINIÈRE, G. op.cit., p.65 apud Id. Ibid., p.210.
37. GÓES FILHO, S.S. op. cit., p.252, nota de rodapé 61.
38. Id. Ibid.
39. O grifo é do autor.
40. GÓES FILHO, S.S. op. cit., p.210.

Sua aplicação – prossegue esse autor –, como ensina Clóvis Beviláqua, "é apenas subsidiária e transitória: não se verifica senão na falta de convenção validade e, uma vez fixados, por qualquer forma, os limites, já não têm mais cabimento".[41]

Os fatos mostram, entretanto, que, tal como conceituado pela diplomacia brasileira, funcionam no continente; resolvem sem grandes traumas os potencialmente imensos conflitos fronteiriços entre o Brasil e seus dez vizinhos. É importante observar que, na América do Sul, o Brasil é o único país que não tem problemas de fronteira com nenhum país limítrofe, mas todos os outros os têm entre si. Seria o princípio mais prático do que os do *uti possidetis juris*, de 1810 (de direito), por eles utilizados; teria sido a diplomacia brasileira mais eficiente; ou estaria o país em mais forte posição negociadora? É possível justificar a resposta positiva a cada indagação; provavelmente, houve concorrência dos três fatos.[42]

Em síntese, o princípio do *uti possidetis* (de fato) na versão da diplomacia luso-brasileira (Alexandre de Gusmão na Colônia, Ponte Ribeiro no Império e Rio Branco na República)[43] tem como núcleo ou elemento essencial a posse real da coisa ou a sua posse de fato para o estabelecimento dos limites bilaterais; posse efetiva, aliás, como era entendido originalmente no Direito Privado Romano: *uti possidetis, ita possideatur* (como possuis, assim possuas) era a fórmula utilizada.[44]

Nesse sentido, é bom notar que

> a quase totalidade dos juristas e historiadores hispano-americanos fala também de um *uti possidetis juris* (ou de derecho), diferente do que acabamos de definir, considerado por estes autores como sendo o *uti possidetis de facto* (ou *de hecho*). O *uti possidetis juris* – melhor chamado de *princípio de los títulos coloniales* – deriva dos documentos territoriais que cada nação pudesse produzir quando de sua independência; sem dúvida, serviu para resolver várias questões de limites entre nações hispânicas, em que o que se discutia era não a ocupação, geralmente inexistente, mas sim o valor dos documentos apresentados.[45]

É o que será visto a seguir.

---

41. BEVILÁQUA, C. *Direito internacional*, p.289 apud Id. Ibid., p.210.
42. GÓES FILHO, S.S. op. cit., p.210.
43. Id. Ibid., p.315.
44. Id. Ibid., p.209.
45. Id. loc. cit.

1.1.2 O princípio do uti possidetis juris, de 1810 (de direito)[46]

O conflito de soberania territorial e marítima entre Argentina e Chile, denominado "A Questão do Canal de Beagle", surge, do ponto de vista histórico, na

---

46. América Latina apud NESI, G. op. cit., p.534-70: GUANI. La solidarite internationale dans l'Amérique Latine. *Recueil des Cours.* n.3, 1925. p.291; AYALA. Le principe de l'uti possidetis et le règlement des questions territoriales em Amérique. *Revue de Droit Internationale*, 1931. p.18; IRELAND, B. *Possessions and conflicts in South America.* Cambrigde, Mass., [s.n.], 1928. p.321-9; URQUID, J.M. op. cit.; CUKURAH. *The settlement of boundary disputes and international law: a policy-oriented study.* Manchester, 1967. p.190-9; NELSON. The arbitration of boundary disputes in Latin America. *Netherland International Law Review*, 1973. p.276. BARDONNET, D. Les frontières terrestres et la relativité de leur tracé (problèmes juridiques choisis). *Recueil des Cours.* v.4, 1976. p.54; DURAN-BACHTER. La doctrina latinoamericana del *uti possidetis*. Concepción. [s.n.], 1977; GROS ESPIELL. *España y solución pacífica de los conflictos limítrofes en Hispano-América.* Madrid, [s.n.], 1984; BARBERIS, J.A. La regla del uti possidetis en las controversias limítrofes entre Estados hispanoamericanos. In: LIBER, A.D. *Colección de estudios juridicos en homenaje al Prof. Dr. José Pérez Montero*, v.1. 1988. p.125 ss. BARBIERIS, J.A. Un precedente poco conocido sobre la aplicacion del *uti possidetis* a un rio limitrofe que cambió de curso. *Anuario de Derecho Internacional*, Pamplona, 1994. p.61-82; FOUCHER, M. *Fronts et frontières: un tour du mond geopolitique.* Paris, [s.n.], 1988. p.77-80 e 109 ss; KOHEN, M.G. op. cit., par. I.1; SÁNCHEZ RODRIGUES, L. I. L'uti possidetis et les frontaliers contentieux territoriáux. *Recueil des Cours.* n.263, 1997. p.149-382. DE PINHO CAMPINOS, A.S. L'actualité de l'*uti possidetis* in Société Française pour le Droit Internationl. La frontiérie. In: *Colloque de Poitiers, 17-19 mai 1979.* Paris, 1980. p.95 ss. JIMÉNEZ DE ARÉCHAGA. Boundary disputes in Latin America: *uti possidetis* doctrine. In: Bernhardt (A cura di). *Encyclopedia of Public International Law.* v.6, 1983. p.45 ss.; WOOLDRIDGE. *Uti possidetis doctrine.* X. [s. l.], [s. n.], 1987. p.519 ss.; SÁNCHEZ RODRIGUEZ. *Uti possidetis*: la actualización jurisprudencial de um viejo principio (a proposito de la sentencia del TIJ [sala] en el assunto Burkina Faso/Mali). *Revista Españõla de Derecho Internacional*, 1988. p.121; SOREL, J.M. & MEHDI, R. L'*uti possidetis* entre la consécration juridique et la pratique: essai de réactualisation. *Annuaire Français de Droit International.* n.11, 1994. p.26-7; ROTNER, S.R. *Uti possidetis* and the borders of new states. *American Journal of International Law.* v.90, n.4, 1996. p.590-624, (especialmente p.593-4); ANTONOPOULOS, C. The principle of *uti possidetis* in international law. *Revue Helsinque de Droit International.* v.49, n.1, 1996 (especialmente p.57-72). QUENEUDEC, J.P. Remarques sur le règlement

era colonial, visto que esses dois países tinham a Espanha como metrópole comum. No momento da independência desses dois países, respectivamente em 1816 e 1818, prevaleceu a aplicação da teoria do *uti possidetis* do direito internacional americano da época, que regulava a questão dos limites herdados pelas ex-colônias americanas.[47]

> des conflits frontaliers en Afrique. *Revue Général de Droit International Public.* 1970; p.69 ss.; KUNUGI, T. State succession and the territorial problems of new states. In: *United Nations Regional Symposium in International Law for Africa (Accra, 14-28 jan. 1971).* UNITAR/SIC.2/B.P.5, jan. 1971. p.23 ss; McEWEN. *International boundaries of east Africa.* Oxford, [s.n.], 1972. p.27; UKWRAH. The organization of African Unity and African Territorial and boundary problems: 1963-1973. *Indian Journal of International Law,* 1973. p.176 ss.; GUILHANDIS, J.F. Ramarques à propos de récents conflits territoriaux entre Etats africans (Bande d'Aozou, Ogodev, Saillant de Kyaka). In: *Annuaire Français de Droit International.* 1979. p.223; SHAW, M. Dispute settlement in Africa. In: *The year book of world affairs,* [s. L.]: [s.n.], 1983. p.149 ss; SHAW, M. Title to territory in Africa. *International Legal Issues.* Oxford, 1986. (especialmente p.187-8 e 259-60); MAKONNEN. *International law and the new states of Africa: a study of the international legal problems of state succession in the newly independent states of Eastern Africa.* Malta, [s. n.], 1983. p.438 ss; MAKONNEN. State succession in Africa: selected problems. *Recueil des Cours.* v.5, 1986. p.93 e ss.; AQUARONE. *Les frontières refus: six séparatismes africains.* Paris, [s.n.], 1987; MALUWA. The peaceful settlement of disputes among africain states, 1963-1983: some conceptual issues and practical trends. *International and Comp. Law Quaterly,* 1989. p.129 e ss.; HERBERT. op. cit., p.673 ss.; THIRDWAY. op. cit., p.73-5. Autores contrários à relevância do *uti possidetis iuris* no âmbito africano: BOURJORL-FLÉCHER. Heurs et malheurs de l' *utis possidetis.* L'intrangibilité des frontiéres africaines. *Revue Juridique et Politique: Indépendence et Coopération,* 1981. p.811 ss.; EL QUALI. L' *uti possidetis* on le non sens du "príncipe de base" de l'OUA pour le règlement des differends territoriaux. *Le moyens em Afrique,* 1985. p.3 ss.; BEUMERDSAOWD TREDANO. *Intangibilité des frontiéres coloniales et espace étatique en Afrique.* Paris, [s. n.], 1989. Em outras áreas: ORAISON. A propôs du litige anglomauricien sur l'archipel des Chagos (La succession d'Etats sur les îles Diego Garcia, Peros Banho et Salomon). *Revue Belge de Droit International.* 1990. p.5 ss., especialmente p.34.
>
> 47. Cf. KOBYLANSKI, J.K. *El conflicto del Beagle y la mediación Papal.* Montevideo, 1978. p.19. Publicação do próprio autor. Ver também: RIZZO ROMANO, A. op. cit., p.23-107; VILLALOBOS, R.S. *El Beagle: historia de una controversia.* Buenos Aires, Andrés Bello, 1979. p.9-41.; SCENNA, M.A. *Argentina-Chile: una frontera caliente.* Buenos Aires: Del Belgrano, 1981. p.9-74.

A teoria do *uti possidetis juris*, de 1810, explica o autor argentino César Diaz Cisneros[48], está entre os princípios considerados como integrantes de um direito internacional americano e sua aplicação só foi admitida, portanto, entre os países hispano-americanos, sendo consagrado no Congresso Latino-Americano de Lima, de 1847.[49]

O *uti possidetis* advém da expressão *ita possideatis;* significa "como possuíeis" e é uma abreviação da frase: "como possuíeis, seguireis possuindo".[50]

O objetivo desse princípio, afirma César Dias Cisneros na obra citada, era salvaguardar a posse do possuidor, a fim de que ele não a perdesse, tampouco sofresse violência contra ela.[51]

Não se tratava de uma "posse de fato", efetiva, *stricto sensu*, em que cada palmo desses territórios era conhecido e já habitado. Tratava-se, sim, de uma posse apenas indicativa daquelas dimensões territoriais correspondentes e assinaladas nos documentos de criação delas da Coroa Espanhola. Isso quer dizer que tais dimensões territoriais indicadas eram demarcadas de modo

---

48. CISNEROS, C.D. *Límites de la República Argentina*. Buenos Aires, Depalma, 1944. p.32-41. Desse mesmo autor: El debate acerca del derecho internacional americano. In: *Estudios de derecho internacional publico*, 1926; *Alberdi ante la filofosia y el derecho de gentes*, Buenos Aires, 1930; *El fundador del derecho internacional americano*, Buenos Aires, 1931; Origen y valor de la concepción de un derecho internacional americano. In: *Boletín de la Internacional Law Association*, 1932. Consulte também CORTESÃO, J. (Org. e Coment.). op. cit.; Id. *Alexandre de Gusmão e o Tratado de Madrid (1750)*. Rio de Janeiro, Ministério das Relações Exteriores, Instituto Rio Branco, 1950.

49. Id. Ibid., p.32: *"Entre los princípios que han considerado como integrantes de um derecho internacional americano, el más típico quizá, aunque sólo admitido en los países hispano-americanos, es el* uti possidetis juris *de 1810 [...]"*. Id., p.36: *"Ha sido norma generalizada entre los estadistas y escritores hispano-americanos invocar el* uti possidetis *de 1810, principio que está subrogado en el Congreso Latino Americano de Lima, de 1847, y en algunos tratados de límites [...]"*.

50. Id. Ibid., p.33: *"Uti possidetis significa literalmente, 'como poseéis' y es la abreviación de esta frase: 'como poseéis seguréis poseyendo'"*.

51. Id. loc. cit.: *"Estraña el amparo del poseedor, a fin de que no pueda ser despose ído. Es una manera de expresar el principio contenido en el interdicto de retener la posesion del suelo, que consagra el derecho procesal, y al que ya se refería el jurisconsulto Ulpiano diciendo: 'Es, pues, este interdicto vulgarmente se llama* uti possidetis, *de retener la posesión... de que no se haga violencia al que posee'"*.

geral, grosso modo, em grandes linhas, mas nunca determinadas com exatidão. Aliás, tal demarcação comportava, quase sempre, muita imprecisão; às vezes, uma manifesta ignorância de suas verdadeiras extensões e limites. Esses territórios eram quase todos desertos e desconhecidos. Além do mais, alguns acidentes geográficos de importância (por exemplo, o Canal de Beagle) ainda não tinham sido descobertos nem, portanto, determinados com exatidão.

Tratava-se, portanto, de uma "posse de direito", pois existia e se buscava assegurar o *animus* de exercer a posse e a soberania sobre esses territórios pela Espanha, de modo exclusivo, e assim prevenir e impedir a usurpação deles pelas demais potências da época.[52]

Assim, garantindo-se a "posse de direito", a Coroa Espanhola viabilizaria, mais tarde, a posse material, concreta ou de fato, por meio do seu conhecimento e habilitação efetivos.[53]

Embora tal conceito apresente uma contradição jurídica interna – chama a atenção César Dias Cisneros –, sua utilidade, enquanto regra de política territorial internacional, está no fato de ele prevenir e impedir a usurpação de alguma parte da América Hispânica por outras potências. Além disso, o dito princípio fixava antecipadamente os limites territoriais sobre os quais, no futuro, quando a posse pudesse ser efetiva, cada nação exerceria a sua soberania.[54]

Ao mesmo tempo, continua o autor na obra citada, o *uti possidetis* (de direito) denotava, também, que nenhuma parte do continente americano poderia ser considerada *res nullius*. Por conseguinte, esse princípio nega qualquer direito de ocupação, colonização ou conquista do território americano por países de fora dele.[55]

---

52. CISNEROS, C.D. op. cit., p.33.: *"No era una posesión de hecho,* stricto sensu; *era lo que se llamó una 'posesión de derecho' [...]"*.
53. Id. Ibid., p.32-3.
54. Id. Ibid., p.33: *"[...] aunque este concepto contenga una contradición jurídica, existió el animo, no el hecho material. [...] Pero el gran significado de lo que la erigió en regla de política territorial debe buscarse en el proposito, de vital interés para cada uno y para el conjunto de los países hispano-americanos, de prevenir e impedir la usurpación de parte alguna de la America hispánica por otras potencias extranjeras y en otro sentido, fijar o anticipado los límites que en el futuro, cuando la posesión pudiese ser más efectiva, habían de separar unos de otros los territorios sobre los que ejercerían soberanía y domínio los nuevos Estados [...]"*.
55. Id. Ibid., p.33: *"[...] Paralelamente, también, es un principio de derecho internacional en America, que ninguna porción de este Continente puede ser considerada* res

Assim, completando seu raciocínio, o autor diz que o *uti possidetis* (de direito), aplicado aos territórios das novas nações americanas, trazia como conseqüência que a delimitação administrativa colonial constituiria uma fronteira política entre os Estados.[56] Ou, em outras palavras, esse princípio significava que o território que determinada colônia possuía no período colonial passava a ser definitivo e o mesmo com a independência daquele país americano.

Contudo, a problemática toda não consistia na posse ou não do território colonial herdado da Espanha, mas sim no fato de que as divisões territoriais dos novos Estados não coincidiam exatamente com a anterior divisão colonial espanhola desses territórios (Vice-reinado do Peru, Vice-reinado do Prata).

O valor do *uti possidetis* (de direito), todavia – retoma César Diaz Cisneros na obra citada – está na sua aplicação, em linha de máxima, isto é, como regra imprecisa e aproximativa de divisão territorial, e não como indicação territorial exata, matematicamente precisa, definindo e discernindo até os menores detalhes de limites geográficos entre países.[57]

Nesse sentido, é válida, além de muito oportuna, a crítica de Lapradelle[58], ao dizer que a aplicação do *uti possidetis* (de direito) faria surgir as diferenças de interpretação dos textos históricos sobre limites de fronteira e a necessidade freqüente de se recorrer à arbitragem como forma de solução do contencioso fronteiriço.

Segundo o autor mexicano F. de la Barro[59], são quatro as causas principais dos conflitos entre Estados:

- aplicação consciente ou inconsciente da lei de conservação;
- conseqüência de outra lei, ou seja, lei da ambição: quando um país invade um outro, sua força para aumentar seu território, sua população e suas riquezas de modo injustificado;[60]

---

nullius; *y otro la negociación de los derechos de ocupación, colonización o conquista de territorio alguno americano por países extracontinentales"*.
56. Id. loc. cit.: *"[...] La delimitación administrativa colonial fué admitida como frontera política entre los estados"*.
57. Id. Ibid., p.32-41.
58. Cf. LAPRADELLE. *La frontière*. Paris, [s. n.], 1928. p.87.
59. DE LA BARRO, F. La médiation et la conciliation internationales. *Recueil de Cours*, Paris, t. 1, p. 558 e 560, 1923.
60. Id. Ibid., p.560: *"Un État puissant qui se laisserait entraîner par l'ambition injustifiée, enployant sa force pour agrandir son territoire et augmenter sa population et ses richesses"*.

- interpretação dos tratados, das convenções ou dos princípios do direito das gentes;
- falta ou imprecisão de uma regra do direito das gentes, ou de um costume internacional aplicável ao caso.[61]

Em outras palavras, o sentido e o alcance do *uti possidetis juris*, de 1810 (de direito), poderia ser resumido nas seguintes características:

1. Significado ou origem:
"Como possuíeis, seguireis possuindo"[62], com o sentido de salvaguardar a posse de direito do possuidor, de modo que ele não a perca nem sofra violência contra a mesma[63]; protege-se, assim, o *animus* do possuidor de exercer a posse e a soberania sobre o território objeto da posse.[64]

A essa expressão, *uti possidetis*, enquanto fronteira política entre Estados Americanos, acrescentou-se o termo *juris*, para indicar os territórios que os Estados Americanos teriam de possuir, abstraindo da questão de saber se essa posse era realidade ou não.[65] César Dias Cisneros cita Alberdi[66], que, em 1844, por sua vez, critica o princípio do *uti possidetis juris*, de 1810 (de direito), dizendo que ele correspondia ao pensamento central do monopólio econômico espanhol, que na

---

61. Id. Ibid., p.558 e 560: "1. *Conflits qui proviennet de l'application, conciente ou instinctive, de la loi de conservation; 2. Conflits qui sont la consequence de cette auto loi, loi de l'ambition, acceptant la designation si adéquate de M. Pillet; 3. Différends nés de l'interprétation des traités, des conventions ou des principes du droit de gens; 4. Différends provenant de l'absence ou de l'imprecision d'une règle dans le droit de gens, ou d'une coutume internationale qui pourraient être appliquées au cas*".
62. Vide nota acima.
63. Vide nota acima.
64. CISNEROS, C.D. op. cit., p.33: "*[...] Existía el ánimo, no el hecho material*".
65. Id. Ibid., p.34: "*A esta expresión* uti possidetis *se agrega* iuris *para indicar los territorios que los Estados tenían el derecho de poseer, abstracción hecha de la cuestión de saber si los poseían o no en realidad*".
66. ALBERDI. Obras completas, t.2, y en Obras Selectas. Edición ordenada por el Dr. Joaquín V. Gonzáles: Diplomacia Argentina y Americana, t.1, p. 9-11. In: CISNEROS, C.D. op. cit., p.38: "*Sin duda, ella contiene una contradicción íntima, descansa en uma ficción: suponer la posibilidad de una posesión sin el hecho material de la apreensión o ocupación efectiva del territorio*".

questão das demarcações administrativas de seus territórios na América não consultava os interesses, as necessidades e o futuro de suas colônias, constituindo, assim, causa de seu atraso e pobreza.[67] Portanto, o *uti possidetis juris*, de 1810 (de direito), foi criado como uma lei geral histórico-política para presidir a conformação territorial de modo geral dos países independentes das ex-colônias espanholas.[68] Porém, o espírito do *uti possidetis juris*, de 1810 (de direito), era de valor absoluto e não relativo, ou seja, pretendia delimitar os territórios hispânicos de modo matemático e minucioso, dirimindo todas as divergências sobre limites de suas colônias americanas.[69] Dessa forma, o *uti possidetis juris*, de 1810 (de direito), é incorporado no direito internacional hispano-americano como norma jurídica de política territorial internacional da parte espanhola do continente.[70]

2. Aplicação:

O *uti possidetis juris*, de 1810 (de direito), ao defender a "posse de direito" e não "de fato", prevenia e impedia a usurpação de alguma parte da América Hispânica por outras potências.[71] Além disso, tal princípio fixava antecipa-

---

67. CISNEROS, C.D. op. cit., p.35: *"En el pasado, Alberdi sostuvo la ineficácia y aún la inconveniencia de ese principio para el progreso de los países americanos, fundándose en que las demarcaciones administrativas de España no consultaban el interés, las necesidades y porvenir de sus colonias, sino que respondían al pensamiento del monopolio económico, origem de su atraso y su pobreza".*
68. Id. Ibid., p.38-9: *"Estimamos que el principio del uti possidetis de 1810 constituye una manera de designar una 'ley general histórico-política', que presidía la conformación territorial de los países independientes que fueron antes colonias españolas. Esa ley ha consistido en que, 'groso modo', los nuevos Estados heredaron los territorios de las antiguas jurisdiciones administrativas que había establecido la metrópole".*
69. Id. Ibid., p.38: *"[...] el principio debía 'tener valor absoluto, no relativo'; valor matemático, por decirlo así, que le permitiese resolver, en detalle, minuciosamente, las divergencias sobre límites".*
70. Id. Ibid., p.40-1: *"[...] en la America de origem espanhol. Los territórios sobre los cuales ejercen dominio sus Estados, no se formaron por la conquista, o la violencia, sino en cumplimiento de la ley histórica y la norma juridica".*
71. Id. Ibid., p.33: *"Pero el gran significado de lo que se llamaba defectuosamente 'posesión de derecho', el vasto alcance que la erigió en regla de política territorial, debe buscarse en el propósito, de vital interés para cada uno y para el conjunto de los*

damente os limites territoriais sobre os quais, no futuro, quando a posse pudesse ser efetivada, cada nação exerceria a sua soberania.[72] Paralelamente, afirma esse princípio de direito internacional americano que nenhuma porção desse continente poderia ser considerada *res nullius* e, logo, o mesmo nega todos os direitos de ocupação, colonização ou conquista do território americano por países extracontinentais.[73] Afirma César Diaz Cisnero na obra em apreço que o princípio jurídico do *uti possidetis juris*, de 1810 (de direito), ao afirmar a inexistência de *res nullius* nas terras americanas, manifesta, também, a sua natureza íntima.[74]

Em outras palavras, isso significa que o território que determinada colônia americana possuía no período colonial passava a ser definitivo com a independência dela. Porém, a questão agravante de toda essa problemática não está na posse ou não do território herdado da Espanha Colonial, mas sim no fato de que as divisões territoriais da Colônia não eram as mesmas dos novos Estados, ou seja, não equivaliam aos limites de terras do Vice-reinado do Peru, do Vice-reinado do Prata, do Vice-reinado de Granada etc. Daí as lides de interpretação sobre limites territoriais.

3. Alcance prático

O *uti possidetis juris* (de direito) é defeituoso na pretensão real e efetiva de seu objetivo de ser princípio jurídico absoluto. É exato apenas quanto ao fundamental, uma vez que ele garantiu que os Estados Hispânicos lograssem sua independência sem violência, somente pelo uso do direito.[75] Esse princípio

---

países hispano-americanos, de prevenir e impedir la usurpación de parte alguna de la América hispánica por otras potencias estranjeras".

72. Id. loc. cit.: *"[...] y en otro sentido, fijar por anticipado los límites que en el futuro, cuando la posesión pudiesse ser más efectiva, habían de separar unos ed otros los territorios sobre los que ejercerían soberanía y dominio los nuevos Estados".*
73. Id. loc. cit.: *"[...] y otro la negación de los derechos de ocupación, colonización o conquista de territorio alguno americano por países extracontinentales".*
74. Id. loc. cit.: *"A nuestro juicio, la naturaleza íntima del* uti possidetis juris *del año diez, se vincula también con la inexistencia de res nullius en América, aún durante la época colonial [...]".*
75. Id. Ibid., p.41: *"[...] defectuoso, y aún exácto solo en lo fundamental, ello basta para que se reconozca esta gran verdad: en la América de origen español, los territorios sobre los cuales ejercen dominio sus Estados, no se formaron por la conquista o la violencia, sino en cumplimiento de la ley histórica y la norma jurídica".*

comporta sempre muita imprecisão, porque trata-se de uma ficção, isto é, impõe a possibilidade de uma posse sem o fator material da apreensão ou ocupação efetiva do território.[76] Na prática, foi inoperante, porque não serviu para resolver os conflitos de fronteiras[77]; pretendia ter valor absoluto e não relativo, valor matemático, por assim dizer, a tal ponto de conseguir resolver minuciosamente as divergências sobre limites[78]; sua aplicação, ao contrário, fez surgir as diferenças de interpretação dos textos históricos sobre limites de fronteira e a necessidade freqüente de se recorrer à arbitragem – e à Mediação – como forma de solução do contencioso fronteiriço.[79]

Lapradelle não poderia ter feito uma observação mais acertada em relação à aplicação do *uti possidetis juris*, de 1810 (de direito), a qual faria surgir as diferenças de interpretação dos textos históricos sobre limites de fronteira, bem como o freqüente recurso à arbitragem como forma de solução da disputa, pois, de modo geral, é precisamente o que vai acontecer na história das delimitações de fronteiras nos países hispânicos que adotaram tal princípio, sobretudo, no caso que é agora objeto dessa pesquisa, entre a Argentina e o Chile, isto é, sobre o Canal de Beagle.

Sergio Villallobos, autor chileno, diz:

> No momento em que as novas repúblicas americanas se constituíram, elas adotaram como princípio de demarcação de suas fronteiras o *uti possidetis*, ficando cada país constituído sobre a base territorial que possuía durante a dominação espanhola.[80]

---

76. Id. Ibid., p.41: *"Sin duda, ella contiene una contradicción íntima, descansa en una ficción: suponer la posibilidad de una posesión sin el hecho material de la aprehensión o ocupacción efectiva del territorio".*
77. Id. Ibid., p.38: *"[...] se aduce que fué inoperante en la practica. No servió para resolver los pleitos de fronteras entre Colombia y Venezuela, ni entre Chile y la Argentina".*
78. Id. loc. cit.: *"Esta es la objeción más seria [...] Y no obstante, ella proviene de suponer que el principio debía tener valor absoluto, no relativo; valor matemático [...] que le permitiese resolver en detalle, minuciosamente, las divergencias de límites".*
79. Id. Ibid., p.36: *"En nuestros días, Lapradelle, después de enumerar las objeciones al uti possidetis del año diez, reconoce sin embargo, que dicho principio haciendo de los litigios de fronteras debates sobre interpretación de textos, les ha dado una elevación pacífica de cuestiones contenciosas, y salvo rara excepción, ha conducido necesariamente al arbitrage".*
80. VILLALOBOS, R.S. op. cit., p.28: *"Al constituirse las nuevas repúblicas americanas, ellas adoptaron como principio de demarcación de sus fronteras al* uti possidetis,

No momento da separação das ex-colônias da sua metrópole, prevaleceu, ainda que geralmente, a idéia de que cada novo país ficaria com o mesmo território que já tinha enquanto colônia.

O *uti possidetis juris*, de 1810 (de direito), contudo, não teria o alcance de ser um corte preciso de divisão territorial, conforme a sua pretensão, pois era incapaz de contemplar os detalhes limítrofes até mesmo desconhecidos do território objeto da divisão.

Sobre isso, observa Juan K. Kobylanski, autor polonês radicado no Uruguai:

> Os limites herdados pela teoria do *uti possidetis* eram confusos, vagos e indeterminados, que passavam por regiões desconhecidas, habitadas por tribos selvagens e nômades, como a Patagônia ao sul e a Amazônia ao norte da América meridional.[81]

Assim, é a partir da independência da Argentina e do Chile que surge a necessidade de fixar com exatidão as respectivas soberanias territoriais e marítimas entre esses países, sobre um imenso território que até então pertencia a um único senhor: a Coroa espanhola.

À Argentina couberam os mesmos limites do Vice-reinado do Rio da Prata, estabelecido por Carlos III em 8 de agosto de 1776, ou seja, ao norte limitava com o Vice-reinado do Peru e Bolívia; a oeste, com o Vice-reinado ou Capitania Geral do Chile; a leste com as colônias portuguesas e com o Atlântico; e ao sul, com a confluência dos dois oceanos (Atlântico e Pacífico), isto é, com o Cabo de Hornos.[82] Ao Chile couberam as mesmas fronteiras do Vice-reinado

---

quedando cada país constituido sobre la base territorial que había tenido durante la dominación española" (tradução livre do autor).

81. KOBYLANSKI, J.K. op. cit., p.19: *"Al estallar la gesta de 1810, los nuevos países latinoamericanos adoptaran el sistema del* uti possidetis *y sus límites fueron los establecidos por la Corona en su administración del Reino de Indias. Límites confusos, vagos y indeterminados, que pasaban por regiones desconocidas, habitadas por tribus salvajes y nómadas, como la Patagônia al sur y la Amazonia al norte de América meridional".*

82. SCENNA, M.A. op. cit., p.17: *Al separarse las colonias españolas de la Madre Patria para constituivo Estados independientes, quedó tacitamente convenido que conservarían las mismas fronteras que poseyeran en el período hispano. A la Argentina le correspondieran los límites del Virreinado del Río de la Plata, establecido por Carlos III el 8 de agosto de 1776. El monarca le acordó la misma extensión territorial que la Audiencia de Charcos, es decir, que lindaba al norte con la de Lima y tierras descono-*

ou Capitania Geral do Chile, vale dizer: ao sul, o Cabo de Hornos; ao norte, o deserto de Atacama; a oriente, os Andes; a ocidente, o Oceano Pacífico.[83]

São essas fronteiras herdadas da Espanha, enquanto Vice-reinado do Prata e Vice-reinado ou Capitania Geral do Chile, as causas mais primordias daquilo que mais tarde denominar-se-ia a Questão do Canal de Beagle.

Foi com o fato da independência que essas duas nações se preocuparam em tomar posse efetiva dos territórios sob a administração de cada um deles.

Portanto, até esse momento histórico, não existia de ambas as partes qualquer preocupação em determinar com exatidão as respectivas soberanias territoriais e limites fronteiriços de cada uma.

1.2 A chegada dos ingleses a Beagle (1830)

Retrataremos, aqui, a ótima descrição que Sergio Villalobos[84] fez sobre a chegada e o descobrimento do Canal de Beagle.

Segundo esse autor, na obra citada, a Inglaterra, no século XIX, organizava expedições científicas com o objetivo de estudar e reconhecer aqueles lugares ainda pouco explorados dos confins da terra, a fim de aumentar seus conhecimentos geográficos – e, penso, mais do que qualquer coisa, estratégicos – sobre o mundo.[85]

---

cidas, al oeste con la de Chile, al este con las colonias portuguesas y el Atlántico, y al sur con la confluencia de los dos mares, es decir, el Cabo de Hornos [...]".

83. Id. Ibid., p.18: "En 1822, Chile se da una Constitución, y en el artículo 1º se expresa: 'El territorio de Chile conoce por límites naturales: al sur el Cabo de Hornos; al norte el desierto de Atacama; al oriente los Andres; al occidente el mar Pacífico'.

84. VILLALOBOS, R.S. op. cit., p.31-41.

85. Id. Ibid., p.31: "El progreso de las ciencias y la necesidad de completar las nociones geograficas, impulsó desde al siglo XVIII a las grandes potencias navales a enviar por todo el mundo expediciones científicas que sin reparar en la diferencia de nacionalidades procurasen el estudio y reconocimiento de los lugares aún poco explorados. Durante el siglo XIX aquel movimiento continuó y las expediciones com métodos e instrumentos perfeccionados, lograron satisfacer el ansia del hombre por abarcar con sus conocimientos toda la Tierra. Dentro de la etapa de ensache de los estudios geográficos, encontramos los viages realizados por los capitanes Philip Parker King y Robert Fitz-Roy, que recorrieron prolijamente el extremo meridional de América, desde el Rio de la Plata a Chiloé, cuando nuestros países recién sacudian la dominación española. Los resultados de esta mision fueron fructíferos, siendo uno de los más interesantes el descubrimiento del canal Beagle".

A Questão de Beagle: a origem do conflito

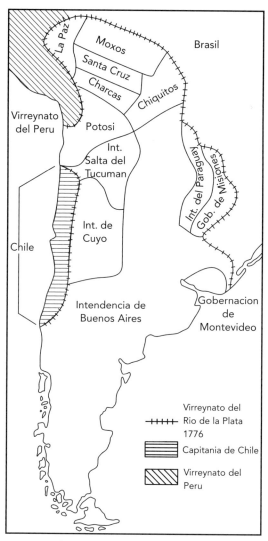

Figura 1.2 O vice-reinado do Rio do Prata de 1810.

Foi assim que o Almirantado Britânico organizou uma expedição para o extremo meridional da América, comandada pelos capitães Phillip Parker King e Robert Fitz-Roy. Essa expedição era composta de dois navios: o *Adventure*, comandado pelo capitão King, chefe da expedição, e o *Beagle*, cujo chefe, o capitão Fitz-Roy, foi elevado à condição de comandante durante a viagem.⁸⁶

No dia 22 de maio de 1826, essa expedição zarpou do porto de Plymouth, dirigindo-se diretamente para a região central da América. Narra Sergio Villalobos que a expedição realizou intensos e minuciosos trabalhos ao sul do Rio da Prata, da Patagônia, do Estreito de Magalhães e dos arquipélagos do Pacífico. A viagem de exploração durou quatro anos, entrando e saindo dos canais da região, que, pela primeira vez, eram explorados com tanto rigor científico.⁸⁷

Antes, porém, de concluir a missão, prossegue o autor, o chefe da expedição, o capitão King, determinou ao capitão Fitz-Roy que realizasse com o navio *Beagle* umas últimas observações ao sul da Terra do Fogo, ao centro do arquipélago que terminava no Cabo de Hornos.

Durante 3 meses (de março a maio de 1830), Fitz-Roy permaneceu naqueles lugares, completando o levantamento de mapas, fazendo sondagens e tomando notas de muitos fenômenos geográficos.

Encontrava-se o *Beagle* fundeado nas proximidades da Bahia de Cook, quando o capitão Fitz-Roy ordenou ao oficial Murray que explorasse os cantos em uma embarcação menor, como se costumava fazer.

O oficial Murray cumpriu a tarefa e, ao regressar, informou ao comandante sobre a descoberta de um canal.

Fitz-Roy tomou nota cuidadosamente das informações registradas no diário de bordo, que Murray tinha visto "um canal que conduzia até o leste a perder de vista, cuja largura média parecia ser de uma milha aproximadamente". Dessa forma, observa Sergio Villalobos na obra em apreço, foi descoberto o braço oeste do Canal de Beagle.⁸⁸

---

86. Id. loc. cit.: *"La expedición fue organizada por el Almirantazgo Británico con el carácter de oficial. La componían dos naves, la Adventure, comandada por el capitán King, jefe de la expedición, y la Beagle, cuyo jefe, el capitán Fitz-Roy, ascendió a comandante de ella durante el viaje".*

87. Id. Ibid., p.31-2: *"El 22 de mayo de 1926, la naves con sus velas desplegadas abandonaban el puerto de Plymouth y se dirigían directamente a la región austral e América. Los trabajos realizados al sur del Rio de la Plata, la Patagonia, el Estrecho de Magallanes y los archipélagos del Pacífico fueron intensos y minuciosos, demandando en total cuatro años de constante ir y venir, entrar y salir por los canales: por primera vez aquellas regiones eran exploradas con tanto rigor científico".*

88. Id. Ibid., p.32-3: *"Encontrándose la Beagle fondeada en las proximidades de la Bahía Cook, el capitán Fitz-Roy ordenó al oficial Murray que explorase las costas en una*

Prosseguindo os trabalhos mais para o oriente, Fitz-Roy dispôs que o mesmo Murray explorasse a parte chamada hoje de Ponsonby, para ver se havia ali algum outro canal. Murray navegou em direção ao norte, entrando em uma passagem muito larga entre as ilhas Hoste e Navarino, que foi batizada como Passagem Murray, penetrando, assim, no Canal de Beagle no seu ponto médio. Entusiasmado com o achado que confirmava a intuição de seu chefe, Murray prosseguiu, então, pelo braço leste do canal, mais ou menos até a ilha Gable, de onde pôde observar que, mais ao longe, desembocava no mar.[89]

Regressando ao *Beagle*, Murray relatou o acontecido para a maravilha de Fitz-Roy, que imediatamente registrou no diário de bordo os novos dados:

> O oficial regressou e me surpreendeu com a informação de que havia atravessado até muito além da Bahia de Nassau. Ele tinha ido muito pouco até o norte, mas bastante para o leste, tendo passado por uma passagem estreita, de aproximadamente um terço de milha de largura, que o levou a um canal reto, de mais ou menos duas milhas de largura e que se estendia mais ou menos do leste para o oeste tão longe quanto podia alcançar a vista [...].[90]

---

embarcación menor, según era el método. Murray cumplió su cometido y al regresar pudo informar del descubrimiento de un canal. Fitz-Roy tomó nota cuidadosamente de las informaciones y en el diario de viaje dejó constancia de que Murray había visto 'un canal que conducía hacia el este más allá de donde podía alcanzar la vista, cuya anchurra media parecía ser de una milla aproximadamente'. Quedaba descubierto el brazo oeste del canal Beagle [...]".

89. Id. Ibid., p.33: *"Prosiguiendo los trabajos un poco más al oriente, el capitán Fitz-Roy dispuso que el mismo Murray explorase el seno llamado hoy día Ponsonby por si existiese allí algún otro canal. Murray navegó en dirección norte, se introdujo por un paso mui angosto entre las islas Hoste y Navarino, que fue bautizado como paso Murray, y penetró en el canal Beagle en su curso medio. Entusiasmado con el hallazgo, que confirmaba la instrucción de su jefe, Murray prosiguia ahora por el brazo este del canal más o menos hasta la isla Gable, de onde pudo observar que en la lejanía desembocaba en el mar".*

90. Id. Ibid., p.31-41. *"El oficial regresó y me sorprendió con la información de que había atravessado hasta mucho más allá de la bahía Nassau. Había ido muy poco hacia el norte, pero una larga distancia hacia el este, habiendo pasado un estrecho pasaje, de alrededor de un tercio de milla, de ancho, que lo conducio a un canal recto, de más o menos dos millas de ancho, y que se extendía aproximadamente de este a oeste tan lejos como podía alcanzar la vista [...]".*

Ao norte do canal se estendia uma cadeia de montanhas, cujos cumes estavam cobertos de neve, que alcança quase quarenta milhas e, em seguida, se deprimia em forma de montes pequenos, que depois revelavam ondulações de terras ou de argila até a água. A partir das ondulações de argila, sua vista não era interrompida por nenhuma terra em direção leste-sul-leste e, portanto, deve ter olhado através de uma saída para alto-mar.[91]

Prosseguindo os trabalhos, continua Sergio Villalobos na obra citada, Fitz-Roy ordenou novas explorações. Dessa vez ele, pessoalmente, quis reconhecer o canal descoberto por Murray, usando para isso uma pequena embarcação, dirigindo-se então para o alto de Posonby. Cruzou a passagem Murray e penetrou pelo Canal de Beagle; como este já estava explorado no seu lado leste, dirigiu-se, então, em sentido contrário, chegando assim à ilha Gordon, prosseguindo logo pelo braço noroeste do canal, que nesse ponto se bifurcava. Satisfeito com a exploração, Fitz-Roy deu a volta com o *Beagle*, onde esperou pelos outros oficiais que tinham realizado trabalhos em direções diferentes. Um desses, o guarda-marinha Stokes, navegou diretamente para o norte da ilha Lennox até entrar no Canal de Beagle, tinha virado para o oeste e passado pelo norte da ilha Picton; havia prosseguido adentrando até a ilha Gable mais ou menos. Assim, por meio dos reconhecimentos efetuados por Murray, Fitz-Roy e Stokes completavam as explorações do canal, fixando suas características, arremata Sergio Villalobos.[92]

---

91. Id. Ibid., p.33: *"Al norte del canal se extendía una cadena de montañas, cuyos cimos están cubiertos di nieve, que alcanza casi a cuarenta millas, y en seguida se deprimía en cerros corrientes que, cerca del lugar al que llegó mostraban acantilados de arcilla su vista no era interrompida por ninguna tierra en dirección este-sur-este, por lo tanto, debe haver mirado a través de una solida al mar de afuera".*

92. Id. Ibid., p.33-4: *"Prosiguiendo los trabajos, la Beagle fue a fondear a la caleta Lennox, al oriente de la isla del mismo nombre, donde Fitz-Roy ordenó nuevas exploraciones. El personalmente decidió reconocer el canal descubierto por Murray y en una pequena embarcación se dirigió al seno Ponsonby. Cruzó el paso Murray y se introdujo en el canal Beagle: como ya estaba explorado el lado este del canal, se dirigió en sentido contrario, llegando a la isla Gordon y prosiguiendo luego por el brazo noroeste del canal, que allí se bifurcaba. Satisfecho con la exploración, Fitz-Roy dio la vuelta a la Beagle, donde esperó a otros oficiales que habían realizado trabajos en diferentes direcciones. Uno de ellos, el guardiamarina Stokes, había navegado rectamente al norte de caleta Lennox hasta entrar en el canal Beagle, había torcido al oeste y pasando al norte de Picton había proseguido internandose hasta la isla Gable más o menos. Con los reconocimientos de Murray, Fitz-Roy y Stokes, quedaban completadas las exploraciones del canal y fijadas sus características".*

Como a estação já estava avançada e a missão de exploração cumprida, Fitz-Roy rumou para o Atlântico, de volta para a Inglaterra, fazendo antes uma escala no Rio de Janeiro, onde se reuniu com o outro navio da expedição, o *Adventure*, para juntos prosseguirem em viagem de retorno a Plymouth, onde chegaram em outubro de 1830.[93]

Logo, foram os ingleses que, em 1830, descobriram o Canal de Beagle, assim definido pelos oficiais do navio Beagle, em síntese:

> Estende-se desde o largo de Navidad (Bahia de Cook) até o Cabo São Pio, por uma distância de cento e vinte milhas, com um curso tão direto que nenhum ponto das margens opostas cruza nem intercepta a vista livre através do mesmo; ainda que a média de sua largura, que também é muito paralela, não é muito superior a uma milha e em algumas partes não é mais de um terço de milha.[94]

Em 1833 – retoma Sergio Villalobos na obra citada –, o Almirantado Britânico ordenou que Fitz-Roy retornasse com o *Beagle* ao canal recém-descoberto, para continuar os estudos na região, viajando depois ao redor do mundo. Acompanhava Fitz-Roy, dessa vez, um jovem estudioso chamado Charles Darwin, observa o autor.[95]

Em janeiro de 1833, Fitz-Roy e Darwin, em quatro botes pequenos, realizaram uma viagem integral pelo Canal de Beagle. Assim, os relatos da primeira viagem foram confirmados por essa segunda.[96]

---

93. Id. Ibid., p.34: *"[...] como la estación ya estuviese avanzada y la misión cumplida, Fitz-Roy ordenó zarpar rumbo al Atlántico. En Rio de Janeiro, la Beagle se reunió con la Adventure y ambas naves continuaron a Inglaterra, llegando a Plymouth en octubre de 1830".*
94. Id. loc. cit.: *"Que se extiende desde el Seno Navidad (Bahía Cook) al Cabo San Pío, en una distancia de unas ciento veinte millas, con un curso tan directo que ningún punto de las riberas opuestas cruza ni intercepta la libre visión a través de el; aunque el promedio de su ancho, que también es muy paralelo, no es muy superior a una milla y en algunas partes no este de un tercio de milla".*
95. Id. Ibid., p.35: *"Debido al éxito de la expedición, el Almirantazgo decidió continuar los estudios en el extremo meridional de América y comisionó al capitán Fitz-Roy para que volviese con la Beagle y prosiguiese luego en un viaje al rededor del mundo. Esta vez fue incorporado a la expedición un joven apasionado por la ciencia y que ya tenía cierta preparación; Charles Darwin".*
96. Id. loc. cit.: *"En enero de 1833 la Beagle se encontraba en el paso Goree entre las islas Lennox y Navarino. Desde allí emprendió Fitz-Roy un viaje con cuatro botes para*

Darwin ficou impressionado com o canal e o descreve da seguinte forma:

> Sua extensão é de cerca de 120 milhas, com uma largura média de mais ou menos duas milhas, sem variações muito grandes. A maior parte de seu trajeto é tão extremamente reta, que a vista da linha de montanhas que acompanha as suas margens gradativamente se perde na linha do horizonte [...]. O canal Beagle cruza a parte sul da Terra do Fogo, através de uma linha leste-oeste; em seu curso médio junta-se ao mesmo, em forma de um ângulo reto, pelo lado sul, um canal irregular ao qual atribuiu-se o nome de Largo Ponsonby (Passagem Murray).[97]

Comparando a descrição do Canal de Beagle feita por King e Fitz-Roy, em tudo coincidia com aquela feita por Charles Darwin, conclui Sergio Villalobos.[98]

Em outras palavras, segundo a descrição feita pelos descobridores do Canal de Beagle, temos o seguinte: o Canal de Beagle estende-se da Bahia de Cook ao Cabo São Pio, com uma longitude de 120 milhas. Seu curso é de aproximadamente de leste para oeste; é extremamente reto e seus lados são paralelos; sua largura tem cerca de 2 milhas; o oriente dá para o alto-mar, rumo ao leste-sul-leste, através de uma só boca e em seu curso médio junta-se a ele a Passagem Murray.[99]

---

recorrer íntegralmente el canal Beagle. En la descripción que el célebre capitán hizo del nuevo reconocimiento, confirmó los datos del primer viaje [...]".

97. Id. loc. cit.: "Su largo es de alrededor de 120 millas, con un ancho medio de más o menos dos millas, no sujeto a variaciones muy grandes. A través de la mayor parte es tan extremadamente recto, que la vista limitada a cada lado por una línea de montañas, gradualmente llega a hacerse confusa en la perspectiva [...]. El canal Beagle cruza la parte sur de Tierra del Fuego en una línea este-oeste; en su curso medio se le junta en ángulo recto por el lado sur, un canal irregular que ha sido llamado Seno Ponsonby (Paso Murray)".

98. Id. loc. cit.: "La descripción de Darwin está en todo conforme con las de King y Fitz-Roy [...]".

99. Id. Ibid., p.37: "[...] el canal Beagle se extiende desde Bahía Cook al Cabo San Pío en una longitud de 120 millas, su curso es aproximadamente de este a oeste, es extremadamente recto y sus lados paralelos, su ancho es de alrededor de dos millas, por el oriente sale al mar de afuera en dirección este-sur-este por una sola boca y en su curso medio se le junto el Paso Murray".

A Questão de Beagle: a origem do conflito

Figura 1.3 Carta britânica levantada pelo *Beagle*, conforme as declarações do Capitão Fitz Roy entre 1826 e 1836.

Figura 1.4 Carta britânica n. 1373 – 1ª edição de 1841.

2. O NASCIMENTO DA QUESTÃO: PRINCIPAIS TRATADOS

2.1 A divergência de interpretação sobre a "Questão de Beagle"[100]

---

100. Ver também: SCENNA, M.A. op. cit., p.77-129; DIAZ, F.I. *Límites de Chile 1535-1985*. Buenos Aires, Vanguardia, 1986. p.52-9; SANTIBÁÑEZ ESCOBAR, R. *Los derechos de Chile en el Beagle*. Buenos Aires, Andrés Bello, 1969. p.26-62; Id. La posición chilena en el Beagle. *Estrategia*, n.3, p.73-8, sept./oct. 1969; LIPOVETZKY, J.C. *Disparen sobre el Beagle en defensa de la mediación papal*. Buenos Aires, Distal Librería-Editorial, 1984. p.37-43.

2.1.1 O Tratado de 1826

Em 1826, Argentina e Chile assinaram o Tratado de Amizade, Aliança, Comércio e de Navegação[101], que foi o primeiro tratado assinado entre os dois países com o objetivo de consolidar as fronteiras herdadas pelo *uti possidetis,*[102] sobretudo quanto ao perigo de usurpação territorial por parte de outras potências européias,[103] cujo artigo 3º estabelece que os signatários se obrigavam:

> [...] a garantir a integridade de seus territórios e a agir contra todo poder estrangeiro que pretendesse mudar através da violência os limites reconhecidos desses dois países antes de sua emancipação, ou posteriormente, em virtude de tratados especiais [...].[104]

Sobre esse tratado, o autor argentino Alfredo H. Rizzo Romano observa o seguinte:

> [...] ele não só consagra a teoria do 'uti possidetis juris' de 1810, que a Argentina sempre defendeu em seus pleitos limítrofes, mas também estabelece uma formal aliança e mútua defesa contra a suposta usurpação territorial por parte de uma terceira potência.[105]

---

101. RIZZO ROMANO, A. op. cit., p.41.
102. Ver GALLARDO, C.R. *Chile y Argentina: consolidación de sus fronteras.* Santiago, del Pacífico, 1900. p.20-1 e 87-91; MELINARI, D.L. *La primera unión de sur: orígens de la frontera austral argentino-chilena. Patagonia, Islas Malvinas y Antártida.* Buenos Aires, [s. n.], 1961. p.119-20.
103. Cf. RIZZO ROMANO op. cit., p.42: na verdade, apenas 6 anos depois de sua assinatura, a Grã-Bretanha ocupou as Ilhas Malvinas. *"Sin embargo, apenas 6 años después de suscripto (o tratado), tiene lugar el violento acto ilegal de ocupación de las Malvinas por parte de Gran Bretaña, y Chile permanece mudo ante el atropello".*
104. Id. loc. cit.: *"Volviendo a los primeros años de vida independiente para seguir al desarollo cronológico del pleito limítrofe con Chile, debo señalar que el día 20 de noviembre de 1826 [...] las Provincias Unidas suscribían con el gobierno de Santiago un 'Tratado de Amistad, Alianza, Comercio y Navegación', cuyo 3º establecía que los signatarios se obligaban a garantir la integridad de sus territorios y a obrar contra todo poder extranjero que intente mudar por violencia los límites de dichas Repúblicas, en virtud de tratados especiales [...]".*
105. Id. Ibid., p.42: *"El Tratado, pues, no sólo consagra la teoría del uti possidetis juris de 1810, que Argentina siempre defendió en sus pleitos limítrofes, sino que establece*

Nesse sentido, converge o Almirante Rafael Santibañez Escobar, autor chileno, que atribuiu a esse fato um valor antecedente determinante no desenvolvimento do conflito futuro de soberania limítrofe entre Argentina e Chile, dizendo:

> [...] o Tratado de Paz, de Amizade, de Comércio e de Navegação de 30 de abril de 1856, assinados por dom Carlos Lamarca e por dom Diego Benavente, por Argentina e Chile, respectivamente, no qual foram reconhecidos por ambos os países os limites determinados pelo 'uti possidetis' de 1810, ou seja, os limites que tinham ou possuíam a Argentina e o Chile quando se tornaram independentes da Espanha.[106]

O único artigo relativo às questões limítrofes desse Tratado, complementa o Almirante Santibañez, é o seguinte:

> Art. 39 – Ambas as partes contratantes reconhecem como limites de seus respectivos territórios aqueles que possuíam no momento da separação da dominação espanhola, em 1810, e acordam em determinar as questões que puderam ou possam surgir sobre esta matéria para discuti-las depois pacífica e amigavelmente, sem recorrerem jamais a meios violentos e, caso não cheguem a um completo acordo, submeter a decisão à arbitragem de uma nação amiga.[107]

---

una formal alianza y mutua defensa para el supuesto de usurpaciones territoriales por parte de una tercera potencia".

106. SANTIBÁÑEZ ESCOBAR, R. op. cit., p.20: "*En este temperamento iniciamos un rápido bosquejo histórico preocupándonos del 'Tratado de Paz, Amistad, comercio y Navegación' de 30 de abril de 1856, que lleva las firmas de don Carlos Lamarca y de don Diego José Benavente, por Argentina y Chile, respectivamente, en el cual fueron reconocidos para ambos países los límites que determinó el uti possidetis de 1810, o sea, los límites que tenían o poseían Argentina y Chile al independizarse de España*".

107. Id. Ibid. p.20: "*Art. 39 – Ambas partes contratantes reconocen como límites de sus respectivos territorios los que poseían como tales al tiempo de separarse de la dominación española, el año 1810, y convienen en aplazar las cuestiones que han podido o puedan suscitarse sobre esta materia para discutirlas después pacífica y amigablemente, sin recurrir jamás a medidas violentas y, en caso de no arribar a un completo arreglo, someter la decisión al arbitraje de una nación amiga*".

Assim, esse artigo traz implicitamente as seguintes conclusões:

- os limites reconhecidos pelo princípio do *uti possidetis*, de 1810 (de direito), são de caráter geral, ou seja, estabelecidos a grosso modo e, portanto, não tratam nem resolvem detalhes ou questões específicas de limites de fronteira;
- existem, sabidamente, questões objetivas de limites de fronteira ainda não devidamente enfrentadas e resolvidas entre Argentina e Chile, tais como a Patagônia e todo o sul austral do continente; e, ao norte, limites sobre os Andes;
- no momento de tratar tais problemas, ambas as partes escolhem o método internacional de solução pacífica e amigável das controvérsias, sem jamais recorrerem à violência;
- em caso de impasse nas negociações bilaterais, submeter-se-ão os dois países à decisão por arbitragem de uma nação amiga.

2.1.2 O Tratado de 1856 ou Tratado Lamarca[108]

O princípio do *uti possidetis*, de 1810 (de direito), que determinou a divisão das fronteiras entre a Argentina e o Chile no momento da independência desses países da Espanha, foi reconhecido, então, oficialmente, pelo já citado Tratado de 1826 e, em seguida, pelo tratado bilateral em 30 de abril de 1856, no seu artigo 39:[109]

> Art. 39 – Ambas as partes contratantes reconhecem como limites de seus respectivos territórios aqueles que possuíam como tais no momento da separação da dominação espanhola, no ano de 1810, e concordam em resolver as questões que vierem a surgir sobre essa matéria de modo pacífico e amigável, sem jamais recorrerem a medidas violentas e, no

---

108. Carlos Lamarca foi o diplomata argentino que negociou esse tratado, incluindo nele a cláusula arbitral para a solução pacífica de eventuais diferenças territoriais entre Chile e Argentina.
109. SANTIBÁÑEZ ESCOBAR, R. op. cit., p.20: "*En este temperamento iniciamos un rapido bosquejo histórico preocupándonos del 'Tratado de Paz, Amistad, comercio y Navegacion' de 20 de abril de 1856, que lleva las firmas de [...], en el cual fuerón reconocidos para ambos países los límites que determinó el* uti possidetis *de 1810, o sea, los límites que tenían o poseían Argentina y chile al indipendizarse de España*".

caso de não chegarem a um acordo completo, submeter a decisão à arbitragem de uma nação amiga.

O Tratado de 1856 consagrava, assim, de forma mais ampla e definitiva em relação ao Tratado de 1826, a fórmula do *uti possidetis* como limite das fronteiras de ambos, mas, sobretudo, esse se notabiliza na questão que estamos tratando, pois determina, pela primeira vez, a inclusão no seu bojo de uma cláusula de arbitragem e, por conseguinte, a eleição de árbitros em caso de litígio territorial futuro e sua solução pacífica entre as duas nações.[110]

Segundo Rizzo Romano, essa cláusula efetivar-se-ia na realidade somente quarenta anos mais tarde,[111] contudo, representou um verdadeiro avanço na época, considerando-se que naquele tempo não existia ainda um instrumento permanente para a solução de litígios, tais como um Tribunal Internacional integrado por juristas especializados.

Esse Tratado, porém, consciente das já existentes diferenças de fronteiras territoriais entre Argentina e Chile, bem como da impossibilidade concreta e momentânea de as partes resolvê-las, apenas cria regras básicas para o jogo futuro da solução das mesmas – estabelece nesse ínterim um *modus vivendi* entre as duas nações. Contudo, o Tratado não foi ratificado pela Argentina.

2.1.3 O Tratado de 1878

Em 1878, Argentina e Chile assinaram um outro documento internacional, chamado de Pacto Fierro-Sarratea, visando, se não a solução efetiva das

---

110. RIZZO ROMANO, A. op. cit., p.48: *"El documento consagra claramente la fórmula del uti possidetis juris de 1810 como ya lo había hecho el anterior de 1826, aunque en forma más amplia y terminante. Por medio del Tratado de Lamarca se manifiesta una de las primeras aplicaciones en Sudamérica del principio del arbitraje, como medio pacífico de dirimir contiendas fronteirizas ante la impossibilidad de un acuerdo directo. Eso hace decir a Sarmiento que esta Convención es un titulo de honor para quienes la suscribieron y specialmente para don Carlos Lamarca, autor de la cláusula arbitral, pues en esta materia hemos precedido a los norteamericanos e ingleses".*

111. Id. Ibid., p.49: *"Actualmente existe una forma tecnicamente superior por las mayores garantías que ofrece: me refiero al planteo de la causa litigiosa ante un Tribnal Internacional integrado por juristas especializados. Cupo pues al gobierno del general Urquiza la honra de firmar un tratado consagratorio del arbitraje, que aunque recién se concretaría cuarenta años más tarde, significó un verdadero avance para su época".*

disputas de fronteiras (Patagônia, Estreito de Magalhães e Terra do Fogo), pelo menos estabelecer uma nova trégua e um adiamento na decisão das mesmas.[112]

Nos seus artigos 5º, 6º e 10º, este Pacto dizia o seguinte:

> Art. 5º – O Tribunal regular-se-á segundo um acordo de direito e adotará como fundamento de sua sentença, tanto o princípio estabelecido pelas partes contratantes no art. 39 do Tratado que celebraram no ano de 1856, reconhecendo como limites de seus territórios aqueles que possuíam no tempo da separação da dominação espanhola em 1810, como também o princípio de direito público americano, conforme o qual não existem, na América que foi espanhola, territórios que possam ser considerados 'res nullius', de maneira que os territórios disputados possam ser declarados do Chile ou da República Argentina.[113]

O artigo 5º reproduz e confirma o pactuado no artigo 39 do Tratado de 1856, reconhecendo uma vez mais, no papel, os limites que ambos os países possuíam ao separarem-se da Espanha.[114]

> Art. 6º – Enquanto o Tribunal não resolver a questão dos limites, a República do Chile exercerá jurisdição no mar e nas costas do Estreito de

---

112. SANTIBÁÑEZ ESCOBAR, R. op cit., p.21: "*En 1878, cuando las relaciones entre los dos países habían alcanzado un período de extrema tirantez, se produjo un nuevo avenimiento, el Pacto Fierro-Sarratea, que no fue otra cosa que una nueva tregua y una postergación del problema que venía agudizándose día por día*". Consulte também: RIZZO ROMANO, A. op. cit., p. 88-95.
113. Id. Ibid., p.22: "*Art. 5º - El tribunal fallará con arreglo a derecho y adoptará como fundamento de su sentencia tanto el principio establecido por los dos partes contratantes en el Artículo n. 39 del Tratado que celebraron el ano 1856, reconociendo como límites de sus territorios los que poseían al tiempo de separarse de la dominación española en 1810, como también el principio de derecho publico americano, según el cual no existen en la América que fue española territorios que quedan considerarse* res nullius, *de manera que los disputados deben declararse de Chile o de la República Argentina*".
114. Id. Ibid. p.22.: "*[...] El articulo 5° reproduce y confirma lo pactuado en el articulo 39 del Tratado de 1856, reconociendo una vez más, en el papel, los límites que ambos países tenían al separarsse de España [...]*".

Magalhães, canais e ilhas adjacentes, e a República Argentina, no mar e costas do Atlântico e ilhas adjacentes.[115]

É a partir desse artigo que se desenvolverá a idéia do Chile no Pacífico e a Argentina no Atlântico: o Princípio Bioceânico[116], pelo qual o Chile não poderia pretender jurisdição no Atlântico, nem a Argentina, no Pacífico.[117]
"Art. 10º – Seja qual for a resolução dos árbitros e a condição internacional em que possam encontrar-se as relações de ambos os países, a navegação do Estreito de Magalhães será livre para todas as bandeiras".[118]

---

115. Id. loc. cit.: *"Art. 6º – Mientras el Tribunal no resuelva la cuestión de límites, la República de Chile ejercerá jurisdicción en el mar y costas del Estrecho de Magallanes, canales e islas adyacentes y la República Argentina, en el mar y costas del Atlántico e islas adyacentes".*
116. VIO VALDIVIESO, F. *La mediación de S.S. el Papa Juan Pablo II en el conflicto chileno-argentino sobre delimitación de jurisdicciones marítimas en la zona austral antecedentes, desarrollo y destino.* Santiago, Aconcagua, 1984. p.60-1: *"Argentina ha tratado de formar conciencia en el mundo, desde hace mucho antes, sobre la existencia de um 'principio oceánico" que en su concepto habría sido aprobado por Chile y Argentina, y que consistiría en que cada uno de estos dois países tendría un derecho primordial o a priori a todas las costas y litoral del continente y a lo que se hallase sobre ellos; en el Atlántico, en el caso de Argentina, y en Pacífico, en el caso de Chile, teniendo como contrapartida la respectiva renuncia a todos los derechos en las costas o litoral opuestos. Para la Republica vecina, el pretendido principio tiene tres fuentes:*
    • *el* uti possidetis juris *de 1810;*
    • *un imaginario principio oceánico subyacente que en concepto de Argentina debe regir todo el Tratado de Límites de 1881;*
    • *el art. II del Protocolo de 1883: '[...] Argentina había sostenido en el curso del litigio que el* uti possidetis *sobrevive como un principio tradicional y representado, a cuya luz debe entenderse todo el Tratado y que debe prevalecer en el caso de conflicto o duda respecto de la inteligencia o finalidad del Tratado".*
117. RIZZO ROMANO, A. op. cit., p.22: *"El articulo 6° esboza además la idea que veremos tomar cuerpo y convertirse más tarde en un slogan: Chile en el Pacífico, Argentina en el Atlántico".*
118. SANTIBÁÑEZ ESCOBAR, R. op. cit., p.22: *"Art. 10 – Sea cual fuera la resolución de los árbitros y la condición internacional en que puedan encontrarse las relaciones de ambos países, la navegación del Estrecho de Magallanes será libre para todas las banderas".*

Deste Tratado de 1878 constavam as seguintes estipulações:

1ª As questões limítrofes seriam resolvidas por um tribunal misto, composto por dois cidadãos argentinos e dois chilenos, nomeados por seus respectivos governos [...];

2ª Os governos nomeariam dentro de noventa dias um ministro *ad hoc* para cada parte e esses especificariam os territórios e as questões que seriam submetidos ao tribunal, fixando o lugar e o dia em que esse iria se instalar, e o procedimento a ser seguido;

3ª Em caso de existir desacordo no tribunal, facultava-se a designação de um estadista americano, que não das partes envolvidas, ou um governo amigo, para que, na qualidade de arbitro juris, resolvesse os pontos controvertidos;

4ª O Chile exerceria, enquanto isso, a jurisdição no mar e nas costas do Estreito, canais e ilhas adjacentes, e a Argentina no mar e costas do Atlântico e ilhas adjacentes; e

5ª A navegação do Estreito era declarada livre para todas as bandeiras.[119]

Portanto, quanto às figuras de tribunal e árbitro que aparecem nos artigos 5º, 6º e 10 do tratado em questão, devem ser entendidas como uma tentativa das partes de solucionarem bilateralmente as diferenças territoriais, antes de apelarem à arbitragem de uma nação amiga.

Analisando esses artigos, Santibañez Escobar, na obra citada, faz as seguintes observações:

---

119. RIZZO ROMANO, A. op. cit., p.92: *"1º. Las questiones limítrofes serian resueltas por um tribunal mixto, compuesto de dos ciudadanos argentinos y dos chilenos, nombrados por los respectivos gobiernos...; 2º. Los gobiernos nombrarían dentro de los noventa días un ministo ad hoc por cada parte, y éstos acordarían los territorios y las cuestiones que habían de someterse al tribunal, fijando el lugar y día en que este se instalaría, y el procedimiento a seguirse; 3º. En caso de existir desacuerdo en el tribunal, se la facultaba para que designase un estadista americano que no fuera nacional de ninguna de las partes de árbitro juris resolviera los puntos controvertidos; 4º. Chile ejercía mientras tanto jurisdición en el mar, y costas del Estrecho, canales e islas, y Argentina en el mar y costas del Atlántico e islas adjacentes; y 5º. La navegación del Extrecho se declaraba livre para todas las banderas".*

1. O artigo 5º reproduz e confirma o pactuado no art. 39 do Tratado de 1856, reconhecendo uma vez mais, no papel, os limites que ambos os países possuíam ao separarem-se da Espanha.
2. Por sua vez, os artigos 6º e 10º contêm expressões que se repetirão mais para frente no Tratado de 1881. O artigo 6º manifesta, ainda, a idéia de que veremos concretizar-se mais tarde em uma bandeira de luta: Chile no Pacífico, Argentina no Atlântico.[120]

Assim, como bem afirma o mesmo autor, esse novo acordo de natureza bilateral entre Argentina e Chile, mais uma vez estabelece uma nova trégua, além de adiar uma solução efetiva do problema de disputa das fronteiras, o que, aliás, ia se agravando dia após dia: o Chile, com seus barcos de guerra em Santa Cruz, protegendo a sua zona de soberania no Atlântico; a Argentina em seu processo de ocupação determinada da Patagônia; a necessidade de delimitação de soberania sobre o Estreito de Magalhães, ilhas adjacentes e posteriores e sobre a região austral; o vivo temor de invasões estrangeiras na Patagônia (França, Inglaterra), por exemplo nas Ilhas Malvinas, em 1833; além do temor de que a Espanha, ainda não de todo resignada com a perda das duas colônias americanas, tentasse retomar os seus domínios sobre as mesmas.[121]

Todavia, nota Santibañez Escobar, esse acordo não chegou a viger entre as partes, porque a Argentina não completou o processo de ratificação do mesmo.[122]

A falta de ratificação do Pacto de 1856 pareceu ser proposital por parte da Argentina, que, a essa altura, já não tinha mais interesse em ratificar o princípio do *uti possidetis* de 1810.

---

120. SANTIBÁÑEZ ESCOBAR, R. op cit., p.22: "*El artículo 5º reproduce y confirma lo pactado en el artículo 39 del Tratado de 1856, reconociendo una vez más, en el papel, los límites que ambos países tenían al separarse de España; sin embargo, los artículos 6º y 10 son restrictivos de esta soberanía y contienen expresiones que vamos a ver repetirse más adelante en el Tratado de 1881. El artículo 6º esboza además la idea que veremos tomar cuerpo y convertirse más tarde en un slogan: Chile en el Pacífico, Argentina en el Atlántico*".
121. Id. Ibid., p.21-2.
122. Id. Ibid., p.21.

2.1.4 O Tratado de 1881
2.1.4.1 A questão da Patagônia

Sergio Villalobos[123] relata que um dos fatores que mais influenciaram o Chile nas negociações sobre disputas territoriais com a Argentina foi o fato de esse país ter se envolvido, em 1879, em uma guerra longa, custosa e sangrenta com o Peru e a Bolívia, sem, contudo, conseguir pôr um fim à mesma, o que o deixou, estrategicamente, por demais enfraquecido sob todos os pontos de vista na fronteira norte do país.

Miguel Angel Scenna, autor argentino, condensa nos seguintes pontos as causas principais da Guerra do Pacífico de 1879 entre Chile, de um lado, e Peru e Bolívia, de outro lado:

- a decisão de La Moneda (sede do governo chileno em Santiago) de não desencadear uma guerra com a Argentina foi pelo fato de terem os chilenos um outro inimigo mais imediato: a Bolívia (Peru);[124]
- desde o início da década de 1870, o Chile se armava aceleradamente, a ponto de possuir os equipamentos bélicos mais modernos da

---

123. VILLALOBOS, R.S. op. cit., p. 43-4: *"Desde hacía tiempo venían arrastrándose litigios diplomáticos entre Chile y la Argentina sobre la fijación de sus límites, sin que hubiese sido posible llegar a un convenio. Aunque el año 1881 la situación de Chile era en extremo delicado, se avino en efectuar negociaciones para establecer las bases generales de acuerdo. Chile estaba aún envuelto en las dificultades de la guerra iniciada en 1879 con Perú y Bolivia y no lograba poner término al conflicto. Sus armas victoriosas habían entrado en Lima después de campañas largas, costosas y sangrientas y se veía la necesidad de mantener la ocupación del Perú [...]. Por otro lado, las grandes potencias, que habían resultado perjudicadas con el conflicto, se mostraban poco amistosas hacia Chile e estaban dispuestas a presionarlo con el objeto de poner fin a la situación en cualquier forma. La actitud de la misma Argentina había sido dudosa o más bien reticente para con Chile. Por todas estas circunstancias, el gobierno chileno se vio obligado a negociar en un pie desfavorable para los intereses del país y hubo de ceder en más de algún aspecto. No podía de ser de otro modo: si se había echado encima dos enemigos irreconciliables (Perú y Bolivia) en el Pacífico, la menor prudencia recomendaba no echarse otro por el lado del Atlántico.*
124. SCENNA, M.A., op. cit., p.60: *"La decisión de La Moneda de no desencadenar un conflicto com la Argentina obedeció a que temían a mano otro enemigo inmediato".*

América do Sul; possuía, também, um exército valente, uma situação econômica mais brilhante que a de seus vizinhos; uma política externa nacionalista e imperial (militar);[125]
- o Chile estava decidido à expansão territorial, quer para a zona boliviana de Atacama, quer para a Patagônia Argentina;[126]
- fazia anos que o Chile preparava pacientemente o golpe, favorecido pelo descaso com que o governo boliviano mantinha no abandono essa região desértica, porém de apreciável riqueza mineral, ao sul da qual passava de modo difuso e impreciso o limite entre os dois países;[127]
- o descobrimento de cobre, salitre e nitrato de sódio na região atraiu de imediato o interesse chileno, iniciando-se uma dupla via de infiltração: por um lado, uma crescente imigração de operários e trabalhadores braçais chilenos até o deserto de Atacama; por outro lado, o investimento de grandes somas de capitais da mesma nacionalidade para a exploração das riquezas. Enquanto isso, a Bolívia, que era assolada por uma interminável anarquia, protestou em várias oportunidades pelos avanços chilenos, porém a situação política interna não lhe permitiu encarar as coisas de maneira eficiente e a penetração chilena continuou sem inconvenientes. Quando, finalmente, a Bolívia se deu conta, em Atacama havia mais chilenos que bolivianos;[128]

125. Id. Ibid., p.60: *"Desde principios de la década, Chile se armaba aceleradamente, hasta llegar a contar con los modernos equipos bélicos de Sudamérica. Súmerse a ello un ejército aguerrido, una situación económica más brillante que la de sus vecinos y una conducción nacionalista e imperial de su política externa, de la que los concilleres Ibáñez y Alfonso eran cabales representantes".*
126. Id. Ibid., p.60: *"Chile estaba decidido a la expansión territorial, y ya conocemos los dos campos que tenía en vista: la zona boliviana de Atacama y la Patagonia, argentina. La guerra era inevitable con uno o otro, y en 1879, pesó más la región norteña, donde los acontecimientos se precipitaron".*
127. Id. Ibid., p.60-1: *"Hacía años que Chile preparaba pacientemente el golpe, favorecido por la desidia con que el gobierno boliviano mantenía en el abandono esa región desértica, pero de apreciable riqueza minera al sur de la cual corría el difuso e impreciso límite internacional".*
128. Id. Ibid., p.61: *"El descubrimiento de guano, salitre y nitrato de soda en la zona atrayo de inmediato el interés chileno, iniciándose una doble vía de infiltración: por un lado, una creciente emigración de obreros y braceros chilenos ha cia el desierto de Atacama; por el otro, la inversión de cuantiosos capitales de la misma nacionalidad*

- por sua vez, como as riquezas minerais favoráveis se extendiam até o território peruano, até ali também começou a chegar a pretensão chilena. Isso provocou uma aproximação entre Lima e La Paz e o governo boliviano sugeriu ao presidente Sarmiento, da Argentina, a possibilidade de uma aliança argentino-boliviana, fundamental para neutralizar a ameaça chilena e cujo prêmio para a Argentina, além de espantar os fantasmas do sul, seria a restituição da região de Tarija. Parece mentira, porém as negociações não prosperaram, dando a impressão de que Buenos Aires não compreendeu que o Peru e a Bolívia eram seus aliados naturais no norte da Argentina;[129]
- em 1873, Bolívia e Peru assinaram um tratado, mantido em segredo, para a defesa comum. A situação de Atacama, com uma maioria chilena não integrada, dona do capital e do trabalho, devia desembocar em guerra. Um imposto decretado pelo governo de La Paz, seguido do confisco de uma companhia chilena que se negou a pagá-lo, conformaram o *casus belli*. No dia 8 de fevereiro de 1879, o Chile deu um ultimato à La Paz e, sem esperar a resposta, suas forças armadas invadiram a Bolívia e tomaram, no dia 12 de fevereiro de 1879, a cidade de Antofogasta. Rapidamente, completaram a ocupação de Atacama, sem prévia declaração de guerra;[130]

para la exploración de las riquezas. Bolivia, hundida en el pantano de una interminable anarquia, protestó en varias oportunidades por los avances chilenos, pero la situación política interna le impidió encarar los casos de manera eficiente y la penetración continuó sin inconvenientes. Cuando se quisieron acordar en Atacama había más chilenos que bolivianos".

129. Id. Ibid., p.61: *"A su vez, como las condiciones mineras favorables se estendía hasta territorio peruano, hacia allí comenzó a dirigirse la mirada chilena. Este enfoque provocó un acercamiento entre Lima y La Paz, y el gobierno boliviano sugirió ao presidente Sarmiento la posibilidad de una alianza argentino-boliviana, verdadero huevo de Colón para neutralizar la amenaza chilena, y cuyo premio para Argentina, además de espantar los fantasmas del sur, sería la restitución de Tarija. Parece mentira, pero las negociaciones no prosperaran. Da la impresión de que en Buenos Aires noi se había comprendido cabalmente que nuestros aliados naturales eran aquellas repúblicas norteñas".*

130. Id. Ibid., p.61-2: *"En 1873, Bolivia y Perú firmaron un tratado que mantuvieran en secreto, con fines a la común defensa. La situación de Atacama, con una mayoría chilena no integrada, dueña del capital y del trabajo, debía desembocar en la guerra.*

- alegando o tratado secreto entre Bolívia e Peru, no dia 2 de abril de 1879, o Congresso chileno autorizava a declarar guerra a ambos os países. As operações de guerra já estavam em andamento há 2 meses.[131]

Por outro lado, na sua fronteira sul, os litígios diplomáticos de soberania territorial com a Argentina já vinham se arrastando e se agravando dia após dia, desde a independência dos dois países.

Além do mais, a atitude da Argentina em relação ao conflito bélico do Chile com o Peru e a Bolívia era duvidosa, ou, em outras palavras, reticente, de modo que se temia, ao sul, a abertura de um novo flanco de guerra com esse país, sobretudo pelo fato de a Argentina reivindicar para a sua soberania todo o território da Patagônia, até então sob o domínio do Chile, o que, certamente, o Chile deveria evitar a todo o custo.

Um outro fator condicionante que levou o Chile a firmar um pacto com a Argentina sobre a controvérsia da Patagônia foi, no entendimento de Santibañez Escobar[132], a falta de visão estratégica e geopolítica da classe dirigente chilena sobre essa região, apesar da sua autêntica percepção política quanto à necessidade de implementação de uma política expansionista, a fim de consolidar pacificamente os limites de seu território.

Un impuesto decretado por el gobierno de La Paz y la posterior confiscación de una compañía chilena que se negó a pagarlo, conformaron el 'casus belli'. El 8 de febrero de 1879 Chile elevó un 'ultimatum' a La Paz, y sin esperar la respueta, sus fuerzas armadas invarieron Bolivia e tomarón el día 12 la ciudad de Antofogasta. Rapidamente completaron la ocupación de Atacama, sin previa declaración de guerra".

131. Id. Ibid., p.62: *"Alegando el tratado secreto entre Bolivia y Peú, también embiatió a esta república. El 2 de abril el Congreso chileno autorizaba a declarar la guerra a ambos países. Las operaciones ya llevaban dos meses de desarollo".*

132. SANTIBÁÑEZ ESCOBAR, R. op. cit., p.25-6: *"Este fue en resumen el marco y el escenario en que se negoció el Tratado de 1881. Mientras por un lado existía un auténtico instituto político que llevaba a sus dirigentes a sostener con constancia y decisión una política expansionista destinada a ensanchar pacíficamente su territorio, por el otro no había hombres que tuvieran el poder cerebral suficiente para calcular el porvenir [...]".*

Faltavam forças espirituais, aliadas a uma profunda crise de sentimento de nacionalidade.[133] Ora, esse desequilíbrio político-prático existente na classe política chilena vai se refletir na própria política externa ou ação diplomática do Chile.

A diplomacia chilena manifestar-se-á ora defendendo inflexivelmente os direitos do Chile sobre a Patagônia, ora assumindo uma posição contrária e quase de descaso por aquele território.

> No Chile, por um movimento diplomático inverso e uma apreciação contrária, da Patagônia, Bulnes, Montt e Varas, Pérez e Covarrubias, Errázuriz e Ibáñez, sustentavam os direitos chilenos em toda a sua amplitude, mantendo inflexivelmente a possessão chilena ao sul de Santa Cruz; Alfonso e Lastarria, Vicuña Mackenna e Valderrama, ao apreciarem tão somente a importância do Estreito, duvidando do valor da própria Patagônia, inclinavam-se à transação que a adjudicara, quase por inteiro, à República Argentina.[134]

O fato é que prevaleceu na política externa chilena a idéia de um certo setor político daquele país que considerava que o mais importante para o Chile era ter conquistado as terras do norte (ainda que em prejuízo do Peru e da Bolívia por meio da Segunda Guerra do Pacífico de 1879-1883), por serem as mesmas ricas em cobre, minério indispensável para o desenvolvimento do

---

133. Ora, o entusiasmo e a segurança de si mesmo que o Chile manifestou quando se lançou na Guerra do Pacífico contra a Bolívia e o Peru, em 1879, seriam fortemente testados ao longo dos quatro anos seguintes em que durou a guerra. Em outras palavras, foi fácil para o Chile se lançar na Guerra do Pacífico, que durou de 1879 a 1883. Árduo foi suportá-la e sair da mesma. O desgaste psicológico e material resultante dessa empresa bélica iria evidenciar o abatimento do orgulho nacional chileno e a sua conseqüente auto-crítica sobre a mesma.
134. Id. Ibid., p.24: *"En Chile por un movimiento diplomático inverso y una contraria apreciación de la Patagonia, Bulnes, Montt y Varas, Pérez y Covarrubias, Errázuriz e Ibáñez, sostenían los derechos chilenos en toda su amplitud, manteniendo inflexiblemente la posesión chilena al Sur de Santa Cruz; Alfonso y Lastarria, Vicuña Mackenna y Valderrama, al apreciar tan sólo la importancia del Estrecho, dudando el valor de la Patagonia misma, se inclinaban a la transacción que la adjudicará, casi por entero, a la Republica Argentina".*

país; de modo que a Patagônia era reputada como um imenso território, mas sem valor econômico e, portanto, de pouca importância.[135]

Logo, a avaliação predominante naquele momento na classe política chilena era que o que se estava cedendo à Argentina, ou seja, a Patagônia, era algo irrelevante do ponto de vista de riquezas minerais, dentro daquilo que era conhecido pelo homem da época.

Ora, essa incoerência na visão política chilena sobre a questão da Patagônia e, conseqüentemente, a sua manifestação prática no campo internacional, vale dizer, a diplomacia bilateral, contudo, verificou-se também na classe dirigente argentina e, logo, na sua diplomacia.

> Lenta e gradualmente, dia a dia, ia se acentuando o contraste do modo de ver oposto na apreciação de que a Patagônia se originava em um outro país. Daí a troca de sua diplomacia definitiva. Com Mitre, Sarmiento e Tejedor caminhava-se, na Argentina, para a ampla arbitragem, sem dificuldade de nenhum gênero, sem graves resistências, com espírito elevado e generoso; com Avellaneda, Irigoyen, Elizalde, Montes de Oca e Roca, a Patagônia subia em importância e a arbitragem era rechaçada.[136]

Todavia, ao contrário dos dirigentes políticos chilenos, a classe dirigente argentina manifestou uma marcada energia e determinação em seus pontos de vista que ultrapassavam aquelas dos negociadores chilenos.[137]

---

135. Disponível em: <http://wwww.er.uqame.co/nobel/r27020/rd.htm#1>: (hitoriadechile): "[...] *La primera fue la guerra contra la Confederación perú-boliviana (1837-1839), aunque no acarreó conquistas territoriales, dio a chile la ventaja en el control del comercio del Pacífico Sur. La segunda fue la Guerra del pacífico (1879-1883), de nuevo contra Perú y Bolivia [...] dio a Chile la conquista de la región minera del norte, llave para su desarrollo. Ante eso, la cesión de la patagonia a Argentina, por el tratado de 1881, parecia de poca importancia, ya que se estimaba que ese territorio carecia de valor*".

136. SANTIBÁÑEZ ESCOBAR, R. op. cit., p.24.: "*Lenta y gradualmente, día por día, se iba acentuando el contraste de modo de ver opuesto en la apreciación que de la Patagonia se hacía en uno y otro país. De aquí el cambio de su dipolomacia respectiva. Con Mitre, Sarmiento y Tejedor se marchaba en la Argentina al arbitraje amplio, sin dificultad de ningún género, sin graves resistencias, con levantado y generoso espíritu; con Avellanedo, Irigoyen, Elizalde, Monte de Oca y Roca, la Patagonia subía en importancia y el arbitraje era rechazado*".

137. Id. Ibid., p.25-6: "*La actitud de los hombres dirigentes y de la opinión pública chilena en la dignitá de la Patagonia ha sido hasta hoy día un enigma indescifrable para*

Em outras palavras, a Argentina demonstrou, apesar de tudo, uma maior coerência, além de mais energia entre a meta de política externa sobre a sua expansão quanto ao território da Patagônia e a sua tradição política, através da ação diplomática nas negociações com o enfraquecido e desagregado Chile.[138]

O Chile foi forçado a pactuar com a concessão da Patagônia à Argentina, porque estava militar e politicamente muito enfraquecido por causa da guerra com a Bolívia e o Peru e, nessas condições, não teria a mínima chance, caso tivesse que enfrentar um novo conflito bélico, dessa vez com a Argentina. Alguns dizem, ainda, que esse foi o preço cobrado pela Argentina para sua neutralidade na referida guerra com a Bolívia e o Peru; outros dizem que o Tratado de 1881 foi conseqüência da serena e firme atitude argentina e, sobretudo, da influência norte-americana.[139]

Some-se a essas razões a circunstância de enorme instabilidade política e militar latente em grande parte da América do Sul: era um período de disputa de territórios, ajustes de fronteiras e de guerras. Como já foi dito, o próprio Chile abriu uma frente de guerra para ganhar mais território – e um território rico em cobre, minério necessário para o desenvolvimento daquele país – à Bolívia e ao Peru; a Confederação Argentina era dilacerada por conflitos internos; as agitações platinas (Uruguai), que ao mesmo tempo envolviam conflituosamente o Brasil, Argentina e Paraguai. Se em certos momentos o Brasil e a Argentina eram inimigos, em outros se colocavam como aliados,

---

los historiadores [...]. Mientras esta sucedía en Chile, en la Argentina los hombres responsables que actuaban en la negociación, sostenían sus puntos de vista con marcada energía sobrepasando a nuestros negociadores en todo terreno [...]. Mientras por un lado existía un auténtico instinto político que llevaba a sus dirigentes a sostener con constancia y decisión una política expansionista destinada a ensanchar pacíficamente su territorio, por el otro no había hombres que tuvieran el poder cerebral suficiente para calcular el porvenir, como digera Perez Rosales".

138. Id. Ibid., p.23: "[...] triunfó en Chile la corriente contraria a defender nuestros derechos en la Patagonia [...] cedimos a la Argentina toda la Patagonia, una parte importante de la Tierra del Fuego y aceptamos una limitación en la soberanía del Estrecho de Magallanes (artículo 5º) [...]".

139. RIZZO ROMANO, A. op. cit., p.106: "En Chile se ha sostenido que la vecina República pagó a la Argentina su neutralidad en la guerra con Perú y Bolívia, cediendo el sur patagónico y parte de la Tierra del Fuego para evitar un segundo frente que le impedía ganar esta contienda".

dependendo do interesse em questão, e isso poderia perfeitamente acontecer caso a Argentina declarasse guerra ao Chile por causa da Patagônia, talvez até com a adesão da Bolívia e do Peru, pois motivos não faltavam a esses últimos. O Chile estava atento a todas essas possibilidades.

Assim, foi por todas essas circunstâncias mencionadas que o governo chileno se viu obrigado a negociar com a Argentina o Tratado de Limites, de 23 de julho de 1881, devidamente ratificado pelos dois países.

Por esse Tratado, afirma Santibañez Escobar[140], o Chile, embora a contragosto, cedeu à Argentina toda a Patagônia, uma parte importante da Terra do Fogo e aceitou uma limitação na soberania do Estreito de Magalhães.[141]

Mas, como observa muito acertadamente esse autor, apesar do Tratado de Limites de 1881 ser um documento internacional – bilateral – de destacada importância limítrofe, suas disposições delimitavam zonas tão diferentes e de difícil configuração geográfica, além de uma dilatada extensão de território, sobre as quais não existiam suficientes mapas, logo, e mais uma vez, não podia conter nada mais do que pontos ou normas fixas de caráter geral. Assim, bem cedo, surgiu a necessidade de outros documentos aclaratórios[142] quanto aos detalhes, conseguidos por meio de demoradas e difíceis negociações bilaterais que prolongaram o processo de discussão de limites por décadas a fio, além de cultivarem um ambiente de constante tensão entre as duas partes.[143]

---

140. SANTIBÁÑEZ ESCOBAR, R. op. cit., p.23.
141. RIZZO ROMANO, A. op. cit., p.102: *"Argentina renunció por el mismo a la casi totalidad del Extrecho, salvo la pequeña costa de casi diez kilómetros entre Cabo Vírgenes y Punta Dungeness, así como a los territorios adyacentes a las márgenes de esta ruta marítima. Chile, por su parte, reconosció la soberanía argentina sobre la mitad aproximada de Tierra del Fuego, y la mayor parte de la Patagonia".*
142. Protocolo Adicionado de 1893; Protocolo de 1896; Protocolo de 22 de julho de 1898; Protocolo de 2 novembro de 1898; Tratado de 1902.
143. SANTIBÁÑEZ ESCOBAR, R. op. cit., p.27: *"Un documento internacional de tan destacada importancia limítrofe, cuyas disposiciones estaban llamadas a regir sobre zonas de tan diferente y difícil configuración geográfica y en una tan dilatada extensión de territorio, de la cual no existían suficientes cartas y planos, no podía contener otra cosa que las pautas o normas de caracter general e inamovibles; de aquí que fueran necesarios otros documentos aclaratorios en el detalle, que se obtuvieron a través de azarosas gestiones y de no pocos discusiones, que fueron prolongando el proceso limítrofe y que mantuvieron un ambiente de tensión que duró como ya hemos dicho, por varios años más".*

Dentre os artigos que tratam dos limites internacionais entre a Argentina e o Chile, segundo o Tratado de Limites de 1881, convém mencionar os artigos 2º e 3º.

O artigo 2º reza:

> Na parte austral do continente e ao norte do Estreito de Magalhães, o limite entre os dois países será uma linha que, partindo de Ponta Dungeness, se prolongará por terra até o monte Dinero; daqui continuara até o Oeste, seguindo as maiores elevações de cadeia de colinas que ali existem, até tocar a altura do monte Aymond. Desse ponto, se prolongará a linha até a intersecção do meridiano setenta com o paralelo cinqüenta e dois de latitude e daí seguirá até o Oeste, coincidindo com esse último paralelo até o 'divortium aquarum' dos Andes. Os territórios localizados ao Norte de tal linha pertencerão à República Argentina e, ao Chile, os que se estendam para o Sul, sem prejuízo do que dispõe a respeito da Terra do Fogo e das ilhas adjacentes o artigo 3º.[144]

Segundo Santibañez Escobar[145], sintetizando esse artigo 2º, dispõe o seguinte:

- que fixa a fronteira de ambos os países ao Norte do Estreito de Magalhães em uma extensão compreendida entre a fronteira Norte-Sul já delimitada no Oeste e o Atlântico no Leste;

---

144. Id. Ibid., p.35: "*En la parte austral del continente y al Norte del Estrecho de Magallanes, el límite entre los dos países será una línea que partiendo de Punta Dungeness se prolongará por tierra hasta Monte Dinero; de aquí continuará hacia el Oeste, siguiendo las mayores elevaciones de la cadena de colinas que allí existen, hasta tocar en la altura del Monte Aymond. De este punto se prolongará la línea hasta la intersección del meridiano setenta con el paralelo cinquenta y dos de latitud, y de aquí seguirá hacia el Oeste coincidiendo con este último paralelo hasta el divortium aquarum de los Andes. Los territorios que quedan al Norte de dicha línea pertenecerán a la República Argentina, y a Chile los que extiendan al Sur, sin prejuicio de lo que dispone respecto de la Tierra del Fuego y islas adyacentes el articulo 3º*".
145. Id., loc. cit.: "*Si hacemos un resumen de lo que dispone el artículo 2º, veremos:
    a) Que fija frontera de ambos países al Norte del Estrecho de Magallanes en una extensión comprendida entre la frontera Norte-Sur ya delimitada por el Oeste y el Atlántico por el Este;*

- que atribui à Argentina os territórios que se encontram para o Norte dessa linha divisória, marcados no âmbito já descrito, e ao Chile todos os que se encontram para o Sul, sem mais limitações além daquelas que impõe o artigo 3º;
- que esse artigo compreende o Estreito de Magalhães;
- ao conectá-lo com o artigo 3º, determina a total soberania chilena desse acidente geográfico.

O artigo 3º é aquele que trata diretamente da questão do Canal de Beagle:

> Na Terra do Fogo se traçará uma linha que partindo do ponto denominado Cabo do Espírito Santo, na latitude 52º40', se prolongará até o sul, coincidindo com o meridiano ocidental de Greenwich, 68º34', até tocar no Canal de Beagle. A Terra do Fogo, dividida dessa maneira, será chilena na parte ocidental e Argentina na parte oriental. Quanto às ilhas, pertencerão à República Argentina a ilha dos Estados, as ilhotas proximamente imediatas a essas e as demais ilhas existentes sobre o Atlântico ao oriente da Terra do Fogo e costas orientais da Patagônia[146]; *e ao Chile pertencerão todas as ilhas ao sul do Canal de Beagle até o Cabo de Hornos e as que estiverem ao ocidente da Terra do Fogo.*[147,148]

> b) Que asigna a Argentina los territorios que se encuentran hacia en el ámbito ya descrito y a Chile todos los que se encuentran hacia el Sur, sin más limitaciones que las que impone el artículo 3º;
>
> c) Que este artículo comprende al Estrecho de Magallanes ;
>
> d) Y al enlazar con el artículo 3º determina la total soberanía chilena de este accidente geográfico principal".

146. Inclusive as Malvinas.
147. O grifo é do autor: eis aqui a causa da divergência de interpretação futura de limites entre Argentina e Chile sobre a Zona de Beagle.
148. SANTIBÁÑEZ ESCOBAR, R. op. cit., p.35: *"En la Tierra del Fuego se trazará una línea que, partiendo del punto denominado Cabo del Espíritu Santo, en la latitud cincuenta y dos grados cuarenta minutos, se prolonga hacia el Sur, coincidiendo con el meridiano occidental de Greenwich, sesenta y ocho grados treinta y cuatro minutos, hasta tocar en el Canal Beagle. La Tierra del Fuego, dividida de esta manera, será chilena en la parte occidental y argentina en la parte oriental. En cuanto a las islas, pertenecerán a la República Argentina, la isla de los Estados, los islotes próximente inmediatos a ésta y*

A partir da interpretação literal do texto desse artigo 3º, observa-se, segundo Santibañez Escobar[149], duas partes perfeitamente definidas: a que delimita a Terra do Fogo e a que se refere às ilhas. A parte mais importante dessa delimitação, observa esse autor, é aquela que limita a continuação dessa linha até o Sul, quando diz: "até tocar no Canal de Beagle".

Santibañez Escobar cita Jayme Eyzaguirre em seu livro "La soberanía de Chile en las Tierras Australes", o qual afirma o seguinte em propósito:

> Logo, a linha que se introduz no canal, não o compreende, fica fora do mesmo, somente o toca na sua margem superior. O canal é então inteiramente do Chile. Se o Tratado tivesse dito que tal linha chegava até o meio ou até o centro do mesmo, a metade Norte-Norte do canal seria da Argentina e a outra metade, Sul, do Chile. Mas essa seria uma conclusão forçada dos termos do Tratado.[150]

Santibañez Escobar cita, ainda, um outro autor, dessa vez Jaime Fuentealba, no seu livro *Aspectos jurídicos de la cuestión del Canal Beagle*, que explica o seguinte sobre o assunto:

> De acordo com um princípio de hermenêutica de Tratados, quanto ao estudo de suas expressões, é preciso ater-se primordialmente na sua acepção corrente, no seu sentido natural e óbvio. Assim, o sentido natural da expressão 'até tocar', segundo o dicionário da língua espanhola, – significa ligar a uma coisa com a mão sem pegá-la, tropeçar ligeiramente uma coisa com a outra, aproximar uma coisa da outra, de modo que não fique

---

las demás islas que haya sobre el Atlántico al oriente de la Tierra del Fuego y costas orientales de la Patagonia y pertenecerán a Chile todas las islas al Sur del Canal Beagle hasta el Cabo de Hornos y las que haya al occidente de la Tierra del Fuego".

149. Id., loc. cit.: *"En esta redacción se observan dos partes perfectamente definidas, la que se encarga de la delimitación en la Tierra del Fuego y la que se refiere a las islas". "La parte más importante de esta delimitación es aquella que limita el avance de esta línea hasta el Sur, cuando expresa 'hasta tocar en el Canal Beagle'."*

150. Id. Ibid., p.36: *"Luego la línea no se introduce en el canal, no lo comprende, queda fuera de él, solo lo toca en su borde superior. El canal resulta así entero de Chile. Si el Tratado hubiera dicho que la línea llegaba hasta el medio o centro o hasta el eje del canal, se había entendido que la mitad Sur a Chile. Pero había que torcer los términos claros del acuerdo para llegar a esta conclusión".*

distância alguma entre elas [...]. Conseqüentemente, o Tratado de 1881 atribui à soberania argentina somente a margem norte do canal de Beagle, sem, contudo, incluir as águas e as ilhas situadas ao Sul do mesmo, bem como o próprio canal e as ilhas que se localizam no seu interior.[151]

Santibañez Escobar também chama em questão J. Guillermo Guerra, que no seu livro *"Soberanía chilena en las islas al Sur del Canal Beagle"*, afirma:

> Se o Tratado tivesse dito que o limite se estendia somente até o canal de Beagle, então, por força do princípio geral de direito internacional, aceito uniformemente pelos tratadistas, de que quando o limite entre duas soberanias é um estreito, a linha divisória deve correr pelo centro do mesmo, através de uma linha média das águas, salvo no caso em que todo o canal pertença a uma só soberania por convenção especial ou por posse imemorial – mas no caso em tela, dizendo o tratado 'até tocar o Canal de Beagle' – então o canal é todo do Chile [...].[152]

Assim, conclui Santibañez Escobar, o canal, suas águas e as ilhas sobre as mesmas são, portanto, inteiramente chilenas por disposição do artigo 3º do

---

151. SANTIBÁÑEZ ESCOBAR, R. op. cit., p.36: *"De acuerdo con un principio de hermenéutica de Tratados, en el estudio de sus expresiones ha de atenerse primordialmente a su acepción corriente, a su sentido natural y obvio. Veamos entonces cuál es el sentido natural de la expresión 'hasta tocar'. El diccionario de la lengua nos dice que 'tocar' significa llegar a una cosa con la mano sin asirla, tropezar ligeramente una cosa con otra, acercar una cosa a otra de modo que no quede entre ellas distancia alguna [...] En consecuencia, debe entenderse que [...] conforme a este razonamiento, el Tratado de 1881 extendió la soberanía argentina sólo hasta la ribera Norte del Canal Beagle, no confiriéndole derecho alguno a dicho país a las aguas e islas situadas más al Sur: el canal mismo y las islas que en su interior se encuentran".*

152. Id. Ibid., p.35: *"Si el Tratado hubiera dicho que el límite se extendía solamente hasta el Canal Beagle, se habría entendido que las aguas del canal deberían partirse por mitad, en virtud del principio general del derecho internacional, aceptado uniformemente por los tratadistas, de que cuando el límite entre dos soberanías es un estrecho, la línea divisoria debe correr por el centro de éste, por la línea media de las aguas, salvo los casos en que todo el canal pertenezca a una sola soberanía por convención especial o por posesión inmemorial [...] El canal, sus aguas y las islas que en él afloran resultan así enteros de Chile [...]".*

Tratado de 1881, mesmo que conceda ao Chile e não à Argentina os territórios que se estendam até o Sul e que não contrarie o artigo 3º.[153]

A Argentina, todavia, se opôs a essa interpretação do Chile.

Para ela, a linha limítrofe da Terra do Fogo, ou seja, o meridiano 68º36'38.5" Oeste não pode "tocar" no canal de modo a favorecer o Chile. Vale dizer que a linha limítrofe da Terra do Fogo "toca" no Canal de Beagle de modo igual, tanto para a Argentina quanto para o Chile.[154]

Em outras palavras, a Argentina entende a tal propósito que, na realidade, o Tratado de 1881 não definiu a soberania sobre o Canal de Beagle sobre as ilhas adjacentes.

Assim, segundo essa interpretação da Argentina, o Tratado de 1881 apenas colocou o Canal de Beagle como limite natural entre os dois países. Logo, a linha limítrofe deve correr para o Leste, através de sua linha média.[155]

Essa interpretação da Argentina causará estranheza nos intérpretes chilenos. Nesse sentido, Fabio Vio Valdivieso[156] relembra qual era o objetivo do Tratado de 1881:

> [...] dar solução completa, definitiva e final a todas as questões territoriais que ainda subsistiam e que se deve considerar que o Tratado conseguiu tal propósito de tal forma que nada ficou intencionalmente de fora sem distribuir, ainda quando se devesse realizar posteriormente a demarcação detalhada do limite terreno ou fosse necessário resolver determinadas diferenças de interpretação.[157]

---

153. Id. Ibid., p.35: *"El canal, sus aguas y las islas que en él afloran resultan así enteros de Chile por disposición del artículo 3º del Tratado, disposición que corrobora y confirma el artículo 2º al dar a Chile y no a Argentina los territorios que se extiendan hacia el sur, que no indique en contrario el artículo 3º [...]"*.

154. Id. Ibid., p.37: *"Esta interpretación que se desprende del tenor literal de ambos artículos, aunque clara y precisa, no cuenta con la aprobación o el apoyo argentino. Argentina sostiene que la línea limítrofe de la Tierra del Fuego, o sea, el meridiano 68º36'38.5" Oeste no puede 'tocar' en el canal en forma diferente para Chile que para Argentina [...]"*.

155. Id., loc. cit.: *"[...] el canal se dejó como límite natural o arcifinio entre los dos países y que por lo tanto la línea limítrofe debe correr hacia el Este por su línea media"*.

156. VIO VALDIVIESO, F. op. cit., p.13-4.

157. Id. Ibid., F. p.13-4: *"Dar solución completa, definitiva y final a todas las cuestiones territoriales que aún subsistían y que debe considerarse que el Tratado lo cumplió en forma tal que entonces nada quedó intencionalmente sin distribuir, aún cuando*

A estranheza dessa posição argentina se agrava ao considerar-se ainda o fato bem lembrado por esse mesmo autor na obra citada de que "a soberania chilena no Continente – que o Tratado de 1881 e sua correta interpretação vieram a confirmar – não foi contestada pela Argentina durante as décadas seguintes à assinatura de tal instrumento".[158]

Então, a diferença de interpretação entre a posição argentina e aquela chilena parece encontrar-se, segundo Fabio Vio Valdivieso, no momento "da aplicação prática das coordenadas ou indicações normativas dadas pelo Tratado de 1881".[159]

Nesse momento, segundo esse autor, surgiu a diferença de critério por parte da Argentina.[160]

Essa explicação, contudo, é rechaçada por Santibañez Escolbar, na obra citada, quando diz:

> Quanto à possibilidade de o canal ter sido omitido na delimitação, é um fato que mesmo para um leigo no assunto parecia extraordinário por tratar-se de um acidente geográfico de primeiríssimo interesse e importância na zona, e mais estranho seria ainda ao mesmo comprovar que não existe uma única menção, entre todas as disposições do Tratado, que justifique uma indicação dessa natureza.[161]

Continua esse autor:

> Se a intenção ou o espírito dos negociadores fosse tal como se defende (Argentina), deixar o canal como limite, isso teria sido dito ou expressado

---

debiera efectuase posteriormente la demarcación detallada del límite en el terreno, o fuera necesario resolver determinadas diferencias de interpretación".

158. Id. Ibid., p.14.
159. Id., loc. cit.: *"Luego, sin embargo, en el proceso de traslado a terreno o de aplicación de normas, se advirtió una manifiesta diferencia de criterio de parte de Argentina en relación al Tratado".*
160. As principais razões para a reinterpretação do Tratado de 1881 serão expostas no subitem seguinte, 2.1.5 – A reinterpretação do Tratado de 1881.
161. SANTIBÁÑEZ ESCOBAR, R. op. cit., p.38: *"En cuanto a que el canal fuera omitido en la delimitación, es un hecho que aún a un leigo en la materia le parecería extraordinaria por tratarse de un accidente geográfico de primerísimo interés e importancia en la zona, y más extraño aún le sería comprobar que no existe una sola mención, entre todas las disposiciones del Tratado, que justifique una sugerencia de esta naturaleza".*

de alguma forma; contudo, não existe sequer uma indicação ou sombra de intenção que dê base para sustentar tal apreciação, o que leva a deduzir, com inteira justeza, que não existiu na mente dos redatores do Tratado tal propósito. Seria isso, além do mais, um caso de tal importância diante do Direito Internacional, que dificilmente teria passado despercebido sem receber uma menção ou que pudesse ser silenciado, sem, contudo, continuar latente.[162]

Quanto à linha média do canal, Santibañez Escobar arremata: "[...] seria o limite ou a fronteira; nesse caso, não poderia ser traçada sem que existisse um prolongamento até o meio do canal da linha limítrofe Norte-Sul, o que significaria alterar as disposições limítrofes".[163]

Por essas razões, para Santibañez Escobar fica comprovado e demonstrado o erro de interpretação da Argentina, de que o canal foi deixado como limite natural entre os dois países pelo Tratado de 1881.

Como foi visto, para Santibañez Escobar, que, aliás, é o mais respeitado dentre os autores chilenos que escreveram sobre o assunto, não houve omissão sobre o Canal de Beagle no Tratado de 1881.

Por outro lado, Rizzo Romano[164], escritor argentino da mesma estatura de Santibañez Escobar, em sustento da tese argentina, afirma:

> Por conseguinte, o art. 3º se refere à demarcação dentro da Ilha Grande e abarca, portanto, somente o espaço terrestre; [...] assim, fica evidente que o canal serve de limite entre ambas as jurisdições

---

162. Id. Ibid., p.38: *"Si la intención o el espíritu de los negociadores hubiera sido, como se sostiene, dejar el canal como límite, esto habría sido dicho o expresado en alguna forma, pero no hay siquiera un vestigio o el asomo de una intención que dé pie a sostener tal apreciación, de lo que puede deducirse, con entera justeza, que no existió en la mente de los redactores del Tratado tal propósito. Sería además este un caso de tal importancia ante el Derecho Internacional que difícilmente hubiera podido pasar inadvertido sin recibir una mención o que hubiera podido callarse sin dejar constancia de el".*
163. Id., loc. cit.: *"En cuanto a la línea media del canal, que sería el límite o frontera en este caso, no podría trazarse sin que existiera una prolongación hasta medio canal de la línea limítrofe Norte-Sur, lo que significaria alterar las disposiciones limítrofes [...]".*
164. RIZZO ROMANO, A. op. cit., p.90.

e, não estabelecendo sua delimitação, esta deve ser concordada entre as partes.[165]

Em seguida, esse autor observa o seguinte:

> Nos raríssimos casos existentes no direito internacional em que um dos estados ribeirinhos de um rio, estreito, canal ou mar interior, possui a integridade de suas águas, foram acordados e determinados expressamente em tratados, por significarem uma exceção à regra pela qual ambos os países costeiros têm direitos a uma porção das águas sobre a que se prolonga a jurisdição terrestre.[166]

Portanto, segundo Alfredo Rizzo Romano, na nota acima citada, o Tratado de 1881 teria que ter afirmado expressamente a soberania sobre as águas do Canal de Beagle entre os dois países e, em não fazendo isso, a linha divisória sobre o mesmo diz respeito apenas ao espaço terrestre, devendo, assim, a questão das águas ser discutida posteriormente entre os dois países.

É certo, porém, que tal Tratado conseguiu ser perpetuamente a fonte ou direito principal determinante de direitos e obrigações nas tratativas futuras de fronteiras entre esses dois países.

A diferença substancial de critérios usados pela Argentina e Chile quanto à interpretação do artigo 3º ou cláusula insular do Tratado de 1881, começa a tomar forma prática e oficial a partir do início do século XX.

Fabio Vio Valdivieso[167] relata-nos que a Argentina se manifestou oficialmente sobre a questão de Beagle por meio dos seguintes passos:

---

165. Id. Ibid., p.190: *"Dicha interpretación no resiste el menor análisis. En enfecto, el art. 3º se refiere a la demarcación dentro de la Isla Grande y abarca, por lo tanto, solamente el espacio terrestre [...]; es entonces a todas luces evidente que el canal sirve de límite entre ambas jurisdiciones y al no establecerse su delimitación, ésta debe convenirse entre las partes".*

166. Id., loc. cit.: *"Los rarísimos casos que existen en derecho internacional en que uno de los Estados ribereños de un río, estrecho, canal o mar interior, posee la integridad de sus aguas, han sido convenidos y determinados expresamente en los tratados, porque significan una excepción a la regla por la cual ambos costeros tienen derecho a una porción de las aguas sobre la que se prolonga la jurisdicción terrestre".*

167. VIO VALDIVIESO, F. op. cit., p.16: *"En síntesis, los asuntos cuestionados por Argentina fueron oficialmente:*

- em 1904-1905, a Argentina pleiteou um limite marítimo no Canal de Beagle;
- 1915 e 1938: esse limite, mais as ilhas Picton, Lennox e Nueva;
- 1960: essas mesmas reivindicações e o uso de todas as águas interiores chilenas para a navegação, sem limites nem controles, inclusive de seus barcos de guerra;
- 1964 e 1971: as mesmas aspirações de 1915 e 1918.

Como síntese do Tratado de 1881, o autor chileno José Miguel Barros Franco[168] afirma que o Chile conservou para si toda a margem norte do Estreito de Magalhães, a metade da Ilha Grande da Terra do Fogo e "todas as ilhas ao sul do Canal de Beagle até o Cabo de Hornos". Ou, em outras palavras, a Patagônia ficou para a Argentina, enquanto o Estreito de Magalhães para o Chile.

Sobre o Tratado de Limites de 1881, até esse ponto, podemos tirar pelo menos as conclusões seguintes:

---

a) 1904-1905, un límite marítimo en el Canal Beagle; (fue en el curso del litigio ante el Arbitro Británico conocido como el del Beagle, 1967-1977, donde la defensa chilena concedió graciosamente a la República Argentina esa aspiración suya, sobre la determinación del Eje de Canal (párrafo II.5, Capítulo II);

b) 1915 y 1938, ese límite y, además, las islas Picton, Lennox y Nueva; (en un principio Argentina no discutió el título de Chile a la isla Lennox);

c) 1960, estas peticiones y el uso de todas las aguas interiores chilenas para la navegación sin limitaciones ni controles, incluso de sus barcos de guerra;

d) 1964 y 1971, las mismas aspiraciones de 1915 y 1938".

168. BARROS FRANCO, J.M. *La sentencia arbitral en el caso del canal Beagle*. Santiago, Sociedad Chilena de Derecho Internacional, 1984. (Estudios 1984). p. 4-5: *"A nuestro juicio, ésa es la razón de que se haya llegado a esta transacción de 1881 que, a primera vista, parece desventajosa si se considera la distribución territorial que ella operó. (Se muestra en el mapa el alcance de la repartición efectuada por el Tratado de 1881). Chile conserva para sí toda la ribera norte del Estrecho de Magallanes, la mitad de la Isla Grande de Tierra del Fuego y 'todas las islas al sur del Canal Beagle hasta el Cabo de Hornos'. Eso es la frase llave que, más tarde, va a requerir un arbitrage, como consecuencia de pretensiones argentinas ulteriores al tratado. En síntesis, como más tarde lo reconocería, la Corte Arbitral, el gran quid pro quo de esta transacción pude expresarse en una frase: para Argentina, la Patagonia; para Chile, el Estrecho de Magallanes".*

- dentre todos os tratados assinados até então pela Argentina e o Chile sobre seus limites territoriais, esse, por assim dizer, seria o mais básico e fundamental para todos os futuros novos acordos entre esses dois países;
- em sua época, o Tratado de 1881 era um instrumento internacional de natureza bilateral, que pareceu ser para ambas as partes completo, em seu texto e em sua forma, aprovado e ratificado, sem a necessidade de ulteriores observações sobre suas disposições de limites;
- seria precisamente a parte que tocou ao Chile, segundo o Tratado de 1881, ou seja, "todas as ilhas ao sul do Canal de Beagle até o Cabo de Hornos" (artigo 3º)[169] que, como bem observa esse autor, exigiria uma arbitragem, como conseqüência das pretensões ulteriores argentinas sobre essa região;[170]
- assim, do quanto se pode entender até aqui, a divergência de interpretação sobre o artigo 3º do Tratado Internacional de 1881 entre Argentina e Chile deveu-se ao fato de que as palavras ou fórmulas de expressão usadas na sua redação não conseguiram definir com absoluta clareza a complexidade prática e detalhada da delimitação, por mais completo e definitivo que esse instrumento pretendeu ser no seu todo e no seu espírito. Ou seja, resolver amistosa e dignamente as diferenças de fronteiras entre a Argentina e o Chile;
- na prática, como ver-se-á a seguir, ou seja, independentemente do estipulado pelo Tratado de 1881, ou exatamente por causa da existência dele no seu artigo 3º, sobre o Canal de Beagle, tanto a Argentina como o Chile almejavam a soberania da zona em apreço para si, pelos "atos de posse" aqui e lá, o que provocava entre os dois países constantes conflitos de jurisdição, além de transformar aquelas paisagens em local de tensão permanente entre os mesmos.

---

169. Id. Ibid., p.4: *"[...] todas las islas al sur del Canal Beagle hasta el Cabo de Hornos Esa es la frase llave quem más tarde, va a requerir un arbitraje, como consecuencia de pretensiones argentinas ulteriores al tratado [...]"*.
170. Id. loc. cit.

A Questão de Beagle: a origem do conflito

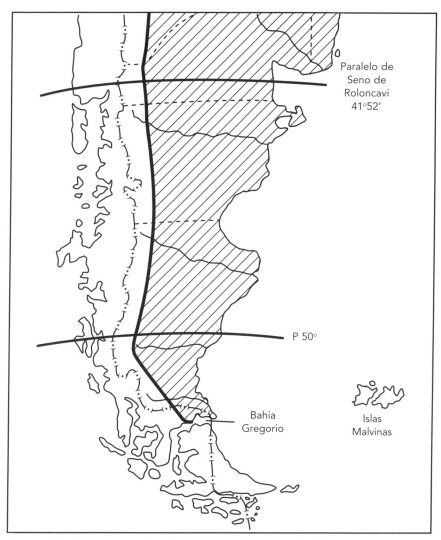

Figura 1.5 Proposta de José Victorino Lastarria, em 1865.

A Mediação da Santa Sé na Questão do Canal de Beagle

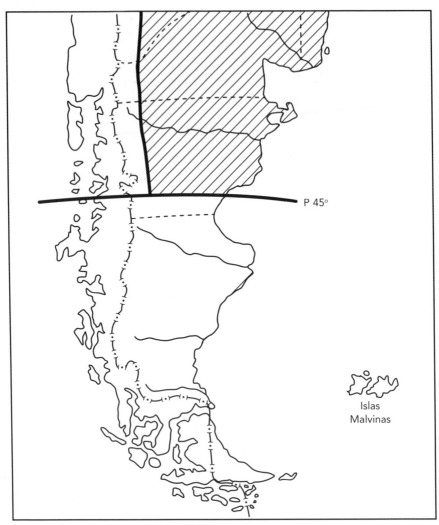

Figura 1.6 Proposta do chanceler chileno Adolfo Ibáñez (20 de outubro de 1872).

A Questão de Beagle: a origem do conflito

Figura 1.7 Mapa do Tratado de 1881 – 1° Acordo sobre Beagle.

2.1.5 A reinterpretação do Tratado de 1881

Embora o Tratado de 1881 pretendesse estabelecer a harmonia limítrofe definitiva entre Chile e Argentina no extremo do continente, o comportamento desses dois países após o Tratado de 1881 na referida região demonstrará, cabalmente, o choque constante de jurisdição e, portanto, o prosseguimento da situação de indefinição da soberania territorial e marítima entre os mesmos, quanto às ilhas e mar que estavam abaixo da Terra do Fogo.

O Tratado de 1881 foi sempre motivo de severas críticas[171] no plano internacional na Argentina, mas muito compreensivelmente mais no Chile, que

---

171. RIZZO ROMANO, A. op. cit., p.109: *"Como siempre sucede en toda transacción internacional en Chile, tanto como en nuestro país, el tratado Irigoyen-Echeverría fue objeto de criticas".*

61

foi obrigado a ceder à Argentina nada mais, nada menos, que a totalidade do imenso território patagônico, além da metade da Ilha da Terra do Fogo, enquanto à Argentina coube renunciar proporcionalmente a muito menos, vale dizer, a totalidade do Estreito de Magalhães, bem como aos territórios adjacentes às margens da rota marítima que liga o Cabo Vírgenes e a Ponta Dungeness, uma faixa de cerca de 10 quilometros.[172] Isso coloca, já de início, o Tratado de 1881 em uma situação, por assim dizer, de desequilíbrio, pelo menos psicológico, entre as partes em desfavor, claro está, do Chile.

A execução propriamente dita do Tratado de 1881, pelo menos do ponto de vista formal, acontece somente sete anos depois da sua assinatura, isto é, em 20 de agosto de 1888.[173]

Não resta a menor dúvida de que a demarcação das respectivas soberanias, segundo aquilo determinado pelo Tratado de 1881, constituir-se-ia no verdadeiro calcanhar de Aquiles desse acordo. Isso devido a uma quase sempre inconciliável divergência de interpretação do referido tratado quanto ao que deveria ser jurisdição chilena e argentina.[174] Nesse sentido – observa o autor chileno Rafael Santibañez Escobar –, as disposições para um objeto envolvendo zonas tão diferentes e de difícil configuração geográfica, além de um território cuja extensão era muito dilatada, sem mapas, exigiu, em seguida, outros documentos esclarecedores detalhados.[175]

---

172. Id. Ibid., p.102: *"Argentina renunció por el mismo a la casi totalidad del Extrecho, salvo la pequeña Costa de casi diez kilómetros entre Cabo Vírgenes y Punta Dungeness, así como a los territorios adyacentes a als márgenes de esta ruta maritima. Chile, por su parte, reconoció la soberania argentina sobre la mitad aproximada de Tierra del Fuego, y la mayor parte de la Patagonia".*

173. Id. Ibid., p.110: *"Siete años habían de transcurrir desde la formalización del acuerdo limítrofe, antes de que se suscribiese en Santiago, el 20 de agosto de 1888, durante la presidencia del doctor Juárez Celman, una convención para la ejecución del Tratado de julio de 1881. En este documento se daban reglas sobre la actuación de peritos y ayudantes constituídos en comisiones especiales [...]".*

174. Id. Ibid., op. cit., p.111: *"La divergencia se acentuó al tratar de demarcar las comisiones las zonas fronterizas comprendidas [...]".*

175. SANTIBAÑEZ ESCOBAR, R. op. cit., p.27: *"Un documento internacional – o de 1881 – de tan destacada importância limítrofe, cuyas disposiciones estaban llamadas a regir sobre zonas de tan diferente y difícil configuración geográfica y en una tan dilatada extensión de territorio, de la cual no existían suficientes cartas y planos, no podia contener otra cosa que las pautas o normas de carácter general e inamovibiles; de aquí que fueran necesarios otros documentos aclaratorios en el detalle, que*

O Tratado de 1881 tornar-se-á, então, motivo de polêmica entre os dois povos, exatamente – sobretudo no que diz respeito ao Chile – pela desapropriação das concessões recíprocas que esse Tratado selou. Por isso mesmo, alguns nutriam a esperança de um revisionismo histórico com ambições territoriais, vale dizer, recuperar as costas do Atlântico e os territórios patagônicos.[176]

Soma-se, também, a ocorrência da concessão pela Argentina de terras a uma empresa de seu país – a Land Co. –, as quais o Chile protestava ser suas. O Chile, por sua vez, também tinha tomado posse militar da região de Puna de Atacama, reclamada pela Argentina. Ambas as terras foram restituídas aos dois países por intermédio da Declaração Zeballos-Matta (1890).[177]

Até esse momento, as divergências quanto à demarcação ou execução do Tratado de 1881 só fez agravar-se. Em vista disso, em 1892 e 1893, foram assinados dois protocolos entre Chile e Artengina. O de 1893, denominado Protocolo Adicional e Aclaratório do Tratado de Limites, de 23 de julho de 1891, que se reveste de grande importância por ter modificado, substancialmente, o Tratado de 1881, por meio de seu artigo segundo (segunda parte), que faria o Chile ganhar território, uma vez que a linha divisória entre Chile e Argentina no sul do continente deixaria de ser o Maciço Andino, como determinava o artigo primeiro do Tratado de 1881, para ser, agora, segundo

---

se obtivieron a través de azarosas gestiones y de no pocas discusiones, que fueron prolongando el proceso limitrofe y que mantuvieron un ambiente de tensión que duro como ya hanos dicho, por varios anõs más".

176. RIZZO ROMANO, A. op. cit., p.110: *"Quienes más alzaron la voz fueron los cultores – que aún hoy existen en cantidad considerable – de un revisionismo historico con ambiciones territoriales. Para ellos, las costas del Atlántico fueron siempre motivo especial, atracción, al igual que los territorios patagónicos".*

177. Id., loc. cit.: *"En ese año el ministro plenipotenciario chileno en Buenos Aires don Guillermo Matta, reclamó a nuestra Cancillería por el ortogamiento de una concesión territorial al sur del lago Nachuel Huapi, a la compañia argentina Land Co., entendiendo que el acto de nuestro ejecutivo violaba la soberanía chilena ya que las tierras se hallaban de sus límites. [...] se iniciaron negociaciones con el Ministro de Relaciones Exteriores doctor Estanislao S. Zeballos, y éstas culminaron con la Declaración Zerballos-Matta, protocolizada en las respectivas Memorias de Relaciones Exteriores, quitando valor a las actas posesorias efectuadas fuera de los límites del país que los realizó al demarcarse la frontera, y estableciendo la obligacción de desocupar esos territorios y devolverlos al país que resultase soberano de los mismos. En virtud de esta Declaración, chile devió retirarse más tarde de parte de la Puna de Atacama que ocupaba militarmente, y devolverla a la Republica Argentina".*

o Protocolo de 1893, a Cordilheira dos Andes, isso para possibilitar ao Chile possuir costas sobre o Atlântico.

A Argentina, por sua vez, perderia os territórios sobre um dos canais do Pacífico, segundo o Tratado de 1881, na zona chamada Largo da Última Esperança e atualmente conhecida por Porto Natal, situada a quinze quilômetros da fronteira entre a Argentina e a zona do Rio Turbio. Apesar da assinatura desse Protocolo e um outro de 1895, as relações entre os dois países só pioravam e se temia a guerra a qualquer momento.[178]

Assim, um outro fator complicador da situação era que as duas repúblicas se armavam em vista do agravamento das relações entre as duas nações, dada a incapacidade de ambas resolverem pacificamente a questão de limites entre elas.[179] E, no íncio de 1898, os preparativos para a guerra aumentaram ainda mais.[180]

Mais uma vez, os peritos do Chile e da Argentina não conseguiram demarcar o território dos dois países na Cordilheira Patagônica.

---

178. Id. Ibid., p.112-5: *"Durante los años de 1892 y 1893, se suscriben dos Protocolos entre los gobiernos de Argentina y Chile. El segundo de ellos reviste gran importancia, conociéndoselo como Protocolo Adicional y Aclaratorio del Tratado de Límites de 23 de julio de 1881 [...]. Su artículo segundo (2ª parte) constituye, según el doctor Zeballos, un verdadero triunfo diplomático chileno, al establecer que si en el sur de la Patagónia cercano al paralelo 52, apareciese la Cordillera de los Andes internada entre los canales del Pacífico – como efecto sucede y el mismo... Esta disposición hizo ganar territorio a Chile, dejando sin efecto lo dispuesto en el artículo primero del Tratado de Limites, que fijaba como linde hasta dicha línea geográfica el Maciço Andino [...]. El motivo determinante de esta modificación fue la creencia que el meridiano 68º34' cortaba la Bahía de San Sebastián, situada en la parte atlántica de la Isla Grande, con la que Chile vendría a poseer costas sobre aquel océano. En realidad, no sucede tal caso, puesto que este círculo máximo de la esfera terrestre passa de dicha bahía. Sin embargo, por este pacto, Argentina perdió los territorios a que tenía derecho de acuerdo al Tratado de 1881, sobre uno de los canales del Pacífico, en la zona del Seno de la última Esperanza, y el actual puerto de Natales, situado a poco mais de quince kilómetros de la frontera argentina y cuenca carbonífera del Río Turbio [...]. A pesar de la firma de ese Protocolo y del posterior del año de 1895, las relaciones con el vecino país empeoraban, y se temia que sobreveniera la guerra en cualquier momento".*

179. Id. Ibid., p.115: *"Las dos Republicas se acamaban. Durante la presidencia del doctor Luis Sãnz Peña (1892-5) se adquirieron en Europa dos costosos acorazados".*

180. Id. Ibid., p.116: *"A comienzos de 1898, los preparativos guerreros aumentaban".*

Prevendo e querendo evitar a guerra, as duas nações decidem recorrer à arbitragem britânica, em 22 de setembro de 1898.[181] Tratava-se da aplicação da cláusula arbitral presente no Tratado de 1856, já antes analisada por nós no item 2.1.2 (o Tratado de 1856 ou Tratado Lamarca).

A pendência foi resolvida pelo rei britânico Eduardo VII, por meio do Laudo Arbitral em 20 de novembro de 1902, que, por assim dizer, decidiu a zona litigiosa entre as partes de forma semelhante, aplicando para isso um critério intermediário e prático.[182]

Por último, acrescente-se a esse quadro de motivos a necessidade cada vez mais urgente de concluir a demarcação definitiva da zona austral e dos territórios ao seu redor, querendo assim evitar choques de jurisdições, uma vez que os variados interesses de Chile e Argentina na referida zona o tornavam cada vez mais conflitantes.

Em síntese, embora o Tratado de 1881 tenha nascido com o objetivo de resolver definitivamente as questões de soberania entre Chile e Argentina na região extrema do continente, esse documento deu margem a uma nova questão, a saber: a da interpretação da letra do próprio tratado, em virtude da generalidade de seus termos (artigo 3º) – por mais detalhados que tenham pretendido ser –, motivo pelo qual foram necessários outros tratados declaratórios das determinações do Tratado de 1881, tais como o Protocolo Adicional de 1893; o Protocolo de 1896; o Protocolo de 22 de setembro de 1898; o Protocolo de 2 de novembro de 1898. Ambos os países demonstravam, pelos

---

181. Id., loc. cit.: *"Sin embargo, cuando el conflicto parecería desencadenarse, privó una vez más el sentido común, y el 22 de setiembre de aquel año el doctor Piñero suscribió con el Canciller trasandino almirante La Torre un nuevo acuerdo de arbitraje. Por acta de igual año, al no ponerse de acuerdo los peritos Francisco P. Moreno y Diego Barros Arano, remiten los antecedentes a la soberana británica para que resolvesse la cuestión en calidad de árbitro".*

182. Id. Ibid., p.120: *"El monarca británico designó en 1901 al eximio geógrafo y explorador, coronel sir Thomas Hungerford Holdick, vice presidente de la Real Sociedad de Londres en esta especialidad para que estudiase el litigio 'in situ'. Su informe servió de base al laudo arbitral que, como ya expresó, se apartó tanto de la interpretación argentina como chilena, y del Tratado de 1881, dividiendo la zona litigiosa en porciones semejantes para los dos países, mediante la aplicación de un criterio intermédio y pratico. El fallo del rey duardo VII tuvo lugar el 20 de noviembre de 1902".*

atos unilaterais de posse[183], a pretensão de afirmação de sua soberania em detrimento da soberania da outra parte ou em desacordo com ela. Essa situação de divergência e de disputa entre as duas nações é que forçou, em outras palavas, os dois países a um ulterior esforço, ainda que demasiado longo, para determinar as respectivas soberanias na região, reinterpretando o Tratado de 1881, sobretudo no que diz respeito, aqui, à zona de Beagle (artigo 3º).

2.1.6 O artigo 2º do Protocolo de 1º de maio de 1893

O Protocolo de 1º de maio de 1893 estabelece regras declaratórias e interpretativas do Tratado de 1881, em vista das dificuldades e dúvidas que as Comissões Periciais do Chile e da Argentina tiveram para pôr em prática, ou seja, no terreno, o disposto pelo Tratado acima referido.

Desse Protocolo, interessa-nos o seu artigo 2º, porque este será utilizado pela Argentina para reforçar a sua argumentação jurídica sobre princípio bioceânico (juntamente com o artigo 6º do Tratado de 1878, há pouco referido por nós).

O artigo 2º do mencionado Protocolo dispõe o seguinte:

> Os abaixo assinados declaram que, a juízo de seus respectivos governos e segundo o espírito do Tratado de Limites (1881), a República Argentina conserva seu domínio e soberania sobre todo o território que se estende a oriente da cadeia principal dos Andes até as costas do Atlântico, assim como a República do Chile mantém, por sua vez, o território ocidental até as costas do Pacífico; entendeu-se que, pelas disposições do

---

183. Id. Ibid., p.116: o autor cita um trecho da correspondência diplomática entre o Embaixador argentino em Santiago, em 1897, Norberto Piñero, e o Chanceler argentino Amâncio Alcosta: *"[...] Chile practica el eficaz sistema de John Bull: ocupa todo território cuyo dominio pretende, aunque esté al Oriente, del ecadenamiento principal de los Andes, Sabe que el uso o la posesión, si no es un título, vale como un buon título y es siempre un argumento excelente... Cualesquiera que sean las palabras, las ideas a los propósitos emitidos por los hombres, prima y domina en absoluto, si no me engano en la clase gobernante, el sentimiento consciente o inconsciente de que no es posible realizar en toda su integridad las aspiraciones de Chile hacia el Perú, Bolivia y la Argentina, sin la acción prolongada del tiempo. Así, dejando que este corra, merced a la ocupación y al uso de las tierras, se espera resolver favorablemente las cuestiones. No obstante, pienso que hay un medio de cumplir los anhelos de usted. Ese medio es apresurar los trabajos y los estudios de demarcación [...]".*

referido Tratado, a soberania de cada Estado sobre o respectivo litoral é absoluta, de tal modo que o Chile não pode pretender ponto algum sobre o Atlântico, bem como a República Argentina não pode pretendê-lo no Pacífico.[184]

2.1.7 O Tratado de 1902

No dia 26 de maio de 1902, o Chile e a Argentina assinaram, em Santiago, um Tratado que também passou a ser denominado de *Pacto de Maio*. Esse Tratado era composto de três partes: Ata Preliminar, Tratado de Arbitragem, Convênio de Limitação de Armamentos Navais.[185]

Para esta pesquisa, esse Tratado é um elemento importante em relação ao propósito neste quesito de estudo de explicar o nascimento da divergência de interpretação de Beagle, bem como para entender os itens a seguir, isto é, a solução arbitral e os resultados nulos da arbitragem.

Nesse sentido, os dois primeiros documentos do Tratado de 1902 são importantes: o primeiro – a Ata Preliminar – reafirma a firme vontade do Chile e da Argentina de resolverem as diferenças entre ambos sempre de modo amistoso, respeitando as soberanias alheias, sem pretender expansões territoriais, salvo as que resultarem do cumprimento dos tratados vigentes ou que

---

184. VIO VALVIDIESO, F. op. cit., p.65-6: *"Los infrascritos declaran que, a juicio de sus gobiernos respectivos, y según el espíritu del Tratado delimites, la República Argentina conserva su dominio y soberanía sobre todo el territorio que se extiende al oriente el encadenamiento principal de los Andres, hasta las costas del Atlántico, como la República de Chile el territorio occidental hasta las costas del Pacífico; entendiéndose que, por las disposiciones de dicho Tratado, la soberanía de cada Estado sobre el litoral respectivo es absoluta, de tal suerte, que Chile no puede pretender punto alguno hacia el Atlántico, como la República Argentina no puede pretenderlo hacia el Pacífico"*. Para aprofundamento dessa questão, leia aindas as páginas 60 a 75 do autor acima mencionado.

185. RIZZO ROMANO, A. op. cit., p.120-1: *"El 26 de mayo de – 1902 – se suscribieron en Santiago los documentos conocidos con el nombre de 'Pacto de Mayo' [...] Estos pactos comprendem las siguientes convenciones:*
    1 – Acta Preliminar.
    2 – Tratado de Arbitraje.
    3 – Convenio de Limitación de Armamentos Navales".

mais tarde sejam celebrados.[186] O segundo instrumento, e o mais essencial, é o chamado Tratado Geral de Arbitragem, cujas cláusulas são as seguintes:

1ª A obrigação de submeter todas as questões presentes e futuras ao juízo arbitral, desde que não afetem as disposições constitucionais das partes, ou seja, que não seja possível chegar a um acordo direto;

2ª Quanto às questões que tenham sido objeto de acordos anteriores por meio de Tratados, a arbitragem se limita aos litígios sobre a validez, interpretação e cumprimento desses Acordos;

3ª Fica designado árbitro o Soberano Britânico, ou o Governo da Confederação Suíça, no caso de uma das partes cortarem relações com a Grã-Bretanha;

4ª Os governos de ambas as nações fixarão as questões a serem submetidas, os poderes do árbitro e qualquer outra circunstância relativa ao procedimento;

5ª No caso do não cumprimento do pactuado, quaisquer partes poderão solicitar a intervenção do árbitro, para que este fixe o compromisso, época, local e formalidades processais;

6ª As partes poderão constituir um ou mais mandatários que as representem perante o árbitro;

7ª O árbitro tem competência para resolver o concernente à validez do compromisso, sua interpretação e as controvérsias referentes às questões submetidas a sua jurisdição;

8ª O árbitro deverá decidir conforme os princípios do Direito Internacional, salvo se o compromisso lhe imponha a aplicação de regras especiais ou o autorize a compor a coisa de forma amigável;

9ª O laudo resolverá definitivamente cada ponto, expressando seus fundamentos;

10ª Será redigido em duplo exemplar e notificado às partes por meio de seus representantes;

11ª Pronunciada legalmente, decide a lide nos limites de seu alcance;

12ª O árbitro estabelecerá no seu laudo o prazo e as questões relativas à sua execução;

---

186. Id. Ibid., p.121: *"El Acta Prelimiar afirma que ambos países procuran resolver sus cuestiones con los demás estados de un modo amistoso, respetando las soberanías ajenas, sin pretender expansiones territoriales, salvo las que resultarem del cumplimiento de los tratados vigentes o que mas tarde se celebraren".*

13ª O laudo é inapelável e seu cumprimento fica confiado à honra dos signatários. Admite-se, contudo, o recurso de revisão perante o árbitro, desde que interposto antes de decorrido o prazo de sua execução, nos casos de erro de fato resultante dos documentos apresentados em juízo, nos casos de facilidade ou adulteração das mesmas;

14ª O Tratado regulará durante dez anos, a partir do registro de sua ratificação e, no caso de não ser denunciado no prazo de seis meses de seu vencimento, renovar-se-á sucessivamente por períodos iguais.[187]

---

187. Id. Ibid., p. 121-2: *"El Tratado General de Arbitraje comprende quince artículos con las cláusulas síguientes:*
1a) Obligación de someter todas las cuestiones presentes y futuras a juicio arbitral, *siempre que no se afecten disposiciones constitucionales de las Partes, o sea imposible arribar a un arreglo directo;*
2a) Respecto a las cuestiones que hayan sido objeto de arreglos anteriores por medio de Tratados, el arbitraje se limita a los litigios sobre validez, interpretación y cumplimiento de estos Pactos;
3a) Es designado árbitro el Soberano británico, o el Gobierno de la Confederación Suiza para el caso de que alguno de los Contratantes cortase sus relaciones con Gran Bretaña;
4') Los gobiernos de ambas naciones fijarán las cuestiones a someterse, los poderes del árbitro y cualquier otra circunstancia relativa al procedimiento;
5a) En defecto de acuerdo, cualquiera de las Partes podrá solicitar la intervención del árbitro para que éste fije el compromiso, época, lugar y formalidades procesales;
6a) Las Partes podrán constituir uno o más mandatarios que las representen ante el árbitro;
7a) El árbitro tiene competencia para resolver lo concerniente a la validez del compromiso, su interpretación y controversias referentes a las cuestiones sometidas a su jurisdicción;
8a) El árbitro deberá decidir conforme los principios del Derecho Internacional, salvo que el compromiso le imponga la aplicación de reglas especiales, o lo autorice a obrar como amigable componedor;
9a) El laudo resolverá definitivamente cada punto, expresando sus fundamentos;
10a) Será redactado en doble ejemplar y notificado a las partes por medio de sus representantes;
11a) Pronunciado legalmente decide la contienda en los límites de su alcance ;
12a) El árbitro establecerá en su fallo el plazo y las cuestiones relativas a su ejecución;

Dessas cláusulas, é necessário ressaltar pelo menos as seguintes: a 1ª, ou seja, "todos os litígios deverão ser solucionados por via arbitral, a não ser que os mesmos sejam resolvidos por negociações diretas"; a 3ª - "o árbitro será o Soberano Britânico..."; a 5ª - "em caso do não cumprimento, qualquer uma das partes poderá recorrer unilateralmente ao árbitro, para pedir sua intervenção [...]", pois o efeito das mesmas no desenrolar da questão de Beagle será decisivo, pelo menos nos próximos dois momentos que veremos a seguir.

3. A SOLUÇÃO ARBITRAL
3.1 O Laudo Inglês de 1977

É disso, então, que se ocupará o Laudo Inglês de 1977.[188]

> 13a) El laudo es inapelable, y su cumplimiento queda confiado al honor de los signatarios. Se admite, sin embargo, el recurso de revisión ante el mismo árbitro, siempre que se interponga antes de vencido el plazo de su ejecución; para los casos en qué el fallo se dicte en base a error de hecho resultante de los documentos aportados, o que se compruebe falsedad o adulteración de éstos;
> 14a) Cada Parte pagará los gastos propios y la mitad de los génerales del árbitro;
> 15a) El Tratado regirá durante diez años a partir del canje de las ratificaciones, y en caso de no ser denunciado seis meses antes de su vencimiento, se renovará sucesivamente por períodos iguales".

[188]. Ver também – Obras editadas na França: BOLLECKER-STERN, B. L'arbitrage dans l'affaire du canal de Beagle entre l'Argentine et le Chili. *Revue Générale de Droit International Public*, t.83, 1979. p.4-50; DE LA ROCHÈRE, J.D. L'affaire du canal de Beagle (sentece rendue por la Reine d'Angleterre). *Annuaire Français de Droit International*, v.23, 1977. p.409-35. Obras editadas na Argentina: CARRIÓ, G. R. Una crítica al laudo arbitral dictado en el caso del Beagle. *Estratégia*, n.45, 1977. p.19-25; VELASCO, J.E.G. Canal de Beagle: el laudo arbitral de la Corona Británica. *Revista de Política Internacional*, n.155, 1978. p.65-102; VILLALOBOS, R.S. op. cit., p.99-133; GHISOLFO ARAYA, F. *Origen y desarrollo del diferendo limítrofe austral.* Santiago de Chile, Universitaria, 1983. p.27-38. (Colección Terra Nostra, n.1); PÁRAMO, M.F. La corte internacional de justicia: diferendo argentino-chileno en el sector austral sudamericano. *Revista Argentina de Relaciones Internacionales.* n.11, 1978. p.73-83; SABATÉ LICHTSCHEIN, D. *Problemas argentinos de soberanía territorial.* 3.ed. Buenos Aires, Abeledo Perrot, 1984. p.267-89; RUGGIERI, A. Canal de Beagle: algunas reflexiones sobre el laudo arbitral. *Estrategia.* n.45, 1977. p.48-66. LANÚS, J.A. *De Chapultepec al Beagle: política exterior Argentina 1945-1980.* Buenos Aires, Emecé, 1989. p.506-20.

A Questão de Beagle: a origem do conflito

Como mostra José Miguel Barros Franco, dentre todas as disposições reguladas pelo Tratado de 1881, apenas uma não seria pacífica, mais tarde, por parte da Argentina, a saber: aquela que atribui unicamente à soberania chilena "todas as ilhas ao sul do Canal de Beagle até o Cabo de Hornos". Aqui está, sob o ponto de vista jurídico internacional, a origem mais imediata daquilo que iria se transformar no conflito sobre o Canal de Beagle entre Argentina e Chile[189] e que exigiria várias negociações de caráter bilateral entre esses dois países – uma arbitragem e, por último, uma Mediação.

Todas as iniciativas de acordo entre os dois países sobre a disputa de Beagle fracassaram. Assim foi com o Protocolo de 28 de julho de 1915; com aquele de 4 de maio de 1938; com o de 12 de junho de 1960.[190]

Finalmente, no ano de 1967, depois de múltiplas gestões e negociações que não prosperaram, o governo do Chile exerceu o direito contemplado no artigo V do Tratado Geral de Arbitragem Chileno-Argentino de 1902[191], que

---

Obras editadas no Chile, CAFFI, M.T.I. Controversia chileno-argentina en la región del canal Beagle: laudo arbitral de 18 de abril de 1977. *Revista Chilena de Derecho*, v.6, n.5-6, 1977. p.423-447; BARROS FRANCO, J.M. op. cit., p.1-22; VIO VALDIVIESO, F. op. cit., p.19-152; MIRANDA, O.M. *El laudo arbitral del canal Beagle y su relación con el Tratado de Paz y Amistad*. Santiago do Chile, Sociedad Chilena de Derecho Internacional, 1984. p.124-35. (Estudios 1984). Obra editada nos EUA: GARRETT, J.L. The Beagle channel: confrontation and negotiation in the Southern Cone. *Journal of Interamerican Studies and World Affairs*, v.27, n.3, 1985. p.90-3. Obra editada no Uruguai: KOBYLANSKI, J. K. op. cit, p.67-81.

189. BARROS FRANCO, J.M. *La sentencia arbitral en el caso del Canal de Beagle*. Santiago, Sociedad Chilena de Derecho Internacional, 1984. p.4. *"A nuestro juicio, ésa es la razón de que se haya llegado a esta transacción de 1881 que, a primera vista, parece desventajosa si se considera la distribución territorial que ella operó. (Se muestra en el mapa el alcance de la repartición efectuada por el tratado de 1881). Chile conserva para sí toda la ribera norte del Estrecho de Magallanes, la mitad de la isla Grande de Tierra del Fuego y 'todas las islas al sur del Canal Beagle hasta el Cabo de Hornos'. Esa es la frase clave que, más tarde, va a requerir un arbitraje, como consecuencia de pretensiones argentinas ulteriores al tratado [...]".*

190. Id. Ibid., p.5: *"Se hacen diferentes esfuerzos para resolverlo, desde el año 1915 se suscriben tres protocolos que no fructifican".*

191. VIO VALDIVIESO, F. op. cit., p.21: *"Aprovado en esas convicciones, el 11 de diciembre de 1967, Chile ejercita el derecho contemplado en el art. V del Tratado General de Arbitraje Chileno-Argentino de 1902 que le permitía unilateralmente recurrir al árbitro y obligar a la República Argentina a someter el diferendo a la decisión del*

lhe permitia, unilateralmente, recorrer ao árbitro e obrigar a Argentina a submeter o litígio à decisão do Governo britânico. Esse Tratado determinou, ainda, que a Rainha Britânica assumiria a função arbitral.[192]

Foi necessária uma extensa e complexa negociação para levar a cabo esse propósito de solução arbitral. Um de seus frutos foi a assinatura, em 1971, de um documento denominado "Compromiso Arbitral", pelo qual a Questão do Canal de Beagle seria solucionada por arbitragem. Isso aconteceria em 1977.[193]

Em 30 de outubro de 1964, a Argentina fez pressão para que o litígio de Beagle fosse solucionado pela Corte Internacional de Justiça[194] junto ao Governo chileno. Acontece que a Argentina, apesar de ter assinado o Tratado em 1902, do qual já falamos anteriormente, no atual momento (1967), entendia que aquele Tratado não deveria ser mais aplicado nas diferenças presentes por causa da assinatura posterior do Convênio de 1938, do Protocolo de 1960 e da Declaração Conjunta de 1964, além de outros atos dos governos do Chile e da Argentina: esses documentos buscavam resolver o litígio por outras vias de solução. A Argentina alegava, também, que não se poderia invocar unilateralmente o Tratado de 1902, uma vez que as negociações diretas ainda estavam em andamento. Outra alegação da Argentina em prol de que o atual litígio fosse solucionado pela Corte Internacional de Justiça consistiu no fato

---

Gobierno de S.M.Británica. Y requirió a éste 'para que ejerza' las funciones arbitrales que se le confirieran en él y que graciosamente aceptó em 1903, e inicie, en consequencia, el procedimiento dispuesto en aquel Tratado".

192. BARROS FRANCO, J.M. op. cit., p.5: *"[...] Finalmente, el año 1967, después de múltiplas gestiones y negociaciones que no prosperaran, el gobierno de Chile, invocando el Tratado General de Arbitraje Chileno-Argentino de 1902, decidio recurrir unilateralmente al Arbitro histórico, en virtud de una cláusula de ese tratado que autoriza a qualquiera de las Partes, en defecto de acuerdo, para recurrir por sí sola al Arbitro a fin de poner en movimiento el proceso arbitral. (Como se acordará, conforme a ese tratado, el Arbitro era el gobierno de Su Majestad Británica y el tratado se había utilizado poco antes para resolver un problema de demarcación en la zona del río Palena)".*

193. Id. Ibid., p.6: *"Fue necesaria una larga y compleja negociación para llevar adelante este intento de solución arbitral. Gracias a ella se obtuvo, en 1971, la firma de un documento al que se da el nombre de 'compromiso' [...]. De ese modo quedó configurada la solución arbitral que culminaría en 1977".*

194. VIO VALDIVIESO, F. op. cit., p.17: *"Tal era la posición cuando, por nota fechada el 30 de octubre de 1964, el Gobierno de la República Argentina informó al Gobierno de Chile que había decidido someter el caso del Canal de Beagle a la Corte Internacional de Justicia".*

de que, em 1954, a própria Grã-Bretanha queria fazê-lo por questões relativas à soberania territorial na Antártida. Por último, a Argentina argumentou que o artigo V do Tratado Geral de Arbitragem de 1902 não deveria reger enquanto se opusesse a matéria sobre a sua soberania.[195]

Ao tomar conhecimento dessas razões argentinas para que o litígio entre os dois países se resolvesse via Corte Internacional de Justiça, o Chile alegou que seria inútil continuar a discussão por via diplomática.[196]

A Argentina, todavia, não conseguiria evitar que o diferendo terminasse por ser julgado pelo Governo britânico.[197]

---

195. Id. Ibid., p. 21-2: *"A la Republica Argentina non le agradó esta actitud chilena – de recorrer unilateralmente ao Tratado General de Arbitragem Chileno-Argentino de 1902 – y trató de oponerse a ella. Las razones en que se fundó, contenidas en sus notas a nuestro Gobierno de 23 de diciembre de 1967, pueden resumirse asi:*

a) La aplicación del Tratado General de Arbitraje de 1902 fue descartada para esta controversia en el Convenio de 1938, Protocolo de 1960 y Declaración Conjunta de 1964 y otras actuaciones de los dos Gobiernos coincidentes en cuanto buscaron para aquella, otras vias de solución;

b) No se han cumplido las instancias previas del Tratado de 1902. Las conversaciones directas no están cerradas, por lo que no se ha producido el defecto de acordo exigido por el Tratado de 1902 para el ejercicio de la acción unilateral;

c) En 1954 nuestros dos gobiernos [...] celebraran negociaciones em torno siempre a la misma cuestión. Y luego agregó: 'En aquel tiempo, como es del conocimiento de V.E., Gran Bretaña proyectaba recurrir a la Corte Internacional de Justicia para demandar a nuestros dos países dos cuestiones relativas a la soberanía territorial en la Antártida. Substancialmente, este mismo impedimento todavía subsiste hoy';

d) El art. V del Tratado general de Arbitraje de 1902 invocado por Chile 'no regirá en cuanto se opusiese a la voluntad de una de las Partes en materias atinentes a su soberanía'. Agregando que, aún cuando existiera acuerdo sobre el compromiso previo, también en tal suposto 'jugaría, desde luego con pleno imperio de la reserva de la Constitución de cada país'. Es lo que califica como la 'formula argentina' em materia arbitral [...]".

196. Id. Ibid., p.22: *"El 28 de diciembre de 1967, Chile contestó las notas argentinas, esperando que estima que carece totalmente de utilidad continuar la discusión por via diplomática [...]".*

197. Id., loc. cit.: *"A primera hora del 22 de octubre de 1970, Argentina compareció oficialmente ante el Arbitro. Más tarde, el mismo día, lo hizo Chile. Ambos separadamente entregaron al Foreign Office el Proyecto de Compromiso elaborado en la Comisión Conjunta [...] La cuestión diplomática chilena después de tres años de esfuerzos, había logrado su objetivo. Así, el diferendo quedaba definitivamente*

Fabio Vio Valdivieso, autor chileno, cita, em sua obra, Domingo Sabaté Litchtschein (também chileno), que dá os seguintes esclarecimentos em questão:

> O Acordo de Arbitragem de 22 de julho de 1971 reconhece, em primeiro lugar, a aplicação ao objeto do litígio, do Tratado de Arbitragem Chileno-Argentino de 1902, que elegia como árbitro o monarca britânico; em segundo lugar, o referido Acordo de 1971 instituía a chamada Corte Arbitral, integrada por cinco juristas com a tarefa de conduzir todo o processo arbitral. A princípio, poder-se-ia pensar que tal Acordo de 1971 não instaurava, na verdade, uma arbitragem do monarca britânico, mas, sim, uma arbitragem da Corte Internacional de Justiça, a qual pertencem os cinco juristas que integram a nomeada Corte Arbitral; poder-se-ia, ainda, pensar que esse Acordo corresponde mais ao ponto de vista argentino – que pretendia levar o caso para a Corte Internacional de Justiça – do que à perspectiva chilena, que pretendia a arbitragem do monarca inglês. Ora, pensar assim não corresponderia à verdade. O Tratado de 1971 determina uma verdadeira arbitragem do Governo inglês, aliás como está previsto na primeira parte do acordo. Os juristas que integram a chamada Corte Arbitral não atuam aqui enquanto membros da Corte Internacional de Justiça, senão a título pessoal; em sua designação não se faz menção de sua qualidade de membro da Corte Internacional de Justiça, ainda que essa instituição tenha sido levada em conta. Esse prestigioso corpo judicial compõe-se de 15 membros, dos quais apenas cinco foram chamados para integrar a Corte Arbitral.[198]

---

radicado ante el Arbitro, en virtud del ejercício de la acción unilateral por parte de Chile que puso en movimiento el Tratado de 1902".

198. Id. Ibid., p.28: *"El Dr. Domingo Sabaté Litchtschein, profesor de la Universidad de Buenos Aires en la Cátedra de Derecho internacional Publico, refiriéndose a este tema en conferencia profusamente publicada en 'La Prensa' argentina (10-VI-71) comentaba: 'Analicemos ya el acuerdo de arbitraje que se anunciara el 22 de julio de 1971, que es el objeto de esta disertación. El acuerdo comienza reconociendo la aplicación a este caso del Tratado General de Arbitraje Argentino-Chileno del 28 de mayo de 1902, que nombró Arbitro al monarca británico, y por aquel acuerdo se designa una llamada Corte Arbitral, integrada por cinco jurisconsultos, para que se encarguem de conducir todo el proceso arbitral. Se há llegado a decir en base a ello que no se trata en realidad de un arbitraje del monarca británico sino de un arbitra-*

Explica Fabio Vio Valdivieso que a Corte Internacional de Justiça "importou" aqueles seus cinco juízes para essa tarefa, por meio de uma autorização. A Sentença da Corte Arbitral, assim, não seguiria o procedimento da Corte Internacional de Justiça; tampouco submeteria suas conclusões ou decisões ao conjunto dos quinze juízes que a integraram, mas sim ao Governo inglês, o qual, por sua vez, emitiria, na sua condição de Árbitro – sujeitando-se ao Tratado de 1902 – o laudo ou sentença definitiva, com a finalidade de aceitar ou recusar o operado pelos cinco juízes.[199]

O Chile, que tinha iniciado, unilateralmente, a instância, insistia no Árbitro designado em 1902: o governo de Sua Majestade Britânica (Eduardo VII). A partir dessas duas posições da Argentina e do Chile, chegou-se à seguinte fórmula adotada: a "decisão" seria dada por uma Corte Arbitral *ad hoc*, composta por cinco juízes extraídos do Tribunal de Haya, que, por sua vez, seria assumida pelo Governo de Sua Majestade, na forma de "Laudo".[200]

---

je de la Corte Internacional de Justicia, a la que pertencen los juristas que integran la ya nombrada Corte Arbitral; se ha llegado a afirmar que este acuerdo responde más al punto de vista argentino – que pretendía llevar el caso ante la Corte Internacional de Justicia – que al punto de vista chileno, que pretendía el arbitraje del monarca ingles. Esta afirmación no está en lo cierto. Se trata aquí de un verdadero arbitraje del gobierno del monarca británico, como se reconoce textualmente en la primera parte de ese acuerdo. Los juristas que integran la llamada Corte Arbitral no actúan aquí como miembros de la Corte Internacional de Justicia, aunque ella hubiera sido tenida em cuenta. El prestigioso cuerpo judicial que se llama Corte Internacional de Justicia está integrado por 15 miembros y aquí solo se nombran cinco membros para integrar la Corte Arbitral [...]".

199. Id., loc. cit.: *"Si se nos permite la expresión, aquélla los prestó para ese asunto. Por eso, debió otorgar una autorización para que los cinco juristas pudieron dedicarse a una atividad desligada de la Corte Internacional [...]. No se ajustaría – como no se ajustó – esta Corte Arbitral, asi mismo, al procedimiento de la Corte Internacional de Justicia, ni sometió sus conclusiones o decisiones al conjunto de los quince juices que la integran. Las sometieron al Gobierno de S.M. Británica, quien emitió su condición de Arbitro – sujetándose al Tratado de 1902 – el fallo o sentencia definitiva, con facultad de aceptar o rechazar lo obrado por los cinco juristas".*

200. BARROS FRANCO, J.M. op. cit., p.7: *"Argentina había hecho presión para que el diferendo del Beagle fuera resuelto por la Corte Internacional de Justicia; Chile, que había iniciado unilateralmente la instancia, insistía en el Arbitro designado en 1902: el gobierno de Su Majestad Británica. De estas posiciones encontradas derivó la fórmula adaptada: la 'decisión' sería redactada por una Corte Arbitral compuesta*

Assim, a função da Corte Arbitral era emitir uma resolução decisória devidamente fundamentada e transmiti-la ao Governo britânico; traçar um limite sobre o mapa; resolver, definitivamente, cada ponto do conflito chileno-argentino na zona indicada. Para realizar sua missão, a Corte conduziu um prolongado procedimento escrito e oral; efetuou uma visita ao local; permitiu aos litigantes, em poucas palavras, realizarem a mais completa defesa de seus respectivos direitos. Por último, a Corte emitiu sua "decisão", em fevereiro de 1977. Todo esse processo durou quase 6 anos e foi marcado sempre pelo acordo entre as partes.[201]

Para chegar à decisão de fevereiro de 1977, a Corte Arbitral baseou-se juridicamente nos seguintes instrumentos jurídicos: no Tratado Chileno-Argentino de 1881; no Tratado Geral de Arbitragem de 1902, complementado pelo "Compromisso Arbitral de 1971". Aliás, o Compromisso Arbitral de 1971 reiterava o Acordo de 1902, onde as partes acordaram que, em caso de se recorrer à Corte Arbitral, a sentença a ser propalada seria de caráter definitivo e seu cumprimento honrado pelos dois países – e sem a possibilidade de apelação para as partes (Tratado de 1902: Tratado Geral de Arbitragens, artigo 13º).[202]

---

por cinco jueces extraídos del tribunal de La Haya y el 'Laudo' lo emitiría el gobierno de Su Majestad, siempre que hiciera suya la decisión aludida".

201. Id. Ibid. p.7: *"Se ha confiado pues a la Corte la tarea de redactar la 'decisión'. Así lo hace aquélla y transmite ese documento al Gobierno británico. El 'compromiso' encarga de este modo a la Corte una misión muy clara: que adopte una resolución decisoria en que exprese sus fundamentos; que trace un limite sobre una carta; que resuelva, en forma definitiva, cada punto del diferendo chileno-argentino en esa zona. Para cumplir esa misión, la Corte condujo un prolongado procedimiento escrito y oral; efectuó una visita al terreno; permitió a los 1itigantes, en una frase, que realizaran la más completa defensa de sus respectivos derechos. Por último, la Corte emitió su "decisión" en febrero de 1977".*

202. Id. Ibid., p.8: *"Primeramente, tenía el tratado chileno-argentino de 1881, cuya interpretación solicitaban las Partes. En seguida, como elemento regulador del proceso, estaba el Tratado General de Arbitraje de 1902 complementado por el compromiso suscrito en 1971. Allí está todo: la transacción territorial que corresponde interpretar y la forma en que debe resolverse la controversia. Las Partes se han declarado de acuerdo, desde 1902 y reiterándolo en 1971, en que la sentencia que se dicte será definitiva y su cumplimiento, por lo demás, estará contractualmente confiado 'al honor de las naciones'".*

Quanto ao procedimento, a Corte gozou de plena liberdade: adotou um procedimento inspirado nas práticas arbitrais. O processo foi escrito e oral, com visitas locais, com a entrega de documentos probatórios adicionais, com a intervenção dos advogados estrangeiros das partes.[203]

Em seguida, saiu o laudo, em abril de 1977, formado de duas partes. A primeira parte consta de um informe geral e uma descrição do procedimento seguido. A segunda parte detalha o alcance da arbitragem, nos seus aspectos geográficos pertinentes; as necessárias considerações históricas; a análise do Tratado de Limites, de 1881; a análise da prova cartográfica, bem como o estudo dos documentos relativos à atividades jurisdicionais dos litigantes na região da controvérsia. Conclui com uma parte dispositiva.[204]

A Argentina solicitava que a Corte Arbitral determinasse a linha de limites entre as respectivas jurisdições marítimas a partir do meridiano que divide a Terra do Fogo e, conseqüentemente, declarasse como suas as ilhas Picton, Nueva, Lennox e ilhas e ilhotas adjacentes.[205]

O Chile, por sua vez, peticionava que o árbitro resolvesse as questões relacionadas em suas notas de 11 de dezembro de 1967 ao Governo de Sua

---

203. Id. Ibid., p.8: *"Por lo tocante al procedimiento que regirá el proceso, se deja en libertad a la Corte. Esta adopta un procedimiento muy fluido, inspirado en las prácticas arbitrales, que se va creando a medida que avanza el arbitraje. En un proceso escrito y simultáneo, hubo 'Memorias' en 1973; 'Contra-memorias' en 1974; 'Réplicas' en 1975. Además, los jueces visitaron el terreno y posteriormente se autorizó la entrega de documentos probatorios adicionales. Para concluir, se realizó una etapa oral en la cual intervinieron los defensores de Chile y Argentina, en iguales términos de tiempo. Cada Parte expuso oralmente su caso, alegando abogados extranjeros contratados por Chile y Argentina, amén de los Agentes respectivos".*

204. Id. Ibid., p.9: *"La 'decisión' que la Corte adoptó en 1977 para remitirla al gobierno británico, conforme al 'compromiso', consta de dos partes. La primera de ellas constituye un informe general y una descripción del procedimiento que se ha seguido. La segunda entra a fondo en el alcance del arbitraje, en los aspectos geográficos pertinentes, en las necesarias consideraciones históricas, en el análisis del tratado de límites de 1881, en el análisis de la prueba cartográfica y en el estudio de los documentos relativos a actividades jurisdiccionales de los litigantes en la región de la controversia. Concluye con una parte dispositiva".*

205. Id., loc. cit.: *"Argentina solicitaba que se determinara la línea del límite entre las respectivas jurisdicciones marítimas, a partir del meridiano que divide la Tierra del Fuego y consecuencialmente se declarara que pertenecían a ella las islas Picton, Nueva, Lennox e islas e islotes adyacentes".*

Majestade Britânica e ao Governo da República Argentina, quanto à região em questão, segundo o parágrafo 4º desse artigo, e que declarasse a soberania sobre as ilhas Picton, Lennox e Nueva, além das demais ilhas e ilhotas adjacentes; outrossim, reivindicava as ilhas e ilhotas cuja superfície total se encontrasse integralmente dentro da zona indicada no parágrafo 4º desse artigo.[206]

A sentença da Corte Arbitral seria definitiva sobre todas essas pretensões das partes, além de obrigatória e inapelável para as mesmas. Deixava apenas lugar para uma "revisão de sentença".[207]

Esses são, pois, os antecedentes da "decisão" que a Corte Arbitral adotou em fevereiro de 1977, documento esse que serviu de base ao Laudo emitido pelo Governo de Sua Majestade Britânica.[208]

Quanto aos principais aspectos dessa "decisão", é necessário relacionar pelo menos aqueles que mais nos interessam de perto, como, por exemplo, a menção que essa "decisão" faz ao artigo 39 do Tratado Argentino-Chileno de 1855[209], importante em matéria de soberania territorial.

Esse artigo 39 reconhecia, em princípio, que as partes aceitavam o *uti possidetis*, de 1810 (de direito), como base de suas respectivas delimitações, sem prejuízo de prever que, caso não se chegasse a uma solução sobre tal base, buscar-se-ia um acordo direto ou uma solução arbitral.[210]

---

206. Id. Ibid., p.9-10: *"La República de Chile solicita que el Arbitro resuelva las cuestiones planteadas en sus notas de 11 de diciembre de 1967 al Gobierno de Su Majestad Británica y al Gobierno de la República Argentina, en cuanto se relacionan con la región a que se refiere el párrafo 4) de este Artículo y que declare que pertenecen a la República de Chile las islas Picton, Lennox y Nueva, islas e islotes adyacentes, como asimismo las demás islas e islotes cuya superficie total se encuentra íntegralmente dentro de la zona indicada en el párrafo 4) de este Artículo".*
207. Id. Ibid., p.10: *"Por otro lado, como anticipamos hace unos minutos, el Artículo XIV del 'compromiso" expresaba que la sentencia arbitral sería 'legalmente obligatoria para ambas Partes' e inapelable; sólo dejaba lugar a la posibilidad de una 'revisión'".*
208. Id., loc. cit.: *"Tales son los antecedentes de la 'decisión' que la Corte Arbitral adoptó en febrero de 1977, documento que sirvió de base al laudo emitido por el Gobierno de Su Majestad Británica dos meses más tarde. Me referiré a los principales aspectos encarados en la 'decisión'".*
209. Veja o item 2.1.2 do Capítulo I.
210. Id. Ibid., p.10-1: *"A) La Corte empieza por analizar el tratado chileno-argentino de 1855, documento que, como se sabe, contiene normas sobre comercio, navegación, etc.; además de un artículo que es importante en materia de soberanía territorial.*

Sobre isso, a Corte chegou à conclusão de que, ainda que o Tratado de 1855 tenha sido denunciado, permaneceram em vigência suas cláusulas não relativas a comércio e navegação, entre as quais se encontrava aquela que aceitava o *uti possidetis*, de 1810 (de direito), e o eventual acordo ou arbitragem para resolver os problemas de limite.[211]

A Corte acrescentava, também, que ainda que tal tratado estivesse parcialmente vigente, seu artigo 39 fora substituído pelo artigo VI do Tratado de 1881, o qual fazia referência ao limite permanente fixado na zona austral. Ajunta ainda aquela Egrégia Corte que, depois de 1881, tal cláusula de 1855 se converteria em uma disposição "cumprida".[212]

Em seguida, a Corte analisou propriamente a questão do *uti possidetis*. Isso porque, no curso do processo arbitral, a Argentina fez grande alarde sobre esse princípio, provavelmente porque desejava tê-lo disponível como "carta na manga", a fim de argumentar que o que não fora incluído expressamente no Tratado de 1881 pertencia a ela, em virtude do *uti possidetis*.[213]

Sobre esse particular, a Corte expressou que não estava chamada a manifestar-se sobre quais eram os respectivos direitos de uma ou de outra parte, conforme o *uti possidetis*, de 1810 (de direito), dado que quaisquer que

---

Aludo al artículo 39 de ese tratado, que reconoce en principio que las partes aceptan el uti possidetis *de 1870 con base de sus respectivas delimitaciones sin perjuicio de prever que, si no se llega a una solución sobre tal base, se buscará un arreglo directo o una solución arbitral".*

211. Id. Ibid., p.11: *"Al respecto, la Corte llega a la conclusión de que, aunque, el tratado de 1855 fue denunciado, quedaron en vigencia sus cláusulas que no eran relativas a comercio y navegación, entre las cuales estaba justamente aquella que aceptaba el* uti possidetis *de 1810 y el eventual arreglo o arbitraje para resolver los problemas de límites".*

212. Id. Ibid., p.11: *"La Corte dice, también, que aunque dicho tratado estuviera parcialmente vigente, su artículo 39 fue reemplazado por el artículo VI del tratado de 1881, el cual se refiere al límite e que se ha fijado en la zona austral. Añade que después de 1881, dicha cláusula de 1855 se convierte en una disposición 'cumplida'".*

213. Id., loc. cit.: *"B) La Corte entra a analizar en seguida la cuestión del* uti possidetis *en sí. Esto es explicable porque, en el curso del proceso arbitral, la República Argentina había hecho gran hincapié en ese principio, probablemente porque deseaba tenerlo disponible como 'posición de repliegue' a fin de argumentar que lo que no se había incluido expresamente en el tratado de 1881 pertenecía a la Argentina en virtud del* uti possidetis".

fossem eles, segundo o referido princípio, não tinham sido considerados pelo acordo selado em 1881.[214]

Manifesta o Tribunal que, antes de 1881, ambas as partes defendiam praticamente os mesmos direitos, em virtude do *uti possidetis*, de 1810 (de direito), e que o artigo 39 do Tratado de 1855 tinha estabelecido uma gradualidade: primeiro, o *uti possidetis*; depois, a possibilidade de se chegar a um acordo direto; em seguida, a eventualidade de uma arbitragem. Nesse esquema, o acordo contemplado em 1855 foi obtido mediante o Tratado de 1881.[215]

Então, concluiu a Corte, não era razoável pensar em resolver o problema atual sobre a base do *uti possidetis*, porque resultaria inútil fazê-lo recorrendo ao mesmo princípio ou doutrina que tornou necessário o Tratado de 1881: tratar de interpretar as cláusulas territoriais de 1881 tomando por base o *uti possidetis* seria absurdo. Não se poderia resolver o problema de limites sem aplicar o Tratado de 1881 pelo princípio que, justamente, se demonstrou ineficaz para resolver o problema de limites.[216]

Quanto ao Tratado de 1881, a Corte chegou a diversas conclusões.

Primeiramente, observava que tal instrumento constituía um acordo transacional; idéia essa que, além do mais, encontrava-se no próprio tratado que se autodefinia como uma "transação". Disse, em seguida, que o próprio título do Tratado sugeria a intenção que as partes tiveram de resolver seu antigo problema de limites e de estabelecer uma fronteira perma-

---

214. Id., loc. cit.: " *Sobre el particular, la Corte expresa que nos está llamada a pronunciarse acerca de cuáles eran los respectivos derechos de una y otra. Parte conforme al* uti possidetis *de 1810 puesto que, cualesquiera fueran ellos según dicho principio, no habían sido considerados por el arreglo que se pactó en 1881.*

215. Id. Ibid., p.11-2: "*Manifiesta el Tribunal que, antes de 1881, las dos Partes defendían prácticamente idénticos derechos, en virtud del* uti possidetis *de 1810 y que, en realidad, el artículo 39 del tratado de 1855 había establecido una graduación: primero, el uti possidetis; después, la posibilidad de un arreglo directo; en seguida, la eventualidad de un arbitraje. En ese esquema, el arreglo contemplado en 1855 se obtuvo mediante el tratado de 1881*".

216. Id. Ibid., p.12: "*Entonces, agrega la Corte, no es dable ni siquiera pensar en resolver el problema actual sobre la base del* uti possidetis *porque resultaría inútil tratar de hacerlo recurriendo al mismo principio o doctrina que condujo a hacer necesario el tratado de 1881: tratar de interpretar las cláusulas territoriales de 1881 tomando por base el uti possidetis sería absurdo. No se puede resolver el problema de límites ni aplicar el tratado de 1881 echando mano al principio que, justamente, se demostró ineficaz para resolver el problema de límites*".

nente com caráter definitivo. Perguntando-se sobre a finalidade do Tratado, a Corte respondeu dizendo que os signatários quiseram que, depois desse instrumento, fosse o regime do Tratado e não outro que imperasse; assim mesmo, era vontade das partes que nada ficasse indefinido.[217]

Em seguida, adentrando na interpretação do Tratado, a Corte expressou que esse deveria ser interpretado como um todo orgânico e integrado, declinando, assim, uma das posições da Argentina que sustentava que cada um dos artigos do Tratado, em matéria territorial, era como um compartimento-estanque separado dos demais.[218]

Em seguida, a Corte manifestou que se deveria presumir que o Tratado de 1881 realizou uma distribuição completa de todos os territórios e que não se admitia que as partes tiveram a intenção ou a negligência de deixar territórios sem designação.[219]

A Corte asseverou, contudo, que não lhe cabia determinar qual era o Canal de Beagle do ponto de vista geográfico. Sua única competência quanto a esse canal, disse, era a de responder a seguinte questão: o que se deveria entender por Canal de Beagle segundo o Tratado de 1881? Vale dizer, *qual é o curso de águas que ambas as partes tiveram em mente quando firmaram o Tratado de 1881, atribuindo à soberania chilena "todas as ilhas ao sul do Canal de Beagle".*[220]

---

217. Id., loc. cit.: *"Primeramente, señala que dicho instrumento constituye un arreglo transaccional, idea que, por lo demás, se halla en el propio tratado que se auto define como una 'transacción'. Dice, a continuación, que el título mismo del tratado sugiere la intención que hubo en ambas Partes de resolver su antiguo problema de límites y de establecer una frontera permanente con carácter definitivo. Interrogándose sobre la finalidad del tratado, la Corte se responde diciendo que los signatarios quisieron que, después de ese instrumento, fuera el régimen del tratado y no otro el que imperara; asimismo, se quiso que nada quedara indefinido".*

218. Id. Ibid., p.12: *"En seguida, abocándose a la interpretación misma del tratado, la Corte expresa que éste debería interpretarse como un todo orgánico e integrado, rechazando con ello una de las posiciones de Argentina que sostenía que cada uno de los artículos del tratado, en materia territorial, era como un compartimiento-estanco separado de los otros".*

219. Id. Ibid., p.13: *"A continuación, la Corte manifiesta que debe presumirse que el tratado de 1881 efectuó una distribución completa de todos los territorios y que no cabe pensar que las Partes tuvieran la intención o la negligencia de dejar territorios sin asignar".*

220. Id. Ibid., p.13: *"D) Dictaminó asimismo el tribunal que no le correspondía determinar cuál era el Canal Beagle desde un punto de vista geográfico. Lo único que le*

Tais declarações pareciam necessárias, porque, durante a demanda, as partes divergiam sobre o que haveria de se entender por Canal de Beagle. A Argentina defendia que Beagle era o curso de água que bordejava as ilhas Hoste e Navarino para dobrar, depois, entre a Ilha Picton e Navarino, rumo ao sul. A definição argentina do Beagle correspondia a esse curso (demonstrado no mapa) que foi chamado, com malícia, de *a crooked channel* (que, em inglês, não soava tão ruim quanto em espanhol, ou seja, um canal torcido).[221]

O Chile, por sua vez, entendia que Beagle era um curso retilíneo, que passava ao norte de Picton para desembocar no mar entre a Ilha Nueva e a Ilha Grande da Terra do Fogo, de frente ao Cabo São Pio.[222]

Sobre isso, a Corte disse não ser sua tarefa determinar qual desses cursos de água é o Beagle do ponto de vista geográfico, mas, sim, determinar o Canal de Beagle do ponto de vista jurídico, isto é, aquele mencionado no Tratado de 1881 como elemento referencial para repartir as ilhas que se encontravam ao sul do mesmo.[223]

Depois de ter realizado um estudo muito minucioso, a Corte chegou à conclusão de que o Beagle jurídico era aquele descrito pelo Chile. Ou seja, um curso de águas retas que passa ao norte de Hoste, Navarino e Picton, para

---

compete - expresó - por lo tocante a ese canal es: qué debe considerarse como Beagle para los efectos del tratado de 1881. En otras palabras, cuál fue el curso de aguas que ambas Partes tuvieron en mente cuando convinieron en que eran chilenas 'todas las islas al sur del Canal Beagle' ".

221. Id., loc. cit.: *"Tales declaraciones parecían necesarias porque durante el pleito las dos Partes diferían acerca de lo que habla de entenderse por Canal Beagle. La República Argentina sostenía que el Beagle es el curso de agua que bordea las ilas Hoste y Navarino, para doblar, después, entre la isla Picton y Navarino, rumbo al sur. La definición argentina del Beagle correspondía a este curso (mostrando en el mapa), que nosotros durante el arbitraje, con un poco de malicia, llamábamos 'a crooked channel' (lo cual sonaba en inglés no tan mal como sonaría 'un canal torcido o chueco'".*

222. Id., loc. cit., p.13: *Por su parte, Chile sostenía que el Beagle era un curso rectilíneo, que pasaba al norte de Picton para desembocar en el mar entre la isla Nueva y la isla Grande de Tierra del Fuego, frente al Cabo San Pío".*

223. Id. Ibid., p.13-4: *"A este respecto, la Corte dijo: no es mi tarea determinar cual de esos dos cursos de agua es el Beagle desde un ángulo geográfico sino que mi papel es el de determinar el Canal Beagle jurídico; esto es el que se mencionaba en el tratado de 1881 como elemento referencial para asignar las islas que se encuentran al sur del mismo".*

terminar entre Nueva e a Terra do Fogo, deixando ao sul as ilhas Picton, Nueva e Lennox.[224]

Também foi solicitado à Corte que se manifestasse sobre a soberania das demais ilhas localizadas ao sul do Canal de Beagle, que formavam o resto do Arquipélago de Hornos, a saber: Terhalten, Sesambre, Evout, Herschel, Freycinet, Deceit, Wollaston, etc. Porém, a jurisdição da Corte no caso em apreço não incluía uma decisão sobre essa última questão.[225]

Todavia, acontece que a Argentina argumentava, em relação a todos os acordos de limite com o Chile, a existência do princípio bioceânico,[226] que, para ela, era um princípio onipresente, onipotente e antigo. Aliás, a Argentina chegou a alegar que não importava saber qual era o Canal de Beagle, mas, sim, definir, determinar se as tais ilhas estavam no Atlântico ou no Pacífico: se estavam no Atlântico – sustentava – então eram argentinas; se estavam no Pacífico, chilenas. O princípio bioceânico rezava o seguinte: Argentina no Atlântico e Chile no Pacífico. A linha divisória, então, conforme esse princípio, corresponderia ao meridiano do Cabo de Hornos.[227]

---

224. Id. Ibid., p.14: *"Después de un estudio muy acucioso de la documentación, la Corte llegó a la conclusión de que ese 'Beagle jurídico' era aquel que Chile sostenía ser tal. Es decir, precisamente el curso de aguas recto que pasa al norte de Hoste, Navarino y Picton, para terminar entre Nueva e la Tierra del Fuego, dejando al sur de él las islas Picton, Nueva y Lennox".*

225. Id., loc. cit.: *"E) Quienquiera mire el mapa observará que, al sur del 'martillo', hay otras islas; constituyen ellas el resto del archipiélago de Hornos: Terhalten, Sesambre, Evout, Herschel, Freycinet, Deceit, Wollaston, etc. Como hemos dicho, la jurisdicción de la Corte estaba limitada por el 'martillo' y ella no debía ni podía resolver acerca de ellas. No obstante, la Corte se vió abocada a un problema: en todos sus alegatos, Argentina mantuvo que, como subyacente a todos los acuerdos de límites con Chile, había un 'principio bioceánico' que resumía en los términos 'Argentina en el Atlántico y Chile en el Pacífico', la línea divisoria, conforme a este presunto principio, correspondería al meridiano del Cabo de Hornos".*

226. Aliás, como já foi tratado no item 1.3.3 – O Tratado de 1878.

227. BARROS FRANCO, J.M. op. cit., p.14: *"Recordemos que, en el arbitraje, se había planteado a la Corte la petición de que resolvería sobre la soberanía de las islas del 'martillo', empero, para fundar sus posiciones. Argentina había traído en ayuda suya aquel 'principio' que para ella era omnipresente, omnipotente e inmemorial. Hacia el final de los alegatos escritos, Argentina llegó a sostener que no importaba saber cuál era el Canal Beagle y que sólo importaba, en definitiva, determinar si las islas estaban en el Atlántico o en el Pacífico; si estaban en el Atlántico – sostuvo – eran argentinas; si estaban en el Pacífico, chilenas".*

Em vista disso e observando antes a sua falta de competência e o caráter *ultra petita* dessa solicitação argentina, o Tribunal mencionou em sua decisão tal questão, declarando incidentalmente que entendia que as ilhas mais ao sul estavam sob a posse do Chile e que, portanto, eram de soberania daquele país.[228]

Dizendo isso, a Corte negava a existência do alegado princípio bioceânico, por entender que o Tratado de 1881 não continha tal princípio e que, em vez disso, o mesmo assegurava simplesmente um resultado Atlântico/Pacífico.[229]

Quanto aos atos jurisdicionais sobre as ilhas disputadas, tais como habitação das mesmas, etc., bem como o vasto material cartográfico apresentado por ambas as partes, a Corte entendeu que, embora tais provas não fossem decisivas, todavia, corroboravam a interpretação do Tratado de 1881 de prolatar uma decisão, declarando de soberania chilena as ilhas Picton, Nueva e Lennox, com as ilhotas e rocas imediatamente dependentes das ilhas.[230]

---

228. Id. Ibid., p.15: *"El Tribunal, consciente de que no tenía jurisdicción acerca de esas otras islas sitas al sur del 'martillo', declaró que no se hallaban en disputa en el pleito y que, como carecía de competencia sobre ellas, no haría nada; sin embargo, se vio obligada a mencionarlas en su decisión para que se pudiera apreciar la naturaleza de la 'tesis atlántica' esgrimida por Argentina. Al hacerlo, observó incidentalmente, que entendía que las islas más australes estaban en posesión de Chile".*

229. Id., loc. cit.: *"En lo relativo al mencionado 'principio bioceánico', la Corte llegó a la conclusión de que el tratado de 1881 no lo contenía sino que, simplemente, dicho instrumento aseguraba 'un resultado Atlántico/Pacífico' en determinadas regiones del continente sudamericano: en los Andes, por lo tocante a la delimitación de los canales vecinos a la cordillera austral, en el extremo atlántico del Estrecho de Magallanes; en la costa oriental de la isla grande de Tierra del Fuego; y en la isla de los Estados. Sin perjuicio de este 'resultado Atlántico/Pacífico', la Corte rechazó la existencia de un 'principio bioceánico' que estuviera presente en todo el tratado de 1881".*

230. Id. Ibid., p.16-7: *"H) Como es sabido, la prueba chilena en el arbitraje fue muy amplia e incluyó un vasto material cartográfico, partiendo de la base de que la cartografía más cercana al tratado reflejaba la contemporánea interpretación de las Partes.*
El Tribunal analizó cuidadosamente cada uno de esos mapas; los comparó con los presentados por Argentina; y, después de formular una síntesis de su examen, dejó sentado que la cartografía favorecía en forma abrumadora la interpretación que Chile daba al tratado en lo relativo a la región del Beagle. La Corte dijo también que, aunque no constituyera pruebas decisivas, estos mapas corroboraban la interpretación que había ella dado al tratado. La Corte consideró, asimismo, lo relativo a 'actos jurisdiccionales', asunto en el cual nuestra defensa había exhibido numerosas

Diante dessa resolução, o Tribunal traçou, em uma carta anexa à decisão, uma linha vermelha que corria aproximadamente pelo meio do canal, que ia a partir do prolongamento do limite terrestre na Terra do Fogo e o limite oriental do limite entre as jurisdições territoriais e marítimas do Chile e da Argentina (66°25'de longitude Oeste de Greenwich).[231]

Conforme essa decisão, pertenciam à República Argentina todas as ilhas, ilhotas, arrecifes, bancos que estivessem situados ao norte da mencionada linha limítrofe e à República do Chile, aquelas situadas ao sul da linha.[232]

Dessa forma, cumpria a Corte de Arbitragem a tarefa que as partes lhe haviam solicitado. A Corte estabeleceu o prazo de nove meses para a execução da sentença, a contar a partir da data da notificação do laudo.[233]

A decisão da Corte foi adotada pelo governo de Sua Majestade Britânica. Em 18 de abril de 1977, Sua Majestade, a Rainha Elisabete II, em nome de tal governo, a aprovou oficialmente, transformando-a em

---

pruebas y la defensa argentina no había podido allegar prácticamente nada, porque jamás en las islas disputadas – o en las otras más australes – hubo un poblador argentino o un acto válido de jurisdicción que apoyara su causa. En este terreno, la Corte rechazó la presunta impertinencia de tales actos, alegada por Argentina, estableciendo que la prueba de ellos era pertinente y jurídicamente admisible; pero, por cierto, no para alterar los derechos que otorgan los tratados para complementarlos o crear nuevos derechos adicionales sino para confirmar la validez de la interpretación dada los acuerdos. En buenas cuentas, la Corte manifestó que los actos jurisdiccionales, junto con la cartografía no la habían inducido a fallar en la forma en que lo hizo; pero le habían proporcionado la confirmación de su interpretación del tratado de 1881".

231. Id. Ibid., p.17: *"Al adoptar esta resolución, el Tribunal trazó en una carta anexa a la 'decisión' (se muestra) una línea roja que corre aproximadamente a medio canal, la cual desde la prolongación del límite terrestre en la Tierra del Fuego y el límite oriental del 'martillo' (66°25' long. Oeste de Greenwich). Dicha línea constituye el límite entre las jurisdicciones territoriales y marítima de Chile y Argentina".*

232. Id., loc. cit.: *"Conforme a ello, dentro de la zona del 'martillo' pertenecen a la República Argentina todas las islas, islotes, arrecifes, bancos y bajíos que estén situados norte de la mencionada línea limítrofe, y a la República de Chile, los que estén situados al sur de la misma".*

233. Id., loc. cit.: *"En esa forma cumplió la Corte de Arbitraje tarea que le habían impuesto las Partes y el Arbitro. Al hacerlo, estableció un plazo de nueve meses, que se contarían desde la notificación del Laudo, para ejecutar la sentencia".*

Laudo, de acordo com o artigo XIII do compromisso e comunicou-a aos respectivos governos do Chile e da Argentina em Londres, no dia 2 de maio de 1977.[234]

Do ponto de vista jurídico, as conseqüências desse Laudo de 1977 foram as seguintes:

- ficou resolvida a disputa sobre a soberania das ilhas Picton, Nueva e Lennox e as demais ilhas e ilhotas adjacentes a elas. Ao mesmo tempo, a linha de limite traçada na carta que integra o Laudo marca a separação das jurisdições de ambos os países na região em litígio;[235]
- quanto aos territórios localizados fora dos limites de jurisdição propriamente ditos e a partir da definição do conceito de *Canal de Beagle* em relação ao Tratado de 1881, reforça-se a posição chilena, a sua soberania quanto ao resto do arquipélago de Hornos;[236]
- o Chile viu reconhecidas as suas pretensões sobre os territórios em litígio e reforçadas as mesmas sobre o Arquipélago do Cabo de Hornos;[237]

---

234. Id. Ibid., p.18: *"La decisión de la Corte, como dijimos hace poco, fue adoptada por el gobierno de Su Majestad Británica. El 18 de abril de 1977, S.M. la Reina Isabel II, en nombre de dicho gobierno la aprobó oficialmente convirtiéndola en Laudo, de acuerdo con el Articulo XIII del 'compromiso'".*

235. Id. Ibid., p.18: *"Principalmente – y eso es lo que motivó el arbitraje – ha quedado resuelta la disputa sobre la soberanía de las islas Picton, Nueva, Lennox y las demás islas e islotes adyacentes a ellas. Al mismo tiempo, la línea de límite trazada en la carta que integra el Laudo marca la separación de las jurisdicciones de ambos países en la región del 'martillo'".*

236. Id. Ibid., p.18-9: *"Es evidente que respecto a esa zona al sur del 'martillo' (puesto que al norte de él no hay problemas en esta región), no hay decisión alguna en el Laudo británico o en la decisión de la Corte de Arbitraje que sirve de base a aquél. Como hemos expresado, el Arbitro carecía de jurisdicción respecto de la zona que está fuera del 'martillo'. Sin embargo, a nadie escapará que, de todas maneras, de la sentencia de 1977 fluyen ciertas consecuencias adicionales".*

237. Id. Ibid., p.19: *"Por otra parte, se halla lo referente al presunto 'principio oceánico'. Como hemos recordado, Argentina puso todo el peso de sus argumentos, en la interpretación del tratado de 1881, sobre el carácter general de ese 'principio', atribuyéndole vigencia y alcance en todo el extremo austral. Pues bien, la Corte obligada por la argumentación argentina y por el propio 'compromiso', analizó estas alegaciones y rechazó ese 'principio'. Aun sin entrar a analizar si ello constituye "cosa juzgada" desde un punto de vista*

- a Corte não reconheceu a validade do princípio bioceânico reivindicado pela Argentina, enquanto pivô de toda a sua argumentação, tampouco as demais pretensões da mesma no caso em questão;[238]
- criou-se uma linha mediana ou eqüidistante entre a projeção dos espaços marítimos (zona econômica exclusiva) preservados pelas ilhas do arquipélago do Cabo de Hornos e a parte argentina da Terra do Fogo e da Ilha dos Estados ao sul da região austral, evitando-se, assim, a superposição de tais projeções e, dessa forma, dando à questão uma solução eqüitativa.[239]

4. OS RESULTADOS NULOS DA ARBITRAGEM

A reação da Argentina ao Laudo Inglês de 1977 foi declará-lo insanavelmente nulo, no final de fevereiro de 1978, alegando que o árbitro:

- não entendeu o problema;
- não aceitou os argumentos argentinos;

---

jurídico (tema que excedería el campo de esta conferencia), nos parece evidente que, en cualquier diferendo futuro, el vecino país se vería en grandes dificultades para volver a alegar ese 'principio' que un tribunal de derecho ha declarado inexistente. Como hemos expresado anteriormente, la Corte se vio en la necesidad de dictaminar sobre ese 'principio' porque Argentina hizo de él un pivote de toda su argumentación y el tribunal tenía el deber de resolver acerca de todos los puntos planteados por las Partes".

238. Id. Ibid., p.20: *"Por este conjunto de circunstancias, Chile no solamente vio reconocidos sus derechos en lo tocante al diferendo especifico sometido al arbitraje. Además, vio implícitamente reforzados sus derechos al sur del 'martillo'; es decir, sobre el resto del archipiélago del Cabo de Hornos".*

239. Id., loc. cit.: *"Es obvio que, conforme a las modernas reglas del derecho del mar, todas estas islas del archipiélago del Cabo de Hornos proyectan espacios marítimos y crean una 'zona económica exclusiva'. Esta zona se proyecta doscientas millas hacia el oriente (mostrando en el mapa); pero, como a su vez la parte argentina de Tierra del Fuego y la Isla de los Estados también causan una proyección hacia el sur, se produce una superposición de tales proyecciones".*

El derecho moderno trata de resolver estos problemas. Sin haber llegado a fórmulas matemáticas, exige que se les de una 'solución equitativa'. La práctica y la jurisprudencia han mencionado, a este respecto, una 1ínea mediana o de equidistancia que asegure tal forma de solución. (Se muestra en el mapa la orientación general en sentido S.E. que tendría, en este caso, la 'línea de equidistancia')".

Figura 1.8 Mapa com Laudo Arbitral de 1997.

- excedeu a sua competência;
- distorceu as posições argentinas;
- não era imparcial.[240]

---

240. BARROS FRANCO, J.M. op. cit., p. 20-1: *"Pensamos que frente a este conjunto de hechos, el gobierno de Argentina, después de algunos intentos de negociación, resolvió declarar 'insanablemente nula' la sentencia arbitral de 1977. Dio ese paso a fines de febrero de 1978.*

Essa negativa argentina foi anunciada depois de decorrido o prazo de nove meses estabelecido pelo Árbitro para a execução da sentença. É que o governo argentino entendeu que esse prazo era para pronunciar-se sobre a sentença. O que era inexato, pois o compromisso arbitral não previa nenhum tipo de apelação, mas somente o de recurso de revisão do tipo declaratório, conforme o artigo XIII do Tratado Geral de Arbitragem de 1902[241] vigente entre Chile e Argentina e na Teoria Geral do Direito Público Latino-Americano.[242] Em vista dessa declaração de nulidade argentina, a Corte expressou que a mesma era nula.[243]

Los argumentos que ha expresado Argentina para tratar de invalidar esa sentencia son los mismos que podría crear cualquier abogado respecto de cualquier sentencia: que el juez no ha entendido el problema; que el juez no ha aceptado los argumentos argentinos; que el juez ha excedido su competencia; que el juez ha distorsionado las posiciones argentinas; que el juez no era imparcial...".

241. RIZZO ROMANO, A. op. cit., p.122: Art. 13°. Do Tratado Geral de Arbitragem de 1902: *"El laudo es inapelable y su cumplimiento queda confiado al honor de los signatarios. Se admite, sin embargo, el recurso de recisión ante el mismo arbitro, siempre que se interponga antes de vencido el plazo de su ejecución; para los casos en que el falla se dicte en base a erros de hecho resultantes de los documentos apostados, o que se compruebe falsedad o adulteración de citos".*

242. Veja Laudo Inglês de 1977.

243. BARROS FRANCO, J.M. op. cit., p.21: *"Este peculiar documento fue emitido por el gobierno de Buenos Aires poco antes de que expirara el plazo de nueve meses establecido por el Arbitro. En Argentina se dio a entender que dicho plazo era para 'pronunciarse' sobre la sentencia. Esto es inexacto. Basta leer el fallo para comprender que esos nueve meses solamente tenían por objeto permitir la 'ejecución' de lo que había resuelto el tribunal".*

Nunca se insistirá suficientemente en que el gobierno de Argentina no tenía derecho a dar el paso que dio al declarar, por sí y ante sí, nulo el Laudo de 1977. Conforme a los acuerdos vigentes entre ambas Partes, frente a una sentencia que esos acuerdos declaraban inapelable, entregando su cumplimiento al honor de los signatarios, cabía solamente una posibilidad: la de entablar un recurso de 'revisión' conforme al Artículo XIII del Tratado General de Arbitraje de 1902. No es de extrañar, entonces, que la Corte de Arbitraje haya declarado que sus funciones habían terminado, expresando que era nula la 'declaración de nulidad' emitida en febrero de 1978".

A Mediação da Santa Sé na Questão do Canal de Beagle

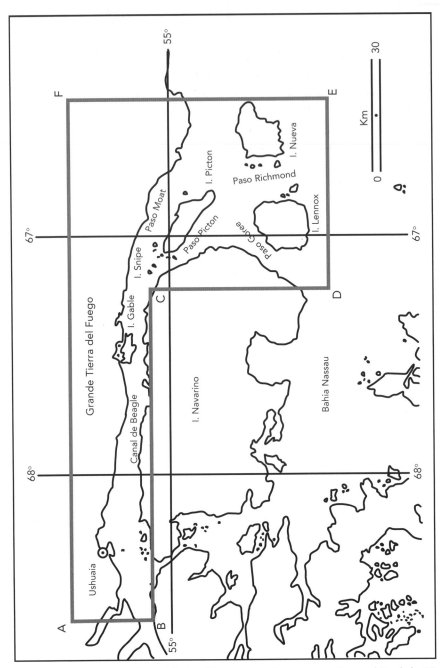

Figura 1.9 A região submetida à arbitragem pelo compromisso arbitral de 22 de julho de 1971 para a Questão do Canal de Beagle, denominada Martillo.

A Questão de Beagle: a origem do conflito

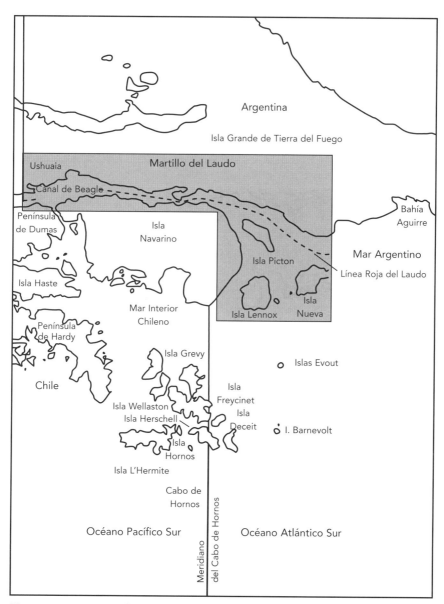

Figura 1.10 A zona do Martillo e as ilhas do Sul até o Cabo de Hornos.

A Mediação da Santa Sé na Questão do Canal de Beagle

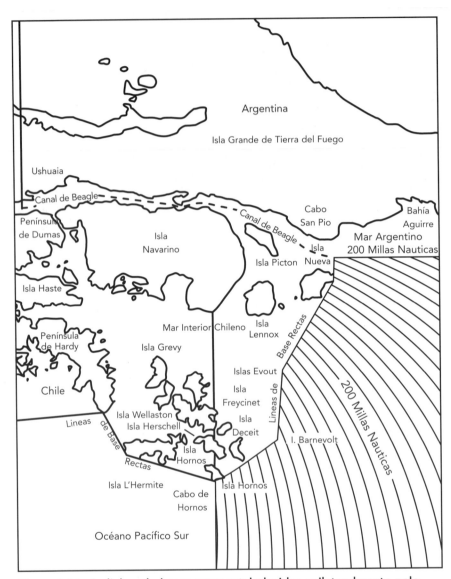

Figura 1.11 As linhas de bases retas estabelecidas unilateralmente pelo Chile, segundo o laudo britânico. No mapa, indica-se a projeção marítima pretendida por esse país.

5. O PEDIDO DE INTERVENÇÃO PAPAL
5.1 O Acordo de Montevidéu, de 1979

Carlos Washington Pastor, autor argentino,[244] relata, como testemunha ocular, os passos que antecederam à assinatura do Acordo de Montevidéu, no dia 8 de janeiro de 1979, pelo qual se solicitava formalmente a Mediação Papal, em vista de se alcançar uma solução para a questão de Beagle, evitando-se a guerra iminente entre os dois países, os quais poderiam ser resumidos assim: os presidentes da República do Chile e República Argentina, respectivamente, Pinochet e Videla, se reuniram em Puerto Montt (Acta de Puerto Montt)[245] no dia 20 de fevereiro de 1978, logo após a decretação pela Argentina da nulidade do Laudo Arbitral de 1977, onde estabeleceram duas comissões mistas com o objetivo de sugerir, por um lado, medidas de distensão e localização de áreas de integração e de cooperação em distintas áreas; por outro lado, o esforço bilateral para evitar um conflito que perdia terreno para o uso da força; a eleição de um mediador: unanimemente o Santo Padre; manter os princípios acordados em Puerto Montt, dado que o ponto nevrálgico da disputa era a delimitação sobretudo de águas marítimas, era necessário conciliar isso com o princípio bioceânico – a intransigência do Chile, porém, era total e impossibilitou qualquer possibilidade de entendimento; os preparativos para a guerra; a ocupação chilena de ilhas na zona austral; a opinião pública de ambos os países, que pressionava para uma solução da situação; a movimentação de tropas para a zona do litígio; o alistamento das Forças Armadas; a iminente ruptura de relações diplomáticas entre os dois países – o Chile se preparava pra pedir a intervenção da Organização dos Estados Americanos (OEA) na questão, faltavam apenas algumas horas para o desfecho do conflito, motivo pelo qual surgia a decisão do Santo Padre de intervir no litígio. O Papa decidiu intervir; enviou o Cardeal Antonio Samoré como seu representante; o Chile aceitou a ajuda da Santa Sé; a Argentina, vencidas as resistências daquelas autoridades que queriam a guerra, consentiu também na intervenção papal; quando todo o aparato béli-

---

244. PASTOR, C.W. Chile: la guerra o la paz. In: JALABE, S.R. (comp.). *La política exterior Argentina y sus protagonistas 1880-1995*. Buenos Aires, Nuevohacer, [s. d.] Pastor foi Ministro de Relações Exteriores e Culto da Argentina de 6 de novembro de 1978 a 29 de março de 1981.
245. Vide Anexos.

co estava pronto para ser acionado, foi dada a contra-ordem; alguns ataques, porém, aconteceram na fronteira, mas sem estragos; intensos bons ofícios do Cardeal Samoré com os dois governos levaram à assinatura do pedido de Mediação ao Santo Padre, de 8 de janeiro de 1979.[246]

A título de fechamento desse Capítulo I, poder-se-ia dizer o seguinte:

> A chamada questão ou conflito de Beagle na região austral envolve fatores de natureza histórica, geográfica, econômica e política, e, portanto, diplomática, de distinta ordem, porém todos concorrentes, que devem, necessariamente, ser considerados em uma análise do ponto de vista da estratégia nacional. Trata-se, além do mais, de um problema múltiplo, que toca interesses regionais e extracontinentais, uma vez que se refere a um sistema geopolítico ou de ordem político-estratégica, ou seja, a defesa do Atlântico Sul, onde se encontram diversas categorias de objetivos políticos perseguidos pelas partes interessadas, dado não somente por via da água que leva esse nome, mas também pela Passagem Drake, do Estreito de Magalhães, das Ilhas Malvinas, Georgias e Sandwich do Sul e do Setor Antártico, com o acréscimo da disputa pelas águas adjacentes ou mais distantes, que caminha em paralelo com a evolução do direito do mar.[247]

---

246. PASTOR, C.W. op. cit., p.263-7 (partes).
247. VILLEGAS, O. La cuestion del Beagle y su interconexion oceânica Atlântico-Pacífico. *Revista Argentina de Estúdios Estratégicos*. año 5, n.9, 1988. p.11, Cf., também, CAFFI, M. T. I. Argentina y Chile: percepciones del conflicto de la zona del Beagle. *Estúdios Internacionales*. año 17, n.67, 1984. p.345-6, : *"En cuanto a Argentina, una concepción que puede ser tanto de carácter histórico como coyuntural, señala que 'las intenciones de Chile' son claras y nunca las ha ocultado. 'La usurpación que hace de las islas Picton, Lennox y Nueva desde fines del siglo pasado persigue como su único objeto: salir al Océano Atlántico para convertirse en potencia biocéanica'. Se denomina en ese enfoque como geopolítica de Chile en el área del Laudo arbitral, lo que se expresa en las siguientes proposiciones:*

a) la convicción en ese país de que sufre un encierro geopolítico y la necesidad que siente de quebrarlo, lo que se traduciría en dos constantes de su conducta: el control y la hegemonía en el Océano Pacifico Sudamericano y, una tendencia expansionista que reconocería dos variantes, en el Norte, a expensas de Perú y Bolivia y, en el Sur, que sólo podría concretarse a expensas de Argentina;

b) dentro de ese esquema, la vinculación Chileno-Argentina, se daría esencialmente en torno al principio denominado 'biocéanico'. Las tendencias expansionistas de

A Questão de Beagle é também uma questão político-territorial (conhecimento, definição de fronteiras), em vista de uma preponderância hegemônica, tanto por parte do Chile quanto por parte da Argentina, afirma o autor chileno F. Orrego.[248] São as fronteiras herdadas da Espanha, enquanto Vice-reinado do Prata e Vice-reinado ou Capitania Geral do Chile, as causas mais remotas daquilo que, mais tarde, denominar-se-ia a Questão do Canal de Beagle. Não resta a menor dúvida, porém, pelo menos até a assinatura do Tratado de limites de 1881, que a discussão de limites entre esses dois países era essencialmente um problema de direito, vale dizer, qual era o sentido e alcance do *uti possidetis juris*, de 1810 (de direito).[249]

Chile y el acceso a los recursos del mar en espacios propios ocupan un lugar primordial en ese enfoque. Asimismo, la percepción geopolíticamente orientada en Chile acerca de los objetivos argentinos se fundamenta en el interés que éstos demuestran en el avance hacia el Pacífico, de manera que el país podría quedar cortado al Sur de Puerto Mont. La crisis permanente del Beagle permitiría agudizar esta percepción: 'Argentina, sin duda, está diseñando su expansión al Pacífico a costa de la infraestructura vial y portuaria chilena, para lo cual la integración constituye el único camino'".

248. ORREGO, F. (ed.). *Chile y Argentina: nuevos enfoques para una relación constructiva.* Santiago, Pehuén, 1989. p.50-1: "*Un enfoque de la política territorial en las relaciones entre Chile y Argentina puede centrarse en dos aspectos: por una parte, los instrumentos que ligan a ambos países y los resultados obtenidos; y por otro, el estudio del contexto histórico en que tales documentos fueron suscritos, las motivaciones, los exitos y las frustaciones [...]*". "*Con todo, no cabe descartar que ciertas consideraciones de índole hegemónica hayan tenido cabida, por lo menos, en la controversia de límites que terminó con la suscripción del Tratado de 1881.*"

249. Id. Ibid., p.51: "*Sin embargo, a pesar de dichas consideraciones, la discusión se centró sobre un asunto de derecho: el sentido y alcance del* uti possidetis juris *de 1810. Chile y Argentina enfrentaron este problema con mucha tenacidad, hasta alcanzar la solución en 1881*".

CAPÍTULO II

A Personalidade Jurídica Internacional da Santa Sé

1. A QUESTÃO ROMANA (1870)[1]

Antes de ser um problema eclesiástico, a Questão Romana aparece eminentemente como um problema de natureza diplomática, militar e de política internacional, que consistiu na perda da soberania temporal do Romano Pontífice sobre os seus territórios na Itália Central, denominados Estados Pontifícios, permanecendo apenas com um minúsculo território em Roma, chamado Estado Pontifício, Estado da Igreja, para o recém-formado Estado italiano, originando, assim, uma das questões mais calorosas e atuais de toda a política internacional da época.[2]

---

1. Para aprofundamento: DEVOGHEL, E. *La question romaine sous Pie XI et Mussolini*. Paris, Blond et Gay, 1930; LONDON, G. *De Pie IX à Pie XI*. Paris, Portiques, 1929; PACECLI, M.F. L'Opera di Pio XI per la conciliazone con l'Italia. *Conferência à 7ª Semana Social na Itália*. Milano, Vita e Pensiero, 1929; PERTINEAX. *Le partage de Rome*. Paris, Granet, 1929; RIVET, L. La question romaine et le Traité de Latran. *Recueil des Cours*. Paris, 1931.
2. Para aprofundamento, consulte: MINGHETTI, M. *Miei ricordi III*. Roma, [s. n.], [s. d.]; GOY, J. *Les deux Rome et l'opinion française*. Paris, 1931. p. 26-100. (Cartas de Doubet a Rendu em 1853); La questione romana negli anni 1860-1861; BERSELLI, A. *Documenti sulle trattative per la soluzione della questione romana nel 1861*. Archivo storico italiano, n.113, 1955. p.73-100.

Parecia, por um lado, que esse resto de território pontifício estava condenado ao desaparecimento diante das forças avassaladoras do liberalismo e da recolonização do Novo Estado Italiano.

Por outro lado, os ambientes católicos, inclusive os internacionais, nas vias de fato, ou seja, militarmente – sobretudo Napoleão III da França; mais no plano diplomático, a Áustria – resistiam e procuravam salvaguardar a plenitude da independência da Santa Sé:

> [...] a necessidade de uma soberania territorial, ainda que mínima, como garantia e sinal da independência espiritual do Sumo Pontífice; a necessidade de um acordo bilateral, de uma concordata, entre partes que se reconhecessem reciprocamente soberanas; em outras palavras, era necessário uma garantia jurídica de natureza bilateral e internacional entre as duas partes, que assegurasse a continuidade do livre exercício das prerrogativas espirituais e internacionais do Sumo Pontífice ou da Santa Sé.[3]

---

3. A natureza e a definição da Santa Sé serão tratadas mais a frente, mas, desde já, queremos chamar a atenção para o fato de que a Santa Sé ou o Sumo Pontífice são duas expressões com o mesmo significado, ou seja, significam a mesma realidade. Para defender a existência do Estado Pontifício, a Santa Sé defendia os seguintes pontos: "A necessidade de uma soberania territorial ainda que mínima, como garantia e sinal de independência espiritual; a necessidade de um acordo bilateral, de uma concordata, entre as partes que se reconhecessem reciprocamente soberanas. Em outras palavras, trata-se de uma garantia jurídica".

Segundo Hildebrando Accioly[4], antes de 1870,[5,6] o Papa englobava em sua pessoa o poder espiritual de chefe da Igreja Católica e o poder temporal de chefe dos Estados Pontifícios. Como soberano temporal, a sua autoridade era comparável a de qualquer outro chefe de Estado; exercia-se plenamente, dentro dos limites dos seus Estados. Por isso mesmo, nunca se discutiu ou se pôs em dúvida a sua personalidade internacional. É inegável, todavia, observa o autor na obra citada, que o poder temporal do chefe da Igreja nunca foi senão um acessório do seu poder espiritual. O primeiro era, sem dúvida, uma garantia para a independência do segundo. Mas o certo é que, acima da sua qualidade de soberano temporal, sempre esteve a de soberano espiritual, cuja autoridade ultrapassava os limites dos Estados Pontifícios, tornando-se mundial. E essa qualidade primordial é o que constitui a verdadeira razão de ser do Papado. Em todo caso, prossegue Accioly na obra citada, a soberania do Vigário de Cristo bastava para que se não discutisse a situação internacional da Santa Sé. Quando, porém, acrescenta o autor, Vitorio Emmanuele I se apoderou violentamente de Roma, em setembro de 1870, a situação mudou: o poder temporal do Papa desapareceu. Até então, internacional e juridicamente, só se considerava o Papa no seu caráter de chefe de um Estado: era este, propriamente, que possuía a qualidade de pessoa do direito internacional. Desaparecendo o Estado, extinguia-se, *ipso facto*, a personalidade

---

4. ACCIOLY, H. Há vinte e cinco anos... a personalidade internacional do Papa. Separata de: *A ordem*, 1930. p.63-72. Ana Valéria Sepulveda Rodrigues, do Setor de Referência da Biblioteca do Ministério das Relações Exteriores do Brasil, em comunicação datada de 26 de março de 2003, afirma que o texto em Questão não é uma publicação, mas um "folheto" e, por estar em processo de higienização, não está disponível no momento.

5. Esse processo de participação na vida política e social interna do Estado Romano (Império) e externamente em nível dos povos bárbaros que estavam invadindo a fronteira do Império, começou quando o Imperador Teodósio I promulgou, em 27 de fevereiro de 380, o Edito de Tessalônica *Cunctos Populos*, com o qual estabelecia que a religião cristã era oficialmente reconhecida como a religião do Estado. Cf. COMBY, J. *Para ler a História da Igreja, das origens ao século XV*. São Paulo, Loyola, 2001. p.76; MATOS, H.C.J. *Introdução à história da Igreja*. Belo Horizonte, O Lutador, v.1, 1997. p.99.

6. VALLEJO, M.D.V. *Instituciones de derecho internacional publico*. 12.ed. Madrid, Tecnos, 1999. p.249: *"Desde que en el ano 380 Teodosio I hace del cristianismo la religión del Imperio, la Iglesia Católica [...] viene participando activamente en las relaciones internacionales".*

internacional. E, assim, começou a ser negada ao chefe da Igreja a condição que, sem exame mais detido, muitos consideravam como simples reflexo da qualidade de chefe de Estado.[7]

2. LEI DAS GARANTIAS (1870-1929)

Logo após a tomada de Roma – prossegue Accioly na obra citada –, os homens de Estado italianos compreenderam a necessidade de dar satisfações aos milhões de católicos do mundo inteiro e de tranqüilizar as diversas potências influenciadas pelo Catolicismo, naturalmente inquietas com a nova situação criada ao Papado. Compreenderam, ao mesmo tempo, a conveniência de regularizar as relações do Estado italiano com a Santa Sé e de assegurar a esta ou, antes, ao exercício da sua função espiritual, a mais ampla liberdade de ação que fosse possível. Daí a decretação da chamada Lei das Garantias, de 13 de maio de 1870.[8]

Essa lei, continua o autor na obra citada, ato unilateral do parlamento italiano, nunca foi reconhecida pela Santa Sé, mas como que recebeu a aprovação ou aquiescência tácita dos Estados estrangeiros e adquiriu importância internacional. Por ela, embora não se reconhecesse ao Papa nenhum direito de soberania territorial, eram-lhe concedidas quase todas as prerrogativas dos soberanos ou chefes de Estado: a inviolabilidade da pessoa, honras peculiares aos soberanos, imunidade de residência, direito ativo e passivo de legação. Além disso, a Lei das Garantias assegurava a independência absoluta do Santo Padre no exercício de sua missão espiritual.[9]

Accioly, na obra citada, observa que, enquanto vários autores negavam sistematicamente que o Papa pudesse ser pessoa do Direito Internacional, outros sustentavam que, em face da Lei das Garantias, do exercício do direito de legação e da faculdade, que nunca foi negada ao Soberano Pontífice, de celebrar concordatas, não se lhe poderia contestar a personalidade internacional. Quanto às concordatas, embora se reconhecesse que, historicamente, apresentavam formas distintas das dos tratados dos antigos Estados Pontifícios, observava-se, com razão, que elas constituíam contratos análogos aos tratados e eram celebradas entre as partes contratantes ou poderes absolutamente independentes. A verdade, entretanto, é que a personalidade

---

7. ACCIOLY, H. op. cit., p.63-4.
8. Id. Ibid., p. 64-5.
9. Id. Ibid., op. cit., p. 64-5.

jurídica do Papa, a sua soberania internacional, não podia decorrer da Lei das Garantias.[10]

Alguns internacionalistas, prossegue Accioly na obra citada, no seu raciocínio, já o tinham entrevisto há alguns anos.

Georges Scheles, por exemplo, em 1917, declarando que o Papa poderia ser considerado como uma pessoa do direito internacional, dizia:

> Ele encarna interesses de ordem especial, de natureza religiosa, interesses comuns a uma larga comunidade internacional e que chegaram a agrupar-se em torno de uma personificação especial e distinta dos Estados.[11]

E acrescentava:

> O Papado goza, tradicional e logicamente, para defender os interesses internacionais que encarna, de certas prerrogativas pertencentes aos sujeitos do direito internacional e, principalmente, do direito de legação passivo e ativo, complemento indispensável da competência, ou, se preferem, da soberania, necessária à execução dos fins da sua atividade especial.[12]

Realmente, argumenta Accioly na obra citada, a Igreja Católica agrupa interesses distintos e possui uma vontade capaz de os dirigir. O seu chefe, apesar de desaparecido o seu poder temporal, não passou a ser súdito de nenhum Estado. Nunca foi contestada sua autoridade suprema em matéria

---

10. Id. Ibid., p.65-6.
11. SCHELES, G. *Revue Générale de Droit International Public*, t.24, p.250, 1917: "*Adoptons ici l'interpretation la plus large en ce qui concerne la capacité juridique du Saint-Siège. La Papauté, si elle n'est pas un État, peut être considerée comme une personne du droit international. Elle incarne religieuse intérêts communs à une large comunauté internationale, et qui sont pervenus à se grouper autour d'une personnification spéciale et distincte des États […]*".
12. Id. Ibid., p.251: "*La Papauté jouit traditionellement et logiquement, pour défendre les intérêts internationaux qu'elle incarne, de certaines prérogatives appartennant aux sujets du droit international, et notamment du droit de légation passif et actif, complément indispensable de la compétence, ou si l'on aime mieux, de la souveraineté, nécessaire à l'accomplissement des buts de son activité spéciale*".

religiosa. Forçoso era reconhecer-lhe a qualidade de poder soberano e personalidade jurídica própria.[13]

Não se diga que outras comunidades religiosas, acrescenta Hildebrando Accioly, estão ou estavam nas mesmas condições. A não ser a Igreja Católica, nenhuma realizou jamais, como ela, a *universalidade*,[14] de par com a *unidade*;[15] nenhuma goza da mesma *independência*[16], nem da mesma a*utoridade moral*;[17] nenhuma existe com *organização tão perfeita e tão disciplinada*.[18] O seu caso é, verdadeiramente, único.

Concluindo seu pensamento, diz Accioly na obra citada que o Papa, com ou sem a Lei das Garantias, possuía personalidade internacional. Não se contesta, porém, que essa personalidade tinha caráter diferente da dos Estados. Basta assinalar que a sua soberania entre 1870 e 1929 *era apenas de natureza espiritual.*[19] *Essa soberania espiritual foi o fundamento das prerrogativas reconhecidas à Santa Sé.*[20] E, ainda hoje, após o Tratado de Latrão, é nela que se baseia, principalmente, a autoridade soberana do chefe do Catolicismo.[21]

Nisso – tranqüiliza Accioly – estão de acordo muitos entre os mais ilustres internacionalistas contemporâneos, tais como:

Yves de la Brière:

> [...] é de caráter unilateral e subsiste pela própria natureza das coisas, ainda que na ausência de garantias satisfatórias e aceitáveis. O Papa é *soberano*,[22] porque não depende do poder legislativo, judiciário ou coercitivo de nenhum Estado temporal e porque se acha habilitado a tratar, de igual para igual, com todos os Estados e governos, na comunidade do direito das gentes.[23]

---

13. ACCIOLY, H. op. cit., p.66.
14. O grifo é do autor.
15. O grifo é do autor.
16. O grifo é do autor.
17. O grifo é do autor.
18. O grifo é do autor.
19. O grifo é do autor.
20. O grifo é do autor.
21. ACCIOLY, H. op. cit., p.67.
22. O grifo é do autor.
23. DE LA BRIÈRE, Y. La question romaine et le traité de Latran. *Revue de Droit International*, 1929. t.3, p.24. Tendo pesquisado nas bibliotecas do Departamento de

Louis Le Fur afirma, com justeza, que a soberania da Santa Sé

> [...] é fundada sobre motivos jurídicos e sociológicos permanentes, sobre uma realidade social que dura há 2000 anos e não sobre um tratado que data de alguns dias e que tem todas as probabilidades de desaparecer antes da própria Igreja.[24]

Delos, apoiando, aliás, o ponto de vista de Le Fur, observa:

> Creia ou não o jurista na afirmação da Igreja sobre a sua natureza e a origem do seu poder, um fato lhe basta: a Igreja é uma sociedade humana, perfeita, livre, senhora de si mesma e de seus destinos, sob a autoridade do chefe que ela escolhe; o jurista tem diante de si um grupo internacional dotado da personalidade moral natural.[25]

Direito Internacional da Faculdade de Direito da Universidade de São Paulo e do Palácio do Itamarati (Instituto Rio Branco, inclusive), verifiquei a inexistência desse periódico tal como está citado pelo autor. Tudo indica que houve algum engano por parte do autor ou de digitação dos dados. Por isso, não foi possível retratar as palavras originais em francês.

24. LE FUR, L. Le Saint Siége e le droit international. *Revue de Droit International*, t. 3, 1929. p.157. Consulte, também: LE FUR, L. *Le Saint Siége et le droit des gens*. Paris, 1930; GOYAU, C. L'Église catholique et le droit des gens. *Recueil des Cours*. 1925. p.123 ss. Tendo pesquisado nas bibliotecas do Departamento de Direito Internacional da Faculdade de Direito da Universidade de São Paulo e do Palácio do Itamarati (Instituto Rio Branco, inclusive), verifiquei a inexistência desse periódico tal como está citado pelo autor. Tudo indica que houve algum engano por parte do autor ou de digitação dos dados. Por isso, não foi possível retratar as palavras originais em francês.

25. DELOS, J.T. Le Traité de Latran et la situation nouvelle de la Papauté. *Revue de Droit International*, t.36, 3. série, t.3, 1929. p.457: *"De même, que le juriste croie ou non à l'affirmation de l'Eglise sur sa nature et l'origine de son pouvoir, un fait lui suffit: l'eglise est une sociéte humaine, parfaite, libre, maîtresse d'elle même et de ses destinées sous l'autorité du chef qu'elle se donne; le juriste a devant lui un groupe international doué de la personnalité morale naturelle, il ne lui reste qu' a entériner ses droits, en amenager l'exercice pratique au mieux des intérêts complexes de la société internationale".*

Na boa companhia desses autores, Accioly afirma, na obra citada, que a ausência do poder temporal não implicava, absolutamente, na ausência da soberania.[26]

Em respaldo a essa conclusão, Accioly, na obra citada, cita novamente Louis Le Fur, que, por sua vez, afirma:

> A soberania é um direito de decisão em última alçada, um direito de mando, que se exerce sobre pessoas e não sobre territórios. O território poderá ser apenas, em relação à soberania, um elemento material sobre o qual esta, de alguma sorte, se apóia. Ele servirá para fixar os limites até onde se poderá exercer a soberania, pois que a soberania temporal, divisível no espaço, é repartida entre os diversos Estados do globo. O território indica, assim, os indivíduos que dependem de cada soberania. Mas o fato é que, ainda para o Estado, potência temporal, a soberania é, antes de tudo, um *poder sobre pessoas*[27], antes que sobre coisas ou o território. Destarte, a soberania do Estado, na essência, pode ser considerada da mesma natureza do que se atribui *à Santa Sé ou ao Papa*.[28] A única diferença é, por assim dizer, de proporção e resulta da diferença de fins.[29]

Em seguida, Accioly cita, na obra em apreço, o Papa Pio XI, mostrando assim a coincidência de pontos de vista com a sua compreensão sobre a natureza jurídica sobre a autêntica soberania do Sumo Pontífice e, portanto, da Santa Sé:

> Estão em presença, se não dois Estados, certamente duas soberanias, no sentido amplo do termo, isto é, plenamente perfeitas, cada uma em sua esfera necessariamente determinada pelos respectivos fins – ao que é bastante acrescentar que a dignidade objetiva dos fins

---

26. ACCIOLY, H. op. cit., p.68.
27. O grifo é do autor.
28. O grifo é do autor.
29. LE FUR, L. op. cit., p.57-8. Tendo pesquisado nas bibliotecas do Departamento de Direito Internacional da Faculdade de Direito da Universidade de São Paulo e do Palácio do Itamarati (Instituto Rio Branco, inclusive), verifiquei a inexistência desse periódico tal como está citado pelo autor. Tudo indica que houve algum engano por parte do autor ou de digitação dos dados. Por isso, não foi possível retratar as palavras originais em francês.

determina, não menos objetiva e necessariamente, a absoluta superioridade da Igreja.[30]

3. OS ACORDOS DE LATRÃO (1929)[31]

No dia 11 de fevereiro de 1929, relata Accioly na obra citada, foram solenemente assinados, no Palácio de Latrão, em Roma, pelo Cardeal Pietro Gasparri, em nome da Santa Sé, e pelo Primeiro-Ministro italiano, Benito

---

30. Acta Apostolicae Sedis. *Alocução de Pio XI*, 30 maio 1929. p.30: *"Anche nel Concordato sono in presenza, se non due Stati, certissimamente due sovranità pienamente tali, cioè pienamente perfette, ciascuna nel suo ordine, ordine necessariamente determinato dal rispettivo fine. Dove è a appena d'uopo soggiungere che la oggettiva dignità dei fini, determina non meno oggettivamente e necessariamente l'assoluta superiorità della Chiesa".* A título de esclarecimento, a Acta Apostolicae Sedis é o periódico no qual são publicados e promulgados os documentos oficiais da Santa Sé, equivalendo, no plano civil ou ao direito do Estado, como, aliás, o direito civil é entendido pelo direito canônico, ao Diário Oficial da União. L'Osservatore Romano tem apenas um caráter oficioso. Contudo, às vezes, tem servido como meio extraordinário de promulgação.

31. Cf. ACCIOLY, H. & SILVA, G.E. *Manual de direito internacional público*. São Paulo, Saraiva, 2002. p.173-8; Storia della Chiesa. *I cattolici nel mondo contemporaneo (1922-1928)*. Milano, Paoline, 1991. v.23, p. 58-63. Para aprofundamento do tema: ANZILOTTI, D. La condizione giuridica internazionale della Santa Sede in seguito agli accordi del Laterano. *Rivista di Diritto Internazionale*. v.4, fasc.2, p.165 ss., 1929.; D'AVACK, A. P. La qualifica giuridica della Santa Sede nelle stipulazioni del trattato lateranense. *Rivista di Diritto Internazionale*, 1935. p.83 ss. e p.217 ss.; GESTOSO TUDELA, L. *La independencia de la Santa Sede y el Tratado de Letrán*. Murcia, [s. n.], 1930. A.A.V.V. Chiesa, azione cattolica e fascismo nell'Italia settentrionale durante il pontificato di Pio XI (1922-1939), Vita e Pensiero, 1931, Ave, Roma, 1983. BERSELLI, A. *Documenti sulle trattative per la soluzione della questione romana nel 1861*. Archivo storico italiano. n.113, 1955. p.73-100; Acta Apostolicae Sedis. v.21, p.209-94: o Tratado de Latrão, quanto à parte concordatária, será modificado através da assinatura do Acordo de 18 de fevereiro de 1984 entre a Itália e a Santa Sé. Para aprofundamento: Concordato 1984: premisse e prospettive; Quatroventi. Urbino, 1985; COCHAUX, H. *Le Pape e l'Italie, les Accords du Latran*. Paris, Beauchesne, 1929; BALDASSARI, A. *Il Trattato del Laterano*. Bari, [s. n.], 1930. BANDRILLART, M. et al. *Les Accords du Latran*. Paris, Spes, 1930; DELOS, J.T. op. cit., p.452-78; TOSTAIN, L. *Le traité politique du Latran et la personnalité en droit public*. Paris, Spes, 1930.

Mussolini, em nome da Itália, dois documentos internacionais que se tornaram conhecidos e tiveram enorme repercussão mundial, sob a denominação de Acordos de Latrão.

Explica esse autor que esses atos constam de um tratado político e de uma concordata[32] – a segunda considerada pela Santa Sé, conforme se declara no respectivo preâmbulo, como o complemento necessário do primeiro.[33]

Salvatorelli[34] observa, porém, que a Conciliação (naturalmente entre a Santa Sé e o Estado italiano) era o fato mais importante da política concordatária, que no tratado previa dois momentos: o reconhecimento da completa independência da Santa Sé sobre o seu território e o restabelecimento de relações diplomáticas.

As origens mais remotas dos Acordos de Latrão se relacionavam à Questão Romana, por um lado, enquanto suas origens mais recentes, por outro lado, consistiam no desejo da Santa Sé e da Igreja italiana de reverter uma situação insustentável, aproveitando-se da fase nacionalista do governo de Mussolini (que acabou logo, aliás, em 1931), disposto agora a conferir à Igreja a melhor posição possível, em vista da expansão italiana no mundo. Para iniciar as tratativas com o Estado italiano, a Santa Sé fazia apenas duas exigências: a concessão de um território à Santa Sé e o reconhecimento dos efeitos civis do matrimônio religioso. Porém, o problema mais espinhoso passou a ser não o matrimônio com efeitos civis, mas sim a Questão da educação coletiva da juventude, devido ao avanço do regime de Mussolini pelas vias do totalitarismo. Por isso, as tratativas sofreram duas interrupções, em 1927 e 1928. As negociações foram reiniciadas e em 20 de agosto de 1928 o projeto final dos Acordos já estava pronto. Superada a fase de discussão política pela Itália, os Acordos de Latrão estavam prontos para serem assinados no dia 11 de fevereiro de 1929.

Os Acordos de Latrão compreendiam três documentos: o tratado, a concordata[35] e a convenção financeira. Pelo Tratado, o Estado italiano reco-

---

32. Essa será renovada em 18 de fevereiro de 1989, como, aliás, foi dito anteriormente.
33. Cf. ACCIOLY, H. op. cit., p. 69-72.
34. SALVATORELLI, L. *Pio XI e la sua eredità pontificale*. Torino, Einandi, 1939. p.127: "[...] (la conciliazione) come un episodio, sia pure il piú grande di tutti, della politica concordataria".
35. Bem mais tarde, em 18 de fevereiro de 1984, essa concordata será substituída por uma nova, durante o governo de Bettino Craxi e enquanto era Secretário do Estado o Cardeal Casaroli.

nhecia a independência e a soberania da Santa Sé no território, ainda que minúsculo, denominado Estado da Cidade do Vaticano. A soberania do novo Estado era, contudo, tão completa que lhe era reconhecida até a faculdade de ter representantes dos Estados mesmo no caso que esses estivessem em guerra com o Estado italiano. A Santa Sé, por sua vez, dava por completamente encerrada a Questão Romana e reconhecia o Estado italiano regido pela dinastia dos Savóia e nos limites territoriais existentes. Uma troca dos respectivos diplomatas deveria sancionar tais acordos.

3.1 A Santa Sé e o Estado da Cidade do Vaticano[36]

Uma vez que o Estado da Cidade do Vaticano é fruto do Tratado de Latrão, será feita, agora, referência aos elementos mais relevantes do Tratado.

Inicialmente, no prólogo do mencionado tratado afirmam-se, entre outras, as seguintes razões para a criação do Estado da Cidade do Vaticano:

- assegurar à Santa Sé, de modo estável, uma condição de fato e de direito que lhe garanta independência absoluta para o cumprimento da sua alta missão no mundo;[37]
- assegurar à Santa Sé independência absoluta e visível; garantir-lhe uma soberania indiscutível também no campo internacional; vislumbrou-se a necessidade de constituir, com modalidades particulares,

---

36. Para aprofundamento: ANZILOTTI, D. op. cit., 1930. p.197-236; JARRIGE, R. *La condition internationale du Saint-Siège avant et après les Accords du Latran*. Paris: Rousseau; DE LA BRIÈRE, Y. *L'organisation internationale du monde contemporain et la Papauté souveraine*. Paris, Spes, 1930. v.3; LE FUR, L. op. cit.; DE LA BRIÈRE, Y. La condition juridique de la Cité du Vatican. *Recueil des Cours*. v.3, 1930, p.115-65; LESOURD, P. *La cité de César et la cité de Dieu*. Paris, Portiques, 1930; LOIREAU, C. *Saint-Siège et fascisme: les Accords du Latran devant l'histoire et la politique*. Paris, Gamber, 1930; ROUSSEAU, C. L'Etat de la Cité du Vatican. *Revue Genérale du Droit Internationale Public*. v.3, 1930. p.145-53; DONATI, D. *La Cittá del Vaticano nella teoria generale dello Stato*. Padova, [s. n.], 1980.; FRAGONARD, J.H. *La condition des personnes dans la Cité du Vatican*. Paris, Domat-Montchrestien, 1930.
37. Acta Apostolicae Sedis. p. 209: *"[...] assicurando alla Santa Sede in modo stabile una condizione di fatto e di diritto la quale le garantisca l'assoluta indipendenza per l'adempimento della Sua alta missione nel mondo".*

a *Cidade do Vaticano*[38], reconhecendo sobre ela a propriedade, o poder total, exclusivo, absoluto, bem como a jurisdição soberana da Santa Sé.[39]

Em outras palavras, o Tratado de Latrão, no seu proêmio, reconhece o Estado da Cidade do Vaticano como aquele determinado território sobre o qual a Santa Sé goza de independência política absoluta interna e sobretudo no campo internacional, necessária para a realização de sua missão de evangelização no mundo.

Declara o Tratado de Latrão, no seu artigo 2º, reconhecer "a soberania da Santa Sé no domínio internacional, com os atributos inerentes a sua natureza, de conformidade com a sua tradição e as exigências da sua missão no mundo".[40]

Enquanto a Santa Sé é pessoa moral, ou seja, possui uma natureza religiosa e humanitária que antecede em pelo menos quinze séculos o aparecimento do próprio Estado Moderno, em 1648 (Tratado de Vestefália), e reconhecida enquanto tal pelo direito positivo internacional, o que lhe dá, também, a condição de sujeito soberano de direito internacional, o Estado da Cidade do Vaticano, por sua vez, é pessoa jurídica internacional pública, pois surgiu de um acordo bilateral celebrado no Tratado de Latrão de 1929 – e, portanto, de direito internacional –, assinado entre a Santa Sé e o Estado italiano. Esse Tratado, no seu artigo 3º, afirma o seguinte:

> A Itália reconhece à Santa Sé a plena propriedade e o exclusivo e absoluto poder e jurisdição soberanos sobre o Vaticano como é atualmente constituído, com todas as suas pertinências e dotações, criando-se assim a Cidade do Vaticano para os fins especiais e segundo as modalidades mencionadas no presente Tratado. Fica claro, além do mais, que a Praça de São Pedro, mesmo fazendo parte da Cidade do Vaticano, continuará normalmente

---

38. O grifo é do autor.
39. Id. Ibid., p.209-10: *"[...] per assicurare alla Santa Sede l'assoluta e visibile indipendenza, garantirle una sovranità indiscutibile nel campo internazionale, si è ravvisata la necessità di constituire, con particolari modalità, la Città del Vaticano, riconoscendo sulla medesima alla Santa Sede la piena proprietà e l'esclusiva ed assoluta potestà e giurisdizione sovrana".*
40. Id. Ibid., p.210: *"Art. 2. L'Italia riconosce la sovranità della Santa Sede nel campo internazionale come attributo inerente alla sua natura, in conformità alla tradizione ed alle esigenze della sua missione nel mondo".* O grifo é do autor.

aberta ao público e sujeita aos poderes de polícia das autoridades italianas, as quais não ultrapassarão as escadas da Basílica; ainda que esta continue a ser destinada a culto público, abster-se-ão de subir e adentrar a referida Basílica, salvo quando convidados a intervir pela autoridade competente.[41]

Para que não haja dúvidas sobre o sentido dessas disposições, o artigo 4º do Tratado de Latrão esclarece:

> A soberania e a jurisdição exclusiva que a Itália reconhece à Santa Sé sobre a Cidade do Vaticano, importa que, sobre a mesma, não cabe qualquer ingerência da parte do Governo Italiano e que ali não existe outra autoridade que aquela da Santa Sé.[42]

Artigo 5º:

> Para a execução do quanto está estabelecido no artigo precedente, antes da entrada em vigor do presente Tratado, o território que constitui a Cidade do Vaticano deverá ser, aos cuidados do Governo Italiano, liberado de qualquer empecilho e de eventuais ocupantes [...].[43]

---

41. Id. Ibid., p.210-1: *"Art. 3. L'Italia riconosce alla Santa Sede la piena proprietà e la esclusiva ed assoluta potestà e giurisdizione sovrana sul Vaticano, com'è attualmente costituito, con tutte le sue pertinenze e dotazioni, creandosi per tal modo la Città del Vaticano per gli speciali fini e con le modalità di cui al presente Trattato. I confini di detta Città sono indicati nella Pianta che constituisce l'Allegato Io del presente Trattato, del quale forma parte integrante. Resta peraltro inteso che la piazza di San Pietro, pur facendo parte della Città del Vaticano, continuerà ad essere normalmente aperta al pubblico e soggetta ai poteri di polizia delle autorià italiane; le quali si arresteranno ai piedi della scalinata della Basilica, sebbene questa continui ad essere destinata al culto pubblico, e si asterranno perciò dal montare ed accedere alla detta Basilica, salvo che siano invitate ad intervenire dall'autorià competente".*
42. Id. Ibid., p.211: *"Art. 4. La sovranità e la giurisdizione esclusiva, che l'Italia riconosce alla Santa Sede sulla Città del Vaticano, importa che nella medesima non possa esplicarsi alcuna ingerenza da parte del Governo Italiano e che non vi sia altra autorità che quella della Santa Sede".*
43. Id., loc. cit.: *"Art. 5. Per l'esecuzione di quanto è stabilito nell'articolo precedente, prima dell'entrata del presente Trattato, il territorio constituente la Città del Vaticano dovrà essere, a causa del Governo Italiano, reso libero da ogni vincolo e da eventuali occupatori [...]".*

Artigo 6º:

A Itália garantirá o fornecimento [...] à Cidade do Vaticano de: [...] adequada quantidade de água; [...] comunicação ferroviária com a rede ferroviária da Itália; [...] serviços telegráficos, serviços públicos; [...] sistemas de acesso ao Vaticano.[44]

Artigo 7º:

No território que circunda a Cidade do Vaticano, o Governo italiano se empenha a não permitir novas construções, que constituam introspecção, bem como demolir parcialmente, com o mesmo fim, aquelas existentes junto a Porta Cavalleggeri, Via Aurélia e Viale Vaticano. Em conformidade às normas de direito internacional, é proibido aos veículos aéreos de qualquer tipo sobrevoar o território do Vaticano. Na Praça Rusticucci e nas zonas adjacentes às Colunas; lá onde não se estende a extraterritorialidade tratada pelo art. 15, qualquer mudança edilícia ou viária que possa interessar à Cidade do Vaticano se fará de comum acordo.[45]

---

44. Id. Ibid., p.212: *"Art. 6. L'Italia provvederà, a mezzo degli accordi occorrenti con gli enti interessati, che alla Città del Vaticano sia assicurata un'adeguata dotazione di acque in proprietà. Provvederà, inoltre, alla comunicazione con le ferrovie dello Stato mediante la construcione di una stazione ferroviaria nella Città del Vaticano, nella località indicata nell'allegata Pianta (Alleg. I) e mediante la circolazione di veicoli propri del Vaticano sulle ferrovie italiane. Provvederà altresì al collegamento, direttamente anche cogli altri Stati, dei servizi telegrafici, telefonici, radiotelegrafici, radiotelefonici e postali nella Città del Vaticano. Provvederà infine anche al coordinamento degli altri servizi pubblici. A tutto quanto sopra si provvederà a espese dello Stato italiano e nel termine di un anno dall'entrata in vigore del presente Trattato. La Santa Sede provvederà, a sue espese, alla sistemazione degli accessi del Vaticano già esintenti e degli altri che in seguito credesse di aprire".*
45. Id. Ibid., p.212-3: *"Art. 7. Nel territorio intorno alla Città del Vaticano il Governo italiano si impegna a non permettere nuove construzioni, che constituiscano introspetto, ed a provvedere, per lo stesso fine, alla parziale demolizione di quelle già esistenti da Porta Cavalleggeri e lungo la via Aurelia ed il viale Vaticano. In conformità alle norme del diritto internazionale è vietato agli aeromobili di qualsiasi specie di trasvolare sul territorio del Vaticano. Nella Piazza Rusticucci e nelle zone adiacenti al colonnato, ove non si estende la extraterritorialità di cui all'art. 15, qualsiasi*

O artigo 8º declara a pessoa do Soberano Pontífice como sagrada e inviolável.[46]

Conforme se estipulou no artigo 9º do Tratado de Latrão e de acordo com os preceitos do direito internacional, são submetidas à soberania da Santa Sé as pessoas que têm residência fixa na Cidade do Vaticano. Tal residência não se perde pelo simples fato de permanência temporária em outro lugar.

No artigo 12, o Tratado de Latrão afirma que a Itália reconhece à Santa Sé o direito de representação diplomática, ativo e passivo, segundo as regras gerais do direito internacional.[47]

Segundo o mesmo artigo, os diplomatas estrangeiros acreditados junto à Santa Sé continuarão a gozar, na Itália, de todas as prerrogativas e imunidades que, de acordo com o direito internacional, são concedidas aos agentes diplomáticos.[48]

Além disso, a Itália se compromete, explicitamente a respeitar sempre e em qualquer caso a liberdade de correspondência entre todos os Estados, inclusive os beligerantes, e a Santa Sé, e vice-versa.

Ainda do artigo 12 do Tratado de Latrão, consta a declaração de que o Núncio Apostólico junto ao Governo Italiano será o Decano do Corpo Diplomático, conforme o direito costumeiro reconhecido pelo ato de 9 de junho de 1815, do Congresso de Viena.[49]

---

mutamento edilizio o stradale che possa interessare la Città del Vaticano, si farà di comune accordo".

46. Id. Ibid., p.213: "L'Italia, considerando sacra ed inviolabile la persona del Sommo Pontefice[...]".

47. Id. Ibid., p.215: "L'Italia riconosce alla Santa Sede el diritto di legazione attivo e passivo secondo le regole generale del diritto internazionale". "[...] Gli inviati dei governi esteri presso la Santa Sede continuano a Godere nel Regno di tutti le prerogative ed immunità, che spettano agli agenti diplomatici secondo il diritto internazionale [...]".

48. Id., loc. cit.: "Art. 12 – [...] i diplomatici della Santa Sede ed i corrieri spediti in nome del Sommo Pontefice godono nel territorio italiano, anche in tempo di guerra, dello stesso trattamento dovuto ai diplomatici ed ai corrieri di gabineto degli altri governi esteri, secondo le norme del diritto internazionale".

49. Id., loc. cit.: "[...] (o Núncio) il quale sarà il Decano del Corpo Diplomatico, a termini del diritto consuetudinário riconosciuto dal Congresso di Vienna con atto de 9 giugno 1815".

Os artigos 13, 14, 15 e 16 do Tratado de Latrão referem-se ao reconhecimento da propriedade da Santa Sé sobre diversos imóveis, situados em Roma ou nos arredores, os quais gozarão das imunidades reconhecidas pelo direito internacional às residências dos agentes diplomáticos dos Estados estrangeiros.[50]

O artigo 20 do Tratado de Latrão permite que as mercadorias procedentes de países estrangeiros e destinadas à Cidade do Vaticano transitem pelo território italiano com plena isenção de direitos aduaneiros ou impostos de entrada.[51]

Diz o artigo 21 que todos os cardeais gozam, na Itália, das honras devidas aos príncipes de sangue e acrescenta que os residentes em Roma, ainda que fora da Cidade do Vaticano, são, para todos os efeitos, cidadãos desta última.[52]

O mesmo artigo consigna disposições tendentes a assegurar a livre reunião dos conclaves, assim como dos Concílios presididos pelo Papa.[53]

O artigo 22 do Tratado de Latrão contém uma estipulação curiosa: é a delegação à Itália, pela Santa Sé, do poder de jurisdição do novo Estado, em determinadas hipóteses. Assim, diz esse artigo:

> A pedido da Santa Sé, e por delegação que poderá ser dada para cada caso particular ou a título permanente, a Itália providenciará, no seu território, sobre a punição dos delitos que tenham sido cometidos na Cidade do Vaticano, salvaguarda ao autor do delito se tiver refugiado no território italiano, caso em que ela procederá imediatamente contra ele, de conformidade com as leis italianas.[54]

---

50. Id. Ibid., p.215-6: *"Art. 13. L'Italia riconosce alla Santa Sede la piena proprietà delle Basiliche patriarcali [...] palazzo pontificio di castel Gandolfo [...] godrano delle immunità riconosciuto dal diritto internazionale alle sedi degli atenti diplomaci di Stati esteri [...]"*.
51. Id. Ibid., p.218: *"Art. 20 – Le merci provenienti dall'estero e dirette alla Città del Vaticano, o fuori della medesima [...] saranno sempre ammesse da qualunque punto del confine italiano ed in qualunque porto del Regno al transito per il territorio italiano con piena esensione dai diritti doganali e doziari"*.
52. Id. Ibid., p.219: *"Art. 21 – Tutti Cardinali godono in Italia degli onori dovuti ai Principi del sangue: quelli residenti in Roma, anche fuori della Città del Vaticano, sono a tutti gli effetti cittadini della medesima"*.
53. Id., loc. cit.: *"Art. 21 – Le dette norme valgano anche per i Conclavi che si tenessero fuori della Città del Vaticano, nonche per i Concilii preseduti dal Sommo Pontefice o dai suoi legati e nei riguardi dei Vescovi chiamati a partecipare"*.
54. Id. Ibid., p.219: *"A richiesta della Santa Sede e per delegazione che potrà essere data dalla medesima o nei singoli casi o in modo permanente, l'Italia provvederà nel suo*

O mesmo artigo acrescenta que:

> A Santa Sé entregará ao Estado italiano as pessoas que, depois de terem cometido atos considerados delituosos pelas leis dos dois Estados, se refugiarem na Cidade do Vaticano ou em algum dos imóveis que lhe pertencem e que, segundo o artigo 15, gozam de imunidades diplomáticas.[55]

E o artigo 23 acrescenta que para a execução na Itália das sentenças emanadas pelos tribunais da Cidade do Vaticano, aplicar-se-ão as normas do direito internacional.[56]

No artigo 24 do Tratado de Latrão figura a declaração de que a Cidade do Vaticano será sempre, e em qualquer caso, considerada território neutro e inviolável.[57]

Essa neutralidade é, portanto, garantida por disposição expressa do Tratado, nos artigos acima citados.

O artigo 26 do Tratado de Latrão, além de reafirmar o quanto dito sobre as razões para a criação do Estado do Vaticano, a saber: liberdade e independência no governo pastoral da Diocese de Roma, da Igreja Católica na Itália e no mundo, declara também:

> *territorio alla punizione dei delitti che venissero commessi nella Città del Vaticano, salva quando l'autore del delitto si sia rifugiato nel territorio italiano, nel qual caso si procederà senz'altro contro di lui a norma delle leggi italiane".*

55. Id., loc. cit.: *"La Santa Sede consegnerà allo Stato italiano le persone, che si fossero rifugiate nella Città del Vaticano, imputate da atti, commesi nel territorio italiano, che siano ritenuti dellituosi dalle leggi di ambedue gli Stati.*
Analogamentie si provvederà per le persone imputate di delitti, che si fossero rifugiate negli immobili dichiarondoli immuni nell'art. 15 [...]".
56. Id. Ibid., p. 220: *"Art. 23. Per l'esecuzione nel Regno delle sentenze emanate dai tribunali della Città del Vaticano si aplicherrano le norme del diritto internazionale".*
57. Id., loc. cit.: *"Art. 24 – La Santa Sede, in relazione alla sovranità che le compete anche nel campo internazionale, dichiara che essa vuole rimanere e rimarrà estranea alle competizioni fra gli altri Stati ed ai Congressi internazionali indetti per tale oggetto, a meno che le parti contendenti facciano concorde appello alla sua missione di pace, riservandosi in ogni caso di far valere sua potestà morale e spirituale.*
In conseguenza di ciò la Città del Vaticano sarà sempre ed in ogni caso considerata territorio neutrale ed inviolabile".

> Resolvida, de maneira definitiva e irrevogável, a Questão Romana, surgida em 1870 com a anexação de Roma ao Reino da Itália sob a dinastia da Casa de Savóia, com Roma, capital do Estado italiano, enquanto, por sua vez, a Itália reconhece o Estado da Cidade do Vaticano sob a soberania do Sumo Pontífice.[58]

Accioly concluiu que não pode mais haver dúvida alguma quanto à personalidade jurídica internacional da Santa Sé ou do seu chefe, o Papa.

A partir desses elementos, algumas conclusões são necessárias:

1. O Estado da Cidade do Vaticano, ainda que minúsculo, possui todos os caracteres formais de um Estado soberano e sobre o qual o Papa exerce plena soberania.
2. Não pode haver mais dúvida quanto à personalidade jurídica da Santa Sé ou do seu chefe, o Papa.
3. Foi só a necessidade de se dar base material à soberania espiritual do Papa, de se lhe conceder uma garantia de direito público internacional capaz de lhe assegurar a completa independência, que determinou a criação da soberania territorial da Santa Sé, ainda que sobre uma área muito restrita.[59]

---

58. Id. Ibid., p.219 - Preâmbulo: *"Che la Santa Sede e l'Italia hanno riconosciuto la convenienza di eliminare ogni ragione di dissidio fra loro esistente con l'addivenire ad una sistemazione definitiva dei reciproci rapporti, che sia conforme a giustizia ed alla dignità delle due Alte parti e che, assicurando alla Santa Sede in modo stabile una condizione di fatto e di diritto la quale le garantisca l'assoluta indipendenza per l'adempimento della Sua alta missione nel mondo, consenta alla Santa Sede stessa di riconoscere composta in modo definitivo ed irrevocabile la 'questione romana', sorta nel 1870 con l'annessione di Roma al Regno d'Italia sotto la dinastia di Casa di Savoia". "Art. 26 – La Santa Sede ritiene che congli accordi, i quali sono oggi sottoscritti, le viene assicurato adeguatamente quanto le ocorre per provvedere con la dovuta libertà ed independenza al governo pastorale della Diocesi di Roma e della Chiesa Cattolica in Italia e nel mondo; dichiara definitivamente ed irrevocabilmente composta e eliminata la 'questione romana' e riconosce il Regno di Italia sotto la dinastia di Casa Savoia con Roma capitale dello Stato italiano. Alla sua volta, l'Italia riconesce lo Stato della Città del Vaticano la sovranità del Sommo Pontefice".*
59. ACCIOLY, H. op. cit., p.72.

4. A Santa Sé e o Estado da Cidade do Vaticano são dois distintos sujeitos internacionais. Embora possuam também uma íntima relação de "união pessoal", há várias teorias sobre isso na doutrina, como se verá a seguir, dado ser o Sumo Pontífice o Poder Supremo daqueles dois sujeitos internacionais.
5. A personalidade jurídica internacional compete exclusivamente à Santa Sé, seja no plano interno – o próprio ordenamento canônico –, seja no plano internacional – os Tratados, as Concordatas.
6. Como discerniu o ex-presidente das Nações Unidas, Dag Hammerskjöld, em Genebra, no verão de 1957: "Quando eu solicito uma audiência no Vaticano, não vou visitar o rei da Cidade do Vaticano, mas o chefe da Igreja Católica".[60]

Assim, ele distingue de fato ambos os conceitos, ou seja, o da Santa Sé e o do Estado da Cidade do Vaticano, além de evidenciar, também, a relação de "união pessoal" que liga os dois entes internacionais.[61]

Portanto, ao mesmo tempo em que existe, do ponto de vista internacional, uma total distinção entre a Santa Sé e o Estado da Cidade do Vaticano, existe, também, uma relação entre ambos sob o mesmo prisma internacional, a partir dos seguintes dados reais:

1. O eleito em conclave, ao aceitar o encargo de Bispo de Roma e de Chefe Supremo da Igreja Católica, automaticamente se torna também o soberano do Estado da Cidade do Vaticano. Esse território consiste, além da área adjacente à Basílica de São Pedro na Colina do Vaticano, também das áreas territoriais das outras três basílicas patriarcais de Roma, a saber:

- Catedral de São João de Latrão, com área adjacente do Palácio Apostólico Lateranense e a Universidade;
- Basílica de Santa Maria Maior e área adjacente;
- Basílica de São Paulo, fora dos muros;
- Catacumbas romanas, bem como o palácio papal de Castel Gandolfo e área adjacente, nas colinas de Albano, fora da Cidade de Roma.

---

60. SALVADOR, C.C. & EMBIL, J.M.U. *Dicionário de direito canônico*. São Paulo, Loyola, 1993. p.676.
61. Id., loc. cit.

2. A soberania territorial assegura o pleno exercício da soberania espiritual.
3. A finalidade principal da soberania territorial é oferecer, portanto, uma base segura de total independência do exercício do ministério ou missão religiosa do Romano Pontífice.
4. O Estado da Cidade do Vaticano e a Igreja Católica são pessoas jurídicas essencialmente distintas.[62]

3.2 Identidade Pessoal (União Pessoal)

Sobre a natureza dessa relação entre a Santa Sé e o Estado da Cidade do Vaticano, existem várias teorias explicativas, mas não é o caso abordá-las aqui, em detalhes, uma por uma. Detenho-me, então, naquela teoria que melhor explica a relação entre esses dois entes, a saber: a identidade pessoal ou união pessoal pelo simples fato de que o Romano Pontífice é a suprema autoridade da Santa Sé e da Cidade do Vaticano.[63] Identificação pessoal significa, em outras palavras, que o ofício da suprema autoridade das duas instituições é exercido pela mesma pessoa, o Bispo de Roma. Os títulos do Sumo Pontífice, segundo o Anuário Pontifício, são: Sucessor do Príncipe dos Apóstolos; Sumo Pontífice da Igreja Universal; Patriarca do Ocidente; Primaz da Itália; Arcebispo e Metropolita da Província Romana; Soberano do Estado da Cidade do Vaticano; Servo dos Servos de Deus.

Sendo assim, concluímos que o Bispo de Roma, além de chefe e supremo detentor do ofício da Sé Apostólica, é também soberano do Estado da Cidade do Vaticano. Portanto, a existência do Estado da Cidade do Vaticano tem como única finalidade assegurar a soberania da Santa Sé em relação aos demais Estados (é um instrumento de soberania da Santa Sé), sem, contudo, se identificar com aqueles.

---

62. Id. Ibid., p.676.
63. Essa teoria foi primeiramente defendida por Verdross e encampada por Anzilotti: ANZILOTTI, D. op. cit. p.198: *"Il collegamento fra i due organismi (giustificato politicamente e storicamente dalla funzione assegnata allo Stato pontificio di mezzo per il migliore esercizio della missione spirituale della Chiesa e constituito, come si è visto dalla comunanza di alcuni organi e in particolari dell'organo supremo) trova la sua base unicamente nella costituzione dello Stato pontificio, il quale viene in tal modo a determinare, fra la Chiesa e lo Stato pontificio, un rapporto analogo a quello di unione personale"* (VERDROSS. Die verfassung der vörkerrechtsgeimeinschaft. Berlim, 1926., p.152: "[...] inambedue gli ordinamenti riveste il Sommo Pontefice, di organo supremo con competenza assoluta e illimitata".

O elemento, observa Hildebrando Accioly, que alguns exigiam para lhe reconhecer essa qualidade, isto é, a soberania territorial, já não falta.

É verdade, admite esse mesmo autor, que a Cidade do Vaticano, com os seus 42 hectares de superfície, ou seja, menos de meio quilômetro quadrado, e a sua diminuta população, constituem um Estado pequeníssimo, mas, em todo caso, um Estado ao qual não falta, de acordo com os termos do Tratado, nenhum dos caracteres formais do Estado soberano e sobre o qual o Papa exerce plena soberania.[64]

Assim, nota Accioly na obra em apreço, se não se quer conceder ao Papa, individualmente, a qualidade de pessoa do direito internacional, não se poderá negar o mesmo à Cidade do Vaticano. E, praticamente, a Questão deixa de ter interesse.[65]

Concluindo sua pesquisa sobre a Personalidade Jurídica Internacional do Sumo Pontífice – ou Santa Sé – Accioly faz, e com muita justeza, a seguinte observação na obra citada:

> Convém, porém, não esquecer que a Personalidade Internacional do Soberano Pontífice não deriva do Tratado de Latrão. Ela lhe é muito anterior – o primeiro reconhecimento formal da mesma se deu com o edito de Tessalânica, chamado Cunctos Popolos, do Imperador Teodosio I, pelo qual o Estado Romano reconhece formalmente a personalidade jurídica da Santa Sé e da Igreja Católica, em 380 d.C.[66]

E Delos acrescenta: "é, ao contrário, a criação do Estado Pontifício que constitui uma conseqüência da soberania inerente à natureza da Igreja".[67]

Concluindo sua reflexão, Accioly afirma:

> Foi só a necessidade de se dar base material a soberania espiritual do Papa, de se lhe conceder uma garantia de direito público capaz de lhe

---

64. ACCIOLY, H. op. cit., p.72.
65. Id., loc. cit.
66. ACCIOLY, H. op. cit., p.72; LE FUR, L. op. cit., p.42, nota de rodapé.
67. DELOS, J.T. op. cit., p.459. Tendo pesquisado nas bibliotecas do Departamento de Direito Internacional da Faculdade de Direito da Universidade de São Paulo e do Palácio do Itamarati (Instituto Rio Branco, inclusive), verifiquei a inexistência desse periódico tal como está citado pelo autor. Tudo indica que houve algum engano por parte do autor ou de digitação dos dados. Por isso, não foi possível retratar as palavras originais em francês.

assegurar a completa independência, que determinou a criação da soberania territorial da Santa Sé, ainda que sobre uma área mui restrita.[68]

No dia 9 de março de 1929, o Corpo Diplomático acreditado junto à Santa Sé foi recebido em audiência especial por Sua Santidade, o Papa Pio XI, e reconheceu solenemente a nova situação, resultante do Tratado de Latrão.

Foi intérprete do dito Corpo Diplomático o seu decano, o brasileiro Carlos Magalhães de Azeredo, Embaixador do Brasil, o qual emitiu conceitos que ratificam aquilo que acima foi sustentado sobre a soberania espiritual do Soberano Pontífice, dizendo: "fonte e fundamento, por gradual e misterioso trabalho histórico, da soberania temporal; coexiste com esta, mas distinta".[69]

E o mesmo acrescenta, ainda: "o selo da independência real e visível não devia faltar à majestade da independência moral da Santa Sé, consagrada pelos séculos".[70]

3.3 Conclusão[71]

- Enquanto pessoas internacionais, tanto a Santa Sé como o Estado da Cidade do Vaticano são membros de pleno direito da Comunidade Internacional dos Estados e das Organizações Intergovernamentais;
- ambos participam de conferências e subscrevem ou aderem a convênios internacionais, segundo o *status* da sua participação, exercendo os mesmos direitos que os outros Estados-membros, em perfeita paridade com todos eles;
- o papel de "chefe" comum da Santa Sé e da Cidade do Vaticano é exercido pela mesma pessoa, a saber: o Sumo Pontífice,[72] que é, então, a instância suprema da Santa Sé e da Cidade do Vaticano;[73]
- os agentes diplomáticos que representam o Sumo Pontífice no exterior representam, no entanto, somente a Santa Sé, a não ser que, por

---

68. ACCIOLY, H. op. cit., p.72.
69. AZEREDO, C.M. *Histórico da Audiência Pontifical de 9 de março de 1929*. Roma: [s. n.], 1929. p.19
70. Id. Ibid., p.21.
71. SALVADOR, C.C. & EMBIL, J.M.U. op. cit., p.677-8.
72. ANZILOTTI, D. op. cit., p.165 ss.
73. Id. loc. cit.

delegação especial, seja estipulado também representar o Estado do Vaticano;[74]

- o Núncio Apostólico, que possui *status* de embaixador, representa a Santa Sé, e não o Estado da Cidade do Vaticano, perante os Estados com os quais mantém relações diplomáticas e perante as Igrejas presentes no território de cada nação. A sua função está regulamentada no Código de Direito Canônico, cân. 362-367;[75]

---

74. Id., loc. cit.
75. SALVADOR, C.C. & EMBIL, J.J., op. cit., p. 513-4: "Núncio Apostólico (Embaixador) e o legado ou enviado do Romano Pontífice a quem este confia, de modo estável, a sua representação pessoal simultaneamente perante as Igrejas (nacionais) e perante os Estados e governos civis, nas diversas nações ou regiões do mundo (Sollicitudo I). Etimologicamente, a palavra "núncio" (nuncius, procedente de nountius, contração de noventius) é aquele que leva as novas (de novus, donde novere resulta em noventus). Nos tempos de Leão IX (1049-1054), tem o sentido de enviado papal sem estatuto diplomático. Depois lhe é acrescentado o título de orator, que se usava para designar o embaixador. A sua origem deve ser referida aos diversos tipos de emissários enviados pelo papa à Corte do Imperador de Bizâncio e, mais tarde, às dos soberanos europeus. No século XVI, o nome núncio ficou reservado exclusivamente ao representante diplomático papal com status permanente [...]. Os núncios eram escolhidos geralmente dentre os auditores da Rota Romana e outros prelados, às vezes dentre os Bispos e Arcebispos residenciais. Desde 1584, com raras exceções, estão revestidos de caráter episcopal e, a partir de Paulo VI, com categoria de Arcebispos de uma Sé titular [...]. Ao não estar fixada a terminologia no século XVI, o título de Núncio era dado a todos os tipos de enviados pontifícios (Legados Pontifícios), tanto permanentes e ordinários como internos, extraordinários e especiais. Atualmente, o Núncio Apostólico é escolhido, salvo raras exceções, dentre aqueles sacerdotes que receberam a formação diplomática específica na Pontifícia Academia Eclesiástica da Santa Sé (em Roma). Esta Instituição equivale ao Instituto Rio Branco (Itamarati) do Brasil, que prepara os diplomatas do Brasil. Aquela foi criada em 1701, em Roma, com a função de preparar os jovens eclesiásticos para o serviço diplomático da Santa Sé e para o serviço da Secretaria de Estado, através da Segunda Secção, que trata das relações diplomáticas com os Estados. A função de Núncio Apostólico só é alcançada, então, como ápice da carreira diplomática, depois que o diplomata da Santa Sé percorre um itinerário no exterior (ou Secretaria de Estado em Roma) de mais ou menos 20 anos". Dos legados do Romano Pontífice: Normativa: a configuração e a regulamentação do exercício do direito de legação está hoje constituída, de um lado, pelo direito interno (em especial o constitucional, aqui o canônico) e, de outro lado, quando se exercita junto aos Estados e

- após o Tratado de Latrão, os documentos internacionais eram subscritos tanto em nome da Santa Sé como em nome do Estado da Cidade do Vaticano;
- essa práxis só muda a partir de 1957, quando a Santa Sé, unicamente, assume a dupla representação;[76]
- a diferença, portanto, de sujeito internacional entre Santa Sé e Cidade do Vaticano deverá ser deduzida da finalidade da representação concreta assumida em cada caso;
- apesar da dupla natureza de representação internacional, esta não é igual, nem em importância nem em atividade: a primordial é a correspondente à Santa Sé enquanto órgão supremo da Igreja Católica Universal;
- somente a Santa Sé mantém representantes perante os Organismos Internacionais;
- o Estado da Cidade do Vaticano, na concepção do Tratado de Latrão, foi criado com um fim mediato ao da Santa Sé, com propósitos espe-

---

às Organizações Internacionais, pelo Direito Internacional. A normativa eclesial está contida nos cânones 362-7. Código de Direito Canônico no Motus Próprio de Paulo VI, Sollicitudo Omnium Ecclesiarum, de 8 de agosto de 1969 (Acta Apostolicae Sedis, v.61, 1969. p.473-84); nas Constituições Apostólicas Regimini Ecclesiae de 15 de agosto de 1967 e Pastor Bônus de 28 de junho de 1988 (Acta Apostolicae Sedis, v.80, 1988. p.841-4). A normativa internacional, ratificada pela Santa Sé, está formada pela Convenção de Viena de 18 de abril de 1961 sobre Relações Diplomáticas, a Convenção de Viena de 24 de abril de 1963 sobre Relações Consulares, a Convenção sobre Missões Especiais de 16 de fevereiro de 1969 e a Convenção Internacional sobre a representação dos Estados em suas relações com as Organizações de caráter universal de 14 de março de 1975. Funções do Legado Pontifício ou Núncio Apostólico: a eclesial e a diplomática. Para aprofundamento, consulte: SALVADOR, C.C. & EMBIL, J.M.U. op. cit., p.421-33 e 513-5; Anuário Pontifício. *Cittá del Vaticano*. Libreria, 2003; DUPUY, A. *La diplomatie du Saint Siège après le II Concile Vatican II. Le pontificat du Pape Paul VI, 1963-1978*. Paris, [s. n.], 1980; ECHEVERRÍA, L. Funciones de los legados del Romano Pontífice. *Revista Eclesiastica de Derecho Canonico*. n.24, p.573-636, 1970; MARTÍN, I. Presencia de la Iglesia cerca de los Estados. *Concilium*. Edituce Vaticano, n.58, 1970, p.232. OLIVIERI, M. *Natura e funzione dei legati pontífice nella storia e nel contesto del Vaticano II*. Torino: [s. n.], 1979.

76. Veja mais adiante, no item 5 – "A Santa Sé no Plano Internacional", item 5.2 – A Santa Sé enquanto membro da Comunidade Internacional.

ciais – viabilizar, do ponto de vista político-territorial, a missão espiritual da Igreja Católica;[77]
- é a Santa Sé quem celebra acordos (concordatas, mediações), tidos como tratados internacionais, pelos próprios Estados signatários, bem como pela Comunidade Internacional;
- a Cidade do Vaticano é um organismo estatal que apresenta as mesmas características próprias de um Estado, ou seja, com os seus elementos materiais território, população, autonomia de governo próprio, exército, fins a serem perseguidos;
- a Santa Sé, por sua vez, não possui esses elementos, porque é pessoa moral *(persona moralis iure divino)*, segundo o próprio ordenamento canônico: vale dizer, o conceito de pessoa moral é algo anterior e absolutamente inédito à intervenção do direito positivo, que, por sua vez, é a fonte de toda pessoa jurídica.[78]

4. A SANTA SÉ NO PLANO ECLESIAL
4.1 Conceito

Segundo o Dicionário de Direito Canônico,[79] o conceito de Santa Sé ou Sé Apostólica (Santa Sedes, Sedes Apostólica) há que ser definido juridicamente, em primeiro lugar no campo eclesial, enquanto a Igreja e o Pontífice são "fenômenos que nasceram no seu próprio mundo", realidades naturais, algo dado pela história e pela sociologia.

A Igreja Católica, sob o aspecto jurídico, é uma comunidade autônoma e independente de qualquer poder humano, quer dizer, soberana, cujo exercício da soberania – é uma soberania espiritual[80] – corresponde ao Romano Pontífice (Primado Romano). Por ser uma comunidade complexa e de âmbito universal, o Romano Pontífice precisa da ajuda e colaboração de um conjunto de órgãos subordinados. Esse conjunto, encabeçado pelo Romano Pontífice, é o que se entende por Santa Sé.[81] Costuma acontecer, porém,

---
77. ANZILOTTI, D. op. cit., p.217.
78. Esse conceito será estudado mais à frente, no item 5 – "A Santa Sé no Plano Internacional", item 5.1 – O conceito de pessoa moral na doutrina canonística.
79. SALVADOR, C.C. & EMBIL, J.M.U. op. cit., p.670.
80. Como Accioly já demonstrou anteriormente.
81. SALVADOR, C.C. & EMBIL, J.M.U. op. cit p.670.

adverte o dicionário, que a expressão Santa Sé apareça tanto na doutrina como no direito estreitamente unida – às vezes, fundida e em outras, tomada uma pela outra – com as de Igreja Católica, Pontificado Romano (Papado, Primado Romano) e com Estado da Cidade do Vaticano. Muito embora a articulação de todas essas figuras seja de cunho espiritual, vale dizer, por um Direito inerente a sua natureza, não procedendo dos meios institucionais legais do regime democrático, contudo, o estatuto jurídico e o sentido técnico de cada uma delas é próprio.[82]

Assim, perante o Direito Canônico, regra o dicionário, o nome da Santa Sé ou Sé Apostólica tem, no Código, dois sentidos diferentes, segundo o Cânon 361:

> Sob a denominação de Sé Apostólica ou Santa Sé, neste Código, vem não só o Romano Pontífice, mas, também, a não ser que pela natureza da coisa ou pelo contexto das palavras se depreenda o contrário, a Secretaria de Estado, o Conselho para os negócios públicos da Igreja e os demais organismos da Cúria Romana.[83]

Um amplo e geral e o outro estrito e especial.

No sentido amplo e geral, o nome Santa Sé ou Sé Apostólica compreende não só o Romano Pontífice "[...] mas, também, a não ser que pela natureza da coisa ou pelo contexto das palavras se depreenda outra coisa, a Secretaria de Estado" e outras instituições da Cúria Romana.[84]

No sentido estrito e especial, o termo Santa Sé ou Sé Apostólica designa somente o Romano Pontífice, quer dizer, o ofício do Romano Pontífice, o Papado, o Primado Romano e a sua pessoa.

Num ou noutro sentido, a Santa Sé, enquanto órgão supremo de direção, se distingue tanto da Igreja como do Estado da Cidade do Vaticano, do mesmo modo que a cabeça se distingue do seu corpo – lá, o aspecto místico; cá, o político estatal.

---

82. Id., loc. cit.
83. CIC 1983. Tradução em língua portuguesa da Conferência Nacional do Brasil. São Paulo, Loyola.
84. Can. 361, CIC 1983.

A Santa Sé se distingue, também, da Cúria Romana.[85]

Sobre essa distinção e relação entre Santa Sé e Cúria Romana, o Concílio Vaticano II (1962-1965) determina a questão que será tratada a seguir, não sem antes dar algumas informações históricas e noção do termo Cúria Romana.[86]

---

85. Este assunto será tratado, em detalhes, mais adiante.
86. D'OSTILIO, F. *Prontuario di diritto canônico*. Cidade do Vaticano, Libreria Editrice Vaticano, 1994. A palavra "Cúria" é de origem romana: era o lugar onde eram celebrados os atos de culto e onde se tomavam as decisões; significou também o "Senado": o antigo edifício que surge junto ao Cárcere Marmetino, chamado "Cúria"; era exatamente a sede do Senatus Verbis. A Igreja tomou dos Romanos a palavra "Cúria" e, no curso dos séculos, utilizou-a com vários significados: na Idade Média, para significar o Fórum e as reuniões em geral; no século XII, para significar a própria Igreja Romana; durante o reino temporal dos Papas, para significar o complexo das pessoas que colaboravam com o Pontífice no governo civil; no Código de Direito Canônico, significa o complexo dos Dicastérios (Congregações, Tribunais, Pontifícios Conselhos e Ofícios) que colaboram com o Romano Pontífice no governo da Igreja Universal, ou seja, no exercício da Suprema e Universal autoridade de jurisdição. A "Cúria Romana", atualmente, é aquela descrita pela Constituição Apostólica Pastor Bonus, de 26 de junho de 1988. Evolução histórica da Cúria Romana: a atual organização da Cúria Romana é o resultado da evolução de 6 períodos:

1. Período do presbitério e dos Concílios (séc. VI-IX) – nesse período colaboravam com o Pontífice os Bispos suburbicários, os Bispos de passagem por Roma, os 25 Presbíteros titulares;

2. Período do Concistório (colloquio pubblico) e dos Ofícios (séc. XII) – nesse período, os Presbíteros titulares se tornam os próximos colaboradores do Papa e constituem o seu Senado: o Presbitério dá origem ao Concistório dos Cardeais. Durante esse período, é instituída também a Chancelaria Apostólica, para a escrita e execução das Cartas Apostólicas;

3. Período do Concistório, Ofícios e Tribunais – dado que a tratativa e a definição dos assuntos de tipo judiciário exigiam um procedimento longo e minucioso (que paralisaria a atividade do Concistório), para as causas penais é criado o Auditorium Pontificium, formado pelos Auditores causarum sacri Prelatti. Assim, no séc. XIII, surge o Tribunal da Sacra Romana Rato;

4. Período do Concistório das Congregações, dos Ofícios e dos Tribunais – os negócios de caráter administrativo, a causa da expansão da Igreja e da Reforma protestante aumenta a cada dia; não se conseguindo, assim, tratar de todos assuntos no Concistório, nascem as "Comissões Especiais dos Cardeais", nomeadas vez por outra. Sucessivamente, tais Comissões se tornam permanentes e encarregadas de um

123

Para exercer o poder supremo, pleno e imediato sobre a Igreja universal, o Romano Pontífice vale-se dos Dicastérios da Cúria Romana. Estes, por conseguinte, em nome e com a autoridade dele, exercem seu ofício para o bem das Igrejas e em serviço dos Sagrados pastores.[87]

Já de imediato, os Padres Conciliares[88] reunidos no Concílio Vaticano II determinaram uma distinção e uma relação entre Santa Sé e Cúria Romana.[89]

A distinção entre Santa Sé e Cúria Romana se dá essencialmente pelo fato de que a Santa Sé é algo anterior e absolutamente inédito à intervenção do Direito Positivo, isto é, foi instituída pelo próprio Cristo Jesus, por meio do Ofício Petrino, ou Ministério Petrino.

O artigo 1º das Normas Gerais da Constituição *Pastor Bonus* define assim a noção de Cúria Romana:

> assunto específico. Sixto V, com a Constituição Apostólica Immensa (1575), institui 15 Comissões permanentes, chamadas Sagradas congregações, e que sucessivamente sofrem supressões e progressos. São Pio X faz uma reforma geral da Cúria Romana, através da Constituição Apostólica Sapienti Consilio (1904) e divide de modo mais racional os assuntos entre os vários Dicastérios. O Código de Direito Canônico (1917) substancialmente recebe e sanciona a reforma de São Pio X, acrescentando à Cúria Romana outros Dicastérios;
>
> 5. Período das Congregações, dos Tribunais, Ofícios e Secretariados: dado que para poder implementar o ecumenismo foram criados alguns organismos durante o Concílio Vaticano II, a reforma da Cúria Romana efetuada por Paulo VI com a Constituição Apostólica Regimini Ecclesiae Universae (15 de agosto de 1967), aos Dicastérios já existentes são acrescentados os Secretariados;
>
> 6. Período das Congregações, dos Tribunais, Pontifícios Conselhos e Ofícios – a nova reforma é empreendida por João Paulo II, por meio da Constituição Apostólica Pastor Bonus de 28 de junho de 1988.

87. CONCÍLIO DO VATICANO II. Decreto *Christus Dominus* 9. *Compêndio do Vaticano II (Constituições, Decretos, Declarações)*. Petrópolis, Vozes, 1968. p.407.

88. A expressão "padres conciliares" é um termo jurídico canônico que designa todos e somente os Bispos da Igreja Católica que possuem o direito à participação com voz ativa.

89. Para aprofundamento, consulte: DEL RE, N. *La curia romana*. Cidade do Vaticano, Libreria Editrice Vaticano, 1998;. BONNET, P.A. & CARLO, G. *La curia romana nella Constituição Apostólica "Pastor Bonus": lineamenti historici giuridici*. Cidade do Vaticano, Librerie Editrice Vaticano, 1990. (Studi Giuridici XXI). CONCILIO DO VATICANO II, op. cit., p.407-8.

A Cúria Romana é o conjunto dos Dicastérios e dos Organismos que colaboram com o Romano Pontífice no exercício de seu supremo ofício pastoral para o bem e o serviço da Igreja Universal e das Igrejas particulares, exercício este através do qual se reforçam a unidade de fé e a comunhão do povo de Deus e se promove a missão própria da Igreja no mundo.[90]

Ora, a partir dessa concatenação de pensamentos, o que se colhe é que a distinção essencial entre Santa Sé e Cúria Romana se dá pelo fato de aquela primeiramente ser de natureza constitucional ou pré-jurídica, enquanto a Cúria Romana, por sua vez, é de natureza eminentemente eclesiástica e histórica, que muda conforme as exigências do tempo, regulada pela suprema autoridade.

Assim, a Santa Sé é uma realidade dinâmica na história, porque ela se faz presente em cada momento dela, por meio da sucessão legítima direta e ininterrupta do ministério que Cristo confiou a Pedro. Essa sucessão atravessou os séculos e hoje o atual Pontífice é o 264º na lista da sucessão legítima direta e imediata do Apóstolo Pedro, segundo a lista oficial do *Annuario Pontificio*.[91] Por sua vez, a Cúria Romana tem sua origem no direito esclesiástico, significando assim que ela foi criada pelo direito humano, eclesiástico ou canônico, se bem que em virtude do poder divino atribuído à Suprema Autoridade da Igreja Católica. Portanto, a relação entre Santa Sé e Cúria Romana se dá pelo fato de essa última ser um auxílio, um instrumento de facilitação do Ministério Petrino no governo da Igreja Universal. Assim, a existência e a competência da Cúria Romana só se justifica a partir da pessoa do Pastor Supremo da Igreja Universal, ou seja, o Sumo Pontífice.

É em vista do Ministério de Pedro, enquanto Chefe Supremo da Igreja, que essa função da Cúria Romana é exercida, seja para a Igreja Universal, seja para a Comunidade Internacional.[92]

---

90. JOÃO PAULO II, Papa. *Constituição Apostólica Pastor Bonus sobre a Cúria Romana*. Cidade do Vaticano, Tipografia Poliglotta Vaticano, 1988. p.19.
91. Annuario Pontificio. op. cit., p.7-20.
92. JOÃO PAULO II, Papa. op. cit., p.10-1: *"Di conseguenza è evidente che il compito della Curia Romana, sebbene non faccia parte della constituzione essenziale, voluta da Dio, della Chiesa, ha tuttavia um carattere veramente ecclesiale, poiché trae dal Pastore della Chiesa Universal ela propria esistenza e competenza. In effetti, essa in tanto vive e opera, in quanto è in relazione col Ministero Petrino e su di esso si fonda. Poiché tuttavia il Ministero di Pietro, come 'servo dei servi di Dio', viene esercitato*

O Concílio Vaticano II afirma sobre a natureza da Cúria Romana:

> Para exercer o poder supremo, pleno e imediato sobre a Igreja Universal, o Romano Pontífice vale-se dos Dicastérios da Cúria Romana. Estes, por conseguinte, em nome e com a autoridade dele, exercem seu ofício para o bem das Igrejas e em serviço dos Sagrados pastores.[93]
>
> Conseqüentemente, é evidente que a função da Cúria Romana, se bem que não faça parte da constituição essencial, colocada por Deus, à Igreja, possui, contudo, um caráter realmente eclesial, vez que recebe do Pastor da Igreja Universal sua própria existência e competência. Assim, a Cúria Romana vive e age enquanto está em relação com o Ministério Petrino e sobre o mesmo se fundamenta. E, considerando que o Ministério de Pedro como 'servo dos servos de Deus', é exercido seja quanto à Igreja Universal, seja quanto ao Colégio dos Bispos da Igreja Universal, também a Cúria Romana, que serve ao Sucessor de Pedro, pertence ao serviço da Igreja Universal e dos Bispos.[94]

A Cúria Romana, portanto, não subsiste por si mesma, se não enquanto emanação e a serviço do Sucessor de Pedro. Por isso, a característica principal da Cúria Romana é de ser instrumento de serviços nas mãos do Papa,

---

> *nei confronti sia della Chiesa Universale sia del Collegio dei Vescovi della Chiesa Universale, anche la Curia Romana, che serve il Sucessore di Pietro, appatiene al servizio della Chiesa Universale e dei Vescovi".*

93. Id. Ibid., p.10: *"[...] nell'esercizio della sua suprema, piena ed immediata potestá sopra tutta la Chiesa, il Romano Pontifice si avvale dei Dicasteri della Curia Romana, che perciò adempiono il loro compito nel nome e nell'autoritá di Lui, a vantaggio delle Chiese e al servizio dei sacri Pastori".* Veja também o texto original dos Padres na Constituição Apostólica Cristus Dominus, 9: Compêndio do Vaticano II. op. cit., p.407-8.

94. Id. Ibid., p.10-1: *"Di consequenza è evidente che il compito della Curia Romana, sebbene non faccia parte della constituzione essenziale, voluta da Dio, della Chiesa ha tuttavia un carattere veramente ecclesiale, poiché trae dal Pastore della Chiesa universale la propria esistenza e competenza. In effetti, essa in tanto vive e opera, in quanto é in relazione col Ministero Petrino e su di esso si fonda. Poiché tuttavia il Ministero di Pietro, come 'servo dei servi di Dio', viene esercitato nei confronti sia della Chieza universale sia del Collegio dei Vescovi della Chiesa universale, anche la Curia Romana, che serve il Sucessore di Pietro, appartiene al servizio della Chiesa universale e dei Vescovi".*

de modo que a Cúria Romana não tem poder algum em si mesma e nenhum poder além daqueles que o sucessor de Pedro decidiu lhe conferir.[95] Em suma, a Cúria não age em nome próprio, mas age em nome de. Vale dizer que a Cúria Romana não age por direito próprio, nem por iniciativa própria; ela exerce o poder recebido do Papa por causa da relação essencial e originária que mantém com aquele.

4.2 Sua personalidade jurídica

A Santa Sé e a Igreja Católica, como vimos, não só são dois conceitos distintos, mas duas pessoas jurídicas distintas. Isso significa que a Santa Sé, enquanto tal, é sujeito autônomo de direitos e deveres que não coincidem com os da Igreja enquanto tal. A mencionada personalidade é necessariamente de direito público, em razão de sua natureza, enquanto órgão supremo do corpo eclesial e em razão de sua finalidade de serviço ao bem comum eclesial e da comunidade das Nações. É uma pessoa não corporativa, mas institucional. Uma pessoa composta de entidades e pessoas jurídicas.[96]

Assim, a personalidade jurídica cabe à Santa Sé no seu sentido estrito, quer dizer, ao ofício do Romano Pontífice e de seu primado de jurisdição sobre a Igreja.[97]

Igualmente, na legislação anterior, de 1917, capítulo 242, a Cúria Romana, como as Cúrias Diocesanas, possuía, *de per si*, sua personalidade.

O Cânon 113 reza que:

§ 1º. A Igreja Católica e a Sé Apostólica são pessoas morais[98] pela própria ordenação divina.

---

95. Id. Ibid., p.11: *"Da tutto ciò risulta chiaramente che la caratteristica principale di tutti e di ciascun Dicastero della Curia Romana è quella ministeriale, come affermano le parole già citate dal Decreto Christus Dominus e soprattutto quela expressione: 'Il Romano Pontefice si avvale dei Dicasteri della Curia Romana'. Si indica cosi in modo evidente l'indole strumentale, nelle mani del Papa, tal che essa non há alcuna autorità né alcun potere all'infuori di quelli che riceve dal Supremo Pastore".*
96. SALVADOR, C.C. & EMBIL, J.M.U. op. cit., p.671.
97. Id., loc. cit.
98. Mais a frente, estudar-se-á a pessoa moral no Direito Eclesiástico ou Canônico.

§ 2º. Na Igreja, além das pessoas físicas, há também pessoas jurídicas, isto é, sujeitas, no direito canônico, de obrigações e de direitos consentâneos com a índole dela.

Por um lado não faz distinções dentro do termo Santa Sé e dado que, por outro, o Cânon 361[99] entende no sentido ordinário e amplo, deduz-se que o ordenamento canônico quer reconhecer a personalidade jurídica ao conjunto do ofício primacial junto com a Cúria, como um todo.[100]

Em outros termos, encontramo-nos com uma personalidade jurídica formada por outras entidades, que, por sua vez, gozam de personalidade própria. Apesar de o Código tratar de uniformizar a terminologia da pessoa jurídica, conserva para a Igreja e a Santa Sé a qualificação de pessoa moral, como a querer manifestar um conceito não conhecido no direito civil, *que a personalidade jurídica é um instrumento de técnica jurídica para determinar quem são considerados sujeitos de direitos e deveres perante o ordenamento canônico, independentemente de sua natureza intrínseca; tanto se é uma realidade pré-jurídica ao Direito Positivo (Igreja e Santa Sé), como se é uma entidade de direito positivo humano (como uma associação de fiéis).*[101]

4.3 Seu poder supremo

Por estar constituída essencialmente pelo ofício do Romano Pontífice, correspondem a Santa Sé todos os direitos e prerrogativas que competem ao Romano Pontífice:

- enquanto cabeça do corpo eclesial, o poder de regime ordinário, supremo, pleno, imediato e universal[102] que lhe é próprio;
- enquanto soberano temporal do Estado da Cidade do Vaticano;
- enquanto Patriarca do Ocidente, Primaz da Itália, Metropolita da Província Romana e Bispo de Roma.

---

99. SALVADOR, C.C. & EMBIL, J.M.U. op. cit., p.671.
100. Id., loc. cit.
101. Id. Ibid., p.671. O grifo é do autor.
102. CONCÍLIO DO VATICANO II. Constituição dogmática *Lumen Gentium*. Compendio do Vaticano II. Petrópolis, Vozes, 1968. cap.3, n.22, Compêndio Vaticano II e c. 331, CIC 1983.

A Santa Sé vem a ser, de forma histórica e concreta, cuja realidade objetiva não pode ser negada, a suprema direção ou o organismo supremo de direção e representação, tanto da Igreja como do Estado da Cidade do Vaticano. Não importa se a direção é exercida pessoalmente pelo Romano Pontífice ou, em seu nome, pelas instituições centrais colaboradoras dele. Conseqüentemente, no ordenamento canônico, é descrita pormenorizadamente e, em seu caso, reservada uma série de competências, prerrogativas e direitos da Santa Sé.[103]

5. A SANTA SÉ NO PLANO INTERNACIONAL[104]

5.1 O conceito de pessoa moral na doutrina canonística

O capítulo 113, parágrafo 1º, do Código de Direito Canônico de 1983, afirma o seguinte: "A Igreja Católica e a Sé Apostólica são pessoas morais[105] pela própria ordenação divina [...]".[106]

A Santa Sé e a Igreja Católica são pessoas morais, uma vez que elas não recebem sua personalidade e sua existência jurídica de algum ordenamento temporal e territorial (nem mesmo do Estado da Cidade do Vaticano). Ambas são pessoas pré-jurídicas; a Santa Sé, aliás, apresentam-se como a Suprema Autoridade da Igreja Católica; nessa condição, a Santa Sé

---

103. SALVADOR, C.C. & EMBIL, J. M. U. op. cit., p.671.
104. Para aprofundamento: BARBERIS, J. A. Sujetos vinculados a la actividad religiosa. In: *Los sujetos del derecho internacional actual*. Madrid, 1984. cap.3, p.97-115; FERLITO, S. *L'attivitá internazionale della Santa Sede*. Milano, 1988; KUNZ, J. L. The status of the Holy See in international law. AJIL., n.46, 1952, p.308 ss.
105. Código de Direito Canônico, c. 113, § 1°. Edição Loyola, traducao oficial da Conferência Nacional dos Bispos do Brasil. Sobre "pessoa moral", veja: GAUTHIER, A. *Principi generali dell'attività giuridica nella chiesa*. Roma, Pontifícia Università San Tommaso, 1983. Na doutrina canônica, personalidade moral e jurídica são duas coisas distintas e com características próprias; a "pessoa moral" constitui algo anterior à intervenção do direito positivo (algo absolutamente inédito no direito positivo, que, por sua vez, é a fonte de toda a pessoa jurídica); e a pessoa jurídica é constituída pelo direito positivo. Samuel Puffendorf, jurista morto em 1694, foi quem usou pela primeira fez a expressão persona moralis; depois, na legislação moderna e na doutrina; o direito francês, no séc. XVIII fez uso dessa expressão.
106. Vale dizer, por um Direito inerente a sua natureza, não procedendo dos meios institucionais legais do regime democrático.

permanece acima do Estado, apesar de viver dentro dele (Estado da Cidade do Vaticano), o seu poder espiritual não se subordina de forma alguma àquele nem a qualquer outro Estado ou autoridade humana. A Santa Sé e a Igreja Católica constituem uma realidade de natureza espiritual, porque postas de pé pelo próprio Cristo, seu fundador e promulgador, por meio do Ministério Petrino. A sucessão legítima, direta e ininterrupta desse ministério que Cristo confiou a Pedro atravessa a história através dos séculos, chegando até nós na pessoa do atual Pontífice, que é o 264º Papa na linha da sucessão legítima. A Santa Sé, assim, é uma realidade dinâmica na história, porque ela se faz presente em cada momento, pelo seu legítimo titular.

Assim, os direitos e prerrogativas da Santa Sé ou da Suprema Autoridade da Igreja Católica são inerentes a sua própria missão espiritual no mundo e, enquanto tal, foi reconhecida pelo ordenamento positivo internacional.[107]

Esses direitos e prerrogativas da Santa Sé ou da Suprema Autoridade da Igreja Católica se identificam com os do Ofício de Pedro, ou do Pontífice Romano[108], no seu sentido estrito:

1. Enquanto cabeça do corpo eclesial, com seu tríplice poder de ensinar (magistério); santificar (sacerdócio); e reger (regime ou governo).
2. Enquanto soberano temporal do Estado da Cidade do Vaticano.
3. Enquanto Patriarca do Ocidente, Primaz da Itália, Metropolita da Província Romana e Bispo de Roma; e com o conjunto dos órgãos que compõem o Oficio Primacial, tais como Dicastérios, Tribunais e Ofícios Romanos, no seu sentido amplo, ou seja, a Cúria Romana, como, aliás, já foi afirmado anteriormente.

---

107. No sentido da Convenção de Montevidéo sobre direitos e deveres dos Estados, aprovada em 26 de dezembro de 1933 na Sétima Conferência Internacional Americana, que declara o seguinte: - Artigo 6º: *"O reconhecimento de um Estado apenas significa que aquele que o reconhece aceita a personalidade do outro, em todos os direitos e deveres determinados pelo direito internacional. Trata-se de um reconhecimento no sentido declaratório, ou seja, simplesmente constata a preexistência do Estado ora reconhecido".*

108. Cf. COMBY, J. op. cit., p.77. A origem do título de Sumo Pontífice: em 379, o Imperador Graciano renunciou ao seu título de *Pontifex Maximus* (Sumo Pontífice) e o entregou para o Bispo de Roma, para seu uso. Esse título significava a autoridade do Estado e da religião, juntos, num só ofício.

Logo, a Santa Sé vem a ser, de forma absoluta, a suprema direção ou o organismo supremo de direção de representação, tanto da Igreja Católica como do Estado da Cidade do Vaticano. Não importa se a direção é exercida pessoalmente pelo Romano Pontífice ou pelos órgãos oficiais da Cúria Romana. É por isso que o direito canônico reserva para a Santa Sé uma série de competências, prerrogativas e direitos.[109]

Mas, antes mesmo que o Tratado de Latrão reconhecesse internacionalmente a especificidade da natureza e da missão espiritual da Santa Sé, o costume e uma praxe internacional antiqüíssimos, desde 380 d.C., já havia reconhecido essa mesma qualidade jurídica internacional da Santa Sé.

5.2 A Santa Sé enquanto membro da comunidade internacional

Como pessoa internacional, tanto a Santa Sé como o Estado da Cidade do Vaticano são membros de pleno direito da comunidade internacional e, em certos casos, especificados mais adiante, a Santa Sé representa também o Estado da Cidade do Vaticano. A participação da Santa Sé nos organismos internacionais se dá por cinco maneiras: observador permanente; observador em base informal; membro; hóspede de honra; delegado especial. Assim, é a Santa Sé que participa de conferências e subscreve ou adere a convênios internacionais, exercendo os mesmos direitos que os outros Estados-membros, em perfeita paridade com todos eles, dependendo do status da sua participação. Inclusive, conforme o Protocolo de Aquisgrana e a Convenção de Viena de 1961[110] sobre Relações Diplomáticas, na qualidade de membro e de observador permanente, reconhece-se aos seus representantes a precedência (Núncio Apostólico).[111]

---

109. SALVADOR, C.C. & EMBIL, J.M.U. op.cit., p.671. No art. 12, o Tratado de Latrão diz: *"L'Italia riconosce alla Santa Sede il diritto di rappresentazione diplomatica, attiva e passiva, secondo le regole del diritto internazionale".*
110. Assinada em 18 de abril de 1961. Entrada em vigor em 24 de abril de 1964. Aprovada pelo Dec. Legislativo 1003, de 1964. Ratificada em 23 de fevereiro de 1965. Depósito de instrumento de ratificação em 25 de março de 1965, tendo entrado em vigor, para o Brasil, em 4 de abril do mesmo ano. Promulgada pelo Dec. 56.435 de 8 de junho de 1965 (D.O.U. de 11 de junho do mesmo ano).
111. SALVADOR, C.C. & EMBIL, J.M.U. op. cit., p.677.

Assim foram sendo subscritos os documentos internacionais, tanto em nome da Santa Sé quanto em nome do Estado do Vaticano. Porém, a partir de 1957, é a Santa Sé que assume *exclusivamente*[112] a dupla representação, tanto do Estado da Cidade do Vaticano quanto da Igreja Católica. Com efeito,

> [...] para dissipar algumas incertezas que vinham se manifestando a respeito do tema das relações entre a Secretaria de Estado e a Secretaria das Nações Unidas, esta, através de uma comunicação[113] ao Secretário Geral, Dag Hammerskjöld,[114] pela qual a Secretaria de Estado de Sua Santidade quis precisar que as relações que esta mantém com a Secretaria das Nações Unidas se entendam estabelecidas entre a Santa Sé e as Nações Unidas, e que as delegações que a Secretaria de Estado possa vir a acreditar perante a Organização das Nações Unidas são delegações da Santa Sé e devem ser designadas de agora em diante como tais.[115]

Portanto, a diferença de sujeito internacional deverá ser deduzida da finalidade da representação concreta assumida em cada caso, observa o Dicionário de Direito Canônico.

Dentro da duplicidade de representação, explica o dicionário, ela não é igual nem em importância, nem em atividade. A primordial é a correspondente à Santa Sé enquanto órgão supremo[116] da Igreja Católica.

É o que foi posto de relevo pelo citado Dag Hammerskjöld; é o que permanece constantemente, tanto antes como depois da fundação do Estado da Cidade do Vaticano; é o que procuram, embora sob o ponto de vista de finalidades temporais, os Estados, e, por sua vez, é o direito e prevalentemente pretendido pelo Romano Pontífice.

---

112. O grifo é do autor.
113. Leg 341-1, de 29 de outubro de 1959.
114. Nota n.6752/57, de 16 de outubro de 1957.
115. SALVADOR, C.C. & EMBIL, J.M.U. op. cit., p.677.
116. SOARES, G.F.S. *Órgãos dos Estados nas relações internacionais: formas da diplomacia e as imunidades*. Rio de Janeiro, Forense, 2001. p.7. "Órgão" entendido como descrição da pessoa ou das instituições nas quais se concentravam os poderes de conceber políticas, determinar opções, administrar, enfim, exercer os poderes decisórios dentro de uma sociedade – no mais alto grau: é o caso do Romano Pontífice, auxiliado pelo Secretário de Estado, no que diz respeito a atuação daquele na esfera internacional.

Conseqüentemente, continua o Dicionário, a Santa Sé (e o Estado da Cidade do Vaticano) mantém relações com as organizações internacionais governamentais. Assim, a Santa Sé mantém observadores permanentes perante a Organização das Nações Unidas, a FAO e a Unesco, faz parte do Comitê Executivo do Programa do Alto Comissariado das Nações para os Refugiados e é membro (fundador) da Agência Internacional de Energia Atômica, do Conselho de Cooperação Cultural do Conselho da Europa, da União Internacional dos Organismos Oficiais de Turismo, também da família dos institutos especializados por sua pertença à Agência Internacional para a Energia Atômica (assim como pela pertença do Estado da Cidade do Vaticano à União Postal Internacional e à União Internacional de Telecomunicações).[117]

Os convites para participar ou aderir às organizações internacionais ou às conferências e convênios internacionais são enviados à Santa Sé, a *qual decide em cada caso, de acordo com as finalidades perseguidas, se os seus representantes deverão ser considerados enviados em nome da Santa Sé ou do Estado da Cidade do Vaticano*.[118]

5.3 As relações bilaterais e multilaterais da Santa Sé[119]

Quando tratamos, páginas atrás, da distinção/relação entre a Santa Sé e a Cúria Romana no plano eclesial, deixamos para tratar aqui, de modo especial, daquele setor da Cúria Romana, denominado de Secretaria de Estado, que além de ser instrumento do Governo da Suprema Autoridade nos negócios da Igreja Universal no plano interno, tem o mesmo papel no plano externo, vale dizer, em nível de relações com os Estados e organismos internacionais.

A Santa Sé mantém relações diplomáticas com 178 Estados (vide Anexos).[120]

Da mesma forma, a Santa Sé mantém relações diplomáticas com a União Européia e com a Soberana Ordem Militar de Malta (SOMM), bem como tem relações de natureza especial com a Federação Russa e com a Organização para Libertação da Palestina (OLP).

Participa, também, de diferentes organizações e organismos intergovernamentais internacionais (vide Anexos).

---

117. SALVADOR, C.C. & EMBIL, J.M.U. op. cit., p.678.
118. Id., loc. cit. O grifo é do autor.
119. Atualizado em 1º de fevereiro de 2001, segundo o Anuário Pontifício. Cidade do Vaticano, Libre. Vaticano, 2002.
120. Annuario Pontificio. Città del Vaticano...

5.4 Secretaria de Estado

A Secretaria de Estado é o dicastério da Cúria Romana que mais de perto coadjuva o Sumo Pontífice no exercício da sua suprema missão.[121]

A origem histórica da Secretaria de Estado remonta ao século XV. Com a Constituição Apostólica *Non debet reprehensibile*, de 31 de dezembro de 1487, foi instituída a Secretaria Apostólica, composta por 24 Secretários Apostólicos, um dos quais, chamado *Secretarius Domesticus*, ocupava lugar proeminente. Dessa Secretaria Apostólica derivaram a Chancelaria dos Breves, a Secretaria dos Breves para os Príncipes e a Secretaria das Cartas Latinas.

Leão X instituiu outro cargo, o de *Secretarius Intimus*, para ajudar o Cardeal que assume a orientação dos negócios de Estado e para a correspondência em língua vernácula, dirigida principalmente aos Núncios Apostólicos (que começavam, então, a ser instituídos com funções diplomáticas estáveis). Assim, a Secretaria de Estado desenvolveu-se especialmente no período do Concílio de Trento.

O *Secretarius Intimus*, também chamado *Secretarius Papae* ou maior, foi, durante muito tempo, quase sempre um Prelado, não raramente revestido da dignidade episcopal. Somente desde o início do pontificado de Inocêncio X é que foi chamada a esse alto cargo uma pessoa já revestida da púrpura e não pertencente à sua família. Inocêncio XII aboliu definitivamente o cargo de Cardeal sobrinho, tendo o Cardeal Secretário de Estado assumido sozinho os seus poderes.

Em 19 de julho de 1814, Pio VII criou a Sagrada Congregação dos Assuntos Eclesiásticos Extraordinários, ampliando a Congregação *Super negotiis ecclesiasticis regni Galliarum*, instituída por Pio VI em 1793. São Pio X, pela Constituição Apostólica *Sapienti Consilio*, de 29 de junho de 1908, dividiu a Sagrada Congregação dos Assuntos Eclesiásticos Extraordinários na forma fixada pelo *Codex Iuris Canonici*, de 1917 (Cânon 263), e estabeleceu as funções de cada uma das três sessões: a primeira delas tratava essencialmente dos assuntos extraordinários, enquanto a segunda se interessava pelos assuntos ordinários e a terceira, que até então fora um organismo autônomo (Chancelaria dos Breves Apostólicos), tinha por missão cuidar da preparação e despacho dos Breves Pontifícios.

---

121. JOÃO PAULO II, Papa. op. cit., art. 39: "*La Segreteria di Stato coadiuva da vicino il Sommo Pontefice nel esercizio della suprema missione*".

Paulo VI, com a Constituição Apostólica *Regimini Ecclesiae Universae*, de 15 de agosto de 1967, cumprindo o desejo expresso pelos Bispos no Concílio Vaticano II, reformou a Cúria Romana e deu um novo rosto à Secretaria de Estado, suprimindo a Chancelaria dos Breves Apostólicos, que era a terceira sessão, e transformando a que era antigamente primeira sessão, ou seja, a Sagrada Congregação dos Assuntos Eclesiásticos Extraordinários, em um organismo distinto da Secretaria de Estado, embora estritamente ligado com ela, e que tomou o nome de Conselho dos Assuntos Públicos da Igreja.

João Paulo II, em 28 de junho de 1988, promulgou a Constituição Apostólica *Pastor Bonus*,[122] pela qual, reformando a Cúria Romana, dividiu a Secretaria de Estado em duas Secções: a Secção dos Assuntos Gerais, ou Primeira Secção, e a Secção das Relações com os Estados, ou Segunda Secção, na qual confluiu o Conselho dos Assuntos Públicos da Igreja. Desse modo, ficaram asseguradas tanto a unicidade como a diversidade específica do serviço que a Secretaria de Estado é chamada a oferecer ao Papa.

A Secretaria de Estado é presidida por um Cardeal que assume o título de Secretário de Estado. Primeiro colaborador do Papa no governo da Igreja Universal, o Cardeal Secretário de Estado pode ser considerado o máximo expoente da atividade diplomática e política da Santa Sé, representando, em circunstâncias particulares, a própria pessoa do Sumo Pontífice.

5.5 A Secção dos Assuntos Gerais ou Primeira Secção

De acordo com os artigos 41 a 44 da *Pastor Bonus*:

> Art. 41 - § 1º. À Primeira Secção cabe, particularmente, atender ao encaminhamento das questões que dizem respeito ao serviço cotidiano do Sumo Pontífice; examinar aquelas questões que devam ser tratadas fora da competência ordinária dos Dicastérios da Cúria Romana e dos outros Organismos da Sé Apostólica; favorecer as relações com os mesmos Dicastérios, sem prejuízo da autonomia de cada um deles; e de coordenar os trabalhos; de regular a função dos Representantes da Santa Sé e a atividade dos mesmos, especialmente no que diz respeito às Igrejas particulares. Cabe, ainda, à Primeira Secção, realizar tudo aquilo que toca aos Representantes dos Estados junto à Santa Sé.[123]

---

122. JOÃO PAULO II, Papa. op. cit.
123. JOÃO PAULO II, Papa. op. cit., p.31: "§ 1. *Alla prima Sezione spetta in particolar modo di attendere al disbrigo degli affari riguardanti il servizio quotidiano del Sommo Pon-*

§ 2º. De acordo com os outros Dicastérios competentes, a Primeira Secção se ocupa daquilo que diz respeito à presença e à atividade da Santa Sé junto aos Organismos Internacionais, sem prejuízo do estabelecido no art. 46. O mesmo realiza quanto aos Organismos Internacionais Católicos.[124]

Art. 42 – Cabe ainda à Primeira Secção:
1º. redigir e expedir as Constituições Apostólicas, as Cartas Decretais, as Cartas Apostólicas, as Epístolas e os outros documentos que o Sumo Pontífice lhe confia;
2º. realizar todos os outros atos sobre as nomeações que, na Cúria Romana e nos Outros Organismos dependentes da Santa Sé devem ser cumpridas ou aprovadas pelo Sumo Pontífice;
3º. guardar o selo de chumbo e o anel do pescador.[125]

Art. 43 – A esta Primeira Secção, cabe igualmente:
1º. cuidar da publicação dos atos e dos documentos públicos da Santa Sé no boletim denominado Acta Apostolicae Sedis;
2º. publicar e divulgar, mediante o ofício especial que dela depende e é chamado de Sala de Comunicação (Sala de Imprensa - Porta-voz), as comunicações oficiais sobre os atos do Sumo Pontífice, ou seja, a atividade da Santa Sé;

---

tefice; di esaminare quegli affari che ocorra trattare al di fuiri della competenza ordinaria dei Dicasteri della Curia Romana e degli altri Organismi della Sede Apostolica; di favorire i rapporti con i medesimi Dicasteri, senza pregiudizio della loro autonomia, e di coordinare i lavori; di regalare la funzione dei Reppresentanti della Santa Sede e la loro attività, specialmente per quanto concerne le Chiese particolari. Spetta ad essa di espletare tutto ciò che riguardi i Rappresentanti degli Stati presso la Santa Sede".

124. Id. Ibid., p.32: "§ 2. D'intesa con gli altri Dicasteri competenti, essa si ocuppa di quanto riguarda la presenza e l'attivitá della Santa Sede presso le Organizzazioni Internazionali, fermo restando quanto stabilito dall'Articolo 46. Altrettanto, fa nei confronti delle Organizzazioni Internazionali Cattoliche".

125. Id, loc. cit.: "Art. 42 – Ad essa inoltre spetta di:
1°. redigere e spedire le Costituzioni Apostoliche, le Lettere Decretali, le Lettere Apostoliche, le Epistole e gli altri documenti che il Sommo Pontefice le affida;
2°. espletare tutti gli atti riguardanti le nomine che nella Curia Romana e negli altri Organismi dipendenti dalla Santa Sede devono essere compiute o approvate dal Sommo Pontefice;
3°. custodire il sigillo di piombo e l'anello del Pescatore".

3º. exercer, de acordo com a Segunda Secção, a vigilância sobre o jornal chamado L'Osservatore Romano, sobre a Rádio Vaticano e sobre o Centro Televisivo Vaticano.[126]

Art. 44 – Mediante o Ofício de Estatística, a Primeira Secção recolhe, coordena e publica todos os dados elaborados segundo as normas estatísticas, que dizem respeito à vida da Igreja universal no mundo inteiro.[127]

A Primeira Secção da Secretaria de Estado é dirigida por um arcebispo, o Substituto para os Assuntos Gerais, coadjuvado por um prelado, o Assessor para os Assuntos Gerais. A figura do substituto aparece pela primeira vez no ordenamento hierárquico da Secretaria de Estado em 1814.

5.6 A Secção das Relações com os Estados ou Segunda Secção

A Secção das Relações com os Estados ou Segunda Secção tem como função própria, segundo os artigos 45 a 47 da *Pastor Bonus*, cuidar das questões que devem ser tratadas com os Governos civis. Assim competem-lhe: as relações diplomáticas da Santa Sé com os Estados, incluindo a estipulação de Concordatas ou acordos semelhantes; a representação da Santa Sé junto dos Organismos e das Conferências Internacionais; em circunstâncias particulares, por encargo do Sumo Pontífice e consultados os competentes Dicastérios da Cúria, a provisão das Igrejas particulares[128] e também a sua constituição ou alteração; em estreita colaboração com a Congregação dos Bispos, as nomeações dos Bispos nos países que estabeleceram com a Santa Sé tratados ou acordos de direito internacional:

---

126. JOÃO PAULO II, Papa. op. cit., p.32: *"Art. 43 - Alla prima Sezione spetta:*
   1°. curare la publicazione degli atti e dei publici documenti della Sede nel bollettino intitulado Acta Apostolicae Sedis;
   2°. publicare e divulgare, mediante lo speciale ufficio che da essa dipende ed è chiamato Sala Stampa, le comunicazioni ufficiali riguardanti sia gli atti del Sommo Pontefice sia l'attività della Santa Sede;
   3°. esercitare, d'intesa con la Seconda Sezione, la vigilanzia sul giornale denominato L'Osservatore Romano, sulla Radio Vaticano e sul Centro Televisivo Vaticano".
127. Id., loc. cit.: *"Mediante l'Ufficio di Statistica, essa raccoglie, coordina e publica tutti i dati elaborati secondo le norme statiche, che riguardano la vita della Chiesa universale nel mondo intero".*
128. Nomeação de bispos para as dioceses.

Art. 45 – Função própria da Segunda Secção, ou seja, das relações com os Estados, é de atender aos negócios que devem ser tratados com os Governos Civis – Estados.[129]

Art. 46 - Compete a ela:

1º. favorecer as relações, sobretudo diplomáticas, com os Estados e com outros sujeitos de direito internacional e tratar os negócios comuns para a promoção do bem da Igreja e da Sociedade Civil, também mediante, se for o caso, as concordatas e outras convenções semelhantes, levando em conta o parecer dos organismos episcopais interessados;

2º. representar a Santa Sé junto aos Organismos Internacionais e aos Congressos sobre questões de índole pública, depois de ter consultado os competentes Dicastérios da Cúria Romana;

3º. tratar, no âmbito específico de suas atividades, daquilo que diz respeito aos Representantes Pontifícios.[130]

Art. 47 - § 1º. Em particulares circunstâncias, por encargo do Sumo Pontífice, esta Secção, consultados os competentes Dicastérios da Cúria Romana, desenvolve tudo aquilo que diz respeito à provisão das Igrejas particulares, além da constituição e da mudança da mesma e de seus organismos.

§ 2º. Nos outros casos, especialmente onde vige um regime concordatário, cabe a mesma atender àqueles negócios que devem ser tratados com Governos civis (Estados), sem prejuízo quanto ao prescrito no art. 78.[131]

---

129. JOÃO PAULO II, Papa. op. cit., p.33: *"Art. 45 – Compito próprio della seconda Sezione cioè dei rapporti con gli Stati, è di attendere agli affari che devono essere trattati con i Governi civili".*

130. Id., loc. cit.: *"Art. 46 - Ad essa compete di:*
   1º. favorire le relazioni sopratutto diplomatiche con gli Stati e con gli altri soggetti di diritto internazionale e trattare i comuni affari per la promozione del bene della Chiesa e della Società Civile, anche mediante, se è il caso, i concordati ed altre simili convenzioni, e tenendo conto del parere degli organismi episcopali interessati;
   2º. rappresentare la Santa Sede presso gli Organismi Internazionali ed i Congressi su questioni di indole publica, dopo aver consultato i competenti Dicasteri della Curia Romana;
   3º. tratare, nell'ambito specifico delle sue attività, ciò che riguarda i Reppresentanti Pontifici".

131. JOÃO PAULO II, Papa. op. cit., p.33: *"Art. 47:*
   § 1º. In particolari circostanze, per incarico del Sommo Pontefice, questa Sezione, consultati i competenti Dicasteri della Curia Romana, svolge tutto ciò che

Essa Secção tem a sua origem na Congregação *Super negotiis ecclesiasticis regni Galliarum*, instituída por Pio VI pela Constituição *Sollicitudo omnium ecclesiarum*, de 28 de maio de 1793, para tratar dos problemas postos à Igreja pela Revolução Francesa. Em 1814, Pio VII estendeu ao mundo inteiro a competência desse organismo, que chamou *Congregatio extraordinaria preposita negotiis ecclesiasticis orbis catholici*. Poucos anos depois, Leão XII mudou o seu nome para *Congregatio pro negotiis ecclesiasticis extraordinariis*: permaneceu com esse título até 1967, quando Paulo VI separou tal organismo da Secretaria de Estado, designando-o por Conselho dos Assuntos Públicos da Igreja, substituído depois na última reforma da Cúria Romana, feita por João Paulo II, pela atual Secção das Relações com os Estados.

A Segunda Secção da Secretaria de Estado é dirigida por um arcebispo, o Secretário para as Relações com os Estados, coadjuvado por um prelado, o Subsecretário para as Relações com os Estados, e assistido por cardeais e bispos.

O Cânon 361 do Código de Direito Canônico diz o seguinte:

> Sob a denominação de Sé Apostólica ou Santa Sé, neste código, vêm não só o Romano Pontífice, mas também, a não ser que pela natureza da coisa ou pelo contexto das palavras se depreenda o contrário, a Secretaria de Estado, o Conselho para os negócios públicos da Igreja e os demais organismos da Cúria Romana.

Esse Cânon deve ser entendido no sentido ordinário e amplo, deduzindo-se que o ordenamento canônico quer reconhecer a personalidade jurídica ao conjunto do ofício primacial (no sentido mais estrito do termo Santa Sé), junto com a Cúria Romana (Dicastérios, Tribunais, Ofícios), como um todo unitário. Em outras palavras, a Santa Sé, no seu significado internacional, abrange em seu núcleo mínimo, por um lado, o ofício do Sumo Pontífice, ou seja, a função do sucessor do Apóstolo Pedro, enquanto, no seu significado mais largo, o termo Santa Sé abarca os órgãos de

---

riguarda la provvista delle Chiese particolari, nonche la costituzione e il mutamento di esse e dei loro organismi.

§ 2°. Negli altri casi, specialmente dove vige un regime concordatario, spetta ad essa di attendere a quegli affari che devono essere trattati con Governi civili, fermo restando quanto prescritto nell'art. 78".

sujeito internacional, que são todos aqueles cuja atividade não somente se desenvolve de fato independentemente de qualquer soberania territorial dos Estados, mas, também, cuja independência é, além do mais, reconhecida pelos próprios Estados, por exemplo, os órgãos que compõem a Cúria Romana; os diplomatas e enviados da Santa Sé; os participantes de um conclave ou de um concílio ecumênico; os eclesiásticos que, por razão do ofício, participam em Roma da emanação dos atos do ministério espiritual da Santa Sé. Na explicação do termo Santa Sé, está embutida a concepção que o Ordenamento Canônico tem dela, enquanto pessoa moral.[132]

Assim, a pessoa moral da Santa Sé existe no cenário (nacional) internacional como pessoa jurídica internacional pública, que antecede qualquer ordenamento jurídico, político, internacional, porque não recebe desse a sua legitimidade, mas apenas o seu reconhecimento. Dito de outro modo, não são os países-membros das Organizações das Nações Unidas que concedem à Santa Sé a sua personalidade jurídica internacional, mas aqueles apenas a reconhecem enquanto tal. E isso vem ocorrendo desde o século IV, momento em que a Igreja Católica se firma no plano internacional.[133]

---

132. Vale dizer, de Direito Divino, porque posto de pé por Nosso Senhor Jesus Cristo, espiritual, religiosa, com papel político (nacional e internacional), a saber: o bem da humanidade, além de ser o centro de governo da Igreja Católica. Nesse sentido, trata-se de um direito inerente a sua natureza, não procedendo dos meios institucionais legais derivados do regime democrático.

133. O reconhecimento que os Estados fazem da Santa Sé é declaratório, constitutivo ou misto? "A doutrina se encontra dividida em duas correntes principais: a constitutiva e a declaratória, tendo surgido uma terceira, que é uma conciliação das duas anteriores (mista). A teoria constitutiva, que tem as suas raízes no hegelianismo, é formulada por Jellinek (seguido por Anzilotti, Triepel, etc.), que sustenta que a personalidade do novo Estado é constituída pelo ato do reconhecimento, uma vez que não existiria um direito acima das coletividades estatais. A teoria declaratória afirma que o reconhecimento do Estado é um simples ato de constatação do Estado que preexiste a ele. Ao contrário da teoria constitutiva, a personalidade estatal não seria criada pelo reconhecimento, uma vez que ela existe desde que tenha os requisitos mencionados. É a concepção seguida pela maioria da doutrina. A teoria mista (Lauterpacht) considera que o reconhecimento constata um fato (teoria declaratória), mas que ele constitui entre o Estado

De lá para cá, a Santa Sé veio sempre manifestando a sua índole de pessoa internacional pública por meio das inumeráveis concordatas[134] (Worms,

> que reconhece e o reconhecido direitos e deveres (teoria constitutiva). A teoria constitutiva não se coaduna com a prática internacional por diversas razões:
> a) o reconhecimento é um ato retroativo;
> b) o Estado seria 'recriado' tantas vezes fosse reconhecido;
> c) se o reconhecimento fosse constitutivo, o Estado não reconhecido poderia cometer violações de normas internacionais, uma vez que ele não seria responsabilizado por não ser sujeito de direito;
> d) um Estado reconhecido por um grupo de Estados tem a sua personalidade oponível mesmo àqueles que não o reconheceram (Debbez); os Estados já existentes passariam a controlar o aparecimento de novos Estados. A prática internacional também se manifesta a favor da teoria declaratória: a convenção sobre direitos e deveres dos Estados (Montevidéu, 26 de dezembro de 1933) na Sétima Conferência Internacional Americana, declara o seguinte, no art. 6º: *O reconhecimento de um Estado apenas significa que aquele que o reconhece aceita a personalidade do outro, com todos os direitos e deveres determinados pelo direito internacional*". A Carta da OEA (adotada em Bogotá, a 30 de abril de 1948, emendada em Buenos Aires [Protocolo de 1967] e em Cartágena dos Índios [Protocolo de 1985], acha-se publicada. In: RANGEL, V.M. Direitos e relações internacionais. 6.ed. São Paulo, Revista dos Tribunais, 2000. p.97-128) e a própria jurisprudência internacional (sentença do tribunal arbitral alemão-polonês) já se mostrou favorável à teoria declarativa. Neste mesmo sentido estariam algumas decisões da Corte Suprema norte-americana o início do século XIX". Cf. ALBUQUERQUE MELLO, C. Curso de direito internacional público. Rio de Janeiro, Freitas Bastos, 1979. p.263-4. Segundo Guido Fernando Silva Soares, "ambas as teorias refletem a realidade dos fatos: o reconhecimento é um fato declaratório, que nada mais faz do que atestar a existência de uma entidade autônoma, com um Governo soberano, mas que, igualmente, como qualquer ato declaratório, produz efeitos jurídicos de constituir uma situação de direitos e deveres. No caso do reconhecimento, o novo Estado passará a gozar dos direitos a ele atribuídos pelo Direito Internacional, como o poder de firmar tratados internacionais multilaterais, estabelecer relações diplomáticas com outros Estados, participar de organizações inter-governamentais como membros plenos, em suma, possuidores das cinco categorias fundamentais" (SOARES, G.F.S. op. cit., p.247).

134. Sem pretender ser exaustivo – Concordatas: Worms. SALVADOR, C.C. & EMBIL, J.M.U. op. cit., p.675: Pio IX com o Peru (1875); leão XIII com o Equador e com o

Viena etc.), Mediações[135] e, mais recentemente, o que é a razão deste livro, a Mediação entre Chile e Argentina sobre a Questão de Beagle, arbitragens internacionais, assinatura de acordos internacionais, envio e recepção de embaixadas e visitas oficiais.

Essas inúmeras e variadas intervenções diplomáticas do Papa nas questões internacionais permitem, pelo menos, duas conclusões:

- a partir do século IV, o Romano Pontífice se afirmará no contexto das nações enquanto primeira autoridade internacional para dirimir pacificamente os seus conflitos;
- a Santa Sé será reconhecida pelos povos como Cátedra Permanente da Paz.[136]

5.6.1 Inumeráveis concordatas

Worms ou Wormia (1122), entre Henrique V e Calisto II. Trata-se do primeiro acordo oficial em forma de concordata entre um Estado soberano, a saber, o Sacro Império Romano Germânico, e a Sé Apostólica, em 1122. Em 1179, foi a Santa Sé quem reconheceu oficialmente a criação dos Reinos de Portugal, por meio de Bula Papal; Viena (1961), etc.[137]

A Santa Sé não era só uma instância mediadora, mas, também, a única instância legitimadora do processo de emancipação e instituição de novos Estados soberanos. Exemplo disso foi o reconhecimento de Portugal acima citado.

Esse papel da Santa Sé no contexto internacional foi ininterrupto a patir do século IV até o século XX, com o surgimento das Nações Unidas, em 1945, precedida pelo Pacto da Sociedade das Nações, de 1919 (Liga das Nações).

Governo Austro-Húngaro (1881); o Governo russo e a Guatemala (1882); a Suíça (1994); Montenegro e o Governo francês (1886); a Colômbia (1887, 1882, 1893, 1898); a Grã-Bretanha e o Equador (1890); o Governo francês (1893); a Alemanha e a Colômbia (1902); os de Pio X com a Espanha (1904); a Bélgica (1906); a Rússia (1906) e a Servia (1914); depois, as concordatas de Pio XI e de seus sucessores, até o presente.

135. BRUNO, J.L. *Mediaciones papales en la historia*. Montevideo, Ministerio de Relaciones Exteriores, 1981. p.48-65.
136. Retrata a expressão usada por Id. Ibid., p.47.
137. Consulte: FRÖHLISCH, R. *Curso básico da história da Igreja*. São Paulo, Paulus, 1997. p.89.

5.6.2 Mediações[138]

Os primeiros papas que intervieram em problemas do poder político entre povos o fizeram em diferentes oportunidades e utilizando diversos meios (diplomáticos): ora por Mediação, ora por tratativa, ora por arbitragem, ora por gestão, ora por Bons Ofícios etc.[139]

5.6.3 Ações pacificadoras dos papas opondo a espiritualidade ao uso da força[140]

Inocêncio I (410) conseguiu impedir, com o único recurso da sua autoridade espiritual, que as tropas de Alarico, o rei visigodo, destruíssem as Igrejas Católicas, em Roma[141]; Leão I (452) deteve as temíveis campanhas de Átila, que ameaçavam destruir Roma[142]; Gelásio I (493) impediu que Teodorico destruísse com suas tropas a tradicional capital cristã do Ocidente[143]; João VI (701 e 705) deteve uma invasão dos lombardos[144]; Gregório III impediu os ataques dos lombardos até 739.[145]

---

138. BRUNO, J.L. op. cit., p.48-65.
139. Id. Ibid., p.49: *"Los primeros papas que intervinieron en problemas del poder político en efecto, en diferentes oportunidades 'mediaron', 'trataron', 'arbitraron', 'gestinaron', siempre en definitiva una solución pacífica entre el poder imperial romano y las tribus bárbaras que sucesivamente amenazaron la existencia de la metrópolis cristiana".*
140. Id., loc. cit.: *"Toda esta acción pacificadora de oposición de la espiritualidad contra la fuerza, en medio de constantes conflictos heréticos y buscando la definitiva organización de la iglesia universal, es obra de los papas como obispos de Roma, en defensa de su grey catolica".*
141. Id., loc. cit.: *"Así el Papa Inocencio I en el ano 410, más como obispo de Roma que como Sumo Pontífice, impidió, con el solo auxilio de su autoridad espiritual, que las tropas de Alarico, el Rey visigodo, destruyeran las iglesias católicas de Roma".*
142. Id., loc. cit.: *"En el ano 452, otro Papa que la Santa Iglesia santificaría más tarde y que la historia conocería con el apelativo de 'el Grande', León I, detuvo a las temibles huestes de Atila que amenazaban con destruir Roma".*
143. Id. Ibid., p.49: *"El Papa Gelasio I – también posteriormente santificado – impidió en el año 493, que otro Rey bárbaro, Teodovico, asolara con sus huestes, la tradicional capital cristiana de Occidente".*
144. Id., loc. cit.: *"Juan VI, Papa entre los anos 701 y 705, detuvo una invasión de los lombardos y San Gregorio III, con increíble talento político, logrando para su causa el apoyo de los francos, hará lo propio contra los ataques de la misma horda, hacia el ano 739".*
145. Id., loc. cit.: *"Toda esta acción pacificadora, de oposición de la espiritualidad contra la fuerza, en medio de constantes conflictos heréticos y buscando la definitiva*

Registra-se um primeiro fracasso de Mediação Papal no ano de 841, por ocasião da famosa batalha de Fontanet, que não conseguiu impedir a extinção do Império Carolíngio, de cujo processo nasceriam França e Alemanha.[146]

Após esse período, o Papa continuará sendo a primeira autoridade internacional para a solução pacífica de conflitos internacionais variados, dispondo, para isso, de vários meios materiais e morais (censura, excomunhão etc.).

5.6.4 Intervenções da Santa Sé em disputas territoriais

Leão XI (1509) arbitrou com êxito a disputa territorial entre o Rei Enrique IV da França, o Rei Felipe II da Espanha e o Arquiduque Carlos de Savóia[147]; o Núncio Apostólico Bonaventura Caltagirone (1600), em Paris, mediou a controvérsia entre o Rei Enrique IV e Carlos de Savóia sobre a localidade de Saluço e, no ano seguinte, o Cardeal Aldo Brandini atuou como árbitro na mesma Questão, com sucesso[148]; o Núncio Apostólico Guido Bentivoglio e o Padre Jean de Neyen (OFM, 1609), em Bruxelas, mediaram um acordo que pôs fim às disputas entre o Arquiduque Alberto, a Infanta Isabel e o Estado de Antuérpia, Suíça[149]; o Núncio Julho Savelli e o Cardeal Ludovico Ludovici (1614) arbitraram, em Asti e Pavia, a disputa sobre Montferrat, entre o Duque

---

organización de la iglesia universal, es obra de los Papas como obispos de Roma, en defensa de su grey católica".

146. Id. Ibid., p.50: *"La cronologia registra después un primer fracaso de mediación papal en el año 841, cuando se produjo la célebre batalla de Fontanet, que no impidió la extinción del Imperio Carolingio, en un proceso de cual habrían de nacer Francia y Alemania".*

147. Id., loc. cit.: *"Así, en 1509, el cardenal Alejandro de Médici – posteriormente Papa León XI – arbitró con éxito en la disputa territorial entre el Rey Enrique IV de Francia, el Rey Felipe II de España y el Archiduque Carlos de Saboya".*

148. Id., loc. cit.: *"En 1600, el Nuncio Apostólico, Buenaventura Caltagirone, patriarca de Alejandría, actuó de mediador en París en la controversia entre el Rey Enrique IV y Carlos de Saboya acerca de la localidad de Salluzzo y al ano siguiente, el Cardenal Aldo Brandini actuó de árbitro en la misma cuestión, logrando finalmente un compromiso aceptado por ambas partes".*

149. d., loc. cit.: *"En el año 1609, el Nuncio Guido Bentivaglio en Bruselas y Jean de Neyen de la Orden de los Franciscanos en los Países Bajos, instrumentaron un arreglo luego de 10 años de disputas entre el Archiduque Alberto, la Infanta Isabel yel Estado de Antwerp, Suiza".*

de Savóia e o Duque de Mantua[150]; o Núncio Guido Bentivoglio (1617) promoveu, em Paris, o compromisso entre o Arquiduque Ferdinando de Stejermack e a República de Veneza na disputa sobre a liberdade de navegação no Adriático[151]; o Núncio Apostólico Giacomo Panzirolo, o Cardeal Antonio Barbarini e Monsenhor Giulio Mazzarini (1630-1631) arbitrou a disputa sobre a sucessão de Mantua[152]; o Núncio Apostólico Fausto Cafarelli (1639) negociou, com sucesso, as disputas sobre a possessão de Turim, entre Savóia, França e Espanha[153]; o Núncio Apostólico Fabio Chigi (1648), posteriormente Papa Alexandre III, foi árbitro entre o Imperador Fernando III e o Rei Luis XIV[154]; a diplomacia papal (1559) negociou o Tratado dos Pirineus, peça-chave na diplomacia européia[155]; o Núncio Apostólico Agostinho Franciatto (1668) arbitrou entre a França e a Espanha, no Congresso da Paz, em Aix[156]; o Núncio Apostólico Luigi Bevilacqua (1677/78) arbitrou no Congresso de Nijmegen[157]; o Papa Clemente XI (1697) arbitrou a disputa da sucessão de Pfalz e, em 1700, aquela entre Leopoldo e o Rei Luis XIV na sucessão da Espanha[158]; o Papa Cle-

---

150. Id. Ibid., p.50: *"En 1614, el Nuncio Giulio Savelli y el Cardenal Ludovico Ludovici - fueron árbitros en Asti y en Pavia de la disputa sobre Montferrat, entre el Duque de Saboya y el Duque de Mantua".*

151. Id., loc. cit.: *"En 1617, el mismo Nuncio Guido Bentivoglio promueve en París, el compromiso entre el Archiduque Ferdinand de Stejermack y la República de Venecia en la disputa acerca de la libertad de navegación en el Adriático".*

152. Id., loc. cit.: *"[...] y ha los años 1630-1631, otro Nuncio, Giacomo Panzirolo y el Cardenal Antonio Barbarini y Monseñor Giulio Mazzarini fueron árbitros en la disputa acerca de la sucesión de Mantua".*

153. Id., loc. cit.: *"En 1639, el Nuncio Fausto Cafarelli negoció y llevó a buen término las disputas sobre la posesión de Turín, entre Saboya, Francia y España [...]".*

154. Id., loc. cit.: *"[...] y en 1648, el Nuncio Fabio Chigi, Obispo de Nardo y posteriormente Papa Alejandro III, fue árbitro entre el Emperador Fernando III y el Rey Luis XIV".*

155. Id. Ibid., p.51: *"Hacia 1559, la diplomacia papal cumple un gran servicio a la causa de la paz, en las negociaciones del tratado de los Pirineos, firmado el 7 de noviembre de ese mismo año, por los Embajadores Plenipotenciarios de Francia y España. El Tratado fue considerado como una pieza maestra de la diplomacia europea".*

156. Id., loc. cit.: *"En 1668, el Nuncio Apostólico Agostino Fanciotta, Arzebispo de Trebizona, fue el primer árbitro entre Francia y España en el Congreso de la paz, en Aix [...]".*

157. Id., loc. cit.: *"[...] y en 1677/78, el Nuncio Luigi Bevilacqua, Patriarca de Alejandría, fue árbitro en el Congreso de Nijmegen".*

158. Id., loc. cit.: *"En 1697, el Papa fue Nominado árbitro en la disputa de la sucesión de Pfalz e en 1700, el Papa Clemente XI, se ofrece para arbitrar entre el Emperador Leopoldo y el Rey Luis XIV en la disputa de la sucesión en España".*

mente XI (1713) arbitrou entre o Rei Carlos IV e o Rei Luis XIV na guerra pela sucessão espanhola[159].

5.6.5 Mediações na América após o seu descobrimento

Os papas Nicolau V (1454) e Calixto II (1456) outorgavam a Portugal o patronato eclesiástico da África e do mar ao Sul do Cabo Bojador[160]; o Papa Alexandre VI (1493) definiu os domínios das novas terras descobertas da América, por meio dos seguintes documentos: o Breve *Inter Caetero* (3 de maio de 1491)[161]; a Bula *Inter Caetero* (4 de maio de 1493); a Bula *Pilis Fidelium* (25 de junho de 1493); o Breve *Exymial Devotionis* (3 de julho de 1493); a Bula *Dudum Siquidem* (25 de setembro de 1493). Quanto à presença de Portugal na África, a autoridade pontifícia consagrava os seus domínios pelos seguintes documentos: Papa Martim V (1418) – *Sicut Carissimus;* Papa Martin V (1433) – *Cum Dudum Praeclare;* Papa Eugenio IV (1436) – *Rex Regum* e *Illusque se* (1442); Para Nicolas V (1452) – *Divisio Amore* e *Romanus Pontifex* (1455); Papa Calixto III (1456) – *Inter Caetero;* Papa Sixto IV (1481) – *Aeterni Regius*[162]. O Papa Leão XIV (1895) mediou no conflito territorial entre a República Dominicana e o Haiti[163]; entre Venezuela e Grã-Bretanha

---

159. Id., loc. cit.: *"Em 1713, el mismo Papa Clemente XI se ofrece para intervenir como árbitro entre el Rey Carlos IV y el Rey Luis XIV en la guerra por la sucesión española".*

160. Id. Ibid., p.53: *"El encuentro de los dos países en la misma región, suscitó el conflicto zanjado en un principio por las Bulas de los Papas Nicolás V en 1454 y Calixto II em 1456, que otorgaban a Portugal el patronato eclesiástico de Africa y del mar, al sur del Cabo Bojador".*

161. Id. Ibid., p.54: *"Los documentos pontifícios dados a conocer en ese año de 1493 por el Papa Alejandro VI relativos al descubrimiento de América, fueron: el Breve 'Inter Cetera" de 3 de mayo; la Bula 'Inter Caetera' de 4 de mayo; la Bula 'Pilis Fidelium' de 25 de junio; el Breve 'Exymial Devotionis' de 3 de julio y la Bula 'Dudum Siquidem' de 25 de setiembre".*

162. Id., loc. cit.: *"[...] a la presencia de Porugal en Africa: 'Sicut Carissimus' (1418) del Papa Martín V; 'Cum Dudum Praeclare' (1433); 'Rex Regum' (1436) e 'Illus qui se' (1442) del Papa Eugenio IV; 'Divino Amore' (1452) y 'Romanus Pontifex' (1455) del Papa Nicolás V; 'Inter Caetera' (1456) del Papa Calixto III y 'Aeterni Regius' (1481) deSixto IV".*

163. Id. Ibid., p.58: *"En 1895, el Santo Padre León XIII, resolvió finalmente en forma amistosa la cuestión de límites entre la República Dominicana y Haití".*

A personalidade jurídica internacional da Santa Sé

quanto às fronteiras da Guiana Britânica (1894)[164]; o Papa Pio X (1905) mediou a Questão de limites entre Peru e Colômbia[165]; o Núncio Apostólico Monsenhor Marchi (1893), em Lima, mediou a Questão das fronteiras entre Equador e Peru[166]; Monsenhor Benavente e Monsenhor Lara, da hierarquia católica do Chile e da Argentina, intervieram para resolver pacificamente o problema de delimitação de fronteiras entre os dois países em 1402. A arbitragem foi pedida ao Rei da Inglaterra Eduardo VII, que resolveu com sucesso a Questão[167]; o Núncio Apostólico Monsenhor Alexandre Vanova (1903) arbitrou com sucesso o conflito de território entre Brasil, Peru e Bolívia na Questão do Acre e o mesmo ocorreu quanto às reclamações brasileiro-peruanas por fatos ocorridos no Alto Peru[168]; a Diplomacia Pontifícia (1914) tentou promover uma solução pacífica no gravíssimo incidente – que quase provocou uma guerra – entre os Estados Unidos e o México[169]; o Papa

---

164. Id., loc. cit.: *"También la figura de León XIII estuvo en juego en 1894 en otra cuestión de límites americana, entre Venezuela y Gran Bretaña por las fronteras de la Guyana británica".*

165. Id., loc. cit.: *"Otro caso de intervención papal en América hispana – para ser más precisos de San Pío X – fue el tratado de límites de 12 de septiembre de 1905 entre Perú y Colombia, por cuyo artículo 1, se convenía a someter a la decisión inapelable de Su Santidad, la cuestión de límites pendiente entre ellos".*

166. Id. Ibid., p.59: *"Así, por ejemplo, en 1893 el Nuncio Apostólico de Lima, Monseñor Macchi, actuó de mediador en uno de los más difíciles pleitos de América, el litigioso trazado de las fronteras entre Ecuador y Perú".*

167. Id. loc. cit.: *"De ahí, que la actitud de la Iglesia, en la que los principales protagonistas fueran Monseñor Benavante, Obispo de Cuyo y Monseñor Jara, Obispo de Ancón, influyese – y no poco – en la evolución amistosa y favorable del pleito. El laudo final se encomendó al Rey de Inglaterra Eduardo VII y fue dictado el 20 de noviembre de 1902 [...]".*

168. Id. Ibid., p.59: *"También en otro caso intervino la Santa Sede, en el de las reclamaciones provenientes de la cuestión del Acre, entre Perú, Brasil y Bolivia: se aplicó el artículo 2 del Tratado de límites del 17 de noviembre de 1903; dicho acto disponía la creación de un tribunal arbitral para juzgar las reclamaciones que debía estar compuesto por un representante de cada nación y un ministro extranjero acreditado ante el gobierno brasileño que ejercería la presidencia, siendo elegido para ocupar el cargo el Nuncio Apostólico Monseñor Alessandro Vanova".*

169. Id. Ibid., p.60: *"También en 1914, intentó la diplomacia pontificia promover una solución amistosa en el gravísimo incidente – que llegó hasta a iniciar una guerra – suscitado entre Estados Unidos y México".*

Leão XIII (1885) mediou com sucesso as questões da disputa entre Espanha e Alemanha sobre as Ilhas Carolinas no Pacífico.[170]

5.6.6 Atividades da Santa Sé nas relações internacionais atuais[171]

A Santa Sé acompanha de perto a vida das Nações Unidas, bem como de outros organismos internacionais, por meio de atos e intervenções concretas neles, dentre os quais destacamos[172] a síntese dos grandes princípios que orientam a ação diplomática internacional da Santa Sé[173].

5.7 Justificação ou razões da diplomacia da Santa Sé

1. Estrutura organizativa claramente universal da Igreja Católica Romana (não supernacional, mas, antes, transnacional): é a única confissão religiosa que tem acesso às relações diplomáticas.
2. Personalidade jurídica internacional do Pontifício Romano: este passa a gozá-la a partir da sua eleição em conclave.
3. Papado: a partir do século IV, o Papado tornou-se o centro das nações do ocidente cristão: é suficiente pensar na época da *Res Publica Christiana* ou então no período em que o Sumo Pontífice pronunciava arbitragens e promovia a paz em nome do *jus gentium christianorum*.[174] Poder-se-ia

---

170. Id. loc. cit.: "Un caso sumamente interesante fue el de las Islas Carolinas. Hoy es Su Santidad Juan Pablo II, en aquel tiempo fue Léon XIII uno de los grandes Papas que habitaron Roma como 'prisioneros' hasta que la 'cuestión romana' fue resuelta por el Tratado de Letrán el '1' de febrero de 1929. Pero siempre fue y es, la Santa Sede".
171. Disponível em: <http://www.vaticano.va/roman_curia/secretariat_stat/2000-2003/index_it.html>; Acessado em: 8/8/2003.
172. Vide Anexo 2-BIS.
173. Intervenção do Secretário para as Relações da Santa Sé com os Estados, Dom Jean-Louis Tauran, de 24 de maio de 2003. Disponível em: <http://www.vaticano.va/roman_curia/secretariat_stat/2000-2003/index_it.html>; Acessado em: 8/8/2003.
174. ZIMMERMANN, M. Organisation internationale (Fin du Moyen Age). *Recueil des Cours*. v.2, p.327, 1933: "*Le Pape, comme chef suprême de l'organisation internationale, pour soutenir l'unité des peuples chrétiens, dispose des différents moyens coercitifs, pour combattre les agresseurs et les pertubateurs de l'ordre établi: la guerre collective, la guerre sainte*"; p.355: "*Le Pape est le chef de la Chrétienté, de la gran-*

recordar, ainda, as suas mediações internacionais nas disputas entre a Espanha e Portugal, relativas aos territórios do Novo Mundo.
4. Personalidade jurídica internacional da Santa Sé: ao longo dos séculos, a subjetividade internacional da Santa Sé sobreviveu às tormentas da reforma protestante, da revolução francesa e da anexação italiana, a tal ponto que, graças à personalidade que lhe é reconhecida, a Santa Sé pode exercer, mesmo nos dias de hoje, uma presença ativa nas relações internacionais, de modo particular no contexto da diploma-

> *de confédération des peuples chrétiens, un organe supérieur international qui a, dans ses fonctions, les bons offices et la médiation"; p.356: "Le Pape remplit surtout les fonctions de guardian suprême de l'ordre établi [...]"; p.357: "Le Pape, en reconnaissant l'État, le constitue comme sujet international"; p.360: "Le Pape sanctionne les changements territoriaux"; p.361: "Le pouvoir international est symbolisé pour le Pape comme l'organe suprême de la communauté chrétienne"; p.364: "Le Pape ne remplit pas seulement le rôle de suverain et de protecteur des Etats. Il a des fonctions importantes en ce qui concerne le droits internacional convencional. Il est le garant et la gardien des traités"; p. 365: "Le Pape intervient aussi dans l'enregistrement des traités internacionaux [...] (les traités ont une force spéciale carguard l'enregistrement se fait par apostolica auctoritate notarii, qui ont le pouvoir délégué par le Pape qui est lui même le grand notaire. Comme grand notaire des conventions internationales, le Pape confirme les accords intervenus. Ad majoren firmitaten, ces conventions sont reproduits dans les lettres apostoliques à la réquisition des parties. Le Pape [...] peut libérer les parties de leurs obbligations contractuelles en vertu de son pouvoir général ligare et solvere"; p.366: "Le Pape peut abroger les lois ou les contumes des différents Etats chrétiens contraire à la loi naturelle (ratio divina); p.375: "Le Pape remplit un rôle important comme mediateur ou pacificateur au sein de la Republica sub Deu, mais il n'existe aucune obligation formelle de se soumettre au règle come juge international. En cas d'une rupture entre les Etats chrétiens, le Pape peut prêter ses bons offices, il peut rétablir la paix par une pression morde ou par des moyens diplomatiques, mais il ne possède pas le droit et l´autorité pour soumettre les Etats à de setences ayant caractère de gouvernements formels et liant les parties sans accord préalable. Le Pape normalment, ne joue que le rôle de mediateur"; p.381: "L'organisation internationale du Moyen Age avait les traits specifiques d'une confédération de peuples ne possédant qu'une organe internacional suprême. La doctrine canonique parlait des triples fonctions du chef suprême de la Republica sub Deu: approbare, indicare, regulare. Il fallait y ajouter 'coercere' et tontes es fonctions étaient centralisées entre les mains du pape. D'après le droit en vigueur la fonction juridictionelle du pape reste peu développée: à la place de la justice autoritaire, un moyen plus souple conserve sa primauté, la mediation ou les bons offices".*

cia bilateral e multilateral. E faz isso por meio de uma rede de relações diplomáticas, que a põe em contato com os seus representantes junto à Organização das Nações Unidas e de outras organizações governamentais.
5. A ação diplomática internacional da Santa Sé se diferencia daquela dos Estados, pois, enquanto estes têm ambições de poder político, material, aquela tem pretensões de poder espiritual, moral e de influência, mas "inspirada somente pelo desejo de prestar serviço a todos".[175] Essencialmente falando, a Santa Sé constitui, assim, um sujeito soberano de direito internacional, mas de natureza claramente religiosa e humanitária. Por conseguinte, a sua "estratégia" consiste, sobretudo, em realçar e em dar voz à consciência das pessoas e dos povos em geral. É por esse motivo, e não por ambições de poder material, que ela mantém um diálogo franco e cordial com os governantes. Dirigindo-se às consciências, ela promove os princípios, sem os quais não se pode falar de uma "Comunidade de Nações".

Em outras palavras, a concepção que a Santa Sé nutre pelo poder revela uma visão diferente do mesmo, por um lado, quanto à eficácia e, por outro lado, quanto à natureza:

- quanto à eficácia: não se baseia na coação por meio da força para a sua observância, mas sim na força da consciência;
- quanto à natureza: baseia-se nos valores morais perenes e comuns a todos os seres humanos, não por serem valores católicos, mas universais.

5.8 Princípios que constituem uma espécie de *corpus* da moral internacional da Santa Sé

1. Em primeiro lugar, a centralidade da pessoa humana e, por conseguinte, dos seus direitos: a Santa Sé se compromete a recordar e, se

---

175. CONCILIO VATICANO II, Parte II, Cap. V, n.89: *"[...] a Igreja deve estar absolutamente presente na comunidade dos povos, para fomentar e despertar a cooperação entre os homens; e isto tanto por suas instituições públicas, como ainda pela plena e sincera colaboração de todos os cristãos, inspirada somente pelo desejo de prestar serviços a todos".*

for necessário, a defender o primeiro de todos os direitos humanos – o direito à vida, em todas as fases do desenvolvimento biológico da pessoa, até a sua morte natural.[176] Em seus contatos com os responsáveis da comunidade internacional, a Santa Sé nunca cessou de recordar que a vida constitui um dom que provém do Outro – Deus – e que, portanto, é sagrada. Afirmando isso, ela deseja falar também em nome de todos os cristãos e, inclusive, em nome dos homens de boa vontade. Além disso, ela quer sublinhar o fato de que o direito à vida é o fundamento de todos os outros direitos que lhe estão a peito: o direito à liberdade, de consciência e de religião, à educação, ao trabalho, ao desenvolvimento humano etc. Os direitos fundamentais não derivam dos Estados, nem de qualquer outra autoridade humana, mas da própria pessoa e, por isso, são universais, invioláveis e inalienáveis.

- Liberdade de consciência e de religião: não apenas como liberdade de culto, mas também como possibilidade para os crentes participarem na vida social e política do país de que são cidadãos, mas sempre como membros de uma comunidade de fé. Quando a liberdade de religião é suprimida, na realidade passam a ser ameaçadas todas as outras liberdades fundamentais.

Em síntese, pode-se afirmar que a Santa Sé se opõe a qualquer visão unidimensional do homem e propõe outra, que é aberta aos seus componentes individuais, sociais e transcendentes.
2. Promoção e salvaguarda da paz: a Santa Sé rejeita a guerra como meio de solução não pacífico para as controvérsias entre os povos. Por ocasião da recente crise iraquiana, o Papa João Paulo II e os seus colaboradores recordaram que cada um dos Estados tem o dever de proteger a sua própria existência e liberdade, com meios proporcionais, contra um injusto agressor. Para além do caso da legítima defesa, que justifica o recurso às armas, para resolver as contendas devem preferir-se sempre os instrumentos do diálogo e da Mediação, como a arbitragem de terceiros, que sejam imparciais, ou de uma autoridade interna-

---

176. Aquela que decorre por causas naturais, biológicas e internas ou externas, por violência acidental (um desastre de carro, por exemplo), excluindo assim qualquer possibilidade de antecipação intencional da morte pela intervenção do homem, como, por exemplo, a eutanásia, justificando-a pretensamente com razões de misericórdia.

cional munida de suficientes poderes. Com efeito, a experiência tem mostrado que a violência gera mais violência. Deve-se recordar a exclamação do Papa durante a primeira Guerra do Golfo: "A guerra é uma aventura sem retorno". Ou, ainda, há poucos meses: "A guerra é sempre uma derrota para a humanidade".
Por conseguinte, a Santa Sé sempre encorajou os esforços realizados com vista a alcançar um desarmamento efetivo, que vá além da dissuasão, fundamentado no equilíbrio do terror. Para apoiar moralmente o compromisso nesse sentido, em 1971, ela não hesitou em assinar o Tratado de Não-Proliferação Nuclear; em 1993, aderiu ao Tratado Contra a Produção, o Desenvolvimento e o Uso das Armas Químicas e, em 1997, aderiu ao Tratado que proíbe as minas anti-homem. E tudo isso para encorajar uma autêntica cultura da paz.
3. Não há paz sem justiça: a paz é muito mais do que a ausência de conflitos. Ela fundamenta-se numa ordem social e internacional, assenta sobre o direito e a justiça. Cada país tem o dever se assegurar aos seus cidadãos a satisfação de algumas necessidades fundamentais, como, por exemplo, a alimentação, a saúde, o trabalho, a moradia e a educação. "A Igreja contribui para alargar o campo de ação da justiça e do amor, no interior de cada um dos países entre todas as nações".[177]
4. Princípios consuetudinários do direito internacional e as convenções: a Santa Sé está também convencida de que cada um dos países tem o dever de respeitar tais princípios e convenções a que livremente aderiu. Sem direito não existe ordem e, muito menos, liberdade e paz.
5. Guerra preventiva: durante a crise iraquiana, a Santa Sé afirmou que não compartilhava de tal princípio inventado *ad hoc* e pediu que se respeitasse o conteúdo da Carta das Organizações das Nações Unidas, de modo particular o seu Capítulo VII, que define os critérios de comportamento em caso de ameaças ou de agressões contra a paz. Com efeito, a comunidade internacional elaborou e codificou uma série de direitos e deveres que já constituem uma parte do patrimônio comum da humanidade. À custa de sacrifícios enormes, a comunidade internacional adquiriu um *corpus* jurídico consistente e pormenorizado que, se tivesse sido aplicado nestes últimos anos, em conformidade com a antiga máxima latina *pacta sunt servanda*, teria poupado muito derramamento de sangue e evitado numerosas crises internacionais.

---

177. Gaudium et spes, p.76.

6. Direito internacional: a Santa Sé sempre manifestou o seu apreço por tal direito e, freqüentemente, colaborou para a redação de convenções que, muitas vezes, o renovaram; por exemplo, o dever das intervenções humanitárias ou os direitos das minorias, exceções ao Princípio da Não-Intervenção ou Ingerência.[178]
7. Organização das Nações Unidas: os Papas nunca hesitaram em exprimir a sua estima por essa Instituição, afirmando-a como "[...] o maior de todos os instrumentos de síntese e de coordenação da vida internacional", realçando que a sua atividade condiciona a cultura e a ética internacionais e desejando que

> essa Organização [...] se eleve cada vez mais, do estádio de uma instituição insensível de tipo administrativa, ao nível de um centro moral em que todas as nações do mundo se sintam em casa, desenvolvendo a sua consciência comum de serem, por assim dizer, uma família de nações [...]. Por sua natureza, a família é uma comunidade fundamentada na confiança recíproca, na ajuda mútua e no respeito sincero; numa família autêntica não existe o domínio dos mais fortes: pelo contrário, os membros mais frágeis são, em virtude da sua debilidade, duplamente acolhidos e servidos.[179]

---

178. WILSON, L.G. A prática e o status da intervenção e da não-intervenção no direito internacional contemporâneo. *Revista de Informação Legislativa*. Brasília, v.20, n.79, 1983, p.257: "[...] a norma da não-intervenção, o corolário da soberania, é ainda uma parte do direito internacional e é aceito pela comunidade internacional; os Estados geralmente cumprem a norma, apesar da impressão ser freqüentemente ao contrário. Em decorrência das expectativas da comunidade, os Estados acham importante e necessário justificar cuidadosamente, em termos legais, suas intervenções como sendo exceções à não-intervenção". Ibid., p.258: "[...] inobstante a tendência intervencionista, a mudança de contexto e conteúdo das relações internacionais e os ataques ao sistema de Estado e soberania dominantes, a norma da não-internvceção é ainda largamente aceita e praticada". Para aprofundamento, consulte: DAVILLA, A. *Humanitarian intervention in public international law*. Geneva, Institut Universitaire de Hautes Etudes Internationales, Dipl. n.96, 1967; REISMAN, M. & McDOUGAL, M. Humanitarian intervention to protect the Ibos. In: LILLICH, R.N. (ed.). *Humanitarian intervention and the United Nations*. Charlottesville, University Press of Virginia, 1973, p.167-95.
179. JOÃO PAULO II, em sua última visita, em 1995, por ocasião do 50º aniversário da fundação da ONU.

Somente uma rigorosa aplicação do direito, por parte de todos e em cada uma das circunstâncias, pode impedir que o indivíduo mais frágil se torne vítima da má vontade, da força e das manipulações dos mais fortes. Por conseguinte, a Santa Sé compromete-se a fazer com que a força da lei prevaleça sobre a lei do mais forte.

8. Democracia: a Santa Sé nutre apreço pela democracia. A paz e a convivência civil são sempre gravemente ameaçadas pelas diferentes expressões de um poder totalitário, pela obsessão da segurança, pela ideologia, pela procura de privilégios para determinadas categorias de cidadãos. E o século que há pouco chegou ao seu termo ensina-os com eloqüência. Democracia significa sempre participação e responsabilidade, direitos e deveres.

9. Isso não significa que a Santa Sé opte ou prefira o regime democrático ou qualquer outro regime ou ideologia política. Significa, apenas, que a Santa Sé reconhece os valores inerentes a essa ideologia política.

A Igreja é uma teocracia, ou seja, tem a sua origem na vontade divina. Assim, teocracia e democracia são dois princípios antagônicos e divergentes na sua origem e na sua natureza. A teocracia é de natureza teológica, enquanto a democracia é de natureza sociológica. A democracia tem origem no consenso numérico da maioria, ao passo que a teocracia tem a sua origem na vontade divina da autoridade. A Igreja Católica, porém, tem elementos na sua estrutura semelhantes ao princípio democrático, mas de natureza teológica, tais como o conceito de comunhão e de colegialidade.

10. Mensagem profética: o Papa João Paulo II está profundamente convicto de que os males que afligem a sociedade internacional contemporânea não são uma fatalidade. Na sua opinião, cada um de nós pode desenvolver em si mesmo a potencialidade da fé, de respeito pelo próximo, de dedicação ao serviço de outros e, portanto, resolver situações de injustiça e de conflito. Tudo pode mudar, afirma o Pontífice Romano. Isso depende de cada um de nós. Cada qual pode desenvolver em si o seu potencial de fé, de honradez, de respeito pelo próximo, de dedicação ao serviço dos outros.

11. Os principais imperativos da Santa Sé poderiam ser assim resumidos:

- sim à vida;
- respeito pelo direito;

- dever da solidariedade;
- não à morte;
- não ao egoísmo;
- não à guerra.

Em síntese, "a razão de ser da Santa Sé" – conclui o Papa João Paulo II – "no seio da comunidade das nações consiste em constituir a voz que a consciência humana espera, sem por isso diminuir a contribuição das outras tradições religiosas".[180]

Em outras palavras, esse serviço da consciência é exclusivamente a única ambição da diplomacia pontifícia: convencer as pessoas que são responsáveis pelas sociedades de que a violência, o medo, a repressão, o mal e a diferença não podem ter a última palavra.

---

180. JOÃO PAULO II. Discurso ao Corpo Diplomático acreditado junto à Santa Sé, de 1995.

CAPÍTULO III

A Estratégia Diplomática da Santa Sé para a Solução do Conflito, segundo Santiago Benadava

No momento em que a Argentina declara insanavelmente nulo o Laudo Arbitral do Governo Britânico, de 1977, sobre a Questão de Beagle, e diante das infrutíferas tentativas bilaterais (Chile-Argentina) de solucionar as divergências, Santiago Benadava acabava de deixar o Ministério das Relações Exteriores do Chile e exerce, desde então, a função de Diretor do Departamento de Direito Internacional na Escola de Direito da Universidade do Chile. Além de ser diplomata e um renomado internacionalista da mesma estatura de Hildebrando Accioly, no plano nacional e internacional, Santiago Benadava exerce também a função de advogado.

Nessas circunstâncias, esse autor foi convidado em outubro de 1978, pelo então Ministro de Relações Exteriores do Chile, dom Hernán Cubillos Salatto, a integrar o grupo assessor do Ministério de Relações Exteriores quanto ao conflito em questão. Santiago Benadava aceitou a incumbência do Ministro.[1]

---

1. BENADAVA, S. *Recuerdos de la mediación pontificia entre Chile y Argentina* (1978-1985). Santiago de Chile: Ed. Universitaria, 1999. p.9: *"Al llegar una mañana de octubre de 1978 a mi oficina en la Escuela de Derecho de la Universidad de Chile, mi secretaria me transmite um recado: don Julio Philippi Izquierdo desea hablar conmigo [...]. El Gobierno de ese país (Argentina) há declarado 'insanablemente nulo' el Laudo pronunciado por su Majestad Britânica en el caso del Canal Beagle. Las convenciones entre representantes argentinos y chilenos no han registrado avances substanciales y aunque continúan las conversaciones previstas en el Acta de Puerto Montt, no hay esperanzas de que se logren resultados. Don Julio Philippi, a quien conozco desde hace muchos años, integra un grupo de trabajo que asesora al Ministro*

Foi assim que o citado autor iniciou sua participação no processo de Mediação pontifícia, isto é, como assessor dos trabalhos que conduziam à Mediação.

Quando, então, o Papa aceitou ser o mediador do conflito de Beagle, o Cardeal Antonio Samoré, designado por Sua Santidade para auxiliá-lo na questão, na condição de Enviado Especial, pediu ao Chile e à Argentina que mandassem representantes junto ao processo mediador, pessoas entendidas nos aspectos técnicos da disputa, mas que fossem também hábeis negociadoras, com imaginação e boa margem de independência.[2]

Por ocasião da nomeação da Missão Chilena junto à Santa Sé para a Mediação, que por sinal era chefiada pelo Embaixador Enrique Bernstein, lá estava também Santiago Benadava como membro dessa missão.[3]

Em setembro de 1979, o Governo do Chile considerou oportuno designar o referido diplomata como Embaixador-Substituto da Missão Especial junto à Santa Sé para a Mediação Pontifícia.[4]

Em fevereiro de 1981, Benadava foi designado Embaixador em Israel, sem prejuízo de suas funções como Embaixador-Substituto junto à Santa Sé para a Mediação Pontifícia. Nessa nova função, ele teve que residir em Israel, o que o obrigava a fazer de modo constante a ponte aérea entre Tel Aviv e Roma para poder participar do processo de Mediação.[5]

---

de Relaciones Exteriores don Hernán Cubillos Salatto. Y no me equivoco, Don Julio me transmite una invitación del Ministro para que me incorpore al Grupo Asesor. Agradezco este honor, pero recuerdo a don Julio que me retiré hace dos años del Ministerio de Relaciones Exteriores y que actualmente soy Director del Departamento de Derecho Internacional en la Escuela de Derecho y ejerzo mi profesión de abogado [...]. Se me invita mientras tanto a un par de reuniones del Grupo Asesor. Me atrae la calidad de los participantes, el nivel de las discusiones y el entusiasmo e intensidad con que trabaja. El ofrecimiento del Ministro es honroso. Acepto".

2. Id. Ibid., p.57: *"El Cardenal había pedido que vinieran a Roma como representantes de uno y otro país al proceso mediador no sólo personas entendidas en los aspectos técnicos del diferendo sino también hábiles negociadores con imaginación y buen margen de independencia".*
3. Id. Ibid., p.58: *"La Misión Especial de Chile ante la Santa Sede para la Mediación estuvo integrada por el Embajador Bernstein, al autor de este libro [...]".*
4. Id. Ibid., p.67: *"En septiembre de 1979, el Gobierno de Chile consideró designarme Embajador Alterno en Misión Especial ante la Santa Sede para la Mediación Pontificia".*
5. Id. Ibid., p.77: *"En febrero de 1981, fui designado Embajador de Chile en Israel, sin perjuicio de mis funciones como Embajador Alterno ante la Santa Sede para*

A estratégia diplomática da Santa Sé para a solução do conflito

Santiago Benadava, portanto, tinha acompanhado desde o início todo o processo de Mediação, primeiro na qualidade de membro e, depois, como Embaixador-Substituto, e, por isso mesmo, quando o chefe da delegação chilena, Enrique Bernstein, teve que deixar seu posto por questões de saúde e de família, ele foi naturalmente elevado à condição de Chefe da Delegação Chilena junto à Santa Sé (3 de dezembro de 1982), passando a residir de forma permanente em Roma.[6]

Segundo os critérios do Governo chileno, a pessoa que chefiaria a Missão Especial junto à Santa Sé para a Mediação pontifícia deveria ser preferentemente de idade madura, católica e possuir ampla experiência diplomática.[7] Diante da pessoa de Santiago Benadava, não restava a menor dúvida de que era pessoa de idade madura e de larga experiência diplomática. Só não era católico. Era de fé hebraica. Contudo, o fato de Santiago Benadava não ser católico não constituiu nenhum obstáculo por parte da Santa Sé. O seu nome foi muito bem-vindo na Secretaria de Estado da Santa Sé.[8]

Santiago Benadava permaneceu como Chefe da Missão Especial do Chile junto ao processo de Mediação até a sua conclusão, em novembro de 1984.

Portanto, Santiago Benadava participou intensamente de toda a atividade que exigiram os trabalhos de Mediação: celebrou entrevistas com os representantes do mediador; preparou reuniões conjuntas; avaliou seus

---

la Mediación Pontifícia. Mi nuevo cargo, que significó establecerme en Israel, me impuso frecuentes viajes entre Tel Aviv y Roma, hasta 3 de diciembre de 1982, en que fui nombrado para remplazar al Embajador Bernstein".

6. Id. Ibid., p.118: *"En uno de mis frecuentes viajes a Roma, el canciller René Rojas Galdanes, don Julio Philippi y Ernesto Videla me manifestaron que había consenso en el equipo chileno para estimar que yo debería ser designado en el cargo que Bernstein dejaría. Yo era Embajador alterno, había participado en la mediación desde sus comienzos, gozaba de la confianza del Gobierno y tenía buenas relaciones con los representantes del Mediador. Era, pues, natural – expresaron – que yo continuase la tarea. Eso significaba que debía residir en Roma en forma permanente".*

7. Id. Ibid., p.57-8: *"En una reunión con algunos de sus asesores, el Ministro Hernán Cubillos nos dijo que la persona que encabezara la Misión Especial de Chile ante el Vaticano debería ser preferentemente de edad madura, católica y poseer amplia experiencia diplomática [...]".*

8. Id. Ibid., p.119: *"[...] Su nombramiento será muy bienvenido, respondió el Cardenal".*

resultados; redigiu documentos de trabalho; atendeu às solicitações de informação; deu respostas às consultas formuladas pelo mediador; enviou a Santiago informes periódicos; manteve contato com missões estrangeiras.[9]

Ora, os títulos e o papel desenvolvido por Santiago Benadava na Mediação do Canal de Beagle o colocam e o credenciam como uma das pessoas mais qualificadas e competentes sobre o referido litígio. E toda essa experiência Santiago Benadava colocou em uma obra, única no seu gênero, chamada "Recuerdos de la Mediación Pontifícia". Nela, o autor não procura escrever a história da Mediação Pontifícia entre Chile e Argentina sobre a disputa austral, mas, de modo originalíssimo, preocupou-se especificamente em descrever, com a autoridade de testemunha e ator ocular, as principais etapas do processo da Mediação Papal.

Em outras palavras, Santiago Benadava procurou descrever propositalmente nessa sua obra o método ou a tática diplomática utilizada pela Santa Sé[10], ao longo do processo de Mediação ou sistema de Mediação,[11] para a solução do conflito austral. Nesse sentido, ele é absolutamente único[12], original e completo.[13] E é exatamente isso que interessava a esta pesquisa mostrar no Capítulo III.

---

9. Id. Ibid., p.59: *"Los trabajos de la Mediación impondrían a la Misión chilena intensa actividades: celebrar entrevistas con los representantes del mediador, preparar reuniones conjuntas y evaluar sus resultados, redactar documentos de trabajo, atender a las solicitudes de información y dar respuesta a las consultas formuladas por el Mediador, enviar a Santiago informes periódicos y mantener contactos con misiones extranjeras".*

10. A Editorial Universitária, ao apresentar o livro do autor, expressa-se assim: *"Este libro no es una historia de la Mediación Pontificia entre Chile y Argentina sobre el diferendo austral (empresa casi imposible dada la multiplicidad de reuniones, negociaciones e decisiones; y la reserva en que se mantienen buena parte de los documentos), sino un bosquejo de anécdotas y episodios, y el perfil de quienes participaron en él".*

11. Parece que a palavra "sistema" de Mediação dá mais o sentido de imprevisibilidade da atuação papal no litígio austral, enquanto que "processo" deixa a entender que bastava perseguir alguns determinados passos para que o resultado fluísse naturalmente. O que não aconteceu no caso em apreço. Consulte BRUNO, J. L. *Mediciones papales en la história.* p.47.

12. Quando dizemos que essa obra é única, não se quer dizer que ela não exclua um certo grau de parcialidade, uma vez que o autor, aliás, como qualquer outro o faria, teve que fazer uma seleção dos textos utilizados e expô-los de uma determinada maneira.

13. Enrique Bernstein Carabantes, que chefiou a Delegação Chilena junto à Santa Sé de 1979-1982, também escreveu um livro intitulado *"Recuerdos de um diplomático"*

Como falamos na Introdução, o método utilizado na elaboração deste Capítulo III é também histórico-narrativo. Entendemos por método histórico-narrativo o processo que consiste em descrever as fases do fato histórico em questão, sem expressar, contudo, juízo de valores sobre o mesmo.

É bom enfatizar que esse Capítulo III pretende colher da obra citada a descrição suscinta das fases do método utilizado pela diplomacia da Santa Sé em vista da solução do conflito de Beagle.

Além de Santiago Benadava, citamos outros autores pertinentes ao tema.

Por último, quando realizamos a pesquisa de campo em Santiago, Chile (2002), pudemos conhecer pessoalmente o referido embaixador, que nos recebeu cordialmente em seu escritório no centro da cidade e esclareceu-nos alguns pontos da Mediação Papal, indicou-nos obras relevantes sobre a problemática, apresentou-nos aos responsáveis pela Biblioteca da Academia Diplomática do Chile etc.

1. A NATUREZA DOS BONS OFÍCIOS[14]

Os Bons Ofícios constituem forma bastante antiga e desde há muito reconhecida pelo Direito Internacional, como norma costumeira internacional.

(BERNSTEIN CARABANTES, E. *Recuerdos de un diplomático: representante ante el Papa Mediador 1979-1982*. Santiago, A. Bello, 1989. v.4) e, na sua introdução, afirma: *"Quiero dejar expreso testimonio de que no es mi intención exibir la historia de la mediación pontificia, que es muy amplia. Me limitaré solo a relatar hechos en que me correspondió participar, y anécdotas que pueden interesar a quienes, más adelante, escriban sobre todos los aspectos de este proceso, inclusive sus ramificaciones en Chile y Argentina".* Nota-se, assim, a intenção do autor de relatar fatos do processo de Mediação. Contudo, o relato de Bernstein não abrange o período integral da Mediação Papal (1979-1984), mas termina com a sua renúncia, ou seja, 1982. Ao contrário, a mencionada obra de Santiago Benadava abrange o período do sistema papal, isto é, do começo ao fim, além de ser mais específica e concisa, segundo os propósitos dessa pesquisa.

14. Geralmente, este instituto é tratado sempre junto com a Mediação, pela proximidade de relação existente entre os dois. Para aprofundamento do tema, veja: STONE, J. *Legal controls of international conflict:* a treatise of the dynamics of disputes and war law. Londres: [s.n.], 1954. p.68; MIAJA DE LA MUELA, A. Solución de diferencias internacionales (medios políticos y arbitraje) In: *Cursos y conferencias de la Escuela de Funcionarios Internacionales.* Madrid, [s.n.], 1956-1957. t.2, p.180 ss.; BARADON, H. Some views on international mediation. In: *International problems.* [s.L.]: [s.n.], 1971. n.1 e 2, p.63 ss.; OTT, M. C. Mediation as a method of conflict resolution: two cases. In: *International Organization*, p.595 e ss., 1972.

Contudo, a sua positivação *(ius inscriptum)* é mais recente. Nesse sentido, existem os seguintes documentos internacionais sobre Bons Ofícios[15]:

1.1 Declaração de Paris, de 16 de abril de 1856[16]

Esse documento, relacionado aos princípios de direito marítimo, emitiu um simples voto sobre Bons Ofícios.

Em nota datada de 18 de março de 1857, relativa à adesão do Brasil a essa declaração, dizia o então Ministro de Negócios Estrangeiros Conselheiro Paranhos (Barão do Rio Branco):

> Compartilhando em toda a sua extensão os princípios para cuja adesão foi convidado, o Governo Imperial acompanha igualmente as potências signatárias do Tratado de Paris, no voto que fazem para que, nas dissensões internacionais, sempre que as circunstâncias o permitam, antes de lançar mão das armas, se recorra aos Bons Ofícios de uma nação amiga.[17]

1.2 Conferências de Paz de Haia, de 1899 e 1907

Nessas conferências, os institutos dos Bons Ofícios e da Mediação passaram a figurar nas respectivas Convenções, relativas à solução pacífica dos conflitos internacionais, nos artigos 2 a 8, dos quais citamos apenas os seguintes, que se referem especificamente à recomendação do emprego dessas duas medidas:

> Art. 2º. Em caso de divergência grave ou de conflito, antes de pegar em armas, às potências contratantes convêm em recorrer, tanto quanto o permitam as circunstâncias, aos Bons Ofícios ou à Mediação de uma ou mais potências amigas.
>
> Art. 3º. Independentemente desse recurso, as potências contratantes julgam útil e conveniente que uma ou mais potências estranhas ao conflito ofereçam, por iniciativa própria, se as circunstâncias o permitirem, seus Bons Ofícios ou sua Mediação aos Estados em conflito. O direito de oferecer

---

15. Até o presente momento dessa pesquisa, não encontramos outras fontes que versam sobre os Bons Ofícios, a não ser as que relacionamos a seguir.
16. ACCIOLY, H. *Tratado de direito internacional público*. Rio de Janeiro: [s.n.], 1957. v.3, p. 10-1.
17. Id. Ibid., p.10.

os Bons Ofícios ou a Mediação pertence às potências estranhas ao conflito, até durante o transcurso das hostilidades. O uso desse direito jamais poderá ser considerado como ato pouco amistoso, por qualquer das partes em litígio.

1.3 Tratado Interamericano sobre Bons Ofícios e Mediação de Buenos Aires, de 1936

Esse Tratado merece especial atenção por dois motivos: primeiro, porque se trata de uma iniciativa da delegação brasileira à Conferência Interamericana de Consolidação da Paz; segundo, porque esse ato apresentou uma inovação em tal assunto, no sentido de que determinou a organização prévia de uma lista de cidadãos, a cujos Bons Ofícios ou Mediação as partes contratantes poderão recorrer, quando, entre elas, surja uma controvérsia que não possa ser resolvida pelos meios diplomático usuais. Para a constituição de tal lista, que ficou a cargo da União Panamericana, cada governo contratante deve nomear dois dos seus cidadãos, escolhidos entre os mais eminentes por suas virtudes e por seu saber jurídico. Na hipótese de recurso a esse método pacífico, os países litigantes comprometeram-se a escolher, de comum acordo, para as funções previstas no tratado (Bons Ofícios ou Mediação), um dos componentes da lista. Se não há acordo na escolha, cada litigante indicará um dos componentes da lista e os dois cidadãos assim indicados escolherão um terceiro, que desempenhará, então, as referidas funções. Em qualquer dos casos, o escolhido fixará um prazo, entre 3 e 6 meses, para que os litigantes cheguem a alguma solução pacífica. Expirado o prazo sem que se alcance tal solução, a controvérsia será submetida ao processo de conciliação, previsto nas convenções interamericanas vigentes.[18]

1.4 A Carta da ONU, de 1945[19]

O Capítulo VI desse documento trata da solução pacífica de controvérsia, no seu artigo 33, sem, contudo, enumerar os Bons Ofícios no rol dos meios

---

18. Id. Ibid., p.10-1.
19. RANGEL, V. M. *Direitos e relações internacionais*. p.36: no Pacto da Liga das Nações, esse mesmo tema era tratado nos artigos 17-17; na Carta das Organizações dos Estados Americanos (OEA) de 1948, no Capítulo IV; na Convenção Européia para a Solução Pacífica dos Litígios de 1957; na Carta da Organização para a Unidade Africana (OUA) de 1968, art. XIX.

de soluções de litígios.[20] Entretanto, o emprego desse instrumento de solução de contendas internacionais, antes de ser positivado nos séculos XIX e XX, por meio de instrumentos universais e regionais, já era regido desde tempos imemoriáveis pelos usos e costumes internacionais, sobretudo pela Diplomacia da Santa Sé, como, aliás, foi demonstrado no Capítulo II. Nesse sentido, afirma Guido Fernando Silva Soares: "A Carta da ONU não menciona os Bons Ofícios, que, no entanto, são procedimentos antigos e consagrados pelos usos e costumes internacionais".[21]

1.5 O Pacto de Bogotá, de 1948

O Tratado Interamericano sobre Bons Ofícios e Mediação, de 23 de dezembro de 1936, assinado em Buenos Aires, bem como vários outros sobre métodos pacíficos, celebrados em conferências interamericanas, deixaram de vigorar com o Pacto de Bogotá, de 1948, que, porém, passou a vigorar em fins de 1956, entre nove das vinte e uma Repúblicas Americanas.

Esse Pacto de Bogotá é importante, porque define o método de Bons Ofícios no seu artigo 9º como:

> [...] a tentativa – por um ou mais cidadãos eminentes de qualquer Estado americano que não participe da controvérsia – no sentido de aproximar as partes de modo que lhes torne possível alcançar entre si uma solução adequada.[22]

---

20. Id. Ibid., p.47; Carta das Nações Unidas, Capítulo VI (Solução pacífica de Controvérsias), art. 33: *"As partes em uma controvérsia que possa vir a constituir uma ameaça à paz e à segurança internacionais, procurarão, antes de tudo, chegar a uma solução por negociação, inquérito, Mediação, conciliação, arbitragem, solução judicial, recursos a entidades ou acordos regionais, ou a qualquer outro meio pacífico à sua escolha".*
21. SOARES, G. F. S. *Curso de direito internacional público.* São Paulo: Atlas, 2002. v.1, p.167; Id. In: MERCADANTE, A.; MAGALHÃES, J. C. (Coord.). *Solução e prevenção de litígios internacionais.* São Paulo, Livraria do Advogado, 1999. v.2, p.22.
22. ACCIOLY, H. op. cit., p.11: "A submissão da controvérsia a um ou mais governos americanos não partes na controvérsia, ou a um ou mais cidadãos eminentes de qualquer Estado americano que não participe da controvérsia" – para o fim de assistência às partes na solução da controvérsia, pelo modo mais simples e mais direto.

A história diplomática internacional e brasileira registra inumeráveis exemplos de solução dos conflitos internacionais por meio dos Bons Ofícios.[23]

1.6 A definição de Bons Ofícios, segundo a doutrina: alguns exemplos

Para Hildebrando Accioly, os Bons Ofícios consistem:

> [...] na tentativa amistosa de uma terceira potência, ou de várias potências, no sentido de levar Estados litigantes a se porem de acordo. Os Bons Ofícios podem ser oferecidos pelo Estado ou Estados que procuram conciliar os que se acham em divergência e podem ser solicitados por qualquer destes ou por ambos. O Estado que os oferece ou que aceita a solicitação de os interpor não toma parte nas negociações, nem no acordo a que possam chegar os litigantes. A oferta de Bons Ofícios, por terceira ou terceiras potências, da mesma forma que a recusa de aceitação dos mesmos, por parte de um dos litigantes ou de ambos, não constituem ato pouco amistoso. Assim, também, não deve ser considerado como ato não amistoso a recusa, por parte de terceira potência, à solicitação dos seus Bons Ofícios, ou a de sua aceitação, ou, ainda, a de sua interposição amistosa, pode decorrer de compromisso anterior assumido em tratado ou convenção.[24]

No entendimento de Celso D. Albuquerque Mello, os Bons Ofícios podem ser definidos como: "[...] as 'demarches' e os atos por meio dos quais uma terceira potência procura aplainar e abrir a via às negociações das partes interessadas ou de reatar as negociações que foram rompidas" (Hoijer).[25]

Dominique Carreau, por sua vez, define os Bons Ofícios da seguinte forma:

> Trata-se de uma situação na qual a intervenção de uma ou de terceiras potências será discreta, a mais sutil no plano qualitativo. A potência terceira vai propor, geralmente, aos Estados Litigantes exercer seus Bons Ofícios, isto é, fazer o papel de intrometido, vale dizer, de um intermediário

---

23. Para aprofundamento, consulte ACCIOLY, H. op. cit., p.11-6.
24. ACCIOLY, H. op. cit., p.9.
25. MELLO, C. D. A. *Curso de direito internacional público*. Rio de Janeiro; São Paulo: Renovar, 2000. v.2, p.1346.

honesto, a fim de possibilitar as partes de se encontrarem e, assim, resolverem amigavelmente a disputa.[26]

Na síntese felicíssima de Maurice Arbour, os Bons Ofícios: "[...] visam essencialmente a propor uma base de negociações [...]".[27]

Segue o pensamento de Benadava: "[...] os Bons Ofícios consistem quase sempre no oferecimento de ajuda espontânea às partes em controvérsia com toda a liberdade, sem normas de procedimentos".[28]

Segundo Guido Fernando Silva Soares, os Bons Ofícios:

> [...] são procedimentos de resoluções de litígios por terceiros, segundo os quais Estados, organizações internacionais e mesmo indivíduos, não partes numa controvérsia, oferecem, por iniciativa própria ou a pedido de uma das partes na controvérsia, sua interveniência, a concordância dos Estados-partes na controvérsia. Os Bons Ofícios visam a evitar-se a deterioração de uma situação e preparar o terreno para outras modalidades de soluções de litígios.[29]

Guido Fernando Silva Soares chama a atenção, contudo, para: "[...] os contornos muito próximos entre os procedimentos dos Bons Ofícios e os da Mediação".[30]

Em uma outra obra sua, Guido Fernando Silva Soares define Bons Ofícios com estas palavras:

> [...] Se bem que haja risco calculado de recusa ou mesmo de acusação de intervir em negócios internos de outros Estados, os Bons Ofícios repre-

---

26. CARREAU, D. *Droit international*. Paris: Pedone, [s.d.]. p. 538-539: "*Il s'agit là d'une situation ou l'intervention de la ou des puissances tierces sera la plus légère, la plus faible sur le plan qualitatif. La puissance tierce va, en général, proposer aux Etats en litige d'exercer ses bons offices, c'est-à-dire de jouer le rôle d'entremetteur, d'honnête intermediaire pour leur permettre de se rencontrer et ainsi de régler à l'amiable leur differend*".
27. ARBOUR, M. *Droit international public*. 3. ed. Quebec: Les Éditions, Yvon Blais, 1997. In: SOARES, G. F. S. *Curso de direito internacional público*. São Paulo, Atlas, v.1, 2002. p.167.
28. Cf. BENADAVA, S. op. cit., p. 61-2.
29. Cf. SOARES, G.F.S. *Solução e prevenção de litígios internacionais*. p.23.
30. Id. Ibid. p.23.

sentam a declaração informal do interesse de Estado ou de organização intergovernamental, na solução de litígio havido entre terceiros [...] é o elemento determinante e, de certa forma, catalisador para o início de eventuais negociações entre litigantes.[31]

Assim, para Guido Fernando Silva Soares, as principais nuances dos Bons Ofícios são as seguintes:

- trata-se do oferecimento com pedido de resolução por um terceiro (Estado, organização internacional, indivíduos) de um litígio entre duas partes;
- visa a impedir a deterioração de uma situação já em impasse;
- é um primeiro passo para outras modalidades de solução de litígios;
- existem contornos muito próximos entre os procedimentos dos Bons Ofícios e os da Mediação.

Quando chegou a Buenos Aires, em conversa com os jornalistas, o Cardeal Samoré disse: "Não vim nem como árbitro, nem como mediador. Vim, antes de tudo, para reconstruir uma atmosfera de confiança entre as partes".[32]

Portanto, dessas palavras de Sua Eminência, o que caracteriza sua missão na intervenção da Santa Sé no conflito de Beagle, nesse primeiro momento (Bons Ofícios), é a reconstrução de uma atmosfera de confiança entre as partes. Ou seja: preservar para ambas as partes um clima mínimo de cordialidade, capaz de servir de base para ampliar as relações, em vista da superação do presente litígio.[33] E essa é a essência dos Bons Ofícios.

Em Roma, antes de embarcar para Buenos Aires, o próprio Cardeal Samoré combinou, em conversa com seus auxiliares, Monsenhor Sainz e Cavalli, antes de embarcar para Buenos Aires, que: "os esforços imediatos de sua

---

31. Cf. Id. *Curso de direito...* v.1, p.167.
32. BENADAVA, S. op. cit., p.48: *"Les expresó que no venía ni como árbitro ni como mediador. Venía primero que todo a reconstruir una atmosfera de confianza entre las Partes".*
33. BRUNO, J. L. op. cit., p.48: *"[...] pero preserva para ellas ese mínimo de cordialidad que aparte de ser algo mui distinto del conflicto abierto, podrá servir de base para ampliar las relaciones el día por ahora imprevisible en que el diferendo austral resulta superable".*

atuação consistiriam em manter o *status quo* entre ambos os países, excluir o uso da força, retomar o diálogo e encaminhar as partes para conseguirem um acordo".[34]

Parece que a diferença entre um e outro instituto, afirma Guido Fernando Silva Soares, consiste no pedido formal (Mediação) por um ou ambos os litigantes a um terceiro Estado para agir como mediador.[35]

No caso em tela, esse pedido formal do Chile e da Argentina para a ação de Mediação da Santa Sé consistiu no Acordo I[36] de Montevidéu (8 de janeiro de 1979), pelo qual ambas as partes solicitaram que o Papa João Paulo II atuasse:

> [...] como mediador com a finalidade de guiá-los nas negociações e assisti-los na solução do litígio" e declararam, ainda, sua boa disposição para considerar as idéias que a Santa Sé pudesse expressar para contribuir para um acordo pacífico aceitável para as partes.[37]

2. A NATUREZA DA MEDIAÇÃO

Dado que esse assunto é tratado normalmente relacionado e conjuntamente com os Bons Ofícios, repetiremos, de propósito e no que for necessário, os documentos já referidos sobre os Bons Ofícios. Preferimos tratar os dois temas separadamente para, em seguida, estabelecermos as diferenças entre os mesmos, ainda que correndo o risco de sermos repetitivos.

---

34. Cf. BENADAVA, S. op. cit., p.48: *"Además, Samoré intercambió ideas con sus acompañantes sobre el objetivo a que deberían dirigir sus esfuerzos inmediatos. Convinieron en que este objetivo debía tender a mantener el status quo entre ambos países, excluir el uso de la fuerza, reanudar el diálogo y encaminar a las Partes hacia la búsqueda de un arreglo".*
35. Id., loc. cit.
36. Quanto ao Acordo de Montevidéu II, ambas as partes assumiram um tríplice compromisso: não recorrer à força em suas relações mútuas; realizar um retorno gradual à situação existente em princípios de 1977; e, por último, abster-se de adotar medidas que pudessem alterar a harmonia em qualquer setor.
37. BENADAVA, S. op. cit., p.55: *"En el acuerdo I ambas Partes acordaban solicitar al Papa Juan Pablo II 'que actué como mediador con la finalidad de guiarlos en las negociaciones y asistirlos en la solución del diferendo' y declaraban su buena disposición para considerar las ideas que la Santa Sede pudiera expresar para contribuir a un arreglo pacífico aceptable para ambas Partes".*

Assim como os Bons Ofícios, as fontes normativas da Mediação se encontram, na maior parte e desde os tempos mais antigos, nos usos e costumes internacionais. Também aqui a diplomacia da Santa Sé é precursora nesse sentido, a partir dos séculos IV e V.

Todavia, esse instituto de solução pacífica das controvérsias foi positivado em alguns tratados internacionais, universais e regionais, dos quais passamos a relacionar os principais.

2.1 Pacto da Liga das Nações

Nos seus artigos 12, 13, 15 e 17, a Assembléia prevê o recurso à Mediação como meio de solução de conflitos. E, no artigo 15, a Mediação é indicada, aliás, como meio obrigatório nas controvérsias suscetíveis de produzir ruptura e não submetidas à arbitragem ou à solução judiciária.[38]

2.2 Conferências de Paz de Haia, de 1899 e 1907

Os artigos 2º a 8º de ambas referem-se à Mediação e Bons Ofícios, já tratados antes: "Art. 4º. O papel de mediador consiste em conciliar as pretensões opostas e apagar os ressentimentos que se tenham produzido entre os Estados em conflito".[39]

2.3 Tratado Interamericano sobre Bons Ofícios e Mediação, de 1936

No dia 23 de dezembro de 1936, por iniciativa da delegação brasileira à Conferência Interamericana de Consolidação da Paz, esse documento inovou, determinando em tal assunto a organização prévia de uma lista de cidadãos a cuja Mediação (ou Bons Ofícios) as partes contratantes poderiam recorrer quando entre elas surgisse uma controvérsia que não pudesse ser resolvida pelos meios diplomáticos usuais.

Para a constituição de tal lista, que ficou a cargo da União Panamericana, cada governo contratante deveria nomear dois dos seus cidadãos, escolhidos entre os mais eminentes por suas virtudes e por seu saber jurídico.

---

38. ACCIOLY, H. op. cit., p.17.
39. Id. Ibid. p.10.

Na hipótese de recurso a esse método pacífico, os países litigantes comprometeram-se a escolher, de comum acordo, para as funções previstas no Tratado (Mediação ou Bons Ofícios), um dos componentes da lista. Se não houver acordo na escolha, cada litigante indicará um dos componentes da lista e os dois cidadãos assim indicados escolherão um terceiro, que desempenhará, então, as referidas funções.

Em qualquer dos casos, o escolhido fixará um prazo, entre três e seis meses, para que os litigantes cheguem a alguma solução pacífica. Expirado o prazo sem que se alcance tal solução, a controvérsia será submetida ao processo de conciliação nas convenções interamericanas vigentes.[40]

2.4 O Pacto de Bogotá, de 1948

O Pacto de Bogotá, de 1948, é importante, porque define o método da Mediação no seu artigo 11 como: "[...] a submissão da controvérsia a um ou mais governos americanos não partes na controvérsia, ou a um ou mais cidadãos eminentes de qualquer Estado americano que não participe da controvérsia".[41]

2.5 Carta da ONU, de 1945

O Capítulo VI da Carta da ONU, denominado de "Solução Pacífica de Controvérsia", no seu artigo 33, apresenta o rol dos principais meios de solução pacífica de litígios, dentre os quais a Mediação:

> As partes em uma controvérsia que possa vir a constituir uma ameaça à paz e à segurança internacionais, procurarão, antes de tudo, chegar a uma solução por negociação, inquérito, Mediação, conciliação, arbitragem, solução judicial, recursos a entidades ou acordos regionais, ou a qualquer outro meio pacífico à sua escolha.[42]

2.6 Definição de Mediação, segundo a doutrina: alguns exemplos

Hildebrando Accioly entende que Mediação é:

> [...] o ato pelo qual um ou mais Estados se fazem intermediários oficiais de uma negociação, para a solução pacífica de um litígio entre outros

---

40. Id. Ibid., p.11.
41. Id. Ibid., p.11.
42. Carta das Nações Unidas, Capítulo VI (Solução pacífica de Controvérsias), art. 33.

Estados. É uma tentativa de ajuste por intermédio de um amigo comum, que procura e propõe uma formulação de acordo".[43]

Dominique Carreau afirma que a Mediação pressupõe uma implicação sensivelmente maior da terceira potência, no sentido de que essa deve propor as bases de um acordo para o litígio, participando diretamente das negociações entre as partes em conflito.[44]

Celso D. de Albuquerque Mello assume a definição de Hoijer sobre Mediação nos seguintes termos:

> Ato pelo qual um ou vários Estados, seja a pedido das partes em litígio, seja por sua própria iniciativa, aceitam livremente, seja por conseqüência de estipulações anteriores, se fazerem intermediários oficiais de uma negociação com a finalidade de resolver pacificamente um litígio, que surgiu entre dois ou mais Estados.[45]

Maurice Arbour sintetiza o conceito de Mediação nos seguintes termos: "[...] visa antes a propor uma base de um acordo, uma fórmula de entendimento".[46]

Santiago Benadava retrata a definição da natureza da função mediadora, recordada pelo Cardeal Samoré no dia 12 de dezembro, em reunião conjunta das delegações do Chile e da Argentina bem no início da Mediação:

> A Mediação é ação que solicita geralmente as partes em controvérsia, as quais recorrem a uma terceira pessoa, amiga de ambas, para que atue entre elas; o mediador exerce sua atividade entre as duas partes, desejando e procurando aproximá-las, procurando levar suas posições iniciais a uma convergência; conciliando até alcançar um entendimento.
>
> A Mediação, assim, não se tipifica como uma forma de imposição, senão como uma forma de sugestão, de conselho, de exortação e de propostas dirigidas à eliminação das divergências, à superação dos obstáculos, à descoberta de pontos de concórdia que se apresentem às

---

43. ACCIOLY, H. op. cit., p.16.
44. CARREAU, D. op. cit., p.357: *"La médiation entraîne une implication sensiblement plus grande du tiers. Celuici est alors amené à proposer les bases d'un reglement du litige et il va lui même participer aux négociations entre les adversaires".*
45. MELLO, C.D.A. op. cit, p.1346.
46. ARBOUR, M. op. cit., p.167.

partes, convidando-as a fazê-los próprios, com a finalidade de conseguir – ao final da Mediação – o maior bem que, por si mesmo, representará também o bem de cada uma das partes. No final da Mediação, na verdade, não se pode nunca falar de vencedores e vencidos. Não existem. Aqueles que tinham uma controvérsia, uma disputa, no final da mesma apertam-se fraternalmente as mãos, convencidos de que seus eventuais sacrifícios valem a pena, porque constituem o preço razoável de fôlegos muito superiores.[47]

Segundo Benadava, a Mediação é composta pelos seguintes elementos:

1. Inicia-se com um pedido das partes em litígio a uma terceira pessoa, amiga de ambas, para que atue entre elas.
2. O mediador visa um entendimento entre as partes, evidenciando as convergências e eliminando as divergências entre as mesmas.
3. A Mediação é essencialmente uma sugestão, conselho, exortação, por meio de uma proposta concreta do mediador em vista do maior bem das partes.
4. No final da Mediação, prevalece o bem maior alcançado pelas partes.

Segundo o Cardeal Samoré, o que caracteriza a Mediação são os seguintes pontos:

---

47. BENADAVA, S., op. cit., p.61: *"[La] mediación es la acción que solicitan generalmente las Partes en controversia, las cuales acuden a una tercera persona, amigo de ambas, para que actúe en medio de ellas; el mediador ejerce su actividad entre las dos Partes, deseando e intentan do aproximarlas, procurando llevar sus posturas iniciales hacia una convergencia; conciliando hasta alcanzar un entendimiento.*
La mediación, por lo tanto, no se tipifica como una forma de imposición, sino como una forma de sugerencia, de consejo, de exhortación y de propuestas dirigidas a eliminar las divergencias, a superar los obstáculos, a descubrir puntos de concordia, que se presenten a las Partes, invitándolas a que los hagan propios, con la finalidad de conseguir – al termino de la mediación - el mayor bien general que, por lo mismo, representara también el bien de cada una de las Partes. Al término de la mediación, en efecto, no se puede jamás hablar de vencedores y vencidos. No los puede haber. Quienes tenían una controversia, un diferendo, al final de ella se estrechan fraternalmente las manos, convencidos de que sus posibles sacrificios valen la pena porque constituyen el precio razonable de ventajas muy superiores".

1. Não se trata de negociações diretas (bilaterais e multilaterais).
2. É diferente dos Bons Ofícios, pois estes são:

   - uma ajuda espontânea de um terceiro às partes em litígio;
   - se desenvolvem com toda a liberdade e sem normas de procedimento.

3. Não é um tribunal, o qual trabalha:

   - com normais pré-concebidas;
   - culmina sua atuação através de uma sentença, contra a qual cabe apelações.

4. Não é uma arbitragem, que, por sua vez, é regulada por:

   - princípios;
   - compromisso ou acordo prelimiar, que fixa de antemão as normas de atuação dos árbitros.[48,49]

Por último, esse autor acrescenta que um comunicado da imprensa do Escritório da Mediação da Santa Sé, de 31 de julho de 1979, expressa o mesmo conceito:

---

48. Trata-se do Tribunal Arbitral, que emite, ao final, uma sentença definitiva denominada de Laudo Arbitral, como aquele de 1977, arbitrado pela Inglaterra e que foi considerado nulo pela Argentina.
49. BENADAVA, S. op. cit., p.61-2: *"[La mediación] no consiste y esto es obvio, en negociaciones directas (como las que se desarrolla ron entre las dos Naciones desde febrero hasta diciembre del año pasado). - es diferente de los buenos oficios, que vienen a ser casi siempre una ayuda ofrecida espontáneamente a las Partes en controversia; los buenos oficios se desarrollan con toda libertad, sin normas de procedimiento (podßrían considerarse tales todas las gestiones llevadas a cabo por su servidor [Samoré] a finales del año pasado y comienzos del presente año en sus dos Capitales.*

    – no tiene el carácter ni la calificación de tribunal, que procede a norma juris y concluye su actuación con una sentencia, contra la cual, si estuviese previsto, cabe la apelación;

    – se diferencia aun más del arbitraje, regulado tanto por principios de derecho internacional como por un compromiso o acuerdo preliminar en que se fijan sus términos, valor y consecuencias".

> [...] a Mediação é a ação que desenvolve a pessoa chamada, pelas partes em litígio, para colocar-se no meio, para sugerir, expor, propor, aconselhar, indicar possíveis hipóteses que possam conduzir a uma solução honrosa e definitiva da disputa. Portanto, é diferente da atividade que deve desenvolver um tribunal ou um árbitro. A Mediação não está sujeita a esquemas fixos de procedimento, nem deve observar determinados prazos. Seu trabalho consiste em levar a cabo uma obra de aproximação, orientada a salvaguardar os interesses fundamentais dos países e o bem supremo da paz.[50]

Guido Fernando Silva Soares, por sua vez, apresenta a seguinte compreensão de Mediação:

> Os litigantes ou um deles solicitam a intervenção de um terceiro, que apresenta uma opinião sobre determinado ponto controverso, agindo, assim, igualmente como elemento catalisador, para que os litigantes encontrem uma solução entre eles.[51]

> [...] tem função preventiva, no sentido de evitar que uma situação conflitiva se degenere, de encaminhar os litígios para uma solução através de outros meios e, enfim, de poder ela mesma apresentar uma solução eventualmente aceitável pelos contendores, tendo em vista as qualidades personalíssimas do mediador, que já demonstrou ter a confiança das Partes, pelo fato de ter sido indicado, como tal, por consenso de ambas.[52]

Trata-se, segundo esse autor:

> [...] de um pedido formulado por um ou ambos os Estados-partes numa controvérsia àqueles terceiros. A Mediação, portanto, já supõe algum

---

50. Id. Ibid., p.62: *"[...] la mediación es la acción que desarrolla la persona llamada, por las Partes en controversia, a ponerse en medio para sugerir, exponer, proponer, aconsejar, indicar posibles hipótesis que puedan conducir a una solución honrosa y definitiva del diferendo.*
Por lo tanto, es diferente de la actividad que debe desarrollar un Tribunal o un Arbitro. La mediación no está sujeta a esquemas fijos de procedimiento, ni a observar determinados plazos. Su labor consiste en llevar a cabo una obra de acercamiento, orientada a salvaguardar los intereses fundamentales de los dos Países y el bien supremo de la paz".
51. SOARES, G. F. S. *Curso de direito...* v.1, p.167.
52. Id. *Solução e prevenção...* p.23.

entendimento entre os Estados-partes numa controvérsia (pelo menos no que respeita a um pedido de interveniência do mediador), necessitando de algumas formalidades no seu evolver (embora bastante longe das formalidades da conciliação e da arbitragem) e se completa com um ato informal, de mera indicação de comportamentos desejáveis, estando, assim, ainda mais longe dos relatórios ao final de uma conciliação ou de uma sentença arbitral, por vezes formalizado por um acordo tripartite entre os Estados-partes e o Mediador (também denominado 'moderador').[53]

Quanto às fontes normativas da Mediação, afirma Guido Fernandes Silva Soares que elas:

[...] se encontram, na maior parte, nos usos e costumes internacionais, havendo alguns tratados internacionais regionais que regulam o instituto.[54] No que se refere ao Direito Internacional do Meio Ambiente, alguns tratados e convenções multilaterais prevêem a Mediação, porém nunca como procedimento isolado, mas sempre junto com outros meios pacíficos de soluções de controvérsia entre os tratados.[55]

Domingo Sabaté Lichtschein entende que: "[...] a verdade jurídica da Mediação é a proposição, pelo mediador, de uma idéia intermediária ou eqüidistante entre as pretensões das partes, que contemple e concilie os interesses de ambos os litigantes".[56]

Artemis Luis Melo e Mario Strubbia procuram descobrir qual seria a essência da Mediação, refletindo de acordo com seguintes elementos: em primeiro lugar, eles citam um trecho do discurso do Papa João Paulo II, de 27 de setembro de 1979, que afirma o seguinte propósito:

---

53. SOARES, G. F. S. Solução e prevenção... p.23.
54. Como o Tratado Interamericano sobre Bons Ofícios e Mediação de 1936; o Pacto de Bogotá de 1948; e o Protocolo sobre Comissões de Mediação, Conciliação e Arbitragem de 1959, elaborado sob a égide da Organização da Unidade Africana.
55. SOARES, G .F. S. Solução e prevenção... p.23-4.
56. SABATE LICHTSCHEIN, D. *El problema del Canal Beagle*. Buenos Aires: Ed. Abeledo-Perrot, 1985. p.324: "*La verdad jurídica es que este modo de solución pacífica de controversias no tiene reglas precisas y el mediador puede proponer lo que estime, pero la idea que la razón nos brinda sobre la mediación es una idea de medio, de propuesta de arreglo intermedio o equidistante entre las pretensiones de las partes, que contemple los intereses de ambos contractantes*".

(A Mediação) [...] são esforços para aproximar as posições divergentes, esforços esses que constituem a própria essência da Mediação, a qual, por sua vez, não se conclui com decisões, mas sim se desenvolve através de conselhos.[57,58]

Mas o que significa propor? Artemis Luis Melo Mário Strubbia explica que propor, segundo o dicionário espanhol, significa manifestar com razões uma coisa para conhecimento de uma pessoa ou para induzi-la a sua adoção;

---

57. O grifo é do autor.
58. MELO, A. L.; STRUBBIA, M. *La mediación papal y el conflicto austral*. Buenos Aires: Depalma, 1981. p. 17-8: *"[...] esfuerzos por acercar las posiciones divergentes, esfuerzos que constituyen la esencia misma de la mediación, la cual no se concluye con decisiones, sino que si desarrolla mediante consejos" (Juan Pablo II, 27-IX-1979). "Recordamos que según la Declaración Conjunta suscrita por los cancilleres de la Argentina y Chile, en Montevideo (8-1-1979), los dos gobiernos habían acordado solicitar al Papa que 'actúe como mediador con la finalidad de guiarlos en las negociaciones y asistirlos en la búsqueda de una solución del diferendo [...]' (por lo cual convinieran buscar el método de solución pacífica que consideraran más adecuado.*
    Las partes, en tal oportunidad, declaraban su ánimo de 'contribuir a un arreglo pacífico y aceptable'.
    Citamos la exhortación del 3 de mayo de 1980, rubricada por los primados de ambas iglesias (argentina y chilena), donde se ratificaba que 'la mediación no es un recurso a una instancia superior, a la que se entrega la facultad de decidir, de proceder autoritariamente para terminar con una sentencia en la que se dictamina lo que corresponde en justicia a cada uno de los litigantes' (L'Osservatore Romano, 1º-VI-1980).
    Concluimos con la cita fundamental del propio mediador, quien sobre la médula de la mediación explicó: '(que) [...] los esfuerzos por acercar las posiciones divergentes constituyen la esencia misma de la mediación, la cual no se concluye con decisiones'(Juan Pablo II, 27-IX-1979).
    Así los casos, quedo claro que:
    a) *La mediación es un 'método' de trabajo y no un fin en sí misma.*
    b) *La mediación, como método, herramienta o 'camino' no es la 'solución', sino que el Papa actuará con 'la finalidad de guiar e asistir en la búsqueda de una solución'.*
    c) *La solución debe ser 'aceptable' para ambas partes. 'La vía elegida es la de la mediación; la meta, una solución justa y honorable [...]'.*
    d) *La mediación consiste en 'esfuerzos' y éstos se desarrollan mediante 'consejos', no mediante decisiones, porque el 'Papa no acepta ejercer un arbitraje'."*

nas escolas, propor significa acrescentar os argumentos pró ou contra uma questão.

Isso quer dizer, prosseguem os mesmos autores, que para formular uma proposta, devem ser programados vários passos metodológicos, a saber:

- raciocinar;
- manifestar tais razões;
- manifestar tais razões para simples conhecimento;
- manifestar tais razões para induzir uma das partes a adotá-la.[59]

Em segundo lugar, esses autores relembram o fato de que na Declaração Conjunta assinada por ocasião do Acordo de Montevidéu, de 8 de janeiro de 1979, o Chile e a Argentina concordaram em pedir ao Papa:

> [...] que atuasse como mediador, com a finalidade de guiá-los nas negociações e assisti-los na busca de uma solução do litígio... (pelo qual) decidiram escolher o método de solução pacífica que consideraram mais adequado; as partes declararam contribuir para alcançar um acordo pacífico e aceitável". Em terceiro lugar, Strubbia cita uma exortação dos Episcopados do Chile e da Argentina, de 3 de maio de 1980, onde afirmavam que a Mediação não é um recurso a uma instância superior, a quem se entrega a faculdade de decidir, de proceder autoritariamente para terminar com uma sentença que diz o que corresponde, segundo a justiça de cada um dos litigantes.[60]

Eu acrescentaria essa outra conclusão de Ártemis Luis Melo:

> A Mediação é um procedimento diplomático, de natureza política, isto é, é um meio político, pertence à arte da política, participa da essência da

---

59. Id. Ibid., p.95: "¿Que es proponer? Proponer es manifestar con razones una cosa para conocimiento de uno o para inducirle a adoptarlo; en las escuelas, presentar los argumentos en pro y en contra de una cuestión. Es decidir que para formular una propuesta, deben programarse varios pasos metodológicos, a saber:
   a) razonar;
   b) manifestar razones;
   c) manifestar tales razones para simple conocimiento;
   d) o manifestar tales razones en pro y razones en contra".
60. L'Osservatore Romano, 1/6/1980.

política, o que significa que, além dos argumentos jurídicos, toda classe de argumentos pode ser incluída.[61]

Também essa, de Mário Strubbia:

> A Mediação exige um pré-acordo (um pedido das partes), que demonstra a vontade sólida de conciliação e de aproximação das partes na controvérsia. Em outras palavras, o pedido de conciliação ou o pré-acordo outorga viabilidade à proposta.

O que permite concluir, afirma Strubbia, que:

> Os esforços ou conselhos do mediador, no final, embora apoiando o método da Mediação, as partes podem aceitar ou não as idéias e conselhos feitos pelo mediador se as mesmas não forem consideradas como eqüitativas, justas, honrosas e aceitáveis.

Para Mário Strubbia: "A Mediação nasce com o consentimento do mediador, avança com a aproximação das partes e se consolida com o acordo dos Estados soberanos para uma solução comum justa, eqüitativa e razoável".[62]

Em outras palavras, para Mário Strubbia, "a essência da Mediação consiste em aproximar posições divergentes e propostas".[63]

Segundo o artigo 4º da Convenção de Haia, de 18 de outubro de 1907, sobre a solução pacífica de controvérsias, o papel do mediador consiste em conciliar as pretensões opostas e em apaziguar os eventuais ressentimentos surgidos entre os Estados litigantes.

Concatenando, em síntese, os diversos elementos já antes expostos por Artemis Luis Melo e Mario Strubbia, a essência jurídica da Mediação ficaria da seguinte forma:

---

61. MELO, A. L.; STRUBBIA, M. op. cit., p.52: *"La mediación es ciertamente un procedimiento diplomático, es decir de naturaleza política. Esto significa que en la controversia sometida a este procedimiento se pueden invocar toda clase de argumentos y no solamente los de naturaleza jurídica"*.
62. Id. Ibid., p.52: *"En suma, la mediación nace con el consentimiento de los litigantes, se perfecciona con la aceptación del mediador, avanza con el acercamiento de las partes y se consolida con el acuerdo de los Estados soberanos para una solución común justa, equitativa e razonable"*.
63. Id. Ibid., p.36: *"Retengamos la voz nuclear, clave, esencial: propuesta, y rememoremos que la esencia de la mediación consiste en acercar las posiciones divergentes"*.

A Mediação é um método diplomático de trabalho, de natureza política, o qual comporta todo tipo de argumentos, além daqueles jurídicos, e consiste em esforços de conciliação das pretensões opostas e de apaziguamento dos eventuais ressentimentos, que, por sua vez, se desenvolvem mediante conselhos, com a finalidade de guiar e assistir na busca de uma solução aceitável, vale dizer, eqüitativa, justa e honrosa para ambas as partes. A Mediação exige um pré-acordo ou um pedido das partes, que demonstra a vontade sólida de conciliação e de aproximação delas na contovérsia; nasce com o consentimento do mediador; avança com a aproximação das partes e se consolida com o acordo entre as mesmas. Em poucas palavras, para os mencionados autores, a essência da Mediação consiste em aproximar posições divergentes e propostas.

Isso implica, afirma José Antonio Pastor Ridruejo[64], que: "O terceiro (Estado) ou o mediador terá que tomar posição sobre o fundo da questão. É claro, para esse autor, que os Bons Ofícios podem terminar em Mediação".

No caso em tela, porém, eu entendo que desde o início das consultas à Santa Sé, era intenção das partes que a mesma realizasse propiciamente uma Mediação. Isso, por sua vez, requereria, como é óbvio nesse caso, um acordo prévio ou um pedido oficial das partes, que foi alcançado pelo método dos Bons Ofícios.

De qualquer maneira, prossegue José Antonio Pastor Ridruejo,

> [...] sejam os Bons Ofícios, seja a Mediação, tem um caráter de conselho e nunca de força obrigatória (art. 6 da Convenção citada). A mesma coisa se daria, completa este autor, caso o recurso à Mediação fosse imposto obrigatoriamente por um tratado (art. 8 do Tratado de Paris de 1856; art. 2 da Convenção de Haia de 1899 etc.).

---

64. PASTOR RIDRUEJO, J. A. *Curso de derecho internacional publico y organizaciones internacionales*. 6. ed. Buenos Aires: Tecnos, 1996. p. 624-5: *"Los buenos oficios consisten en la acción de un tercero – comúnmente aunque no forzosamente, un Estado – que pone en contacto a dos Estados partes en una controversia a fin de que entablen negociaciones con vistas a su arreglo o que suministra de otro modo una ocasión adecuada para las negociaciones. Los buenos oficios poden, pues, adoptar distintas modalidades en la práctica, pero el rasgo común de todas ellas es que el tercero se abstiene de expresar opinión alguna sobre el fondo de la controversia, así como de persuadir a las partes a que lleguen a una determinada solución. Si la acción del tercero comportase una posición sobre el fondo de la controversia o de persuasión a las partes para que adopten una solución, estaríamos ante la figura de la mediación".*

Para o autor, os Bons Ofícios são meios políticos de solução de controvérsia, em que as partes conservam sua liberdade de ação e de decisão durante o desenvolvimento dos mesmos; também podem ser rechaçados pelas partes ou por uma delas a qualquer momento, o que faria automaticamente cessar a atuação do mediador (artigo 5º da Convenção de 1907).[65]

Assim, Artemis Luis Melo e Mário Strubbia recolheu as seguintes conclusões sobre a essência jurídica da medição:

- é um método de trabalho e não um fim em si mesmo;
- a Mediação, como um método, ferramenta ou caminho não é uma solução, senão que o Papa atuará com a finalidade de guiar e assistir na busca de uma solução;
- a solução deve ser aceitável para ambas as partes. A via escolhida é a da Mediação; a meta, uma solução justa e honrosa;
- a Mediação consiste em esforços e esses se desenvolvem mediante conselhos, não mediante decisões, porque o Papa não aceita realizar uma arbitragem.[66]

3. DISTINÇÃO ENTRE BONS OFÍCIOS E MEDIAÇÃO

Como já advertimos anteriormente, os institutos internacionais dos Bons Ofícios e o da Mediação são universal e regionalmente tratados de forma conjunta e relacionada, em virtude da relação de proximidade entre ambos, além do fato de que, na prática, nem sempre é possível distinguir precisamente um do outro. Todavia, trata-se de dois meios de solução pacífica de

---

65. Id. Ibid., p.624-5: "[...] De todos modos, los buenos oficios y la mediación 'tienen exclusivamente el carácter de consejo y nunca fuerza obligatoria' (art. 6 de Convención citada). Y esto es así incluso si el recurso a la mediación es impuesto obligatoriamente por un tratado (art. 8 del Tratado de París de 1856, art. 2 de las Convenciones de La Haya de 1899, etc.). Estamos realmente ante medios políticos de solución de controversias en los que las partes conservan su libertad de acción y decisión durante el desarollo de los mismos. Ello supone también que en cualquier momento pueden ser rechazados los buenos oficios o la mediación y, como dice el artículo 5 de la Convención de 1907, 'las funciones del mediador cesan desde el momento en que se comprueba, bien por una de las partes en litigio, bien por el propio mediador, que los medios de conciliación por él propuestos no son aceptados'."

66. Id. Ibid., p.624-5.

controvérsia com identidades diferentes. É o que procuraremos demonstrar em seguida, por intermédio de alguns doutrinadores em propósito.

Em primeiro lugar, os Bons Ofícios pressupõem a existência de uma divergência ou de um litígio grave entre dois ou mais Estados, que, por sua vez, vai se deteriorando a ponto de vislumbrar até mesmo um conflito armado eles. Assim, por mais que esses Estados tenham tentado resolver a questão de modo bilateral, não lograram obter uma solução. Diante de tal impasse nas negociações, abrem-se duas possibilidades para as partes:

- um ou mais Estados alheios ao conflito, mas ao mesmo tempo amigos de ambos ou que mereçam o respeito e a confiança das partes, por iniciativa própria, oferecem seus préstimos para ajudar a solucionar o problema;
- a outra possibilidade consiste nas próprias partes decidirem, de comum acordo, pedir o auxílio de um terceiro país (ou países), para que envidem esforços para resolver o litígio.

Seja no primeiro caso, seja no segundo, as partes sempre terão que, conjuntamente, aceitar formalmente a oferta de ajuda, por meio de um pedido por escrito ao Estado ofertante ou Estado solicitado.

Iniciados os Bons Ofícios, o país ou países chamados a colaborar na solução do litigante tentam manter o *status quo*, excluir o uso da força, reconstruir uma atmosfera de confiança, retomar o diálogo e encaminhar as partes para conseguirem um acordo sempre por meio de conselhos. E nisso consiste a essência jurídica dos Bons Ofícios.

Normalmente, porém, a fase dos Bons Ofícios prepara o terreno para outras modalidades de solução de controvérsia e pode terminar em Mediação, como relatado nesta pesquisa.

Contudo, os Bons Ofícios não comportam que o Estado (Estados) que intervier na problemática tome parte nas negociações nem no acordo a que possam chegar os litigantes. A missão daqueles é só de aplainar e abrir a via às negociações entre as partes ou reatar as tratativas que foram rompidas, tudo sendo feito com toda a liberdade, sem normas de procedimentos, visto que os Bons Ofícios é um método diplomático (político) e, assim sendo, comporta todo tipo de argumento, não somente o jurídico. Em outras palavras, a atuação desses terceiros Estados na lide é discreta e sutil e tem como objetivo criar entre as partes uma base de negociação.

A Mediação tem início a pedido das partes em litígio ou pela própria iniciativa do Estado intermediário para resolver pacificamente o litígio entre as partes. Porém, esse pedido ou solicitação sempre se faz de modo formal, ou seja, por escrito. Assim, a Mediação exige antes um pré-acordo. O mediador age diretamente, ou seja, ativamente entre as partes, toma posição sobre o fundo em questão, por meio de sugestão, conselho, exortação e propostas dirigidas à eliminação das divergências, à superação dos obstáculos, à descoberta dos pontos de concórdia, visando com isso aproximar as partes, procurando levar suas posições iniciais a uma convergência plena ou a um entendimento final.

A Mediação, assim, não está sujeita a esquemas fixos de procedimento nem deve observar determinados prazos. Isso porque a Mediação é um método diplomático de solução de controvérsias, isto é, um meio político, pertence à arte da política, participa da essência da política, o que significa que, além dos argumentos jurídicos, toda classe de argumentos pode ser incluída. A verdade jurídica da Mediação consiste na proposição, pelo mediador, de uma idéia intermediária ou eqüidistante entre as pretensões das partes, que contemple e concilie os interesses de ambos os litigantes, de modo que a solução final seja eqüitativa, justa, honrosa e aceitável para as partes.

Hildebrando Accioly localiza a distinção entre Bons Ofícios e Mediação pelos seguintes aspectos:

> A Mediação tem caráter mais solene e constitui ingerência mais acentuada do Estado intermediário.[67]
>
> O mediador toma parte direta e regular nas negociações entre os litigantes e estabelece as bases de um acordo. Ao contrário, nos Bons Ofícios, quem as interpõe não participa diretamente nas negociações ou no acordo a que cheguem os litigantes.[68]

Celso de Albuquerque Mello afirma:

> A Mediação se distingue dos Bons Ofícios no sentido de que o papel do mediador é mais ativo. Ele não é 'um simples intermediário que se contenta de colocar em presença os Estados em litígio para os levar a

---

67. ACCIOLY, H. *Tratado...* p.16.
68. Id. Ibid., p.16-7.

entrar em negociação [...]'; pelo contrário, ele participa de maneira regular e ativa nas negociações [...] (Hoijer).[69]

Segundo Maurice Arbour: "[...] os Bons Ofícios visam essencialmente a propor uma base de negociações, enquanto a Mediação visa antes a propor uma base de um acordo, uma fórmula de entendimento".[70]

4. SOLUÇÃO PACÍFICA DE CONTROVÉRSIAS

Segundo Guido Fernando Silva Soares, as soluções pacíficas de controvérsias internacionais,

> [...] além de ocuparem um lugar de destaque no Direito Internacional Público, possuem, ainda, um duplo papel nas relações internacionais, a saber:
> – solucionar questões controvertidas entre Estados;
> – servir de prevenção a que esses recorram a medidas extremas, que importam na própria negação do Direito Internacional, tais como: o uso de represálias econômicas ilegítimas, de ameaça ou uso de represálias militares, até uma situação de guerra declarada.[71]

Assim, para esse autor:

> As soluções pacíficas de controvérsias devem ser entendidas como instrumentos elaborados pelos Estados e regulados pelo Direito Internacional Público para colocar fim a uma situação de conflito de interesses e até mesmo com a finalidade de prevenir a eclosão de uma situação que possa degenerar numa oposição definida e formalizada em pólos opostos.[72]

Por controvérsia – explica Guido Fernando Silva Soares –, cujos sinônimos são litígio, disputa, questão, lide, deve-se entender:

> [...] qualquer oposição de interesses entre as pessoas envolvidas, em qualquer campo das relações internacionais, qualquer que seja sua natureza,

---

69. MELLO, C. D. A. op. cit., p.1347.
70. ARBOUR, M. op. cit., p.167. In: SOARES, G.F.S. *Curso de direito internacional público.*
71. SOARES, G. F. S. *Curso de direito...* v.1, p.163.
72. Id., loc. cit.

econômica, política, cultural, científica, ambiental ou outra configuração particular.[73]

Quanto à classificação dos meios pacíficos de soluções de controvérsias entre Estados, as que mais se destacam, segundo o autor, são as seguintes:

a) a que se baseia na compulsoriedade de suas soluções – que, por sua vez, se dividem em:
 - meios facultativos: os Bons Ofícios, a Mediação, o inquérito e a conciliação;
 - meios obrigatórios: arbitragem e soluções judiciárias por tribunais internacionais.

b) a que toma por fundamento a existência ou a inexistência de norma jurídica envolvida em litígio:
 - meios políticos, não preocupados com a aplicação da norma pré-existente, ou a ser feita, mas a dar-se uma solução satisfatória à questão, tais como os Bons Ofícios, a Mediação, o inquérito e a conciliação;
 - meios jurídicos, nos quais sempre haveria questão de interpretar-se ou aplicar-se norma jurídica prévia aos litígios, ou de declarar-se sua existência, tais como a arbitragem e a solução propiciada por tribunais judiciários internacionais.[74]

Chama a atenção esse autor para o fato de que essas duas classificações

partem de uma distinção nem sempre fácil de ser feita, entre o político e o jurídico, bem como pressupõe que existe no Direito Internacional Público uma compulsoriedade, no cumprimento da norma jurídica, por parte de seus destinatários, os Estados, tal qual existente nos ordenamentos jurídicos nacionais; tais distinções olvidam-se dos traços próprios aos citados destinatários, os Estados, entidades dotadas de soberania e que são, ao mesmo tempo, os geradores da norma, seus destinatários, seus intérpretes e os aplicadores das sanções por inadimplemento.[75] De qualquer forma, tais classificações prestam certo serviço, ao distinguir entre meios

---

73. Id. loc. cit.
74. Id. Ibid., p.164.
75. Id. Ibid., p.164.

menos formais e mais formais, e indicam a disposição de os Estados socorrerem a esses ou aqueles, em função de decisões políticas quanto aos graus de obrigatoriedade a que se pretendem submeter.[76]

Um fato a ser ressaltado sobre as soluções pacíficas de litígios entre Estados, observa Guido Fernando Silva Soares, é que elas "foram elaboradas no curso da História e se consubstanciaram em institutos consagrados por usos e costumes internacionais".[77]

O século XX – emenda o autor – acabou por dar tripla contribuição, em tudo relevante, ao tema:

- propiciou constante recurso aos meios de soluções pacíficas, dada a freqüência de sua previsão expressa em tratados multilaterais, e às atividades de codificação de regras antigas;
- tornou possível a constituição de tribunais internacionais permanentes;
- desenvolveu e tem aperfeiçoado a diplomacia multilateral permanente, no seio das organizações intergovernamentais, o que permitiu a instituição de foros de novos procedimentos de soluções de disputas entre Estados e de novos agentes de aplicação dos mecanismos tradicionais (como a Mediação e os Bons Ofícios, celebrados por órgãos coletivos ou unipessoais).

Ora, aplicando essa doutrina sobre soluções pacíficas de controvérsia – internacionais ao caso concreto, isto é, à controvérsia entre Chile e Argentina ou Questão de Beagle –, pode-se tirar as seguintes conclusões:

- a intervenção diplomática da Santa Sé, no caso em apreço, encaixava-se perfeitamente dentro das características do instituto das soluções pacíficas de controvérsias internacionais;
- visa a solucionar a controvérsia entre Chile e Argentina sobre a soberania marítima e terrestre no Canal de Beagle e imediações;
- tinha como objetivo a resolução sem, contudo, recorrer a meios extremos ou não pacíficos, como a guerra declarada;
- pretende-se, assim, colocar fim a tal situação de conflitos de interesses, prevenindo, então, a eclosão de uma oposição de fato e irrecorrível entre as partes – a guerra;

---

76. Id., loc. cit.
77. Id., loc. cit.

- o conflito de Beagle é uma oposição de interesses entre Chile e Argentina, basicamente de soberania marítima e terrestre sobre a região de Beagle, com desdobramentos econômicos, políticos (diplomáticos), militares, geopolíticos ou geoestratégicos, com abrangência local, regional e internacional (Atlântico Sul);
- o meio de solução pacífica de controvérsia escolhido pelas partes envolvidas e ladeadas pela Santa Sé preferiu não uma solução de compulsoriedade, mas sim de facultatividade, a saber: num primeiro momento, Bons Ofícios; num segundo momento, Mediação;
- se, no caso concreto, os Bons Ofícios servem para possibilitar a solução da questão por outros meios de solução pacífica de controvérsia, a Mediação consiste em dar uma solução satisfatória, honrosa, justa, eqüitativa e definitiva ao caso;
- os Bons Ofícios e a Mediação da Santa Sé, embora tenham considerado a existência de normas jurídicas envolvendo o litígio, todavia, caracterizaram-se preponderantemente pela aplicação dos meios políticos da lide, não preocupados com a aplicação estrita de norma preexistente ou a ser feita (jurídica), mas a dar-se uma solução satisfatória à questão que envolve todo tipo de argumento, tais: o justo natural, o *equo et bonus*, a caridade cristã, amizade, colaboração econômica compartilhada etc., critérios esses admitidos pelo direito internacional;
- as partes, no caso em questão, optaram por meios menos formais e totalmente flexíveis – os Bons Ofícios e a Mediação – e, assim, preferiram essencialmente uma decisão política (diplomática) da questão, quanto aos graus de obrigatoriedade a que se pretendem submeter;
- os Bons Ofícios e a Mediação aparecem, então, como novos procedimentos ou mecanismos de solução pacífica de controvérsias internacionais entre os Estados, próprios do século XX, e previstos no Capítulo VI da Carta da ONU, artigos 33 e seguintes, celebrados, nesse caso, pela Santa Sé, que é um órgão unipessoal: o Romano Pontífice.

5. TÁTICA DIPLOMÁTICA DA SANTA SÉ OU METODOLOGIA DE AÇÃO DESCRITA POR SANTIAGO BENADAVA

À primeira vista, poderia parecer que a atuação da Santa Sé na Questão de Beagle ocorreu em uma única etapa ou utilizando um único meio de solução pacífica: Bons Ofícios ou Mediação.

Contudo, um estudo mais detido dessa controvérsia logo mostra tratar-se de uma atividade que nem aconteceu em uma única etapa, nem se deu pelo uso de um único meio de solução pacífica.

A atuação verificou-se em uma ação da Santa Sé dividida em duas fases, a saber: Bons Ofícios, na primeira, e Mediação, na segunda. Essa última etapa constitui, por assim dizer, a essência propriamente dita do papel da Santa Sé.

Por isso, parece-me adequado concluir que o desempenho da Santa Sé na solução pacífica do Litígio Austral ou de Beagle é, num primeiro momento, conduzido segundo as regras próprias dos Bons Ofícios, para, em seguida, ser conduzido pelas características do instituto da Mediação, ambos do direito internacional.

Antes do protagonismo da Santa Sé, a Questão de Beagle foi objeto infrutífero de inúmeras tentativas de solução pacífica, que se foram manifestando no decorrer da longa história desse conflito entre Chile e Argentina, tais como:

- as negociações diplomáticas de caráter bilateral;
- as arbitragens internacionais;
- o Tribunal Internacional Permanente (Corte Internacional de Justiça de Haia).

5.1 Primeiro passo: Bons Ofícios

Portanto, os primeiros momentos da atuação da Santa Sé na busca de uma solução para a disputa austral entre Chile e Argentina (Bons Ofícios) visavam a restabelecer um clima de harmonia que facilitasse o trabalho de Mediação propriamente dito entre as partes, com seguintes objetivos: manter o *status quo* entre ambos os países, excluir o uso da força, reconstruir uma atmosfera de confiança entre as partes, retomar o diálogo e encaminhar as partes para conseguirem um acordo.[78]

---

78. Cf. BENADAVA, S. op. cit., p.48; 298: *"Además, Samoré sobre la situación reinante entre Chile y Argentina intercambió ideas con sus acompañantes sobre el objetivo que se deberían dirigir sus esfuerzos inmediatos. Convinieron en que este debía tender a mantener el* status quo *entre ambos países, excluir el uso de la fuerza, reanudar el dialogo y examinar a las Partes hacia la búsqueda de un arreglo".*

Para tanto, foi dado um passo concreto numa primeira etapa: o Cardeal Samoré realizou algumas idas e vindas entre as duas capitais, nas quais realizou duas rodadas de conversação: a primeira com o objetivo de recolher informação e colocar em andamento as posições de ambas as partes; a segunda para apresentar idéias e projetos tendentes a forjar um método para se obter um acordo, em vista da solução da disputa.[79]

A fim de viabilizar sua função de Bons Ofícios, sua Eminência não permitia que as partes impusessem quaisquer condições à Santa Sé em sua função de criar as bases para a consolidação da sua função mediadora do conflito. O mediador deveria conservar plena liberdade para examinar todos os aspectos da disputa.[80]

Além disso, o Cardeal se esforçava para manter uma imagem de absoluta imparcialidade entre as partes. Se, por exemplo, Sua Eminência assistia a um ato no Santuário de Luján, na Argentina, assistia também a um ato no Santuário de Maipú, no Chile; caso se despedisse do Presidente Videla, deveria fazer o mesmo com o Embaixador chileno em Buenos Aires.[81]

Por outro lado, e o mais difícil, o Cardeal precisava incessantemente desbancar a desconfiança entre as partes, infundindo nelas a virtude contrária, ou seja, a confiança na gestão do Papa e a credibilidade entre Chile e Argentina.[82]

Por último, coube ao Cardeal a firmeza também de rechaçar o jogo político de obter vantagens entre as duas partes.[83]

---

79. Id. Ibid., p.53: *"Fueron, pues, dos rondas de conversaciones las que la Misión papal realizara en cada país. La primera había tenido por objeto recoger información y escuchar las posiciones de ambas Partes. La segunda ronda estuvo destinada a presentarles ideas y proyectos tendientes a convenir en un método de arreglo para la solución del diferendo austral".*

80. Cf. Id., loc. cit.: *"[...] las Partes no podrían imponer condiciones a la Santa Sede en su función mediadora. El mediador debería conservar plena libertad para examinar todos los aspectos del diferendo".*

81. Cf. Id. Ibid., p.54: *"El Cardenal Samoré se esforzó por mantener una imagen de absoluta imparcialidad. Si asistía a un acto en el Santuario de Luján, en Argentina, asistía a un acto en el Santuario de Maipú, en Chile; si se despedía del Presidente Videla, debía hacerlo también del Embajador chileno en Buenos Aires".*

82. Cf. Id., loc. cit.: *"Lo más difícil que tuve que salvar que la desconfianza entre las Partes. Primero tuve que darles confianza y [pedirles] que tuvieran fe en la gestión del Papa; luego que Chile y Argentina tuvieran confianza entre sí".*

83. Cf. Id. Ibid., p.55: *"Al recibir las enmiendas chilenas, el Cardenal tuvo una reacción de gran amargura, no exento de firmeza. Expresó que estaba agotado, que en su calidad*

A estratégia diplomática da Santa Sé para a solução do conflito

Esse método de atuação do enviado papal fez com que, no dia 6 de janeiro de 1979, o Cardeal entregasse ao Embaixador do Chile em Buenos Aires, Sérgio Onofre Jarpa, dois projetos de acordo: no primeiro, as partes concordavam em solicitar a Mediação do Santo Padre para solucionar a "Questão de Beagle". No segundo, as partes estipulavam as condições de que ambos os países deveriam munir-se para restabelecer um clima de harmonia, que facilitasse o trabalho de Mediação. O Cardeal enviou, nesse momento, um telegrama ao Chanceler Cubillos, dizendo-lhe que o primeiro projeto era "resultado de esforços sobre-humanos", pedindo uma resposta imediata, oxalá favorável. Acrescentou o Cardeal que, caso o Chile desejasse introduzir alguma modificação *não substancial,* poderia fazê-lo até o meio-dia do domingo, para que fosse aprovada à tarde, de modo tal que pudesse ser programada uma reunião em Montevidéu para a segunda-feira, dia 8, a fim de assinar os dois acordos.[84]

Em geral, houve concordância sobre a questão de fundo dos dois documentos; foram sugeridas apenas modificações destinadas a esclarecer e precisar os termos. Às 20 horas, esse parecer foi apresentado ao Cardeal.[85]

---

de enviado papal no podía seguir prestándose para un juego político en que cada Parte quería sacar ventajas y que si no le dábamos respuesta favorable al día siguiente [...] daría por terminada su misión".

84. Id. Ibid., p.54: *"El sábado 6 de enero de 1979 Su Eminencia consideró que sus gestiones se prolongaban demasiado y que no deberían extenderse más allá del día 8. Ese sábado 'tras esfuerzos sobrehumanos', según diría, pudo lograr finalmente la aprobación de sus dos proyectos de acuerdo por la cúpula militar argentina. 'Había estrujado a la Junta Militar hasta la ultima gota'.*
Esperaba ahora la aceptación chilena.
A las 10,30 P. M. del sábado 6 el Cardenal entregó al Embajador de Chile en Buenos Aires, Sergio Onofre Jarpa, dos proyectos de acuerdo. En el primero, las Partes convenían solicitar la mediación del Santo Padre para solucionar el diferendo austral. En el segundo estipulaban las condiciones a que ambos países debían ceñirse para restablecer un clima de armonía que facilitara la labor mediadora. En un télex directo al Canciller Cubillos, el Cardenal le hizo saber que el primero era el 'resultado de esfuerzos sobrehumanos' y pidió una pronta respuesta, ojalá favorable. Agregó que si Chile deseaba introducir alguna modificación no substancial a mediodía del domingo, habría oportunidad de lograr su aprobación por la tarde y de programar la reunión en Montevideo para el lunes 8 a fin de firmar los dos acuerdos".

85. Cf. Id. Ibid., p.54-5: *"El Canciller agradeció los esfuerzos desplegados por el Cardenal y contestó que estudiaría con atención los textos propuestos y trataría de entregar una respuesta positiva lo antes posible, ya que debería consultar con el Presidente de la Republica quien se encontraba en Punta Arenas.*

O Cardeal, todavia, recebeu com amargura a resposta chilena, mas com firmeza, observa Benadava, e disse que, na qualidade de enviado papal, não poderia continuar servindo no jogo político de obter vantagens entre as duas partes e que, se não obtivesse uma resposta favorável até o dia seguinte, daria por terminada a sua missão. O Cardeal implorava ao Chile para que aceitasse os textos originais das duas propostas de acordo, comprometendo-se, por outro lado, a obter dos argentinos a aceitação de duas modificações chilenas de menor peso. O Cardeal foi claro naquela circunstância: ou uma resposta positiva ou a viagem de volta para Roma para informar ao Papa do fracasso de sua missão.[86]

Diante dessa condição imposta pelo Cardeal, o Chanceler foi autorizado pelo Presidente da República a aceitar os dois acordos propostos.

Na segunda-feira, às 1h30 da madrugada, o Embaixador do Chile em Buenos Aires comunicou ao Monsenhor Sainz a resposta positiva de seu país. O Cardeal, que a essa hora dormia, ficou sabendo disso às 8h30. Na mesma manhã, o Cardeal obteve do Ministro Pastor a aceitação das emendas chilenas. Assim, os dois textos tinham sido aprovados por ambas as partes, tal como tinha sido pedido pelo Cardeal.[87]

El domingo 7 se reunió el Canciller con sus asesores para analizar los dos proyectos sometidos por el Cardenal. En general, hubo acuerdo sobre el fondo de ambos documentos, pero se sugirieron modificaciones destinadas principalmente a aclarar y precisar sus términos. Estas observaciones fueron transmitidas al Embajador Jarpa, quien las presentó a Su Eminencia a las 20 horas".

86. Id. Ibid., p.55: *"Al recibir las enmiendas chilenas, el Cardenal tuvo una reacción gran amargura, no exenta de firmeza. Expresó que estaba agotado, que en su calidad de enviado papal no podía seguir prestándose para un juego político en que cada Parte quería sacar ventajas y que si no le dábamos respuesta favorable al día siguiente ... ¡daría por terminada su misión! Nos imploraba que aceptáramos sus textos originales y el se comprometía a tratar de que los argentinos admitieran un par de nuestras modificaciones menores.*

Al despedirse del Embajador de Chile, el Cardenal le expresó que esperaría de pie la resolución de nuestro Gobierno y que si no recibía respuesta positiva, viajaría al día siguiente a Roma para informar al Papa del fracaso de su misión.

Informado de esta situación, el Canciller Cubillos consultó al Presidente de la Republica, quien se encontraba en Punta Arenas. El Canciller fue autorizado para aceptar los dos acuerdos propuestos por el Cardenal".

87. Cf. Id. loc. cit.: *"El lunes 8, a la 1,30 de la madrugada, el Embajador comunicó telefónicamente a Monseñor Sainz la aceptación chilena de ambos proyectos con las dos*

Pelo Acordo I, ambas as partes concordavam em solicitar ao Papa João Paulo II "que atuasse como mediador, com a finalidade de conduzi-las nas negociações e assisti-las na solução da controvérsia" e declaravam sua boa disposição para considerar as idéias que a Santa Sé pudesse expressar para contribuir para um acordo pacífico e aceitável para as partes. Pelo Acordo II, as duas partes assumiam um tríplice compromisso: não recorrer à força em suas relações mútuas; realizar um retorno gradual à situação existente no início de 1977 e abster-se de adotar medidas que pudessem alterar a harmonia em qualquer setor.[88]

O Cardeal Samoré achou, desde o início das negociações, que um eventual acordo entre as partes deveria ser assinado em Montevidéu, Uruguai. Assim, tendo chegado a esses dois pré-acordos, todos se dirigiram para aquela capital para a assinatura dos mesmos.[89]

Portanto, no dia 8 de janeiro de 1979, às 18 horas, foram sagrados os dois Acordos, porém precedidos de uma inesperada dificuldade: momentos antes da assinatura dos Acordos, o Chanceler Pastor, da Argentina, pretendeu que o Acordo II fosse assinado, mas mantido em segredo. O Chanceler Cubillos, porém, desejava que ambos os Acordos fossem assinados e tornados públicos.[90]

---

enmiendas sugeridas por Chile. El Cardenal dormía a esa hora. Monseñor Sainz no lo despertó y se limitó a deslizarle un mensaje bajo la puerta de su habitación. A las 8,30 horas el Embajador Jarpa confirmó personalmente al Cardenal Samoré la aceptación chilena. Su Eminencia quedó reconocido de nuestra actitud. En la misma mañana el Cardenal obtuvo que el Ministro Pastor aceptara las dos enmiendas chilenas. Los dos textos cardenalicios quedaban, pues, aceptados por ambas Partes".

88. Cf. Id., loc. cit.: *"En el Acuerdo I ambas Partes acordaban solicitar al Papa Juan Pablo II 'que actue como mediador con la finalidad de guiarlos en las negociaciones y asistirlos en la solución del diferendo' y declaraban su buena disposición para considerar las ideas que la Santa Sede pudiera expresar para contribuir a un arreglo pacifico aceptable para ambas Partes. En el Acuerdo II ambas Partes asumieron un triple compromiso: no recurrir a la fuerza en sus relaciones mutuas, realizar un retorno gradual a la situación existente a principios de 1977 y abstenerse de adoptar medidas que pudieran alterar la armonía en cualquier sector".*

89. Id. Ibid., p.56: *"Desde que comenzó sus gestiones, el Cardenal Samoré pensó que Montevideo sería el lugar ideal para la ceremonia de la firma. A las 11,45 del lunes 8 se convino que tuviera lugar en esa ciudad a las 6 de la tarde, hora uruguaya, en el Palacio Taranco".*

90. Cf. Id., loc. cit.: *"A último momento, mientras invitados y periodistas esperaban la ceremonia de la firma en el Palacio Taranco, se produjo una nueva dificultad entre*

Sobre esse episódio, o próprio Chanceler Pastor explica o seguinte:

> Em Montevidéu, nos esperava uma outra surpresa. A Ata dos Acordos era composta de duas partes: um pedido de Mediação com uma série de fundamentos e outro que dizia que as partes se comprometiam em não produzir nenhum fato militar e retroceder à situação e à distensão ao mínimo possível. Esta segunda parte era para ser assinada, mas sem dar publicidade à mesma, para não irritar certos ânimos já muito esquentados. Assim ficou acertado entre Argentina, Chile e o Delegado Papal. Ao chegar onde se celebraria o ato solene, Samoré e o Chanceler Cubillos manifestaram que acabavam de concordar que também era conveniente dar publicidade à segunda parte. Isso foi dito meia hora antes do início da cerimônia, diante de uma quantidade impressionante de autoridades nacionais e estrangeiras, embaixadores, clero, enviados especiais e jornalistas de todo o mundo [...]. Eu tinha instruções precisas de meu governo e isso me parecia um beco sem saída. Com a urgente ajuda de nosso embaixador, o Dr. de la Plaza [...] pude entrar em contato com o Presidente, colocá-lo ao corrente da situação e assessorá-lo de que, caso nos negássemos a esse pedido, teria que adiar a assinatura do Acordo, arriscar que Samoré se retirasse e, inclusive, que a Mediação fracassasse. O Presidente, em segundos, considerou a situação e, sem consultar a Junta – de onde originou a diretiva –, autorizou-me a seguir adiante.[91]

Diante do impasse, retoma Benadava, o Ministro Pastor consultou por telefone o Presidente Videla, que sancionou a questão, dizendo que ambos os documentos seriam públicos.

Assim, os Acordos foram assinados no dia 8 de janeiro de 1979, entre as 21 horas e 21h45. O autor observa que, enquanto os chanceleres assinavam os dois instrumentos internacionais, o Cardeal Samoré, com suas mãos cruzadas, acariciando o crucifixo, agradecia ao Espírito Santo pela sua intervenção direta no feliz epílogo e também pelas forças e lucidez necessárias

---

> ambos Cancilleres: et Canciller Pastor pedía que et Acuerdo II fuera secreto. El Canciller chileno exigió que fuera público. Nerviosas consultas y discusiones. El Ministro Pastor consultó por teléfono al Presidente Videla, quien zanjó la cuestión: ambos documentos serían públicos".

91. PASTOR, C. W. *Chile: la guerra e la paz.* p.267-8.

para conseguir o objetivo fundamental que lhe fora incumbido pelo Papa: evitar a guerra.[92]

Após a assinatura dos Acordos, continua Benadava, o Cardeal Samoré retornou a Roma com sua equipe, onde relatou ao Santo Padre os resultados de sua Missão. Destacou ao Sumo Pontífice a complexidade do litígio; as posições rígidas e antagônicas e o respeito pela autoridade papal em ambos os países. O Papa aceitou oficialmente o pedido de Mediação no dia 4 de março de 1978, não obstante as muitas dificuldades a serem superadas rio acima, confirmando como seus representantes o próprio Samoré e o Monsenhor Sainz.[93]

5.2 Segundo passo: a Mediação

5.2.1 Etapa da informação

Uma vez assinados os Acordos de Montevidéu, concluiu-se a primeira etapa da atuação da Santa Sé denominada de Bons Ofícios; o Cardeal dá o segundo passo no método de atuação para se chegar a um acordo, ou seja, a Mediação,

---

92. Cf. BENADAVA, S. op. cit., p.56: *"La ceremonia se desarrolló entre las 9 y 9.45 P.M. en presencia del Ministro de Relaciones Exteriores del Uruguay, del Cuerpo Diplomático latinoamericano, de dignatarios locales y numerosos periodistas. Monseñor Sainz leyó ambos Acuerdos, los que luego fueron suscritos por ambos Cancilleres y por el Cardenal Samoré como testigo.*

    'Mientras los dos Cancilleres firmaban Samoré rezaba en voz baja con sus manos cruzadas, acariciando su crucifijo. Agradecía al Espíritu Santo su intervención directa en el feliz epílogo y le agradecía también haberle dado fuerzas y la lucidez necesaria para lograr el objetivo fundamental que le había encargado el Papa: evitar la guerra'.

    Aplausos, abrazos y champaña rubricaron et acto".

93. Cf. Id. Ibid., p.57: *"Al día siguiente de la firma de los Acuerdos, el Cardenal Samoré viajó a Roma. Fue recibido por El Papa el 13 de enero. Previamente había hecho llegar a la Secretaría de Estado un completo informe sobre su misión. El Cardenal no ocultó al Pontífice la complejidad del diferendo austral. Las posiciones eran rígidas y antagónicas, pero en ambos países se respetaba la autoridad del Papal. 'El camino no está cerrado, las posibilidades de un acuerdo existen – le dijo Samoré – pero habrá que superar mil dificultades, por lo que sólo usted, Santidad puede decidir si acepta o no una mediación'. El Papa aceptó oficialmente ser mediador el 4 de marzo de 1979. Designó como su Representante al propio Cardenal Samoré quien seguiría siendo asistido por Monseñor Faustino Sainz Muñoz".*

inaugurando a etapa de informação e, conseqüentemente, dando início à segunda parte ou à essência do protagonismo da Santa Sé na Questão de Beagle, isto é, à Mediação propriamente dita, no momento em que Sua Eminência pediu ao Chile e à Argentina que enviassem a Roma duas missões especiais, formadas por pessoas entendidas nos aspectos técnicos da "Questão de Beagle" e que fossem também hábeis negociadores, com imaginação e boa margem de independência.[94]

Assim, no dia 2 de maio de 1979, chegou a Roma a Missão Chilena, composta pelo Embaixador Bernstein, o próprio Santiago Benadava, o Conselheiro Fernando Pérez e o Secretário da Embaixada, Maximiliano Jarpa.[95]

Pelo lado argentino, a Missão era presidida pelo Professor e Juiz Guilerme Moncayo, o General Raúl Etcheverri Boneo, o Embaixador Pedro J. Frias, a Professora de Direito Internacional e Magistrada Hortensia Gutiérrez Posse, a Conselheira Susana Ruiz Cerutti, o Ministro Richieri e o Conselheiro Mirre, os dois últimos diplomatas de carreira, embora a presidência e a composição dessa delegação tenha sofrido sucessivas mudanças durante a Mediação.[96]

A primeira fase da Mediação aconteceu entre maio e junho de 1979. Nessa etapa, cada uma das partes apresentou ao mediador, a pedido dele, uma exposição escrita de seus pontos de vista sobre a disputa, acompanhada de cartografia e documentação julgada pertinente. Tratou-se, assim, de uma fase de informação.[97]

No dia 27 de setembro de 1979, o Santo Padre recebeu em audiência, em sua biblioteca privada, as delegações do Chile e da Argentina, para estabelecer um plano ou um método de trabalho nas negociações. Aí tem início o momen-

---

94. Id. Ibid., p.57: *"El Cardenal había pedido que vinieran a Roma como representantes de uno y otro país al proceso mediador no sólo personas entendidas en los aspectos técnicos del diferendo sino también hábiles negociadores con imaginación y buen margen de independencia".*
95. Cf. Id. Ibid., p.58.
96. Cf. Id. Ibid., p.60: *"La presidia, com rango de Embajador, el Profesor y juez Guillermo Moncayo [...]". "Su alterno era el General (R) Raúl Etcheverri Boneo [...]". "Otro miembro de la Delegación transandina, el Embajador Pedro J. Frías, ex embajador en la Santa Sede [...]". "[...] la Profesora de derecho internacional y magistrado Hortensia Gutiérrez Posse y la Consejero Susana Ruiz Cerutti". "[...] el Ministro Richieri y el Consejero Mirré [...]".*
97. Id. Ibid., p.62-3.

to seguinte da Mediação: após a fase de informação, a etapa das orientações pontifícias. O Papa expressava o quanto seria proveitoso planejar as negociações, buscando, em primeiro lugar, os pontos de convergência entre as posições de ambas as partes. O Santo Padre convidava as partes a refletir sobre as possibilidades de colaboração em uma série de atividades dentro e fora da zona austral. O Romano Pontífice acreditava que o desconhecimento e a preparação conseqüente de ampliar setores de cooperação criaria condições favoráveis para a busca e o desenvolvimento da solução completa.[98]

5.2.2 As orientações pontifícias

Essa metodologia de ação consistiu, em primeiro lugar, da tentativa de descobrir possibilidades de colaboração ou setores de cooperação entre os dois países, em vista de se alcançar uma solução completa e abrangente e buscar os pontos positivos de convergência, além de coincidências genéricas e interesses comuns entre as partes para, de modo crescente e contínuo, ir alargando sempre mais os mesmos, fomentando, desse modo, um clima de mútua confiança entre os contendentes. Somente depois disso, atacar o centro da questão: a divisão da soberania marítima, aérea e terrestre na região contestada, alcançando-se, assim, uma solução integral, definitiva e fraterna, além de honrosa, para o conflito.[99]

Em seguida às orientações pontifícias, o processo de Mediação foi marcado pelas recomendações do Cardeal Samoré, denominadas de linhas gerais ou pautas gerais.

---

98. Cf. Id. Ibid., p.64-5: *"En su alocución, el Papa expresó que estimaba provechoso planear las negociaciones buscando, en primer lugar, los puntos de convergencia entre las posiciones de ambas Partes. Las invitó, además, a reflexionar sobre las posibilidades de que colaboraran en una serie de actividades dentro, e incluso fuera, de la zona austral. 'Creo – señalo el Papa – que el descubrimiento y la preparación consiguiente de amplios sectores en cooperación crearía condiciones favorables para la búsqueda y el hallazgo de la solución completa'"*.

99. Cf. Id., loc. cit.: *"En su alocución buscando, en primer lugar, los puntos de convergencia entre las posiciones de ambas Partes, las invitó, además, a reflexionar sobre las posibilidades de que colaboraran en una serie de actividades dentro e incluso fuera de la zona austral. 'Creo' – señalo el Papa – 'que el descubrimiento y la preparación consiguiente de amplios sectores en cooperación crearía condiciones favorables para la búsqueda y el hallasgo de la solución completa'"*.

5.2.3 Linhas gerais e pautas gerais

No decorrer do processo de Mediação, o Cardeal Samoré destacou algumas linhas gerais de ação ou pautas gerais e de aplicação flexível, que entrariam em vigor enquanto consideradas adequadas, fundamentais para se alcançar o êxito daquelas orientações do Santo Padre. Foram elas:

- cada uma das partes deveria aceitar que se discutissem, com amplitude, todos os aspectos do litígio que a outra parte reputava importante, sem que isso significasse aceitar a *tesis* contrária;
- era absolutamente necessário que as partes flexibilizassem suas posições iniciais e proporcionassem ao mediador idéias e indicações que refletissem essa flexibilidade. Assim, o mediador precisava conhecer a disponibilidade das partes para fazer concessões, mantendo, contudo, estas em reserva, a fim de propor fórmulas de acordo;
- as partes deveriam examinar as idéias e sugestões do mediador e seu representante com critérios abertos e conciliadores, não se apoiando somente no *strictum jus*, mas também na eqüidade e com visão de futuro;
- cada uma das partes era livre para empregar, em suas comunicações, a linguagem que estimasse oportuna, desde que fosse clara e unívoca, para evitar mal-entendidos. Não obstante, seria útil que se permitisse ao mediador, ao passar a proposta de uma parte para a outra, utilizar termos que não ferissem a suscetibilidade da parte que a recebesse, o que evitaria um choque de expressões;
- a Mediação Papal, como toda Mediação, significaria sacrifícios mútuos em vista do bem superior da paz; porém, nesse caso, os sacrifícios de cada parte não se fariam por imposição da parte adversa, mas sim por sugestão do Augusto Mediador, o que os tornaria mais toleráveis para as respectivas nações;
- os entendimentos conseguidos sobre cada tema concreto somente teriam valor quando chegassem a ser integrados dentro de um acordo completo e definitivo, aceito por ambas as partes;
- era necessário manter reserva e discrição absolutas quanto aos trabalhos e conversações, a fim de evitar polêmicas e debates públicos que pudessem limitar a liberdade de ambos os governos ou de seus representantes ("É preciso tratar em reuniões normais e não do púlpito").[100]

---

100. A tradução do espanhol é livre e pessoal minha: "'Hay que hablar en el salón y no desde el balcón', decía Su Eminencia".

A informação aos meios de comunicação somente deveria ser proporcionada por meio de comunicados conjuntos oficiais, aprovados por ambas as partes e pelo representante do mediador;
- os dois países, segundo o combinado no Acordo II de Montevidéu, deveriam abster-se de realizar atos não amistosos que pudessem perturbar a harmonia entre eles e dificultar a Mediação. Esse Acordo – lembra, mais uma vez, Sua Eminência e o próprio Papa – teria sido condição essencial para que o Papa aceitasse ser mediador e continuava sendo, para que o Papa prosseguisse sua obra mediadora.[101]

---

101. Cf. BENADAVA, S. op. cit., p.65-6: *"A lo largo del proceso de la Mediación el Cardenal Samoré destacó algunas pautas que le parecieron fundamentales para el éxito de ella. Las principales fueron las siguientes:*

a) Cada una de las Partes debe aceptar que se discutan, con amplitud, todos los aspectos del diferendo austral que la otra Parte proponga que se traten, sin que ello signifique aceptar la tesis contraria.

b) Es absolutamente necesario que las Partes flexibilicen sus posiciones iniciales y proporcionen al Mediador ideas o indicaciones que reflejen esta flexibilidad. Así, el Mediador, tras conocer la disponibilidad de las Partes para hacer concesiones, pero manteniendo estas en reserva, podría proponer fórmulas de arreglo.

c) Las Partes deben examinar las ideas y sugerencias del Mediador y de su Representante con criterios abiertos y conciliadores, no basándose sólo en el strictum jus, sino también en la equidad y con visión de futuro.

d) Cada una de las Partes es libre de emplear en sus comunicaciones el lenguaje que estime oportuno, siempre que sea claro y unívoco para evitar malos entendidos. Sin embargo, sería útil que se permitiera al Mediador, al trasladar la propuesta de una Parte a la otra, utilizar términos que no hieran la susceptibilidad de la Parte que la recibe. Así se evitaría un 'enfrentamiento de expresiones'.

e) La Mediación papal, como toda mediación, significaría sacrificios mutuos en aras del bien superior de la paz, pero en este caso los sacrificios de cada Parte no se harían por imposición de la Parte adversa, sino a sugerencia del Augusto Mediador, lo que los haría más tolerables para las respectivas Naciones.

f) Los entendimientos logrados sobre cada tema concreto sólo tendrían valor cuando llegaran a integrarse dentro de un arreglo completo y definitivo aceptado por ambas Partes.

g) Es necesario mantener reserva y discreción absolutas respecto de los trabajos y conversaciones a fin de evitar polémicas y debates públicos que puedan limitar la libertad de ambos Gobiernos o de sus representantes ('Hay que hablar en el salón y no desde el balcón', decía Su Eminencia). La información a los medios

Além disso, durante todo o curso da Mediação, acrescenta Benadava, o Cardeal exortou a ambas as partes a:

- não criar obstáculos que pudessem entorpecer os trabalhos;
- fomentar um clima de harmonia em suas relações mútuas;
- enfocar os problemas com grandeza de alma, espírito de compromisso e visão de futuro.[102]

Santiago Benadava observa, contudo, que a Mediação pontifícia não se ajustou a um marco rígido, nem a normas de procedimento estritas. Somente ajustaram-se entre as partes, e por sugestão de Sua Eminência, pautas gerais e de aplicação flexível, que estariam em vigor enquanto fossem consideradas adequadas.[103]

Assim, às Recomendações Gerais (linhas ou pautas gerais), seguiu-se mais uma contribuição do Cardeal, chamada de pautas de procedimento.

A partir dessas pautas gerais, foram realizados dois tipos de reuniões:

- separadas: entre cada delegação e o representante do mediador;
- conjuntas: entre ambas as delegações, que se desenvolveram na presença e com a intervenção do dito representante; *conjuntas solenes:*

---

de comunicación sólo debería proporcionarse por medio de comunicados conjuntos oficiales aprobados por ambas Partes y por el Representante del Mediador.

h) Los dos países, según lo convenido en el Segundo Acuerdo de Montevideo, deberían abstenerse de realizar actos inamistosos que pudieran turbar la armonía ente ellos y dificultar la Mediación. Este Acuerdo – recordarían más de una vez Su Eminencia y el propio Papa – había sido condición esencial para que el Papa aceptara ser mediador y seguía siéndolo para que continuara la obra mediadora."

102. Id. Ibid., p.66: *"Durante todo el curso de la Mediación, el Cardenal exhortó a ambas Partes a no crear obstáculos que pudieran entorpecer los trabajos, a fomentar un clima de armonía en sus relaciones mutuas y a enfocar los problemas con grandeza de alma, espíritu de compromiso y visión de futuro".*

103. Cf. Id., loc. cit.: *"La Mediación pontificia no se ajustó a un marco rígido ni a normas de procedimiento estrictas. Sólo se convinieron, a proposición de Su Eminencia, pautas generales y de aplicación flexible que estarían en vigor mientras se considerasen adecuadas".*

aquelas com a participação de delegados vindos especialmente de Buenos Aires e Santiago.[104]

Nessas reuniões, o método de trabalho era o seguinte:

- nas reuniões separadas, cada delegação indicava ao Cardeal os pontos que desejava tratar com a outra, mediante os quais o Cardeal propunha o temário de uma reunião conjunta. Em seguida, cada delegação preparava um *working paper*, ou documento de trabalho, sobre cada ponto, que, uma vez recebido e esclarecido, o Cardeal passava para a outra parte, às vezes com "retoques". Combinava-se logo a data da reunião conjunta, na qual cada delegação expunha seus pontos de vista e comentava os da parte adversa;[105]
- em algumas das reuniões conjuntas – acrescenta Benadava –, o Cardeal Samoré propunha caminhos para alcançar convergências, transmitia mensagens do Santo Padre às partes ou formulava recomendações para prosseguir os trabalhos. Houve, também, encontros entre os chefes de ambas as delegações e grupos de trabalho conjuntos, que abordavam temas específicos, tais como navegação e solução de controvérsias.[106]

---

104. Id. Ibid., p. 66-7: *"Se contemplaron en las pautas dos clases de reuniones: separadas entre cada Delegación y el Representante del Mediador, y reuniones conjuntas entre ambas Delegaciones, que se desarrollarían en presencia y con la intervención de dicho Representante. Se denominaron reuniones conjuntas solemnes aquellas a las que concurrieron delegados venidos especialmente de Buenos Aires y Santiago. El método de trabajo era el siguiente: En las reuniones separadas cada Delegación indicaba al Cardenal los puntos que deseaba tratar con la otra, tras lo cual el Cardenal proponía el temario de una reunión conjunta. Luego cada Delegación preparaba un working paper o documento de trabajo sobre cada punto, que una vez recibido y clarificado, el Cardenal pasaba a la otra Parte, a veces con 'retoques'. Se convenía luego la fecha de la reunión conjunta en la cual cada Delegación exponía sus puntos de vista y comentaba los de la Parte adversa".*
105. BROUILLET, A. La mediation du Saint-Siège dans le différend entre l'Argentine et le Chili sur la zone australe. *Annuaire Français de Droit International*, Paris, v.25, p.48 e ss., 1979.
106. Cf. BENADAVA, S. op. cit., p.67: *"En algunas de las reuniones conjuntas el Cardenal Samoré proponía vías para alcanzar convergencias, trasmitía mensajes del Santo Padre a las Partes o formulaba recomendaciones para proseguir los trabajos. Hubo también encuentros entre los Jefes de ambas Delegaciones y grupos de trabajo conjuntos que abordaron temas específicos, tales como navegación y solución de controversias".*

As reuniões conjuntas eram celebradas geralmente na Casinha de Pio IV, sede da Academia Pontifícia de Ciências. As reuniões separadas aconteceram na mesma Casinha, na casa de Sua Eminência, em outras dependências do Vaticano e, ainda, nas clínicas onde o Cardeal esteve hospitalizado.[107]

O Papa, o Cardeal Secretário de Estado, Agostinho Casaroli, e o encarregado das relações exteriores no Vaticano, Monsenhor Achille Silvestrino, eram constantemente informados do desenvolvimento do processo mediador, recebiam os representantes dos dois países e, em determinadas ocasiões, intervinham pessoalmente nesse processo.[108]

Terminada a etapa de informação, tratou-se de pôr em prática a sugestão do Pontífice, que era planejar as negociações, buscando, em primeiro lugar, os pontos de convergência entre as posições das duas partes. Por isso, esse momento do processo de Mediação pode ser chamado de troca de convergências.[109]

5.2.4 Busca ou troca das convergências

Nesse sentido, em uma primeira fase, o representante do mediador se propôs a resgatar e buscar aproximações e convergências sobre temas "colaterais" ou "tangenciais", que, sem constituir objeto fundamental da controvérsia, estavam relacionados com ela.[110]

---

107. Id. Ibid., p.67: *"Las reuniones conjuntas se celebraron generalmente en la Casina de Pío IV, sede de la Academia Pontificia de Ciencias. Las reuniones separadas, tuvieron lugar en la misma Casina, en casa de Su Eminencia, en otras dependencias vaticanas y aún en las clínicas en que el Cardenal estuvo hospitalizado".*

108. Cf. Id., loc. cit.: *"El Papa, el Cardenal Secretario de Estado, Agostino Casaroli, y el encargado de las relaciones exteriores del Vaticano, Monseñor Achille Silvestrini estuvieron constantemente informados del desarrollo del proceso mediador, recibieron a los representantes de uno y otro país y, en ocasiones, tuvieron intervenciones personales en este proceso".*

109. Id. Ibid., p.69: *"La etapa de la información había terminado. Correspondía a hora, para atenerse a la sugerencia del Papa, 'planear las negociaciones buscando, en primer lugar, los puntos de convergencia entre las posiciones de ambas Partes'."*

110. Cf. Id., loc. cit.: *"En una primera fase el Representante del Mediador se propuso rescatar y buscar aproximaciones y convergencias sobre temas 'colaterales' o 'tangenciales' que, sin constituir el objeto fundamental de la controversia, estaban relacionados con ella".*

Isso com o objetivo de definir critérios gerais aceitáveis, que, no momento oportuno, poderiam ser utilizados pelo mediador para sugerir, com possibilidade de êxito, linhas mestras para a solução do litígio.

Ficou combinado que os três primeiros temas a serem tratados seriam:

- navegação na zona austral;
- extensão do mar territorial;
- extensão da zona econômica exclusiva.

Cada delegação foi convidada a preparar *working papers* (documentos de trabalho) que definiam suas posições sobre cada tema.[111]

O Cardeal, por sua vez, recebia esses documentos de trabalho e ouvia as explicações separadas de uma e de outra delegação sobre cada um deles, para depois repassá-los a outra parte, já com "retoques" que suavizavam certas arestas. Às vezes, o Cardeal se lamentava, dizendo que os documentos eram muito claros ou muito tímidos. O Cardeal solicitou um quadro resumo das convergências às duas partes, para, em seguida, devolvê-lo com as convergências corrigidas. Depois, solicitava Sua Eminência que os especialistas das partes se reunissem para aprofundá-las e concretizá-las, sob a presidência de Monsenhor Sainz. Essa reunião, observa Benadava, não produziu frutos. Em seguida, o Cardeal propôs outros três temas: pesca, exploração e exportação de recursos vivos e contaminação. Esses temas foram somente parcialmente analisados e resultaram num impasse.[112]

---

111. Id. Ibid., p.69: *"Se acordó que los tres primeros temas que se tratarían fueran: navegación en la zona austral, extensión del mar territorial y extensión de la zona económica exclusiva. Ambas delegaciones fueron invitadas a preparar working papers (documentos de trabajo) que definieran sus posiciones sobre cada tema".*

112. Cf. Id., loc. cit.: *"Tras recibir estos documentos y oír explicaciones separadas de una y otra Delegación sobre cada uno de ellos, Su Eminencia los trasladó a la otra Parte, pero con 'retoques' que suavizaban ciertas laristas. En una reunión conjunta de 15 de noviembre, ambas Delegaciones expusieron sus puntos de vista. Francisco Orrego presentó los nuestros. Más de una vez se quejó Su Eminencia de algunos working papers. Los encontraba demasiado escuetos, poco claros o muy tímidos". "Examinados los tres primeros temas, el Cardenal propuso otros tres: pesca, exploración y explotación de los recursos vivos y contaminación. Estos nuevos temas sólo fueron parcialmente analizados. Se llegó a un impasse".*

Outra iniciativa do Cardeal foi pedir às duas delegações, em 1º de fevereiro de 1980, que extraíssem das atas da Segunda Comissão Mista de Puerto Montt[113] todas as possíveis convergências ou pelo menos as possíveis aproximações entre as duas posições. Cada parte, explica Benadava, deveria citar *ad litteram* tais textos. Os temas indicados para isso eram os anteriores, isto é, mar territorial, zona econômica exclusiva, navegação, pesca, exploração e exportação dos recursos vivos e contaminação, mais os seguintes: investigação científica marinha, navegação aérea, turismo, facilidades para a navegação e navegação aérea, até e a partir da Antártida. Tratava-se, portanto, de uma "colagem" ou catálogo de texto.[114]

Já na reunião separada do dia 12 de fevereiro, o Cardeal recebeu a "lição de casa" feita pelos dois países para, em seguida, realizar a troca entre as duas delegações das respectivas colagens.

O chefe da delegação chilena encontrou a frase "las diez islas de la controversia" na colagem argentina, o que lhe soou como inaceitável. A coisa parecia ser um princípio de incêndio na frágil casa das negociações. Porém, graças ao Monsenhor Sainz, o fogo foi apagado por causa da simples sugestão à parte chilena que pedisse a modificação daquela frase, o que foi aceito pela delegação argentina. E o processo de colagem retornou a sua normalidade.[115]

---

113. Cf. KOBYLANSKI, J. K. *El conflicto del Beagle e la mediación papal*. 1978. p.76-7. (Em anexo).

114. Cf. BENADAVA, S. op. cit., p.71: *"El 1º de febrero de 1980, en una reunión conjunta, el Cardenal Samoré propuso que extrajéramos de las actas de la Segunda Comisión Mixta de Puerto Montt los textos en que se percibieran convergencias o, por lo menos, aproximaciones, entre las posiciones de una y otra Parte. Cada Parte citaría ad litteram dichos textos. Los temas indicados para este ejercicio eran los anteriores, es decir, mar territorial, zona económica exclusiva, navegación, pesca, exploración y explotación de los recursos vivos y contaminación, más los siguientes: investigación científica marina, aeronavegación, turismo, facilidades para la navegación y la aeronavegación desde y hacia la Antártida".*

115. Cf. Id. Ibid., p.71-2: *"El 12 de febrero, en reunión separada, entregamos al Cardenal nuestro 'collage' de textos, acompañados de working papers, y recibimos los documentos análogos argentinos.*

Al hojear estos últimos, Enrique Bernstein advirtió, en el working paper argentino relativo a navegación, una frase que si refería a 'las diez islas de la controversia'.

Bernstein reaccionó de inmediato. No podía aceptar dijo una frase que se fundara en la nulidad del Laudo y que introducía un elemento perturbador en reuniones destinadas a buscar convergencias. Agregó que mientras la delegación argentina no modificara la frase objetada no podía recibir el documento.

Benadava observa, porém, que esse processo de colagem era, às vezes, obscuro e confuso, além de terem surgido problemas sobre a pertinência e interpretação dos textos catalogados.[116]

Por sua vez, o Cardeal, com a ajuda de Monsenhor Sainz, devolveu às duas delegações uma colagem contendo as aproximações ou convergências literais entre as partes, omitindo, contudo, as interpretações e alcance que as partes davam ou poderiam dar sobre os textos.[117]

O resultado desse esforço serviu, segundo palavras do próprio Cardeal, para mostrar que, não obstante as gravíssimas dificuldades encontradas durante as negociações de 1978 entre as duas nações, nem sempre houve um contraste. Houve momentos em que se chegou a uma concordância, ainda que parcial, e temas sobre os quais foi possível estabelecer um diálogo sob uma ótica semelhante.[118]

Com base nessas convergências alcançadas, o Cardeal quis dar um passo a mais: pediu às duas delegações, em 6 de março de 1980, que se

---

> Su Eminencia se molestó y trató de restar importancia a dicha frase. Como el Embajador Bernstein insistiera en su supresión, el Cardenal se tornó dramático y expresó que seria muy difícil obtener la modificación pedida y que, por lo tanto, la proyectada reunión conjunta resultaría inútil. Con ademán tembloroso exclamó: '¡Avisen a los de Santiago que no vengan, que no vengan!'.
>
> Monseñor Sainz calmó los ánimos. Propuso que recibiéramos los documentos argentinos y sugiriéramos todas las modificaciones que nos parecieran pertinentes. Se aceptó esta sugerencia y la frase cuestionada no fue retenida en una nueva versión del texto argentino".

116. Id. Ibid., p.72: *"Las discusiones sobre los 'collages' fueron a veces oscuras y confusas. Durante ellas se suscitaron problemas sobre la pertinencia e interpretación de los textos colacionados".*

117. Id. Ibid., p.72: *"Su Eminencia, con la ayuda de Monseñor Sainz, preparó un 'collage' basado en los presentados por las Partes. Lo hizo preceder de un preámbulo que, en su versión final expresaba: 'En esta selección o catálogo de textos se muestran las aproximaciones o convergencias literales, prescindiendo de las interpretaciones y del alcance que las Partes daban entonces o podrían dar en la actualidad a dichos textos'."*

118. Id., loc cit.: *"Por el momento este catálogo nos dice que, no obstante las gravísimas dificultades encontradas durante las negociaciones de 1978 entre las dos Naciones, no siempre se dio un contraste. Hubo momentos en los que se dibujaba una concordancia, aunque fuera parcial. Hubo algunos temas sobre los que fue posible entablar un diálogo con una óptica similar".*

empenhassem na busca de novas convergências atuais, já existentes ou a serem criadas, entre Chile e Argentina. Tratava-se de fixar princípios, mas não de aplicá-los.[119]

Além disso, Sua Eminência propôs, também, o exame de outros materiais, tais como regimes especiais, projetos conjuntos e de co-participação, aproveitamento comum, coordenação e cooperação, regulação do exercício de competências entre as partes e o respeito de terceiros países.[120]

Lembra Benadava que, nesse momento, a chancelaria chilena resolveu fazer uma *reserva*. O Cardeal, por sua vez, ficou irado e, classificando tal reserva de inútil, inoportuna, ilógica, descortês e pueril, pediu a sua imediata exclusão. O Cardeal entendeu que tal reserva soou como uma desconfiança para com a sua pessoa. A reserva foi esquecida pelo Chile.[121]

No dia 4 de março de 1980, o Cardeal celebrou uma missa para marcar um ano de Mediação, com a participação de todos os membros das delegações, acompanhados de suas respectivas esposas.[122]

---

119. Id., loc. cit.: *"Pero el Cardenal quiso ir más lejos. En una reunión conjunta de 6 de marzo de 1980 propuso que, tomando como base los acercamientos logrados en la Segunda Comisión, las dos Delegaciones se esforzaran por ver si actualmente estaban en condiciones de constatar o incluso de crear convergencias nuevas. Se trataría de fijar principios, o de aplicarlos todavía".*

120. Id., loc. cit.: *"Su Eminencia propuso para examen otras materias, entre ellas las siguientes: regímenes especiales, proyectos conjuntos y de coparticipación, aprovechamiento común, coordinación y cooperación, regulación del ejercicio de competencias entre las Partes y respecto de terceros países".*

121. Id. Ibid., p.73: *"Su Eminencia se mostró sorprendido y molesto por la 'reserva', que no acertaba a comprender y, en tono airado, nos pidió su retiro. Calificó el documento chileno de 'inútil, inoportuno, ilógico, descortés y pueril'. No sabía, le dijo al Embajador Bernstein, si atribuirlo a desconfianza hacia su persona o si era el producto de una burocracia excesiva y dañina para un asunto tan trascendental. En Chile, agregó no se entendía la labor del Mediador, componedor entre las Partes, del cual no se debía desconfiar. El Embajador Bernstein trató de aplacarlo, sin gran resultado (1). Días después y habiendo negado nuestros colegas de Santiago para participar en una de las reuniones conjuntas solemnes, se decidió no insistir en la reserva de la discordia".*

122. Cf. Id., loc. cit.: *"El 4 de marzo de 1980, el Cardenal Samoré celebró una misa al cumplirse un año del comienzo de la Mediación. A ella fueron invitados todos los delegados acompañados de sus esposas que estuvieran en Roma".*

Na reunião conjunta do dia 6 de maio, o Cardeal pediu às duas delegações que solicitassem de seus respectivos governos, fórmulas baseadas em princípios de direito internacional que pudessem levar a uma solução.[123]

Percorridas todas essas etapas, o Cardeal reputou que era hora de abordar em profundidade o tema central da controvérsia, a saber: "a delimitação das jurisdições que correspondem à Argentina e ao Chile na zona austral". Em vista disso, Sua Eminência solicitou às duas delegações que comunicassem ao mediador os projetos, hipóteses, propostas e combinações que evidenciassem um movimento das partes a um ponto comum. Para isso, o Cardeal celebrou várias reuniões separadas com cada delegação, para sondá-las sobre as mesmas idéias e sugestões.[124]

No dia 11 de junho – prossegue Benadava – Sua Eminência entregou às duas partes um documento de quinze páginas, intitulado: "Idéias para uma hipótese de solução total da divergência". Esse documento observava que esse conjunto de idéias apresentadas não tinha caráter oficial do representante do mediador, menos ainda do Papa. Tratava-se somente de sugestões que, como primeira hipótese, ajudariam a forjar uma solução completa e definitiva de todos os aspectos da controvérsia.[125]

"Ambas as partes, espero – acrescentava o Cardeal – encontrarão (no documento) ecos de suas posições respectivas e, ao mesmo tempo, encontrarão sugestões talvez não inaceitáveis, ainda que não inteiramente satisfatórias".[126]

---

123. Id. Ibid., p.74: *"El 6 de mayo, por invitación de Su Eminencia, se celebró una nueva reunión conjunta en la que instó a ambas Delegaciones a solicitar de su respectivos Gobiernos fórmulas, basadas en principios del derecho internacional, que pudieran conducir a una solución".*

124. Id., loc. cit.: *"En mayo de 1980 el Representante del Mediador consideró necesario abordar en profundidad el tema central del diferendo: la 'delimitación de las jurisdicciones que corresponden a Argentina y Chile en la zona austral'. Al efecto, pidió a ambas delegaciones que comunicaran al mediador 'proyectos, hipótesis, propuestas, combinaciones que evidencian un movimiento de las partes hacia un punto común [....]'.*
 El Cardenal celebró varias reuniones separadas con cada delegación para sondearlas y recabar de ellas ideas y sugerencias".

125. Id. Ibid., p.75: *"El conjunto de las ideas que presentaba, subrayaba el documento cardenalicio, no tenía carácter de propuesta oficial del Representante del Mediador, menos aún del Papa. Eran sólo sugerencias que, como primera hipótesis, ayudarían al logro de una solución completa y definitiva de todos los aspectos de la controversia".*

126. Cf. Id. Ibid., p.74: *"Ambas Partes, así lo espero – agregaba el Cardenal – encontrarán [en el documento] ecos de sus posiciones respectivas y al mismo tiempo hallarán sugerencias quizás no inaceptables, aún cuando no enteramente satisfactorias".*

O Cardeal, também, pedia às partes serenidade para examinar as sugestões, situar-se no ambiente concreto da Mediação e procurar "libertar-se da tentação de permanecer ancoradas em posturas incompatíveis".[127]

As "Idéias" apresentadas pelo Cardeal Samoré versavam sobre diversos aspectos da Questão de Beagle. Em matéria de terras, sugeria a presença argentina nas ilhas chilenas do arquipélago austral (Evout e Barnevelt) com duas variantes: "presenças" com soberania argentina e "presenças" sem soberania argentina. Quanto ao ponto central da delimitação marítima, o documento expressava que as grandes mudanças experimentadas pelo direito marítimo não devem trazer como conseqüência que se desvirtue a configuração marítima existente na zona austral no final do século XIX. Facilitar-se-ia a delimitação marítima – acrescentava – aceitando, para as relações entre as partes na zona de Beagle, o direito marítimo vigente em 1881. Além disso, sugeriam-se, fora da linha de delimitação marítima, zonas de atividades comuns ou concentradas.[128]

Outras "Idéias" versavam sobre questões como o uso pacífico da zona austral, a integração e cooperação entre ambos os Estados, o compromisso de não recorrer à força nem à ameaça do uso da força, a amizade perene e solução pacífica de controvérsias.[129]

---

127. Id. Ibid., p.75: *"También pedía a las Partes serenidad al examinar las sugerencias, situarse en el ambiente concreto de esta mediación y procurar liberarse de la tentación de permanecer ancladas en posturas incompatibles".*

128. Id., loc. cit.: *"Las 'ideas' presentadas por el Cardenal Samoré versaban sobre diversos aspectos del diferendo austral. En materia de tierras, sugería la presencia 'argentina' en islas chilenas del archipiélago austral (Evout y Barnevelt) con dos variantes: 'presencias' con soberanía argentina y 'presencias' sin soberanía argentina. Respecto del punto central de delimitación marítima, el documento expresaba que los grandes cambios experimentados por el derecho marítimo no deben traer como consecuencia que se desvirtúe la configuración marítima existente en la zona austral a fines del siglo pasado. Se facilitaría la delimitación marítima – agregaba – aceptando, para las relaciones entre las Partes en la zona austral, el derecho marítimo vigente en 1881. Además se sugerían, fuera de la línea de delimitación marítima, zonas de actividades comunes o concertadas".*

129. Id. Ibid., p.75: *"Otras 'ideas' versaban sobre cuestiones tales como uso pacífico de la zona austral, integración y cooperación entre ambos Estados, compromiso de no recurrir a la fuerza ni a la amenaza del uso de la fuerza, amistad perenne y solución pacífica de controversias".*

Essas "Idéias" apresentadas – expressava o Cardeal no epílogo desse documento – comportavam, evidentemente, sacrifícios para ambas as partes, como conseqüência lógica e inevitável de todo o processo de Mediação. Contudo, elas não supunham abdicação de nenhum princípio de direito natural, não contrastavam com os fundamentos constitucionais das partes, nem se opunham substancialmente a exigências ou regras indisfarçáveis da consciência de qualquer das partes ou de seus representantes. Diversas razões justificavam os sacrifícios que se consentissem, entre elas: destinar ao desenvolvimento econômico e social os enormes recursos que absorvia a controvérsia; evitar que a situação se degradasse; e a necessidade de assegurar a paz – "esse dom de Deus aos homens de boa-vontade".[130]

Terminava o Cardeal com um encarecido e muito caloroso pedido às delegações e, por seu intermédio, a seus respectivos governos, para que refletissem com largueza de horizontes sobre as idéias expostas, sem descartar nada previamente e levando em conta que as consciências, o mundo interior e a história nos tinham colocados diante de grandes e difíceis responsabilidades.[131]

Em julho de 1980, os dois Governos entregaram suas respostas referentes ao documento "Idéias". Aconteceu, porém, que a adesão dos dois Governos às linhas fundamentais daquele documento era ainda muito superficial, sobretudo sobre o tema de "terras e mares". Isso levou o Cardeal e o próprio Pontífice a um novo exame da matéria, de modo mais positivo, a fim de produzir

---

130. Id. Ibid., p.75-6: *"Las 'ideas presentadas, expresaba el Cardenal en el epílogo de su documento, comportaban evidentemente sacrificios para ambas Partes, lo que era consecuencia lógica e inevitable de todo proceso de mediación. Sin embargo, ellas no suponían abdicación de ningún principio de derecho natural, no contrastaban con los fundamentos constitucionales de las Partes ni se oponían sustancialmente a exigencias o dictados ineludibles de la conciencia de una o otra Parte o de sus representantes. Diversas razones justificaban los sacrificios que se consintieran, entre ellas: destinar al desarrollo económico y social los enormes recursos que absorbía el diferendo, evitar que la situación se degradara, y la necesidad de asegurar la Paz, 'ese don de Dios a los hombres de buena voluntad'."*

131. Cf. Id. Ibid., p.76: *"Terminaba el Cardenal con un encarecido y muy ferviente ruego a las Delegaciones y, por su intermedio, a sus respectivos Gobiernos, para que reflexionaran con amplitud de miras sobre las ideas expuestas, sin descartar nada de antemano y teniendo en cuenta que nuestras conciencias, el mundo entero y la historia nos habían puesto ante grandes y difíciles responsabilidades".*

uma adesão substancial às linhas do documento do Vaticano, com vistas a um feliz término da Mediação.[132]

O Cardeal Samoré, dessa vez, entendeu que não era necessário realizar reuniões conjuntas para tratar do "tema central" do litígio. Tampouco achou prudente comunicar a cada parte o texto das posições recíprocas.[133]

5.3 A Proposta Papal (12 de dezembro de 1980): sugestões e conselhos

Até as vésperas da apresentação do projeto da proposta do mediador, a divergência entre Chile e Argentina quanto ao conflito austral parecia ainda irredutível. Todo o esforço da Mediação e quase o ano de 1980 todo, tinha registrado progressos mínimos. Se, por um lado, o Chile entendia que esse conflito consistia essencialmente da delimitação de águas e não da divisão de terras, por outro lado, a Argentina entendia a coisa como sendo não somente o problema das águas, mas também o de terras (isto é, de ilhas). Quanto às terras, o progresso da Mediação se referia aos seus aspectos marginais ou colaterais, como, por exemplo, a extensão do mar territorial, cooperação, integração etc.[134]

A Argentina chegou a reclamar sobre as ilhas austrais. O Cardeal, contudo, parecia convencido de que as pretensões argentinas a essas ilhas eram infundadas. Confidenciando com o Bispo argentino, Monsenhor Justo Oscar Laguna, disse sobre o assunto que "em toda a história dos conflitos e contro-

---

132. Id. Ibid., p.76: "Las respuestas de ambos Gobiernos, entregadas en julio de 1980, revelaron sólo un acercamiento mínimo en las materias fundamentales de 'tierras y mares', por lo que el Cardenal consideró que se estaba 'muy lejos de lo que se podría perfilar como punto de encuentro'. Solicitó, por ello, a las Partes que examinaran nuevamente las 'ideas', principalmente en los puntos relativos al núcleo central del diferendo, con criterios más abiertos y conciliadores".
133. Id., loc. cit.: "El Cardenal Samoré no convocó a reuniones conjuntas para tratar 'el tema central' del diferendo. Tampoco juzgó prudente comunicar a cada Parte el texto de las posiciones presentadas por la otra".
134. Cf. Id. Ibid., p.79: "Durante el año 1979 y casi todo el 1980 la Mediación no había registrado sino progresos mínimos. En lo fundamental, Chile seguía sosteniendo que el litigio versaba sobre delimitación de aguas y no sobre asignación de tierras, en tanto que Argentina insistía en discutir no sólo el problema de aguas sino también el de tierras (es decir, de islas). Sólo se había logrado progresos en temas marginales o colaterales, tales como extensión del mar territorial, cooperación, integración, etcétera".

vérsias limítrofes, era a primeira vez que um país reclamava, como soberano, um lugar onde nunca tinha posto os pés".[135]

No começo do mês de outubro de 1980, o mediador quis já fazer uma proposta de solução do litígio. Preliminarmente, porém, ele quis convocar as duas delegações para com elas, separadamente, recuperar o itinerário percorrido até então na busca de uma solução para o conflito austral.[136]

Nessa ocasião, o Romano Pontífice disse que os resultados obtidos, até agora, embora não fossem desprezíveis, tampouco eram relevantes como se esperava; comprometeu-se a uma maior disponibilidade e a uma participação mais direta de sua pessoa; recordou aos dois países as razões pelas quais lhe foi solicitada a sua atuação como mediador, ou seja, evitar a guerra e solucionar pacificamente a disputa; as partes e, sobretudo, o mediador, esperavam uma solução eqüitativa, justa.[137]

No dia 12 de dezembro de 1980, pouco depois do meio-dia, teve lugar na Sala do Concistório do Vaticano – relata Benadava, que ali estava pre-

---

135. Id. Ibid., p.79: *"Parecía evidente que el Cardenal estaba absolutamente convencido de que las pretensiones argentinas a islas australes (¡llegaron a reclamar diez!) no tenía fundamento alguno. Llegó a decir al obispo argentino Monseñor Justo Óscar Laguna que, 'en la larga historia de os conflictos y controversias limítrofes era la primera vez que un país reclamaba, como soberano, un lugar donde jamás había puesto un pie'".*

136. Cf. Id., loc. cit.: *"Hacia comienzos de octubre de 1980, el Santo Padre se propuso dirigir a las Partes una Propuesta formal para la solución del diferendo austral. Como paso preliminar convocó a ambas Delegaciones para el 14 de noviembre con el fin de que precisaran, por separado, sus últimas posiciones".*

137. Cf. Id. Ibid., p.79-80: *"Comenzó expresando que, concluidas la etapas precedentes 'con resultados no desdeñables, pero tampoco tan relevantes como se esperaba', le incumbía tomar una parte más directa en la Mediación.*
Recordó luego algunas razones que habían inducido a las autoridades de ambos países a aceptar la Mediación. En primer lugar, 'habían descartado y seguido descartando la posibilidad de un conflicto violento, sabedores de los horrores anejos a esta falsa solución y conscientes de que tal tragedia podría adquirir proporciones más funestas al no quedar circunscrita al ámbito territorial de sus comienzos'. En segundo lugar, ambas autoridades mantenían 'el deseo de una solución verdadera, una solución que, dando el debido espacio a la equidad, salvaguardara la justicia; una solución en que la justicia positiva estuviera de tal forma temperada que fuera expresión de lo justo natural, que a veces los hombres no consiguen reflejar perfectamente en sus normas concretas [...]'".

sente – a reunião solene destinada a entregar às duas delegações a proposta relativa à disputa austral ou sobre o conflito de Beagle.

Esse autor resume em sua obra[138] os pontos principais do solene discurso do Papa Mediador, nos seguintes pontos:

- apostar na paz;
- esperar por uma solução completa e definitiva do conflito;
- selada com acordos de amizade perene;
- que renovasse o compromisso das partes de resolver sempre os litígios futuros de modo pacífico, sem jamais fazer recurso à guerra ou a soluções de força;
- a região austral deveria ser declarada 'zona de paz' e de convivência fraterna;
- os benefícios (cooperação, por exemplo) dessa esperada solução compensariam os sacrifícios e dificuldades para se chegar a mesma;
- a solução deveria basear-se nos seguintes critérios de justiça: ser 'justa', 'eqüitativa', 'honrosa' para, conseqüentemente, ser 'verdadeira' e 'definitiva';
- para isso, era preciso enfatizar a justiça positiva por meio da eqüidade, para, assim, se alcançar o 'justo natural'.[139]

---

138. Id. Ibid., p.85-6.
139. Id. Ibid., p.85: *"Recordando su gesto de paz de finales de diciembre de 1978, gesto 'no fácil y sí audaz, arriesgado, comprometedor, también esperançador', el Santo padre pidió a los 'más altos responsables' de ambos países a 'apostar por la paz' e formuló votos por el logro de una solución completa y definitiva del diferendo, sellada con un Acuerdo solemne de amistad perenne que conllevara el compromiso de resolver los litigios futuros por medios pacíficos, excluyendo el recurso a la fuerza o a la amenaza del uso de la fuerza. La zona austral debería convertirse en símbolo y muestra irrefutable de la nueva realidad, la cual podría conseguirse, en su opinión, declarándola Zona de Paz, en cuyo ámbito los dos países procurarían en adelante corroborar su decisión de convivencia fraterna. Enmarcado el litigio sobre la zona austral en un cuadro tan amplio como atrayente, prosiguió el Santo padre, las dificultades que innegablemente existen para su solución, al quedar iluminados por los beneficios que de ésta seguirían, perdían valor e importancia. Importaba, pues, valorar la controversia en comparación con el conjunto de posibilidades de cooperación con el conjunto de posibilidades de cooperación entre los dos países [...]. La solución – agregó el Santo Padre – debía ser al mismo tiempo 'justa, equita-*

Em outras palavras, o Romano Pontífice entregou às partes uma proposta de solução do conflito inspirada naquele princípio de direito romano e canônico denominado *ex bono et equo*, no qual a inteligência e o julgamento humanos de determinadas circunstâncias buscam manifestar o justo natural na decisão concreta.

João Paulo II afirmava, ainda, ter levado em consideração as negociações bilaterais de 1978. O Papa testemunhava, outrossim, a diligência, a firmeza, a honradez e a defesa dos interesses nacionais dos dois governos. Por último, o mediador recomendava serenidade na apreciação dos interesses, esperando uma resposta positiva e uma conclusão feliz da disputa.[140]

Antes de relacionar os pontos fundamentais da Proposta Papal, Benadava chama a atenção para as frases de ênfases variáveis precedendo cada proposição, tais como: "o mediador julga", "o mediador considera necessário", "o mediador propõe", "o mediador julga conveniente" etc.[141]

---

tiva y honrosa', si se quería que fuera verdadera y definitiva. Para intentar obtener este resultado 'era necesario enriquecer de tal forma la justicia positiva por medio de la equidad que se logre llegar a expresar lo justo natural para el momento presente; justo natural que no pocas veces los hombres no consiguen reflejar de modo perfecto en sus normas concretas".

140. Id. Ibid., p.86: *"[...] He querido en definitiva, sugerir para este diferendo lo que los antiguos juristas romanos y también los canonistas posteriores significaron con la expresión 'ex bono et aequo', la cual comporta que la inteligencia y el juicio humanos, valorando una serie de circunstancias de variada índole, no dejen de lado o ignoren, el apoyo y la luz de la sabiduría divina. También afirmó el Santo padre que no dejó de tener en cuenta los entendimientos alcanzados o vislumbrados durante las negociaciones bilaterales del año 1978. Su Santidad consideró que era su deber dar testimonio de la 'diligencia y de la firmeza' con que las autoridades de ambas naciones y sus representantes ante la Santa Sede [...]. Creo – añadió – que nadie, ahora o en el futuro, deviera sentirse autorizado a reprocharles dejadez o ineptitud en la defensa e los legítimos intereses nacionales [...]. Agregó el Santo padre que, con estos sentimientos, hacia entrega a ambos Ministros en forma reservada, del texto de Su Propuesta con la seguridad de que ambos Gobiernos la examinarían con serenidad [...]; Abrigaba la esperanza [...] a buen camino para la feliz conclusión de la controversia".*

141. Id. Ibid., p.87: *"Cada una de las proposiciones del Mediador es precedida de una frase de énfasis variable: 'el Mediador juzga', 'el Mediador considera necesario', 'el Mediador propone', 'el Mediador juzga conveniente', etcétera".*

Os pontos essenciais eram:

- com referência ao litígio austral, o mediador pedia para assumir a validez do Tratado de Limites, de 1881, e reconhecer à zona austral o caráter de zona de paz, de cujo âmbito se excluíam medidas não amistosas;
- a solução deveria contemplar o desenvolvimento dessa cooperação e da integração entre Chile e Argentina, assim como um Tratado de Amizade perene que excluísse o recurso à força e estabelecesse um sistema para o acordo pacífico das controvérsias que surgissem entre os dois países;[142]
- delimitação marítima: em matéria de delimitação da jurisdição marítima, o mediador propunha uma linha que partia do ponto final da linha traçada pelo Laudo (Ponto XX), seguia a doze milhas das ilhas austrais chilenas até sua intersecção com o meridiano do Cabo de Hornos, com o que coincidia em sua direção até o Sul. Essa linha separaria as jurisdições marítimas do Chile e da Argentina.[143]

Propunha, também, estabelecer uma ampla zona de atividades comuns ou concentradas, nas quais ambas as nações teriam igual participação nas atividades relativas ao aproveitamento dos recursos vivos, investigação científica e preservação do meio marinho. Quase toda essa zona estava constituída por águas de jurisdição argentina. O Chile possuía uma faixa de apenas seis milhas dessa zona.[144]

---

142. Cf. Id., loc. cit.: *"Con referencia al diferendo austral el Mediador pide asumir la validez del Tratado de Límites de 1881 y reconocer a la zona austral el carácter de zona de paz, de cuyo ámbito se excluyan medidas inamistosas. La solución debía contemplar el desarrollo de la cooperación y de la integración entre Chile y Argentina, así como un Tratado de Amistad perenne que excluyera el recurso a la fuerza y estableciera un sistema para el arreglo pacífico de las controversias que surgieran entre ambos países".*

143. Id. Ibid., p.87: *"En materia de delimitación de jurisdicciones marítima, el Mediador propone una línea que parte del punto final de la línea trazada por el Laudo (punto, XX), sigue a doce millas de islas australes chilenas hasta su intersección con el meridiano del Cabo de Hornos, con el que coincide en su dirección hacia el Sur. Esta línea separaría las jurisdicciones marítimas de Chile y Argentina".*

144. Cf. Id. Ibid., p.87: *"Propone también la Propuesta papal establecer una amplia Zona de actividades comunes o concertadas en la cual ambas Naciones tendrían igual participación en las actividades relativas al aprovechamiento de los recursos*

De acordo com o direito marítimo vigente em 1881, no espaço marítimo compreendido entre o meridiano do Cabo de Hornos e a Ilha Nueva, os efeitos do mar territorial entre as partes ficavam limitados a uma largura de três milhas.[145]

Procurava a proposta estabelecer facilidades de navegação para navios argentinos pelo mar de jurisdição chilena, até e a partir da Antártica; e de navios chilenos pelo mar de jurisdição argentina pelo Estreito de Le Maire. Quanto às linhas de bases retas, era preciso examinar as facilidades para a navegação argentina por canais da Ilha do Fogo;[146]

- terras: o limite marítimo proposto pelo Papa deixava automaticamente as ilhas Picton, Nueva e Lennox, assim como as que estavam ao Sul dessas ilhas, sob a soberania do Chile.[147] Contudo, o Papa propôs que a Argentina pudesse instalar e atender nas Ilhas Evout e Barnevelt ajudas necessárias para a navegação; que se estabelecesse na Ilha Nueva um sistema de "controle de terminal aéreo" atendido por ambas as nações; e que se designasse à hierarquia episcopal dos dois os países uma parcela na Ilha Hornos para construir um santuário a Nossa Senhora da Paz e outro para o estabelecimento de um centro social de assistência aos peregrinos e navegantes;[148]

---

vivos, a la investigación científica y a la preservación del medio marino. Casi todo esta zona estaba constituida por aguas de jurisdicción argentina. Chile aportaba una franja de seis millas a esta zona".

145. Cf. Id., loc. cit.: *"De acuerdo con el derecho marítimo vigente en 1881, en el espacio marítimo comprendido entre el meridian del Cabo de Hornos y la isla Nueva, los efectos del mar territorial entre las Partes quedan limitados a una anchura de tres millas".*

146. Cf. Id. Ibid., p.87-8: *"Contempla la Propuesta establecer facilidades de navegación para buques argentinos por mar de jurisdicción chilena hacia y desde la Antártica; y de buques chilenos por mar de jurisdicción argentina por el Estrecho de Le Maire. Respecto de las líneas de base rectas, era preciso examinar facilidades para la navegación argentina por canales fueguinos".*

147. Cf. Id. Ibid., p.88: *"El límite marítimo propuesto por el Papa deja automáticamente las islas Picton, Nueva y Lennox, así como las que están al Sur de ellas, bajo la soberanía de Chile".*

148. Id. Ibid., p.88: *"Sin embargo, el Papa propone que Argentina pueda instalar y atender en las islas Evout y Barnevelt ayudas necesarias para la navegación; que se establezca en la isla Nueva un sistema de 'control terminal aéreo', atendido por ambas naciones; y que se asigne a la jerarquía episcopal de ambos países una parcela en la isla Hornos*

- outros pontos: o acordo final, segundo a proposta, deveria comportar a solução completa e definitiva do diferendo austral. Ficariam salvaguardados os direitos das partes sobre a Antártica. Os limites acordados constituiriam um confim indiscutível entre ambos os países.[149]

O Papa prosseguiria sua ação mediadora até a estipulação do tratado final, para cuja fiel execução oferecia o amparo da Santa Sé.[150]

Pode-se notar que a Proposta Papal não modificou a linha de delimitação marítima traçada pelo Laudo de Sua Majestade Britânica no Canal de Beagle de 1977. Deixou-a intacta.

A proposta somente completou a delimitação marítima efetuada pelo árbitro britânico mais para lá do Ponto XX e limitou as projeções marítimas das ilhas que ficavam em poder do Chile. Todavia, a proposta propunha gravar algumas das Ilhas Evout, Barnevelt, Nueva e Hornos com certas "presenças" argentinas, conseqüência das antigas reclamações da Argentina.[151]

A proposta, inspirada sem dúvida em considerações práticas e de equidade, revestia aspectos complexos. Não seria fácil, por exemplo – observa Benadava –, criar o regime jurídico das "presenças" argentinas nas ilhas chilenas, ou aquele das zonas de atividades comuns ou concertadas.[152]

---

para construir un Santuario a Nuestra Señora de La Paz y otra para el establecimiento de un centro social de asistencia a peregrinos y navegantes".

149. Cf. Id., loc. cit.: *"El Acuerdo final, según la Propuesta, debería comportar la solución completa y definitiva del diferendo austral. Quedarían salvaguardados los derechos de las Partes sobre la Antártica. Los límites acorda dos constituirían un confín indiscutible entre ambos países".*

150. Cf. Id., loc. cit.: *"El Papa proseguiría su acción mediadora hasta la estipulación del Tratado final para cuya fiel ejecución ofrecía el amparo de la Santa Sede".*

151. Cf. Id., loc. cit.: *"Puede advertirse que la Propuesta papal no modificó la línea de delimitación marítima trazada por el Laudo de Su Majestad Británica en el Canal Beagle. La dejó intacta. La Propuesta sólo completó la delimitación marítima efectuada por el Árbitro británico más allá dei punto XX y limitó las proyecciones marítimas de las islas que quedaban en poder de Chile. Sin embargo, la Propuesta propuso gravar algunas de las islas Evout, Barnevelt, Nueva y Hornos con ciertas 'presencias' argentinas, ecos de las antiguas reclamaciones transandinas".*

152. Id. Ibid., p.89: *"La Propuesta, inspirada sin duda en consideraciones prácticas y de equidad, revestía aspectos complejos. No sería fácil, por ejemplo, convenir el régimen jurídico de las 'presencias' argentinas en islas chilenas, o el de la zona de actividades comunes y concertadas".*

5.3.1 A aceitação chilena

A resposta chilena à Proposta Papal foi comunicada à Santa Sé no dia 19 de janeiro de 1981, ou seja, menos de um mês após a sua apresentação pelo Mediador no Vaticano. Nela, o Chile, embora não tivesse ficado plenamente satisfeito com seus termos, considerou-a séria e equilibrada para orientar um acordo digno quanto ao conflito de Beagle e, por isso, resolveu aceitá-la:

> Por instrução de Sua Excelência, o Presidente da República, tenho a honra de trazer ao conhecimento de Sua Santidade, o Sumo Pontífice, através do elevado canal de Vossa Eminência, que o Governo do Chile aceitou os termos da proposta entregue às partes em 12 de dezembro do corrente, cujo conteúdo passará a constituir o tratado chileno-argentino que, sob a égide de Sua Santidade, ponha fim ao litígio sobre a zona austral.[153]

Benadava acrescentou, ainda, que o Presidente da República enviaria uma carta a Sua Santidade ratificando essa decisão, a qual não seria publicada até que a Santa Sé entendesse conveniente.[154]

No dia 25 de janeiro, às 8 horas da manhã, foi entregue ao Cardeal a carta do Presidente da República Chilena ao mediador, que dizia:

> Não obstante [...] os sacrifícios que para os legítimos direitos de meu país representam a fórmula de solução proposta, o Governo do Chile [...] acolhe na plenitude de seu sentido e de sua altíssima projeção o Discurso que pronunciou no dia 12 de dezembro de 1980; e aceita os termos da 'Proposta do Mediador; Sugestões e Conselhos', que entregou na mesma oportunidade.[155]

---

153. Cf. Id., loc. cit.: *"Por instrucciones de Su Excelencia el Presidente de la República tengo el honor de poner en conocimiento de Su Santidad el Sumo Pontífice, por el elevado conducto de Vuestra Eminencia, que el Gobierno de Chile ha aceptado los términos de la Propuesta entregada a las Partes el 12 de diciembre en curso, cuyo contenido pasará a constituir el Tratado chileno-argentino que, bajo la égida de Su Santidad, ponga término al diferendo sobre la zona austral".*
154. Cf. Id., loc. cit.: *"Agregué que el Presidente de la República enviaría una carta a Su Santidad ratificando esta decisión, la cual no se haría pública hasta que la Santa Sede lo estimara conveniente".*
155. Id. Ibid., p.90: *"No obstante [...] los sacrificios que para los legítimos derechos de mi país representa la fórmula de solución propuesta, el Gobierno de Chile [...] acoge en toda la amplitud de su sentido y de su altísima proyección, el Discurso que pronun-*

5.3.2 A insatisfação argentina

A resposta argentina, por sua vez, não chegaria assim tão rapidamente como a chilena. Ela só seria entregue mais de dois anos depois, no dia 17 de maio de 1983[156] e nos seguintes termos:

> As reflexões que suscitaram o meditado estudo das sugestões do Augusto Mediador na convicção de que 'uma paz verdadeira e permanente não pode apoiar-se em renúncias que afetem seriamente o patrimônio da Nação e o sentimento de seu povo'. 'A solução do diferendo deveria reafirmar a defesa natural e permanente da Argentina no Atlântico e do Chile no Pacifico'. A solução deveria incluir 'uma determinação eqüitativa da titularidade das ilhas, de modo que assegure uma presença insular Argentina na zona austral que neutralize a projeção do Chile no Atlântico'. O interesse essencial da Argentina requereria a 'manutenção de sua soberania nas ilhas objeto do litígio e a materialização da fronteira natural materializada desde o Cabo de Hornos, seguindo até o Sul, ou seja, até as 200 milhas pelo meridiano do mesmo. Tudo isso para consolidar um muro de contenção às pretensões de projeção chilena no Atlântico'. A Proposta somente tinha salvaguardado parcialmente os interesses argentinos, uma vez que não contemplava a soberania argentina sobre as ilhas, mas apenas meras presenças sem soberania, e restringia a soberania e jurisdição argentina no Atlântico Sul através do estabelecimento eventual de uma vasta jornada marítima destinada a determinadas atividades comuns ou concertadas a Leste do

---

ciara el 12 de diciembre de 1980; y acepta los términos de la 'Propuesta del Mediador. Sugerencias y Consejos1, que entregara en la misma oportunidad".
156. A resposta argentina somente tornou-se pública no dia 17 de maio de 1983, ao ser publicada no diário "La Prensa" de Buenos Aires pelo colunista Iglesias Rouco. Dessa resposta, Santiago Benadava extraiu os pontos mais importantes e retratou-os nas obras citadas, observando antes, porém, que os referidos trechos foram-lhe, depois, confirmados por um diplomata argentino como correspondendo exatamente ao texto publicado.

Meridiano de Cabo Hornos. "Alguns esclarecimentos prévios", que não eram outra coisa que pretensões argentinas, como a de completar a delimitação desde o 'limite do meridiano na Ilha Grande da Terra do Fogo' (já realizada pelo Laudo de Sua Majestade Britânica), a linha de navegação pelas passagens e canais da Ilha do Fogo, etc. O Governo argentino terminava a sua resposta, reafirmando sua 'firme vontade de encontrar, com a ajuda de Sua Santidade, uma solução digna e definitiva do litígio com o Chile, ainda que para isso fosse necessário percorrer um longo caminho.[157]

---

157. Cf. BENADAVA, S. op. cit., p.92-3: *"La respuesta argentina sólo se haría pública el 17 de mayo de 1983, más de dos años de su fecha, al ser publicada en el diario La Prensa de Buenos Aires por el columnista Iglesias Rouco. Poco después un diplomático argentino me confirmó la exactitud del texto publicado. En su respuesta el Gobierno argentino transmitía a Su Santidad 'las reflexiones que le ha suscitado el meditado estudio de las sugerencias del Augusto Mediador' en la convicción de que 'una paz verdadera y permanente no puede basarse en renunciamientos que afecten seriamente al patrimonio de la Nación y al sentimiento de su pueblo'. 'La solución del diferendo – expresaba la nota argentina – debería reafirmar la defensa natural y permanente en el Atlántico y de Chile en el Pacífico'. Por ello dicha solución debería incluir 'una determinación equitativa de la titularidad de las islas, de modo que asegure una presencia insular argentina en la zona austral que neutralice la proyección de Chile en el Atlántico'. El interés esencial de Argentina requeriría el ' mantenimiento de su soberanía en islas de la controversia y la materialización de la frontera natural materializada desde el Cabo de Hornos siguiendo hacia el sur hasta las 200 millas por el Meridiano del mismo. Todo ello para consolidar un muro de contención a las pretensiones de proyección en el Atlántico'.*
La Propuesta – proseguía la nota – sólo habría salvaguardado parcialmente los intereses argentinos, ya que no contemplaba soberanía argentina sobre islas, sino sólo meras presencias no soberanas, y restringía la soberanía u jurisdicción argentina en el Atlántico Sur por el establecimiento eventual de una vasta zona marítima destinada a determinadas actividades comunes o concentradas al Este del Meridiano del Cabo de Hornos.
La nota solicitaba 'algunas precisiones previas', que no eran otra cosa que pretensiones argentinas, como la de completar la delimitación desde 'el meridiano límite en la isla Grande de Tierra del Fuego' (¡Ya efectuada por el Laudo de Su Majestad Británica!), la libre navegación por los pasos y canales fueguinos, etcétera.
Terminaba el Gobierno argentino reafirmando su 'firme voluntad de encontrar, con asistencia de Su Santidad, una solución honorable y definitiva del diferendo con Chile, aunque para ello sea preciso transitar un largo camino'".

5.3.3 Principais renúncias para a Argentina[158]

Domingo Sabaté Lichtschein[159] resume o que ele denominou de "Principais perdas para a Agentina", caso esse país aceitasse a Proposta Papal como fora apresentada. A meu ver, trata-se de renúncias de direitos por parte da Argentina, tendo em vista a realização de um bem comum maior. Segundo Domingo Sabaté, as ditas "perdas" seriam as seguintes:

- das ilhas Picton, Lennox, Nueva e ilhotas adjacentes, inclusive Snipe;
- de todas as ilhas e ilhotas do sudeste da Terra do Fogo (Evout, Barnevelt, Dereit, Freycinet, Terhatten e Sesambre, todas elas situadas no Atlântico;
- da parte atlântica das ilhas Wollston, Horschell e Hornos;
- como conseqüência da que foi referida anteriormente, a perda da parte atlântica do Cabo de Hornos;
- do mar territorial de 12 milhas a leste e ao sul das ilhas citadas;
- da exclusividade na utilização dos recursos naturais na zona econômica e na plataforma continental, situadas na sua maioria a leste e ao sul das ilhas já mencionadas;

---

158. O texto a seguir não se preocupa com as eventuais renúncias chilenas quanto à Proposta Papal, pela simples razão de que foram reputadas mínimas ou suportáveis pelo próprio governo chileno, de modo que esse não se preocupou em torná-la pública. Tanto é verdade que aquele país respondeu a Santa Sé em mais ou menos um mês após tê-la recebido do Santo Padre. É isso que se entende das seguintes palavras de Santiago Benadava: *"Em Chile, la propuesta fue sometida a estudio por el Presidente de la República y la Junta de Gobierno. Aunque no satisfizo plenamente las aspiraciones del país se consideró que ella constituiría un esfuerzo serio y equilibrado para orientar un arreglo honorable y justo del diferendo austral".* (BENADAVA, S., op. cit., p.89). Ibid., p.90: *"No obstante [...] los sacrificios que para los legítimos derechos de mi país representa la fórmula de solución propuesta, el gobierno de Chile [...] acoge en toda la amplitud de su sentido y de su altísimo proyección, el Discurso que pronunciara el 12 de diciembre de 1980; y acepto los términos de la Propuesta del Mediador. Sugerencias y Consejos, que entregara en la misma oportunidad".* Bem diferente se passou com a Argentina, que hesitou na resposta à Santa Sé por bem dois anos inteiros e que, ao fazê-lo, elencou publicamente as suas perdas.

159. SABATÉ LICHTSCHEIN, D. *Problemas argentinos de soberania territorial.* 3.ed. Buenos Aires, Abeledo-Perrot, 1984. p.337.

- da soberania das águas situadas junto à costa sul da Ilha Grande, entre o meridiano situado aproximadamente a 12 milhas à leste do anterior, com a conseqüência de que seus navios, inclusive os de guerra, teriam que navegar por águas chilenas para chegar à base naval de Ushuaia;
- de nove das doze milhas ao sul do mar territorial, que ficaria reduzido a 3 milhas a partir do local situado à leste do ponto anterior até o extremo oriental da ilha dos Estados;
- da reiteração da renúncia do Chile ao Atlântico, resultante dos tratados de 1893 e 1902;
- o enfraquecimento de sua posição jurídica na Antártica, à luz da regra do setor polar;
- dos argumentos ou títulos alegados sobre a Antártica, por continuidade geológica e aproximação geográfica;
- do direito à sua defesa natural e destino permanente no Oceano Atlântico reconhecido pelo Acordo de 1902.[160]

Portanto, na Questão de Beagle, o que era essencial ser satisfeito para a Argentina quanto à Mediação não era tanto a sua soberania sobre as terras austrais, mas sim aquela sobre as águas austrais, uma vez que o Laudo Inglês de 1977 só distribuiu terras. O objetivo da Argentina era conseguir a delimitação das águas marítimas, permanecendo a mesma com soberania única sobre o Atlântico, ao passo que o Chile ficaria com soberania somente sobre as do Pacífico (Princípio Oceânico ou Bioceânico). E isso fica muito claro nas palavras usadas pelo Governo argentino, quando entregou sua resposta ao mediador: "[...] Tudo isso para consolidar um muro de contensão às pretensões de projeção chilena no Atlântico".[161]

Como, aliás, já tive oportunidade de dizer mais atrás, a Questão de Beagle era, antes de tudo, um problema de disputa de soberania marítima e, portanto, um problema eminentemente geopolítico ou de disputa de poder sobre águas marítimas.

O que interessava à Argentina era impedir, a qualquer custo, que o Chile adquirisse soberania sobre o Atlântico e recuperar aquilo que fora determinado pelos Tratados de 1881 e 1893, que afirmavam, tacitamente, que o Chile não podia pretender ponto algum até o Atlântico, ao passo que a

---

160. Id. Ibid., p.337.
161. BENADAVA, S. op. cit., p.92: *"Todo ello para consolidar un muro de contención a las pretensiones de proyección en el Atlántico".*

Argentina não podia pretendê-lo no Pacífico. Além do mais, os Pactos de Maio e a Ata de Desarmamento, de 1902, estabeleceram a defesa e destino permanente do Chile no Pacífico e da Argentina no Atlântico. A Argentina invocou o "princípio oceânico" não somente no contexto das fronteiras norte-sul da Cordilheira dos Andes, mas leste-oeste do Estreito de Magalhães, bem como no referido arquipélago ao sul de Beagle, considerando o meridiano do Cabo de Hornos como divisão entre Pacífico e Atlântico.[162]

O Bureau Hidrográfico Internacional reunido em Mônaco, em 30 de abril e em 17 de maio de 1952, resolveu excluir a denominação de Oceano Glacial Antártico, que era como se chamava aquele oceano existente logo abaixo do final do Atlântico-Pacífico, tendo como limite o Cabo Hornos (67°16'03"W), estabelecendo, na mesma ocasião, que o conceito de Oceano Atlântico e Pacífico se prolongaria até a Antártida, sem limite algum[163], revogando, assim, o que fora determinado antes pela Royal Geographical Society em 1854 e pela Conferência Hidrográfica Internacional de 1919.[164]

Feita essa ressalva, eu acredito que todas as demais pretensões argentinas eram passíveis de negociação, menos aquela.

---

162. KOBYLANSKI, J. K. op. cit., p.79: *"Uno de los puntos – quizás el punto principal – de la cuestión Beagle se radicalizó en cuanto a la interpretación del 'principio oceánico' establecido en el Tratado de 1881 y en el posterior Tratado Aclaratorio de 1893, que expresa, tácitamente, que 'Chile no puede pretender punto alguno hacia el Atlántico como la República Argentina no puede pretenderlo hacia el Pacífico'. Por demás los pactos de Mayo, el Acta de Desarme de 1902, establecieron 'la defensa y el destino permanente de Chile en el Pacífico y Argentina en el Atlántico. Argentina invocó el 'principio oceánico no solo en el contexto de las fronteras norte-sur cordilleranas y este-oeste del Estrecho de Magallanes, sino también en lo referido al archipiélago al sur del Beagle, considerando al meridiano del Cabo de Hornos como división entre pacífico y Atlántico".*

163. Id. Ibid., p.81: *"Al sur del Cape Hoorn – pero conocido con el tiempo como Cabo de Hornos – se extendía un vastísimo mar que, para la Compañía austral holandesa (1615) no fue el Mar del Norte ni el Mar del Sur, sino un tercero al que denominaron 'Novum Mare Australe'. Y así figuró llamada 'Tabula Magellanica' del siglo XVI de Guiljelmus Blaeu. En la citada reunión del Bureau Hidrográfico Internacional en Mónaco, al suprimir el término Oceánico Glacial Antártico, se estableció que el Atlántico y el Pacífico se prolongaran hasta la Antártica, sin fijarse límite alguno. Esta misión quedo encomendada a las oficinas hidrográficas de Argentina y Chile, las que de común acuerdo deberían fijar ese límite. Hecho que aún no se ha producido".*

164. Para aprofundamento, consulte: SABATE LICHTSCHEIN, D. op. cit., p.319-20.

Eis, portanto, o motivo da insatisfação Argentina, manifestada em sua resposta ao mediador.

Nesse sentido, tinha razão Sua Eminência quando descreveu a resposta argentina como não sendo nem um sim nem um não, ou seja, expressava desconformidade, sem, contudo, rechaçar a Proposta Papal;[165,166] exatamente porque o governo argentino identificou na proposta o reconhecimento parcial de seus interesses relevantes, mas de uma parcialidade qualificada, vale dizer, caracterizada pela transcendência e pela benevolência.[167]

Por isso, o processo de Mediação ficou praticamente parado por quase 2 anos, ou seja, até meados de 1983.[168]

---

165. Cf. BENADAVA, S. op. cit., p.93: *"Como una vez me dijo el Cardenal: la respuesta argentina no fue sí ni no sino 'ni'. Expresaba disconformidad sin llegar a un rechazo".*

166. STRUBIA, M. op. cit., p.34: *"[...] habida cuenta de la esencia de la Mediación, cualquier ciudadano de Chile a la Argentina puede (y quizás debe), apoyar la Mediación como 'método'; pero a la también puede (y quizás debe o deba), disentir de su 'resultado', de su 'solución', si esta solución no es 'equitativa, justa, honrosa y aceptable' para ambas partes o para una de ellas".*

167. O Governo argentino vislumbrou a intenção real do Mediador de conseguir um acordo que fosse muito além da mera questão jurídica; por exemplo, vantagens concretas nunca antes concebidas, os aspectos da cooperação econômica e integração física entre as partes eram uma novidade alentadora, que, além do mais, compensaria eventuais renúncias que as partes tivessem que fazer. Outro exemplo era a inamovibilidade de conseguir um acordo que dignificasse a ambas as partes, ou seja, uma saída equilibrada e honrosa para os dois lados. ORTIZ, M. A. Analisis de la mediación papal. *Revista Critério*, 1973-74, reproduzida em El memorial del ejército de Chile, n. 411/982, apud VIO VALDIVIESO, F. op. cit., p.186. E, portanto, a Proposta Papal manifestava um ganho visível para a Argentina em relação ao Laudo Inglês de 1977.

168. Cf. BENADAVA, S. op. cit., p.93: *"Esto es lo que cabía esperar después de conocer la reacción argentina a la Propuesta papal. Se iniciaría desde entonces un largo período, que duraría hasta mediados de 1983, durante el cual se celebrarían pocas reuniones conjuntas sobre las materias de fondo y el proceso no registraría avances substanciales, ni siquiera sobre los puntos menos importantes de la controversia austral. Durante esos meses la Santa Sede abrigaba la esperanza de que Argentina aceptara la Propuesta, se aviniera a negociar sobre las bases de ella o, por lo menos, sometiera proposiciones, aceptables para Chile, que estuvieran dentro del marco de justicia y equidad que inspiraba la Propuesta. Nada de esto ocurrió".*

5.3.4 A sonolência do processo de Mediação

Esse quadro de frustração das expectativas da Santa Sé quanto à resposta argentina foi agravado pela ocorrência de alguns fatos perturbadores do clima favorável à paz acertada com o Tratado de Montevidéu (8 de janeiro de 1979), tais como: a detenção de oficiais dos dois países; o atentado contra o Papa; a denúncia pela Argentina do Tratado sobre Solução Judicial de Controvérsia, de 1972; e, por último, a Guerra das Malvinas.[169]

Para não deixar a situação recrudescer, o Papa, no dia 4 de maio de 1982, reconvocou o Chile e a Argentina à mesa de negociações, com base no Acordo de Montevidéu II, de 1979, a fim de restabelecer as bases favoráveis à continuação da Mediação; para evitar a tomada de decisões lesivas à boa harmonia entre os dois países; realizar esforços para impedir incidentes perigosos; e, por último, pedir a nulidade das medidas há pouco tomadas.[170]

Passado o susto da tentativa de assassinato do Papa-Mediador, no dia 23 de abril de 1982, João Paulo II retomou as suas atividades de Mediação do conflito austral, por meio da realização de uma audiência com as duas delegações, para propor o reinício das negociações: era necessário, agora, partir para sua fase conclusiva.[171]

---

169. Cf. Id., loc. cit.: *"Para complicar aún más las cosas, durante 1981 y primeros meses de 1982 ocurrieron acontecimientos que paralizaron o dificultaron el proceso mediador: la detención de oficiales de uno y otro país, el atentado contra el Papa, la denuncia por Argentina del Tratado sobre Solución Judicial de Controversias de 1972 y la guerra de las Malvinas".* Não entraremos no mérito desses fatos, por não constituírem objeto direto desse livro, que, aqui, é o de relatar o conteúdo da Proposta Papal e a reação dos dois países.

170. Id. Ibid., p.94: *"El 4 de mayo el Santo Padre envió una carta personal a ambos Presidentes. Evocando el Segundo Acuerdo de Montevideo, pidió a ambos Gobiernos que dieran los pasos pertinentes para mantener y restablecer un clima favorable a la continuación de la Mediación; que evitaran medidas lesivas a la buena armonía entre las dos Naciones; y que hicieran verdaderos esfuerzos para impedir peligrosos incidentes. Les hizo también un llamamiento apremiante para que anularan los efectos de aquellas medidas que, tomadas después de 18 de enero de 1979 (fecha de los Acuerdos de Montevideo) hubieran alterado la armonía entre ambas Naciones (detenciones y procesos de sospechosos de espionaje, expulsiones de nacionales del otro país, etc.)".*

171. Cf. Id. Ibid., p.111: *"En primer lugar os propongo – continuó el Papa – que ahora reanudéis vuestras conversaciones conjuntas y entréis ya en la fase conclusiva de*

Para se conseguir ultimar um acordo entre as partes, o Papa achava conveniente ter presentes os seguintes pontos: repactuação da cláusula de solução pacífica de eventuais futuras controvérsias entre os dois países, tendo em vista que o Tratado de 1972 sobre solução judicial de controvérsias entre Chile e Argentina já havia expirado, deixando as partes, nesse particular, diante de um *vacuum juris* (vazio de direito);[172] fórmulas para conciliar os interesses de cada parte – a mesma coisa faria o Ofício de Mediação da Santa Sé; alcanço rápido de um acordo que permitiria abordar, em um clima sereno, outras questões mais complexas; abstenção das partes de tomar medidas que pudessem comprometer o clima de harmonia e propício à negociação entre as duas nações; extrema prudência e autolimitação no exercício dos próprios direitos legítimos de cada país; por último, as partes não deveriam decepcionar as expectativas de esperanças de paz de seus povos.[173]

A exortação papal de 25 de abril de 1982 recomendava a realização de reuniões conjuntas entre as partes, com o objetivo de desenvolver a cláusula do

---

los trabajos, con el objeto de lograr, a través de un diálogo exhaustivo y sereno, la fructificación idónea de mi Propuesta mediante la estipulación de un Tratado – naturalmente, aceptable para ambas Partes – que desarrolle el texto concreto y completo de la misma".

172. Id. Ibid., p.112: *"La Propuesta presentada a ambos Gobiernos – agregaba el Santo Padre – ofrecía todo un mosaico de temas concretos, pero les pedía en forma preferente que desarrollaran el primar punto específico de la Propuesta, es decir la cláusula del Tratado final relativa a arreglo pacífico de las posibles controversias que, por consiguiente, excluyera el uso de la fuerza y la amenaza del uso de la fuerza. Así si evitaría, además, un vacum iuris (un vacío de derecho) al expirar el Tratado de 1972 sobre Solución Judicial de Controversias".*

173. Id. Ibid., p.112.: *" Tened presente en vuestras mentes las esperanzas que vuestros pueblos están alimentando desde el 8 de enero de 1979, cuando recibieron con entusiasmo la aparición de una gran promesa de paz entre Chile y Argentina. No podemos desilusionarlos. Sois conscientes de la importancia de los próximos meses. De aquí, mi invitación a la mayor solicitud posible, que corresponde – estoy seguro – a vuestro común deseo de poner el broche final a tantos desvelos y esfuerzos".*

"En la reunión inicial coincidimos en una cláusula sobre amistad perenne tomada de un tratado suscrito por ambos países en 1855. También hubo fácil acuerdo para reafirmar el principio general de prohibición de la amenaza o del uso de la fuerza y el de la solución pacífica de las controversias".

Tratado Final relativa à amizade perene, renúncia à força e solução pacífica de controvérsias.[174,175,176] Não houve, porém, progresso sobre essas idéias.[177]

As partes concordaram em assinar o Acordo da Cidade do Vaticano de 1º de setembro de 1982, pelo qual Chile e Argentina acordavam prorrogar a vigência do Tratado Geral de Solução de Controvérsias assinado em 21 de janeiro de 1972 até que fosse subscrito o tratado final para a solução definitiva do litígio austral ou, na falta desse, até seis meses depois da declaração do final da Mediação. Assim, o Chile conservava o direito de recorrer à Corte

---

174. Id. Ibid., p.113: *"En cumplimiento de la exhortación papal, el 25 de abril se celebra una reunión conjunta destinada a desarrollar la cláusula del tratado final relativa a amistad perenne, renuncia a la fuerza e solución pacífica de controversias".*

175. Id., loc. cit.: *" "El sistema de solución pacífica de controversias que adoptaran nuestros dos países, expresé, debería cumplir tres condiciones básicas:*
    En primer lugar, debería aplicarse a todas las controversias, presentes o futuras, cualquiera que fuera su naturaleza.
    En segundo lugar, debería facultar a cualquiera de las dos Partes para poner en movimiento unilateralmente el sistema de solución, sin que la otra Parte pudiera frustrar su aplicación.
    En tercer lugar, debería contemplar el recurso sucesivo a diversos medios diplomáticos de arreglo, tales como negociaciones o conciliación, pero si estos medios no conducían a un arreglo, cualquiera de las Partes podría recurrir unilateralmente a un tribunal arbitral o a la Corte Internacional de Justicia con el fin de que resolviera el diferendo, con arreglo al derecho internacional, de manera definitiva y obligatoria".

176. Id. Ibid., p.112: *"Tened presente en vuestras mentes las esperanzas que vuestros pueblos están alimentando desde el 8 de enero de 1979, cuando recibieron con entusiasmo la aparición de una gran promesa de paz entre Chile y Argentina. No podemos desilusionarlos. Sois conscientes de la importancia de los próximos meses. De aquí, mi invitación a la mayor solicitud posible, que corresponde – estoy seguro – a vuestro común deseo de poner el broche final a tantos desvelos y esfuerzos".*

177. Id. Ibid., p.116: *"Continuaron las reuniones informales entre los Embajadores Bernstein y Ortiz de Rozas y los encuentros periódicos de cada uno de ellos con el Cardenal. Éste redactó un anteproyecto de 'Preámbulo' del Tratado final que parecía evocar el principio oceánico y que, por lo tanto, no era aceptable para nosotros. También sugirió la supresión de la 'zonas de actividades comunes y concertadas' contemplada en la Propuesta papal, a cambio de la supresión de las 'presencias' argentinas en islas chilenas. No se avanzó entonces con estas ideas. Por lo demás, aún no estaba claro que Argentina hubiera abandonado sus pretensiones sobre islas australes chilenas".*

Internacional de Justiça, caso fracassasse o esforço de Mediação atual, até seis meses depois do final do mesmo.[178]

Em novembro de 1982, o Oficio de Mediação da Santa Sé convidou as partes a formalizarem os seguintes pactos de um acordo dentro do processo de Mediação: paz e amizade; solução pacífica das controvérsias; recurso à ameaça ou uso da força; mecanismo permanente de consulta entre as partes, para preservação da paz e prevenção de controvérsia. Esse acordo teria valor em si mesmo até a entrada em vigor do tratado final de Mediação. Mas não houve acordo, porque o governo argentino estava ocupado com a Guerra das Malvinas.[179]

No dia 3 de dezembro de 1982, Santiago Benadava assumiu a chefia da Delegação Chilena, em virtude da renúncia do Embaixador Bernstein, em 31 de outubro do mesmo ano.[180]

No dia 4 de fevereiro de 1983, faleceu o representante do mediador, Cardeal Samoré.[181]

---

178. Id. Ibid., p.117: *De esta manera, Chile conservó el derecho de someter a la Corte Internacional de Justicia el diferendo austral si la Mediación no tenía éxito y hasta seis meses después de que así lo declarara el Papa.*
   El recurso a la Corte quedaba así 'reservado', lo que permitiría continuar la Mediación".

179. Id. Ibid., p.118: *"En noviembre de 1982 la Oficina de Mediación de la Santa Sede, por encargo del Papa, transmitió a ambas Partes una invitación a formalizar, en el ámbito de la Mediación, un acuerdo sobre cláusulas relativas a la paz y amistad, a la solución pacífica de las controversias y al no recurso a la amenaza o al uso la fuerza, y acompañó un texto redactado por esta Oficina. Les proponía también comprometerse, por acuerdo separado con el Mediador, a establecer un mecanismo permanente de consulta entre ellas a fin de preservar la paz y prevenir controversias. Este tratado tendría valor en sí mismo hasta que se incorporara, con las necesarias modificaciones, al Tratado final que pondría término a la Mediación.*
   Las reuniones y conversaciones que tuvieron lugar sobre este tema no prosperaron. En Argentina no había poder de decisión; su Gobierno estaba preocupado del problema de las Malvinas".

180. Id. Ibid., p.119: *"La renuncia de mi predecesor se hizo efectiva el 31 e octubre de 1982. Yo asumí mis nuevas funciones el 3 de diciembre del mismo año después de haber puesto fin a mi embajada en Israel".*

181. Por causa do agravamento contínuo da saúde do Cardeal Antonio Samoré, o Papa decidiu nomear mais um colaborador para o referido Cardeal, em 5 de abril de 1982, nos trabalhos da Mediação Papal, na pessoa de Monsenhor Gabriel Montalvo, juntado-se este a Monsenhor Sainz Muñoz. Monsenhor Gabriel

O Embaixador Ortiz de Rozas, pouco antes de deixar a chefia da Delegação Argentina, confidenciou a Benadava, enquanto seu homônimo na chefia da Delegação Chilena, que a dificuldade essencial para a Argentina aceitar um acordo final com o Chile consistia na chamada zona de atividades comuns e concertadas em águas do Atlântico, contemplada na Proposta Papal. Caso fosse superada essa dificuldade, os demais aspectos do diferendo seriam de fácil solução.[182]

Ora, essa afirmação do chefe da Delegação Argentina confirma a minha compreensão quanto à essência da dificuldade argentina em aceitar a Proposta Papal, isto é, a delimitação de jurisdição de águas marítimas. O que interessava, essencialmente, em todo o processo de Mediação era fazer valer o seu entendimento quanto ao Princípio Bioceânico: Chile no Pacífico, Argentina no Atlântico. As demais pretensões eram bastante secundárias ou negociáveis.

5.3.5 A retomada das negociações: as conversações B-B (Benadava-Barberis)

É nesse momento que se inserem no âmbito do processo de Mediação as conversações entre Benadava e Barberis, Embaixador Argentino nos Países Baixos, denominadas de "Conversações B-B" (Benadava-Barberis).

Ainda que de caráter informal (extra-oficial), essas conversações iriam ser fundamentais para o desenlace das negociações austrais e depois ratifi-

---

Montalvo era de nacionalidade colombiana, diplomata da Santa Sé de larga experiência. Aliás, gostaria de registrar, aqui, que tive a oportunidade de conviver com ele, durante o último ano em que cursei a Pontifícia Academia Eclesiástica, em Roma, em vista do Serviço Diplomático da Santa Sé, para a qual o Papa o nomeou como seu Presidente, em, 1994: BENADAVA, S. op. cit., p.104: "La salud del Cardenal Samoré continuaba deteriorandose. Su Santidad juzgó entonces conveniente designar como otro colaborador del Cardenal a Monsenhor Gabriel Montalvo. Aí lo enunció la Santa Sede el 5 de abril de 1982".

182. BENADAVA, S. op. cit., p.126: *"Con pesar mío, el Embajador argentino Ortiz Rozas me informó que, por motivos particulares, había decidido pedir su adscripción a Buenos Aires.*

En su opinión, me dijo, la dificultad esencial para llegar a acuerdo radicaba en la zona de actividades comunes y concertadas en aguas del Atlántico que contemplaba la Propuesta papal. Superada esta dificultad, los demás aspectos serian de más fácil solución".

cadas pelos governos dos dois países. Elas iriam realizar alguns "ajustes ou modificações" na Proposta Papal, de modo a torná-la plenamente aceitável pelas partes. Em outras palavras, essas conversações B-B iriam reorientar todo o processo de Mediação nos seguintes pontos: não se falava mais em "zonas comuns", nem sobre soberania argentina sobre as ilhas, tampouco sobre "presenças"; passavam a tratar de navegação, solução pacífica de controvérsias, o *quantum* do deslocamento do limite marítimo na região austral.[183]

O Santo Padre, no seu esforço de ultimar o processo de Mediação, pediu, também, a colaboração dos Episcopados do Chile e da Argentina, no sentido de receber sugestões para a solução do conflito austral.[184]

Às coincidências já alcançadas antes, por meio das Conversações B-B, o novo chefe da Delegação Argentina, Hugo Golbi, formulou diversas sugestões alternativas quanto ao deslocamento da linha de delimitação marítima e pedia que se incorporasse ao tratado final alguns conceitos referentes ao princípio Atlântico-Pacífico, ou Bioceânico.[185]

Nesse momento, em virtude das significativas aproximações alcançadas entre as partes, havia mais do que um clima favorável e disponibilidade para

---

183. Cf. Id. Ibid., p.131: *"El 29 de junio de 1983, invitado por un miembro de la Delegación argentina, el Ministro Richieri, almorcé en Roma con el Ministro Arnoldo Listre, Director Político de la Cancillería argentina, y con el Profesor Julio Barberis, entonces Embajador de la República Argentina en los Países Bajos y asesor de la Delegación argentina en el proceso mediador".*

184. Id. Ibid., p.137: *"El 28 de octubre de 1983 el Papa, en carta enviada a los Episcopados de Chile y Argentina, expresó 'su deseo de percibir indicaciones de un positivo y substancial desarrollo de las negociaciones sobre el diferendo austral'. Agregó que el proceso había 'requerido más tiempo del que las expectativas de todos podían suponer'."*

185. Id. Ibid., p.138: *"La Delegación argentina reconoció que las negociaciones desarrolladas desde septiembre habían aportado elementos positivos y que existían coincidencias entre las Partes en algunas materias, tales como supresión de la zona de actividades comunes y concertadas, eliminación de las 'presencias' argentinas en islas australes y desplazamiento de la línea de delimitación marítima contemplada en la Propuesta. También formuló diversas sugerencias alternativas sobre el desplazamiento de la línea de delimitación y pidió que se incorporaran al Tratado final algunos conceptos referidos al principio Atlántico-Pacífico. En materia de navegación, los argentinos manifestaron tener una posición flexible, y en el tema de solución pacífica de controversia estar dispuestos a aceptar la solución obligatoria por un tercero".*

se chegar a um acordo final. Em vista disso, a Santa Sé convocou uma reunião conjunta das partes para o dia 23 de janeiro de 1984, presidida pelo Cardeal Casaroli, Secretário de Estado e que, após a morte do Cardeal Samoré, assumiu as funções de representante direto do Papa-Mediador. Nessa reunião, Sua Eminência quis precisar os seguintes fatos: o Papa-Mediador acreditava ter percebido significativas aproximações entre as partes e que era necessário, agora, partir para a fase final das negociações: a solução completa e definitiva da lide austral, elaboração e assinatura do tratado final. Para isso, dever-se-ia ter idéias claras, vontade decidida, esforço sem medidas, clima genuíno, sincera e mútua confiança[186] e, acrescentava o Cardeal Casaroli, era preciso também um esforço de mútua compreensão; visão objetiva e verdadeiramente realista dos interesses e da honra para cada país, a fim de poder encontrar um equilíbrio justo e eqüitativo, enquanto essência de todo compromisso digno, aliás, de todo acordo internacional satisfatório e aceitável para as partes.[187]

Ainda, Sua Eminência chamou a atenção das partes para não se deixarem abater pelas emoções e fatores provocados por aqueles setores, localizados nos dois lados, que eram contra a obtenção de um acordo entre as partes. Era necessário olhar com calma, visão clara e objetiva, os interesses verdadeiros das duas nações. A Mediação tinha um aspecto de modelo para a comunidade internacional de *como era possível, mediante uma boa e decidida vontade, e com visão ampla e de futuro dos interesses nacionais, encontrar soluções concordadas, sobretudo para os problemas mais complicados e difíceis.*[188] Por fim, o Secretário de Estado acrescentava sua esperança de que o Chile e a Argentina

---

186. Cf. Id. Ibid., p.139: *"En su discurso de apertura, el Cardenal Casaroli señaló que el Santo Padre había creído percibir significativas aproximaciones en las posiciones de ambas Partes, que ahora asumía. Por tanto, consideraba que había llegado el momeando de dar comienzo a la solución completa y definitiva del diferendo austral con la elaboración y firma del Tratado final. Había necesidad – continuó – de ideas claras, de una voluntad decidida, de un esfuerzo sin tregua y de un clima genuino de sincera y mutua confianza".*

187. Id. Ibid., p.139: *"[...] Un esfuerzo de mutua comprensión y una visión objetiva y verdaderamente realista de los intereses y del honor deben ayudar a encontrar ese equilibrio, justo y equitativo, que constituye la esencia de todo compromiso honorable, incluso de todo acuerdo internacional satisfactorio y aceptable para las Partes".*

188. O grifo é do autor.

forjassem uma convivência em que nem a força, nem a guerra, senão a boa vontade, tivessem a palavra e direito de cidadania.[189]

Ao final dessa solene reunião conjunta, os chanceleres dos dois países assinaram uma declaração conjunta, na qual reiteravam a firme intenção de seus Governos de desenvolver as relações entre os dois países, marcadas pela paz constante, amizade perpétua, solução pacífica exclusiva das controvérsias futuras e o desejo de se chegar rapidamente ao final da presente disputa.[190]

Diante desse clima eufórico de entendimento entre as partes, as duas delegações realizaram renovação dos esforços para consolidar coincidências ou cavar acordos sobre a variedade de termos do processo de Mediação. A Santa Sé, por sua vez, estava consciente que, nesse momento, cabia a ela exercer um papel ainda mais ativo para evitar confrontos entre as duas partes que pudessem prejudicar as reuniões informais que vinham acontecendo entre os dois lados.[191]

---

189. Cf. BENADAVA, S. op. cit., p.139: *"Algunos sectores – añadió Su Eminencia – podrían tener opiniones menos favorables respecto del acuerdo que se estaba delineando y verse inclinados a desvirtuar u obstaculizar el propósito común de las dos Partes y de la Mediación. Era, pues, menester no dejarse influir por las emociones que factores de este género pudieran suscitar y mirar con calma y con visión clara y objetiva, los intereses verdaderos de las dos Naciones. No podía olvidarse que si estaba trabajando para el futuro. La Mediación tenía un aspecto ejemplarizador, pues se trataba de dar a la comunidad internacional un ejemplo de cómo era posible, mediante una buena y decidida voluntad, y con visión amplia y de futuro de los intereses nacionales, encontrar soluciones concordadas, incluso para los problemas más complicados y difíciles. Concluyó el Cardenal expresando que era su anhelo que Chile y Argentina lograran una convivencia en que ni la fuerza ni la guerra sino la buena voluntad, tuvieran la palabra y derecho de ciudadanía".*

190. Id. Ibid., p.140: *"Por su parte, ambos Cancilleres pusieron de relieve su disposición para llegar a un pronto y definitivo arreglo del diferendo austral.*
A continuación, el Cardenal leyó el texto de una Declaración Conjunta, que fue firmada por los Ministros Caputo y Del Valle. En esta Declaración, que sólo había logrado ser concordada por ambas Delegaciones la noche anterior, ambos Ministros declaraban solemnemente, en nombre de sus respectivos Gobiernos, su decisión de desarrollar sus vínculos de paz inalterable y amistad perpetua, de solucionar siempre y exclusivamente por medios pacíficos las controversias de sus respectivos países y de llegar cuanto antes a la solución del diferendo austral".

191. Id. Ibid., p.141: *"Debíamos a hora hacer renovados esfuerzos para consolidar coincidencias o lograr acuerdos sobre la variedad de temas – y no eran pocos – que*

Esse ritmo intenso de trabalho das duas delegações durou algumas semanas e marcou a fase final das negociações até o alcance definitivo do acordo final.

No dia 4 de outubro de 1984, o Ofício de Mediação anunciou que se havia alcançado a plena coincidência para a solução do conflito austral ou de Beagle.

5.4 A plena coincidência das divergências: o Acordo Final (29 de novembro de 1984)

No dia 29 de novembro de 1984, às 17:00 horas, na Sala Real do Vaticano, foi assinado o Tratado final de Paz e Amizade entre Chile e Argentina.

Os aspectos principais do tratado ficaram assim:

5.4.1 Delimitação marítima[192]

As partes já tinham, anteriormente, concordado que o limite jurisdicional na zona austral deveria partir do Ponto XX, último ponto da delimitação realizada pelo Laudo Inglês, de 1977, no Canal de Beagle. Os argentinos, apesar de algumas idas e vindas, aceitaram que a linha de delimitação contida na Proposta Papal fosse deslocada para o Oriente, em favor do Chile, salvo o segmento dessa linha que coincidia com o do Cabo de Hornos. Como as partes não chegaram a um acordo sobre o *quantum* do deslocamento, a Santa Sé se dispôs a fazer uma proposição a respeito, o que foi aceito por ambas as partes.[193]

---

comprendía la Mediación. Los Monseñores estaban conscientes de que debían jugar un papel más activo en el proceso y oír separadamente las opiniones de las Partes, a fin de evitar enfrentamientos entre ellas, sin perjuicio de las reuniones informales que pudieran celebrar miembros de ambas Delegaciones".

192. As ilhas em litígio, principalmente Nueva, Lenox e Picton, ficaram sob a soberania chilena.

193. BENADAVA, S. op. cit., p.143-4: *"Ya se había producido acuerdo de que el límite jurisdiccional en la zona austral debería partir desde el punto XX, último punto de la delimitación efectuada por el Laudo en el Canal Beagle. Los argentinos, tras algunas vacilaciones y contramarchas, aceptaron que la línea de la delimitación marítima contenida en la Propuesta papal se desplazara hacia el Oriente, en favor de Chile, salvo el segmento de la misma que coincidía con el Cabo de Hornos. Como*

A Santa Sé, então, fez uma proposição que não seria totalmente do agrado para nenhum dos dois lados, o que, segundo Benadava, indicava que essa proposição "era boa".[194] Segundo ela, a nova linha modificava, em parte, o limite marítimo da Proposta Papal:

- ampliava a zona marítima e chilena e "tranqüilizava" o Cabo de Hornos (em vez de três milhas, passava para seis milhas de Cabo). Ambos os países aceitaram;
- o tratado final descreveu e determinou o limite entre as respectivas soberanias sobre o mar, solo e subsolo do Chile e da Argentina no mar da zona austral a partir do final da delimitação existente no Canal de Beagle. O último segmento do referido limite coincidia com o meridiano do Cabo de Hornos;
- as zonas econômicas exclusivas da Argentina e do Chile estender-se-iam, respectivamente, para o Oriente e para o Ocidente do dito limite;
- no espaço compreendido entre o Cabo de Hornos e o ponto mais oriental da Ilha dos Estados, os efeitos jurídicos do mar territorial ficavam limitados, em suas relações mútuas, a uma faixa de três milhas;
- o tratado não fez menção expressa alguma ao Laudo Britânico, mas a delimitação marítima acordada constituiu um reconhecimento implícito do laudo. O limite fixado no tratado começava no "final" da delimitação existente no Canal de Beagle, isto é, no chamado Ponto XX do Laudo;
- todas as ilhas austrais situadas ao Sul do Canal de Beagle até o Cabo de Hornos ficavam, segundo a delimitação realizada, sob a soberania do Chile. Para estipular a rotas de navegação, utilizou-se um mapa que é a reprodução fiel da *Boundary Line Chart*, anexo ao laudo;

---

no llegábamos a un acuerdo sobre el quantum de este desplazamiento, la Santa Sede ofició hacernos una proposición al respecto. Aceptamos".

194. Id. Ibid., p.144: *"Días más tarde, el Embajador Marcelo Delpech y yo fuimos convocados por el Cardenal Casaroli. Su Eminencia nos expresó que, oídas las Partes, la Santa Sede había hecho un último esfuerzo para proponer una modificación a la línea de delimitación contenida en la Propuesta que fuera aceptable para ambas. Nos advirtió que la línea que propondría no sería del pleno agrado para ninguno de los dos Gobiernos, 'lo que significaba que era buena'."*

- o tratado constituía uma transação que continha concessões recíprocas de ambas as partes. Como parte dessa transação, o Chile fez, em favor da Argentina, concessões que limitavam as projeções marítimas de suas ilhas austrais.[195]

5.4.2 Navegação

As principais questões de navegação compreendiam:

- a definição e o regime das rotas de navegação que o Chile outorgaria à Argentina;
- as facilidades de navegação que teria o Chile pelo Estreito de Le Maire;
- o regime de navegação pelo Canal de Beagle.[196]

---

195. Id. Ibid., p.114: *"La nueva línea modificaba, en parte, el límite marítimo de la Propuesta: ampliaba la zona marítima chilena y 'desahogaba' el Cabo de Hornos (en vez de tres millas pasaba a seis millas del Cabo).*
Ambos países la aceptaron.
El Tratado final describió y graficó el límite entre las respectivas soberanías sobre el mar, suelo y subsuelo de Chile y Argentina en el Mar de la Zona Austral a partir del término de la delimitación existente en el Canal Beagle. El último segmento de dicho límite coincidía con el meridiano del Cabo de Hornos. Las zonas económicas exclusivas de Argentina y Chile se extenderían respectivamente al Oriente y al Occidente de dicho límite. En el espacio comprendido entre el Cabo de Hornos y el punto más oriental de la isla de Los Estados, los efectos jurídicos del mar territorial quedaban limitados, en sus relaciones mutuas, a una franja de tres millas.
El Tratado no hizo mención expresa alguna del Laudo británico, pero la delimitación marítima acordada constituyó un reconocimiento implícito de él. En efecto, el límite fijado en el Tratado comienza en el 'término de la delimitación existente en el Canal Beagle', es decir en el llamado punto XX del Laudo. Todas las islas australes situadas al Sur del Canal Beagle hasta el Cabo de Hornos quedan, según la delimitación efectuada, bajo soberanía de Chile. Para graficar las rutas de navegación se utilizó un mapa que es la reproducción fiel de la Boundary Line Chart, anexa al Laudo.
El Tratado constituye una transacción que contiene concesiones recíprocas por ambas Partes. Como parte de esta transacción, Chile hizo en favor de Argentina concesiones que limitan las proyecciones marítimas de sus islas australes".
196. Id. Ibid., p.145: *"Las principales cuestiones de navegación comprendían la definición y el régimen de las rutas de navegación que Chile otorgaría a Argentina, las facilidades de navegación que tendría Chile por el Estrecho de Le Maire y el régimen de navegación por el Canal Beagle".*

Concordou-se, sem grandes dificuldades, o regime de navegação pelo Canal de Beagle e pelo Estreito de Le Maire.

Com maior dificuldade, combinou-se o regime de navegação de navios argentinos e de terceiras bandeiras por águas interiores chilenas, entre portos argentinos no Canal de Beagle (Ushuaia) e a Antártida, e entre esses mesmos portos e a zona econômica exclusiva argentina adjacente ao limite.[197]

A Argentina reconheceu as linhas de base retas traçadas pelo Chile na zona austral, que antes tinha disputado, e o caráter de águas interiores chilenas dos canais fueguinos por ditas linhas.[198]

5.4.3 Solução de controvérsias

O novo sistema de Solução Judicial de Controvérsias contemplaria fases sucessivas do acordo:

- negociações diretas;
- livre eleição de um meio específico de acordo;
- conciliação e arbitragem.[199]

5.4.4 Delimitação da boca oriental do Estreito de Magalhães

Pactuou-se que o limite na boca oriental do Estreito de Magalhães seria a linha reta que unisse o "Hito Cabo del Espíritu Santo". Essa delimitação não afetaria o Tratado de Limites, de 1881, de acordo com o qual o Estreito está neutralizado perpetuamente e assegurada sua livre navegação para as ban-

---

197. Id. Ibid., p.144: *"Se acordó sin grandes dificultades el régimen de navegación por el Canal Beagle y por el Estrecho de Le Maire. Con mayor dificultad se convino el régimen de navegación de buques argentinos y de terceras banderas por aguas interiores chilenas, entre puertos argentinos en el Canal Beagle (Ushuaia) y la Antártida, y entre esos mismos puertos y la zona económica exclusiva argentina adyacente al límite".*
198. Cf. Id. Ibid., p.145: *"Argentina reconoció las líneas de base rectas trazadas por Chile en la región austral, que antes había disputado, y el carácter de aguas interiores chilenas de los canales fueguinos encerrados por dichas líneas".*
199. Id., loc. cit.: *"En un comienzo, los negociadores argentinos sólo aceptaban las negociaciones directas u otro método que, en presencia de una controversia, fuera libremente convenido por las dos Partes. Luego se mostraron dispuestos a aceptar la conciliación".*

deiras de todas as nações. A Argentina se obrigaria a manter, em qualquer tempo e circunstância, o direito dos navios de todas as bandeiras e navegar expeditamente e sem obstáculos pelas suas águas jurisdicionais em direção e a partir do Estreito.[200]

Em virtude desse acordo, o governo argentino retirou duas notas diplomáticas que, anos atrás, tinha dirigido ao Chile, proclamando-se co-ribeirinho e co-garante do Estreito de Magalhães.[201]

5.4.5 Outros temas

As partes declararam solenemente que o tratado constituía a solução completa e definitiva das questões tratadas por ele; que os limites concordados constituíam uma fronteira indiscutível e inamovível; que se comprometiam a não apresentar reivindicações nem interpretações que fossem incompatíveis com o estabelecido no tratado. As disposições do tratado não afetariam a soberania nem os direitos das partes a respeito da Antártica. Concordou-se, ainda, em se criar Comissão Binacional permanente, com o objetivo de intensificar a cooperação econômica e a integração física entre os dois países.[202]

---

200. Id. Ibid., p.147: *"Se convino que el límite en la boca oriental del Estrecho de Magallanes sería la línea recta que uniera e 'Hito Ex-Baliza Dungeness' y el 'Hito Cabo del Espíritu Santo'. Esta delimitación no afectaría el Tratado de Límites de 1881, de acuerdo con el cual el Estrecho está neutralizado a perpetuidad y asegurada su libre navegación para las banderas de todas las naciones. Argentina se obligaba a mantener, en cualquier tiempo y circunstancia, el derecho de los buques de todas las banderas a navegar en forma expedita y sin obstáculos a través de suas jurisdiccionales hacia y desde el Estrecho".*

201. Cf. Id., loc. cit.: *"Al completarse el Tratado final, el Gobierno argentino retiró dos notas diplomáticas que, en anos anteriores, había dirigido a Chile proclamándose coribereño y cogarante del Estrecho de Magallanes".*

202. Cf. Id., loc. cit.: *"Las Partes declararon solemnemente que el Tratado constituye la solución completa y definitiva de las cuestiones que a él se refiere; que los límites acordados constituyen un confín indiscutible e inconmovible; que se comprometen a no presentar reivindicaciones ni interpretaciones que sean incompatibles con lo establecido en el Tratado. Las disposiciones de éste no afectarán la soberanía ni los derechos de las Partes respecto de la Antártica.*

También se acuerda crear una Comisión Binacional permanente con el objeto de intensificar la cooperación económica y la integración física entre ambos países".

Passaremos, agora, a sintetizar os principais pontos da Proposta Papal, ajustados ou modificados em alguns itens pelas conversações B-B (Benadava-Barbéris).[203]

1. A Proposta Papal inova em relação ao Laudo Inglês de 1977, porque realiza uma Mediação que se caracteriza, por assim dizer, por ser distributiva, querendo assim alcançar o justo natural[204] entre as partes. Isso significa, em primeiro lugar, que a sugestão papal não distribuiu propriamente terra, como fez o Laudo Inglês de 1977[205], mas sim predominantemente águas, isto é, determinou a divisão da soberania marítima de cada uma das partes: mar, solo e subsolo.
2. O Laudo Inglês de 1977 reconhecia, pura e simplesmente, para o Chile uma expansão marítima de 200 milhas, enquanto a Proposta Papal, por sua vez, a reduz para doze milhas.
3. O Laudo Inglês de 1977 não reconheceu o ponto mais essencial das reivindicações argentinas, ou seja, o Princípio Bioceânico, enquanto a Santa Sé o fez, principalmente por meio das conversações extra-oficiais entre Benadava e Barberis (Conversações B-B). O sucesso da Mediação mapal, no que se refere à Argentina, deve-se basicamente ao fato de o mediador ter entendido que aquele princípio representava o ponto máximo de inflexão da capacidade da Argentina em renunciar as suas pretensões na questão em apreço. O princípio bioceânico era assim irrenunciável e inegociável para a Argentina. Segundo o Tratado de Paz e de Amizade, de 1984, o Oceâno Atlântico ficava, então, dividido pela mesma linha que repartia o Canal de Beagle (em sentido leste–oeste) para, depois de despontar no Oceâno Atlântico, descer em linha reta, em direção ao Meridiano de Cabo de Hornos e da Antártica. Assim, o espaço marítimo a oriente dessa linha era de soberania chilena; enquanto o que estava ao seu ocidente era da soberania exclusiva da Argentina.

Isso significa dizer, em outras palavras, que a penetração chilena no Atlântico, em direção ao lado ocidental da penetração, ficou o mais comprimida

---

203. Já estudada no Capítulo I.
204. Será tratado no próximo sub-item.
205. O Laudo Inglês não decidiu sobre a questão de soberania marítima, mas apenas aquela terrestre (ilhas).

possível, ou seja, até a mencionada linha divisória, a 24 milhas marítimas ao sul do Cabo de Hornos; ao passo que, a partir dessa linha e sempre a ocidente, tudo era da exclusiva soberania Argentina. Nesse sentido, não resta a menor dúvida que a Argentina conseguiu fazer prevalecer o princípio bioceânico, vale dizer: Chile no Pacífico e Argentina no Atlântico. Dito de outro modo, houve, sim, uma penetração do Chile no Atlântico, mas essa penetração ficou contida até o Meridiano do Cabo de Hornos. Se o Laudo Inglês de 1977 "comprometia, dramaticamente, essa pretensão da Argentina, a Mediação Papal deu à mesma muito mais do que esse país poderia, legitimamente, esperar".[206] A Argentina, portanto, não teve reconhecida, na região, nenhuma de suas pretensões de soberania sobre ilhas mas, em compensação e de modo surpreendente, ganhou a soberania marítima total, a partir da linha divisória acima mencionada, bem como as suas correspondentes riquezas subjacentes.[207] Ora, a essência do verdadeiro interesse da Argentina na disputa do Canal de Beagle não era, absolutamente, adquirir ilhas, nas quais em muitas delas nunca tinha antes estado, mas sim, definitivamente, impedir, a qualquer custo, que o Chile conseguisse soberania sobre o Atlântico. O que lhe foi outorgado pelo Acordo de 1984, ainda que com grande sacrifício por parte do Chile.

4. O limite entre as respectivas soberanias sobre o mar, solo e subsolo do Chile e da Argentina no mar da zona austral foi fixado a partir do término da delimitação existente no Canal de Beagle, ou seja, aquela linha que corta verticalmente o centro de toda a extensão do Canal de Beagle, até desembocar no Atlântico e coincidir com o Meridiano de Hornos.
5. As zonas econômicas exclusivas da Argentina e do Chile estender-se-iam, respectivamente, para o Oriente e para o Ocidente de tal limite.

À defesa do princípio bioceânico se somava também, de modo complementar, a teoria argentina do Cabo de Hornos ou do Meridiano do Cabo de

---

206. PASSARELLI, B. *El delirio armato*. Buenos Aires: Ed. Sudamericana, 1998. p.255: "[...] *Pero para ello – o Mar territorial – había todavía más: se veía reconocida inapelablemente la vigencia del tan reclamado principio bioceánico, aunque sólo a partir de las indicadas 24 millas marítimas al sur del cabo de Hornos".*
207. Id. Ibid., p.258: "*[...] Se aprobó el acuerdo y se perdieron las islas, pero no se perdieron ni el mar ni las riquezas subyacentes ni la Antártica ni la posibilidad de acceder a ella".*

Hornos. Segundo essa teoria, "somente uma linha que partisse da Terra do Fogo e que abraçasse as ilhas ali situadas, chegando até a parte oriental do Cabo de Hornos, seria capaz de salvaguardar o patrimônio marítimo, bem como a divisão das águas dos oceanos Atlântico e Pacífico no Meridiano do Cabo de Hornos".[208] Em outras palavras, essa teoria argentina colocava o Cabo de Hornos como limite natural e definitivo entre a Argentina e o Chile no Mar Austral, ou seja, como aplicação do princípio do *uti possidetis juris*, de 1810.

Portanto, o Laudo Arbitral Inglês, de 1977, rechaçou essa teoria argentina conjunta e, conseqüentemente, o Princípio Bioceânico, do Cabo ou do Meridiano do Cabo de Hornos, por achá-la desprovida de fundamentação real.[209]

O mediador pontifício, por sua vez, acolheu essa pretensão argentina, operando nela, contudo, uma transformação conceitual inovadora, como demonstram os dois mapas a seguir.

6. MAPAS

A inovação quanto à determinação papal do Meridiano de Hornos consistiu no fato de que o Tratado de Paz e de Amizade, de 1984, deu ao Chile a soberania sobre todas as ilhas no Mar Austral, dando à Argentina, por sua vez, a maior parte do patrimônio marítimo (solo e subsolo) a partir de 24 milhas do mencionado meridiano. Essa nova interpretação do mediador papal desfazia um certo entendimento argentino de que não seria possível preservar o patrimônio marítimo austral sem repartir também as soberanias sobre as ilhas ali situadas.[210]

---

208. Id. Ibid., p.258: *"Solo una línea partiendo de Tierra Del Fuego y que abrazando las islas llegue a la parte oriental Del Cabo de Hornos resguardará nuestro patrimonio marítimo y la división de las aguas de los Océanos Atlántico y Pacífico en el meridiano del Cabo de Hornos".*
209. *"(b) Ya se ha señalado – continúa la corte – que no hay base real para afirmar la existencia de un 'principio oceánico' aceptado (que en ultimo termino derivaría del propio uti possidetis que, como tal, el Tratado quiso sustituir), que aparezca como algo que, a priori, deba regir la interpretación integral del Tratado".*
210. PASSARELLI, N., op. cit., p.258: *"Si perdemos las islas perdemos todas las riquezas Del Atlántico Sur y también la Antártica".* Para aprofundar a teoria argentina do Cabo ou do Meridiano do Cabo de Hornos, consulte VIO VALDIVIESO, F. La mediación del papa, p. 76-84.

1. O espaço compreendido entre o Cabo e Hornos e o ponto mais oriental da Ilha dos Estados e os efeitos jurídicos do mar territorial ficaram limitados em suas relações mútuas a uma faixa de três milhas.
2. As zonas comuns, a soberania da Argentina sobre as ilhas chilenas, bem como as presenças argentinas sobre elas, foram abolidas.
3. A Argentina obteve acesso livre e por águas próprias ao Porto de Ushuaia no sentido leste-oeste.
4. Todas as ilhas em litígio ficaram sob a soberania chilena.
5. A jurisdição marítima chilena ficou comprimida na direção leste de suas ilhas.
6. Ambos os países poderiam utilizar as rotas de navegação mais convenientes na zona, seja nas águas de uma ou de outra parte.
7. Ficou pactuado o regime de navegação pelo Estreito de Le Maire.
8. Ficou acertado o regime de navegação das embarcações argentinas e de terceiras bandeiras por águas interiores chilenas, entre portos argentinos no Canal de Beagle (Ushuaia) e a Antártica e entre os mesmos portos e a zona econômica exclusiva argentina adjacente ao limite.
9. A Argentina reconheceu as linhas de bases retas traçadas pelo Chile na região austral e o caráter de águas interiores chilenas dos canais tocados por tais linhas.
10. Estabeleceu-se um novo sistema de solução pacífica de controvérsia, que comportava as seguintes fases: negociações diretas, eleição livre de um meio específico de solução, conciliação e arbitragem.
11. Determinou-se, também, disposições sobre paz, amizade e prevenção de controvérsias.
12. Pactuou-se, ainda, que o limite na boca oriental do Estreito de Magalhães seria uma linha reta que uniria o Cabo Dungenes ao do Espírito Santo. Esta delimitação não afetaria o determinado pelo Tratado de Limites de 1881, pelo qual ficaria o Estreito de Magalhães permanentemente neutro e a sua livre navegação assegurada para as bandeiras de todas as nações. A Argentina obrigar-se-ia a manter, em qualquer tempo e circunstância, o direito dos navios de todas as bandeiras a navegar de forma expedita e sem obstáculos pelas suas águas jurisdicionais, a partir de e até o Estreito.

13. As partes declaravam solenemente que o Tratado constituía uma solução completa e definitiva das questões em litígio; que os limites pactuados constituem um confim indiscutível e inamovível; que se comprometem a não apresentar reivindicações nem interpretações que sejam incompatíveis com o estabelecido no Tratado.
14. As disposições do Tratado não afetariam a soberania nem os direitos das partes quanto à Antártica.
15. As partes concordam em criar uma comissão binacional permanente, com o objetivo de intensificar a cooperação econômica e a integração física entre ambos os países.
16. O Tratado ficará sob o amparo moral da Santa Sé.

De tudo aquilo que foi visto, podemos concluir que esse tratado trouxe frutos comuns às duas partes, bem como aquilo que chamamos de renúncias, uma vez que nada se perde quando se renuncia em favor da paz, mas tudo se perde em favor da guerra. Isso faz parte do processo natural de qualquer acordo de natureza transacional, quer entre duas pessoas, quer entre dois Estados: *do uti des,* como diziam os romanos. Chile e Argentina renunciaram essencialmente a um projeto de expansão militar, territorial, "estratégico" para alcançar dois bens maiores: a convivência pacífica entre dois povos e a construção, juntos, de um projeto de cooperação econômica e de integração física entre os dois países.

Quanto ao método ou ao processo de Mediação utilizado pela Santa Sé na solução pacífica da Questão de Beagle, cabem duas observações:

1. O método ou tática só tem valor se servir para obter um determinado resultado; no caso em apreço, resolver pacificamente a controvérsia de Beagle. Nesse sentido, o método ou tática da Santa Sé no litígio de Beagle obteve sucesso.
2. O processo de Mediação não deve ser entendido como uma simples perseguição ou preenchimento de certas etapas já antes predeterminadas e que, de modo fácil e fatal, resolveria a questão. Muito pelo contrário, a Santa Sé teve que se debruçar concretamente sobre a relação humana específica entre Chile e Argentina para, então, descobrir e forjar por intermédio dela os possíveis caminhos que provavelmente conduziriam à solução definitiva entre as partes.

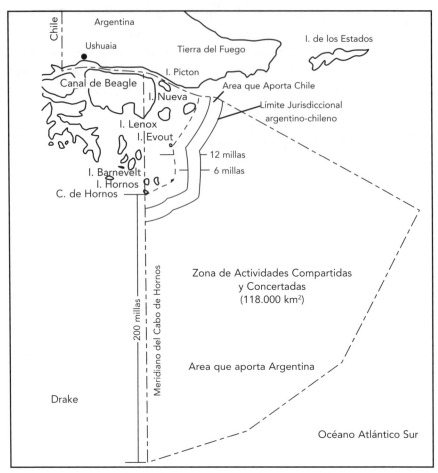

Figura 3.1 Pontos-chave da Proposta Papal quanto à divisão marítima da Zona Austral.

A estratégia diplomática da Santa Sé para a solução do conflito

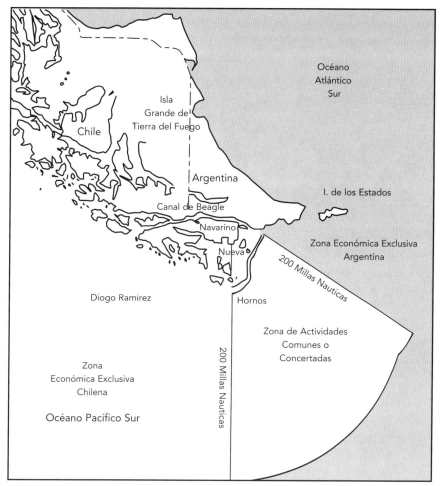

Figura 3.2 Proposta Papal, de 12 de dezembro de 1980.

A Mediação da Santa Sé na Questão do Canal de Beagle

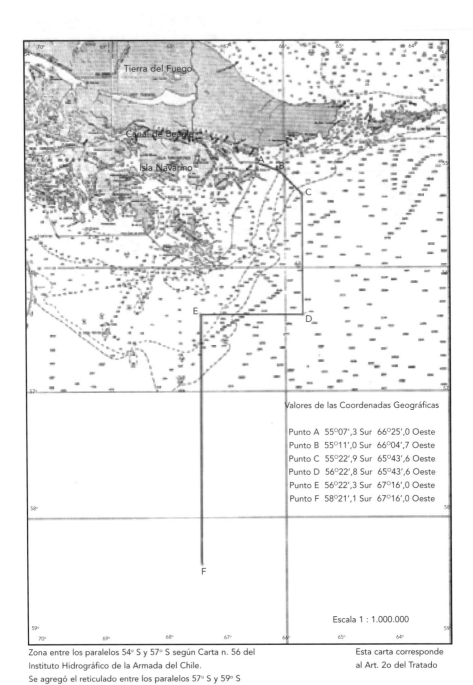

Figura 3.3 Proposta Papal definitiva, ajustada e modificada pelas conversações B-B (Benadava-Barbéris).

A estratégia diplomática da Santa Sé para a solução do conflito

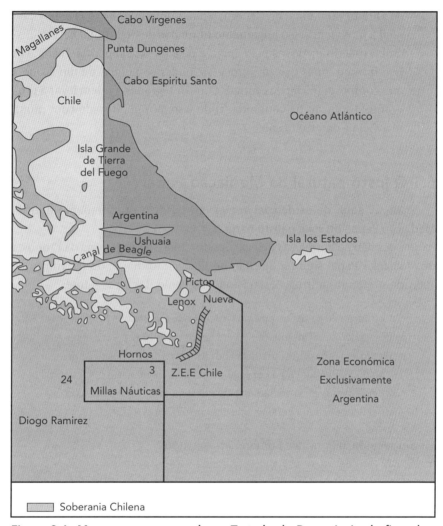

Figura 3.4 Mapa que corresponde ao Tratado de Paz e Amizade firmado em 1984.

Some-se a isso o pressuposto da atuação diplomática da Santa Sé no caso em questão, isto é, alcançar o justo natural por meio da ênfase da justiça positiva pela eqüidade, constituindo, assim, aquele princípio do Direito Romano e do Canônico denominado *ex bono et equo*[211], no qual a inteligência e o julgamento humanos de determinadas circunstâncias são informados pelo apoio e pela luz da sabedoria divina. Por isso mesmo, mais que um processo, poder-se-ia falar de um sistema que comporta iniciativas variadas que, integradas, podem levar a uma eventual solução da contenda. Tudo isso, porém, dosado com muito sacrifício e determinação.

6.1 O justo natural na Mediação Papal[212]

Trata-se, aqui, de evidenciar o aspecto jurídico propriamente dito da Mediação Papal, ou seja, o justo natural.

Por ocasião da entrega às delegações do Chile e da Argentina da Proposta de Mediação Papal sobre a questão de Beagle, no dia 12 de dezembro de 1980, dentre outras afirmações, o Papa João Paulo II fez a seguinte:

> A solução devia ser, ao mesmo tempo, justa, eqüitativa e honrosa, caso se desejasse que a mesma fosse verdadeira e definitiva. Para obter esse resultado, era necessário enriquecer de tal forma a justiça positiva por meio da equidade, de maneira a conseguir, com isso, expressar o justo natural no litígio em apreço, justo natural esse que nem sempre os homens conseguem refletir de modo perfeito em suas normas concretas.[213]

Em seguida, o Pontífice Romano acrescentou:

---

211. Discurso do Papa João Paulo II de 12 de dezembro de 1980, por ocasião da entrega de sua proposta. Observo que não consegui encontrar o referido discurso na *Acta Apostolicae Sedes*.
212. Para aprofundamento: RUIZ. R. Francisco de Vitoria e os índios americanos: a evolução da legislação indígena espanhola no século XVI. Porto Alegre: EDIPUCRS, 2002. p.69-71; VILLEY, M. Compendio de filosofia del derecho. ENUSA, 1979. v.1,p. 61-98.
213. JOÃO PAULO II, op. cit., *apud* BENADAVA, S., op. cit., p.85: "*La solución – agregó el Santo Padre – debía ser al mismo tiempo justa, equitativa y honrosa, si se quería que fuera verdadera y definitiva. Para intentar obtener este resultado, era necesario enriquecer de tal forma la justicia positiva por medio de la equidad que se logre llegar a expresar lo justo natural para el momento presente; justo natural que no pocas veces los hombres no consiguen reflejar de modo perfecto en sus normas concretas*".

> Posso assegurar-lhes que, ao redigir essa Proposta que agora na qualidade de Mediador entrego a vocês, quis inspirar-me – e não podia ser diferente – em critérios de justiça que não podem sofrer danos quando se deseja não dar motivos para novos litígios. Procurei acrescentar a esses critérios considerações de equidade, cuja concretização resulta – na verdade – menos fácil, porém que nem por isso pode ser esquecida, quando se busca um acordo honroso. Quis, em outras palavras, sugerir para esse litígio aquilo que antigos juristas romanos e também os canonistas posteriores quiseram dizer com a expressão '*ex bono et aequo*', que, por sua vez, significa que a inteligência e a razão humanas, avaliando uma série de circunstâncias de índole variada, não deixem de lado ou ignorem o apoio e a luz da sabedoria divina.[214]

Em suma, o Papa pretendeu, em sua proposta, aplicar a justiça positiva inspirando-se, porém, em critérios clássicos de justiça, isto é, a eqüidade, o *ex bono et aequo*, para conseguir dessa forma manifestar o justo natural na decisão concreta, em que a inteligência e a razão humanas podem chegar no exame do caso concreto, do auxílio e da iluminação da sabedoria divina para a solução desse caso. Portanto, o resultado dessa operação mostrar-se-á verdadeiro e definitivo e, assim, justo e eficaz para as partes envolvidas.

Em outras palavras, o que o Pontífice Romano está dizendo é que, para solucionar o litígio entre Chile e Argentina, não basta a mera aplicação positiva inerente à questão. É preciso desejar ir muito além do direito positivo – pretender alcançar a perfeição da lei positiva, isto é, o justo natural, como verdadeiro critério de justiça, no sentido clássico entendido por Aristóteles.

O justo natural possui as seguintes características:

- deve ser pensado necessariamente na experiência da verdade dos homens entre si ou dos homens com as coisas;

---

214. BENADAVA, S., op. cit., p.85: *"Puedo aseguraros que al redactar esta Propuesta que ahora, en mi calidad de Mediador, os he de entregar, he querido inspirarme – no podía ser menos – en criterios de justicia que no puede ser lesionado cuando se desea no dar motivos para nuevos litigios. He intentado a la vez, añadir a esos criterios consideraciones de equidad, cuya concretización resulta – en verdad – menos fácil, pero que tampoco puede ser olvidada, cuando se busca un arreglo honroso. He querido, en definitivo, sugerir para este diferendo, lo que antiguos juristas romanos y también los canonistas posteriores significaron con la expresión 'ex bono et aequo', la cual comporta que la inteligencia y el juicio humanos, valorando una serie de circunstancias de variada índole, no dejen de lado, o ignoren, el apoyo y la luz de la sabiduría divina".*

- mostra como a elaboração do direito positivo não pode cumprir, por si só, a essencial exigência de justiça;
- serve para verificar se aquilo que se apresenta como direito é um verdadeiro direito justo;
- nesse sentido, legitima o direito, comprova a dimensão ético-crítica (justiça) do dado jurídico;
- não se trata de um critério de justiça de caráter abstrato, mas sim realista, pois se concretiza na vida, na relação humana concreta entre as partes (duas pessoas, dois Estados): serve para encontrar o jurídico de tal relação.[215]

Em suma, o justo natural se apresenta como a dimensão ético-crítica que dá legitimidade à norma ou à decisão jurídica no caso concreto, tornando-a, assim, naturalmente justa em seu grau supremo, em um duplo aspecto: quer no sentido de distribuir a cada um a sua parte[216], quer no sentido de manifestar todas as virtudes que concorrem para a harmonia do grupo social, incluindo a prudência, o valor, a temperança, a sinceridade, o altruísmo.[217] Isso porque, na apreensão do justo natural do mediador no caso em apreço, a solução dessa questão comporta alcançar três dimensões complementares: paz com justiça, paz com amizade e paz com desenvolvimento.

Ao tratar de um tema tão delicado e difícil quanto o conflito de interesses entre Chile e Argentina, isto é, a Mediação da questão do Canal de Beagle, o Papa demonstrou possuir as virtudes[218] cardeais.[219] Mas, dentre essas, gostaria de destacar aqui apenas duas: a prudência e a justiça.[220] Quanto à

---

215. SALVADOR, C. C. & EMBIL, J.M.U. *Dicionário de direito canônico*. 1993, p.267-70.
216. Justiça enquanto "Dikaiosunê". Aristóteles, Ética a Nicomaco 1, V, começo, p.30 ss. *apud* VILLEY, M. Filosofia del derecho. [s/d.]. p.209: "*Se puede entender por justicia ('dikaiosunê') la justicia particular, la de las cuatro virtudes cardinales, cuyo objeto propio es el de distribuir a cada uno su parte: de ahí salió la idea de derecho en sentido estricto ('to dikaionjus'). Sentido riguroso y propio del término*".
217. Aristóteles, op. cit., p.209: justiça "geral" ou "legal".
218. São Tomás de Aquino. *Suma theologica* I, q. LXVIII – "A virtude, por essência, é assim chamada por conferir ao homem a perfeição de agir retamente".
219. São Tomás de Aquino, op. cit., II, q. LXI – São quatro as virtudes cardeais: prudência (discernimento), justiça (retidão), temperança (moderação), fortaleza (firmeza de ânimo).
220. Segundo São Tomás de Aquino, as virtudes da justiça, fortaleza e temperança são dirigidas pela prudência (*Suma theologica* I-II, D, LXI, 4), isto é, a prudência é

prudência,[221] o Papa demonstrou prudência entendida como perfeição em agir retamente no sentido de fazer boas obras.[222] Nesse sentido, o Papa conduziu o sistema de Mediação procurando evitar todos os "inconvenientes e perigos",[223] sobretudo a desconfiança entre as partes, a tentação de obter vantagens; as pressões políticas (militares) de cada uma delas.[224] com calma, ponderação, sensatez, paciência: após a assinatura do Tratado de Montevidéu, de 1979, que continha o pedido oficial de Mediação ao Papa, no ano de 1979 e quase todo o de 1980, a Mediação registrou apenas progressos mínimos. As partes estavam ainda por demais radicalizadas em suas posições;[225] quando o Papa apresentou a sua Proposta de Solução da contenda, em 12 de dezembro de 1980, a Argentina demorou mais de dois anos para se manifestar em propósito (20 de março de 1981).[226] E, a partir desse momento e até 1983, poucas reuniões conjuntas foram realizadas sobre pontos importantes

    absoluta e a principal de todas as virtudes, sendo as demais principais cada uma em seu gênero (Suma theologica I-II, q. XLI, 3).

221. Para aprofundamento, consulte: MORA, J.F. *Dicionário de filosofia*. Tomo III, São Paulo: Loyola, s/d, p.2401; SÃO TOMÁS DE AQUINO. Suma theologica. I-II, q. XLI, e e LXI, 4; Dicionário Huaiss da Língua Portuguesa. Rio de Janeiro: Objetiva, 2001. p.2322.
222. ARANGUREN, J. L. L. *Ética*. s/cid., s/ed., 1958, p.33-331 apud MORA, J. F. Dicionário de filosofia. São Paulo: Loyola, t.3, p.2401.
223. *Dicionário Houaiss...* p. 2322.
224. BENADAVA, S., op. cit., p.53: *"Cada Gobierno trataba que el proyecto consagrara aspectos básicos de su própria posición [...]. Su labor fue más complejo en Argentina porque tenía que obtener el acuerdo de cada uno de los miembros de la Junta Militar [...]; en un punto que juzgó esencial el Cardenal se mantuvo inconmovible: las Partes no podrían imponer condiciones a la Santa Sede en su función mediadora. El Mediador debería conservar plena libertad para examinar todos los aspectos del diferendo".*
225. Id. Ibid., p.79: *"Durante el año de 1979 y casi todo el 1980, la Mediación no había registrado sino progresos mínimos. En lo fundamental, Chile seguía sosteniendo que el litigio versaba sobre delimitación de aguas y no sobre asignación de tierras, en tanto que Argentina insistía en discutir no sólo el problema de aguas, sino también el de tierras (es decir, de islas). Sólo se había logrado progresos en temas marginales o colaterales, tales como extensión de mar territorial, cooperación, integración, etcétera".*
226. Id. Ibid., p.92: *"La respuesta argentina sólo se haría pública el 17 de mayo de 1983, más de dos años después de su fecha [...]".*

da Mediação e o processo não registrava ganhos substanciais[227]; com previdência, soberania, tino, inteligência, sagacidade e ciência[228]: a decisão do Papa de intervir para resolver o conflito entre Chile e Argentina[229]; a guerra que o Papa evitou;[230] os Acordos de Montevidéu, de 1978[231]; as várias dificuldades a serem superadas na Mediação.[232] O Papa utilizou a memória em relação à experiência, com visão clara da situação. Essa lucidez do mediador pode ser colhida, por exemplo, por meio das Orientações Pontifícias, nas quais o Papa afirma:

> Creio ser proveitoso planejar as negociações, buscando, em primeiro lugar, os pontos de convergência entre as posições das partes. [...] Convido as mesmas a refletirem sobre as possibilidades de colaboração em uma série de atividades dentro e fora da Zona Austral. [...] Creio que o descobrimento e a preparação conseqüente de amplos setores de cooperação criaria as condições favoráveis para a busca e o encontro da solução completa.[233]

Quanto à justiça, pode-se dizer que a Mediação Papal contém, por assim dizer, dois tipos de justiça: a justiça distributiva e a justiça comutativa.

---

227. Id. Ibid., p.93: *"Esto es lo que cabía esperar después de conocer la reacción argentina a la Propuesta papal. Se iniciaría desde entonces un largo período, que duraría hasta mediados sobre las materias de fondo y el proceso no registraría avances substanciales, ni siquiera sobre los puntos menos importantes de la controversia".*

228. Dicionário Houaiss... p.2322.

229. Id. Ibid., p.43: *"Ante la gravidad de la crisis, y tras convocar a sus colaboradores inmediatos, Juan Pablo II decidió actuar".*

230. Id. Ibid., p.46: *"No hay duda hoy en día que Chile y Argentina estuvieron a fines de diciembre de 1978 al borde de la guerra y que la intervención papal impidió el conflicto".*

231. Id. Ibid., p.56: *"Mientras os dos Concilleres firmaban Samoré rezaba en voz baja [...] agradecía al Espíritu Santo su intervención directa en el feliz epílogo y le agradecía también haberle dado fuerzas y la lucidez necesaria para lograr al objetivo fundamental que le había encargado el Papa: evitar la guerra".*

232. Id. Ibid., p.57: *"El camino no está cerrado, las posibilidades de un acuerdo existen – le dijo Samoré – pero había que superar mil dificultades por lo que sólo usted, Santidad, puede decidir sí acepta o no una mediación".*

233. Id. Ibid., p.64: *"En su alocución, el Papa expresó que estimaba provechoso planear las negociaciones buscando, en primer lugar, los puntos de convergencia entre las posiciones de ambas as partes".*

Em primeiro lugar, o termo justiça aplicado pelo mediador foi no sentido de dar a cada um o que lhe é devido, mas com equilíbrio no intercâmbio.²³⁴ Aliás, foram nesse com essa acepção as palavras do Cardeal Casaroli, Secretário de Estado da Santa Sé, por ocasião do início das tratativas sobre Beagle:

> É óbvio que cada país deseje ver aceito o seu ponto de vista, sobretudo quando se trata de questões relativas a aspectos considerados de importância vital para os interesses próprios e para o que se possa reputar como orgulho nacional. Mas tudo isso tem valor para uma e para a outra parte. Um esforço de compreensão mútua e uma visão objetiva e verdadeiramente realista dos interesses e da honra devem ajudar a encontrar esse equilíbrio justo e eqüitativo, que constitui a essência de todo compromisso honroso, inclusive de todo acordo internacional satisfatório e aceitável para as partes.²³⁵

Em segundo lugar, o Papa pensou no termo justiça, no litígio em apreço, como condição para a felicidade,²³⁶ entendendo que essa é uma decorrência do equilíbrio no intercâmbio que, por sua vez, gera estabilidade na relação humana entre as partes.

Essa compreensão de justiça foi traduzida de dois modos na Mediação de Beagle:

- justiça distributiva: distribuir terras e águas para as partes, sendo que em tais coisas é possível que a participação de cada uma delas seja igual ou desigual a de outro. A justiça distributiva é, portanto, uma adjudicação por um terceiro, no caso em estudo, o Papa;

---

234. MORA, J. F., op. cit., t.2, p.1616.
235. BENADAVA, S., op. cit., p.139: *"Es obvio – prosiguió el Cardenal – que cada país desee ver aceptado su punto de vista, sobre todo cuando se trata de cuestiones relativas a aspectos considerados de importancia vital para los intereses propio e para lo que pueda estimarse como el honor nacional. Pero todo esto tiene valor para una y otra parte. Un esfuerzo de mutuo comprensión y una visión objetiva u verdaderamente realista de los intereses y del honor deben ayudar a encontrar ese equilibrio, justo y equitativo, que constituye la esencia de todo compromiso honorable, incluso de todo acuerdo internacional satisfactorio y aceptable para las partes".*
236. MORA, J. F., op. cit., t.2, p.1616.

- justiça comutativa: o artigo 12 do Tratado de Paz e Amizade entre Chile e Argentina estabelece a cooperação econômica, bem como a integração física entre esses dois países na zona austral. A justiça comutativa, também chamada de corretiva ou retificativa, regula as relações tanto voluntárias como involuntárias entre as partes. A justiça comutativa é propriamente o intercâmbio entre as partes; é baseada na troca e regula as relações entre elas.

Tanto a justiça distributiva como a justiça comutativa traduzem, juntas, a máxima do mediador para a solução de Beagle, ou seja, paz com justiça, paz com amizade e paz com desenvolvimento.[237]

Assim, enquanto a justiça distributiva é adjudicação por um terceiro, a justiça comutativa, corretiva ou retificativa é intercâmbio entre as partes.

Porém, convém observar que nessa aplicação de justiça iluminada pelo princípio clássico do justo natural, soma-se uma outra virtude tipicamente cristã, a saber: a caridade (amor).[238] Isso porque a caridade está necessaria-

---

237. Aristóteles. *Eth. Nic.* V, 1130 b 30 apud MORA, J. F., op. cit., t.2, p.1617 – Justiça distributiva: consiste na distribuição de honras, de fortuna e de todas as demais coisas que devem ser repartidas entre aqueles que participam da contribuição (já que em tais coisas é possível que cada um tenha uma participação igual ou desigual a de outro). – Justiça comutativa: corretiva ou retificativa, que regula as relações, tanto voluntárias como involuntárias, de cidadãos entre si. São Tomás de Aquino (op. cit., IIa q. LVIII apud MORA, J.F., op. cit., p.1617) considerou a justiça um modo de regulação fundamental das relações humanas. Aristóteles (Eth. Nic. VIII, 1, p.1155-27) fala de três tipos de justiça: a distributiva – estabelece a participação dos membros de uma comunidade nesta e regula as relações entre essa comunidade e seus membros, e a legal ou geral, que estabelece as leis que têm de ser obedecidas e regula as relações entre os membros e a comunidade; a comutativa – baseada na troca e reguladora das relações entre membros de uma comunidade.

238. São Tomás de Aquino. op. cit., II, q. LXV: "Pois, como já dissemos, as virtudes morais não podem existir sem a prudência e esta não pode existir sem aquelas, que nos levam a proceder bem em relação a certos fins, dos quais procede a razão da prudência. Ora, pela sua razão reta, a prudência exige que o homem proceda bem em relação ao último fim – a que o leva a caridade – muito mais que em relação aos outros fins, a que o levam as virtudes morais [...]". Idem, III, q. LXV: "Embora a caridade exceda a ciência e a prudência, contudo esta depende daquela, como já dissemos, e, por conseqüência, também dela dependem todas as virtudes morais infusas".

mente conexa com as virtudes da prudência, justiça, temperança e fortaleza, no sentido de fazer bem boas obras, como explicou o Dr. Angélico.[239]

A inclusão da caridade cristã na fórmula da justiça por meio do justo natural faz com que se acrescente àquilo que é devido a cada um ou às partes, uma medida a mais. Além disso, a caridade ou o amor cristão introduz na solução de justiça pelo justo natural o aspecto da amizade. A justiça passa a ser enriquecida com a amizade. Nesse entendimento, a caridade cristã reforça a tese aristotélica da amizade com justiça: "Quando os homens são amigos, não precisam de justiça, e quando são justos, também precisam de amizade; considera-se que a mais autêntica forma de justiça é uma disposição amistosa".[240]

Ora, a solução papal para a Questão de Beagle, através do Tratado de Paz e Amizade de 1984, prevê, no seu artigo 12, a cláusula de cooperação econômica e integração física entre Chile e Argentina na região contestada e que passou a ser chamada de Zona de Paz.

Nesse caso, a intenção econômica papal foi criar uma forma de participação entre as partes, pela qual se daria, ao mesmo tempo, a justiça com amizade.

> A amizade e a justiça parecem relacionar-se com os mesmos objetos e manifestar-se entre as mesmas pessoas; realmente, parece que com todas as formas de justiça e também de amizade; a amizade depende da participação.[241]

Essa participação ou associação econômica, por sua vez, leva ao desenvolvimento das duas nações envolvidas.

Assim, pode-se afirmar que a solução papal para a Questão de Beagle segue a tese clássica de Aristóteles da justiça com amizade.[242]

É a partir desse raciocínio que o justo natural emerge na Mediação Papal sobre Beagle como o elemento propriamente jurídico de toda a controvérsia em apreço, por meio da seguinte fórmula:

- paz com justiça;
- paz com amizade;
- paz com desenvolvimento.

---

239. São Tomás de Aquino. op. cit., II, q. LXV.
240. Aristóteles. op. cit., VIII, 1, 1155 a.
241. Aristóteles. op. cit., 1160 a.
242. Id. Ibid., VIII e IX.

CONSIDERAÇÕES FINAIS

Estas considerações finais são formadas por três momentos:

- uma análise crítica;
- objetivo e finalidade última de toda a pesquisa: pontos principais;
- sugestão de temas a serem desenvolvidos por eventuais interessados.

Escolhi a Questão de Beagle como tema dessa pesquisa por ser, em primeiro lugar, um fato marcante e crítico, quer no seio das relações internacionais mundiais, quer no âmbito da diplomacia regional da América do Sul. Em segundo lugar, porque esse tema vai possibilitar, de modo concreto e paradigmático, alcançar os objetivos de mostrar:

- a presença eficiente da Santa Sé (Igreja) na comunidade internacional;
- a concepção de poder característica da atividade diplomática da Santa Sé no seio da Comunidade das Nações;
- os méritos da diplomacia da Santa Sé, por meio de um exemplo concreto, ou seja, a Mediação Papal da Questão de Beagle;
- a estrutura diplomática da Santa Sé;
- a personalidade jurídica internacional da Santa Sé;
- a essencialidade e a atualidade do Capítulo VI da Carta das Nações Unidas, que trata da Solução Pacífica dos Litígios Internacionais, por dois de seus institutos, a saber: Bons Ofícios e Mediação;
- como o conceito de guerra preventiva constitui uma flagrante ruptura da ordem internacional e, portanto, em contradição com o acima referido Capítulo VI da Carta das Nações Unidas;

- como a Santa Sé resolveu a Questão de Beagle pelo método da solução pacífica de controvérsias internacionais;
- a Questão do justo natural.

1. ANÁLISE CRÍTICA

A pesquisa está centrada principalmente nos seguintes elementos:

- a Questão de Beagle;
- a natureza da Santa Sé, bem como sua ação diplomática;
- o Processo de Mediação diplomática da Santa Sé, que culminou no Tratado de Paz e Amizade, de 1984;
- o método de solução pacífica de controvérsia, utilizado pela Santa Sé no caso em apreço;
- o justo natural.

O método utilizado nesta obra é o histórico-narrativo, por meio do qual se procura descrever o fato histórico acontecido, sem procurar, contudo, emitir juízo de valor sobre os aspectos positivos e negativos para as duas partes envolvidas no acordo: quem levou vantagem e quem e o que teve que ceder. Esforcei-me ao máximo para ter como nota característica desta pesquisa a imparcialidade na exposição dos fatos.[1] Dessa forma, entendo que fiz um trabalho cientifico, e não político. Assim agindo, acredito ter seguido a estratégia da imparcialidade atuante, que, aliás, caracteriza a Sé Apostólica na sua práxis diplomática e mediadora e, sobretudo, no caso em Questão. Por meio desse método, o que se busca nesta obra é apresentar uma abordagem qualitativa do papel da Santa Sé na Mediação da Questão de Beagle, isto é, mostrar seus elementos característicos, salientando que o que levou a Santa Sé a fazer uma Mediação diplomática em nível internacional dessa envergadura não foi a ambição de hegemonia política ou de poder temporal como fim em si

---

1. Em outras palavras, esse esforço de imparcialidade na exposição dos fatos históricos envolvendo a Questão de Beagle não é absoluto, ou seja, comporta uma atitude ativa, a saber: a seleção dos textos, a ordem e a interpretação dos mesmos na obra. ACCIOLY, H. *Tratado de direito internacional público*. Rio de Janeiro, [s.n.], 1957. v.3, p.257: "Na realidade, a neutralidade não comporta uma atitude puramente passiva de absoluta abstenção, mas, antes, uma atitude ativa, que a própria imparcialidade, dever fundamental dos neutros, exige".

mesmo[2] – intenção já explicitamente manifestada quando a Santa Sé renunciou à reivindicação dos seus direitos sobre os territórios dos Estados Pontifícios e sobre a Cidade de Roma no Pacto Lateranense de 1929 –, mas "o desejo de prestar serviço a todos"[3], sobretudo, salvaguardando e promovendo a paz entre as nações, um bem básico para o progresso dos povos. O Concílio Vaticano II (1962-1965), na Constituição *Gaudiun et Spes*, tratou, entre outras coisas, do tema relativo à "Construção da Comunidade Internacional", estabelecendo a presença eficiente da Igreja na comunidade, afirmando o seguinte:

> [...] a Igreja deve estar absolutamente presente na comunidade dos povos, para fomentar e despertar a cooperação entre os homens; e isto tanto por suas instituições públicas, como, ainda, pela plena e sincera colaboração de todos os cristãos inspirada somente pelo desejo de prestar serviço a todos.[4]

Trata-se de um serviço a todos os homens, a todas as nações e à unidade das nações por meio da consolidação da comunidade internacional dos Estados. Um dos métodos eficazes para a realização desse serviço é a sua atuação diplomática.[5]

---

2. Sobre conceito de poder, distingo entre poder "meio" e poder "fim". O poder "meio" é sempre instrumento eficaz para a concretização de um objetivo, enquanto o poder "fim" é usado unicamente para se impor e auto-afirmar-se como supremacia política, econômica e militar sobre a Comunidade das Nações. Em outras palavras, o poder "fim" é um poder para a obtenção de mais poder. O poder "meio", por sua vez, é instrumento para um fim mais nobre, de caráter universal.
3. CONCÍLIO VATICANO II. *Constituição pastoral 'Gaudiun et Spes'.* Parte II, Capítulo V, n.89. Esta foi a posição oficial reassumida e confirmada pela Igreja de modo solene no Concílio Vaticano (1962-1965), ao declarar novamente o Serviço Diplomático da Santa Sé como instrumento eficaz e privilegiado do serviço em prol da Comunidade das Nações.
4. Id. Ibid.
5. Além da atuação diplomática, existem outros meios, por assim dizer, não oficiais, pelos quais a Igreja procura fomentar a paz e a concórdia entre os homens e as nações, a saber: a promoção humana, a obra de evangelização, a defesa da justiça social, como atestam os recentes documentos oficiais de Puebla, Medelin, Santo Domingo etc.

Em outras palavras, a Santa Sé deseja colaborar, de modo pleno e sincero, com a construção da Comunidade Internacional[6], porque, assim fazendo, ela alcança seus objetivos: o bem da humanidade e a manutenção da paz entre os homens. Esses dois objetivos da Santa Sé são complementares e correm juntos, "colaborando ativa e positivamente com a consolidação da Comunidade Internacional"[7], ela realiza a sua missão entre os homens, ou seja, "coopera para resgatar os mesmos da imensidade de sofrimentos e dissensões em que se encontram"[8], defendendo que a organização da vida dos homens se faça segundo padrões qualitativos progressivos de justiça e de amor.

Considerando, pois, o baixo nível humanitário do mundo[9], a Santa Sé, a fim de conseguir a realização dos objetivos acima referidos, recorda com freqüência à Comunidade das Nações, por um lado, o valor inalterável do direito natural dos povos, bem como de seus princípios universais;[10] por outro lado, existe a necessidade de extirpar as causas de desentendimentos entre os homens (entre as nações), vez que essas alimentam a guerra e, sobretudo, as injustiças. As injustiças no mundo ora derivam das excessivas desigualdades, ora derivam do desprezo das pessoas; ora da inveja; ora da desconfiança; ora da soberba; ora de outras posições egoístas.[11] A conseqüência de tais injustiças freqüentemente leva os homens à rivalidade e à violência entre si.[12] Ora, estes males infectam, conseqüentemente, as relações entre as próprias nações e Estados.[13] Assim, surgem entre elas as dissensões ou os litígios internacionais de variada índole. Muitas vezes, essas controvérsias entre países se devem à disputa entre os Estados pela hegemonia política ou econômica e sofrem particularmente com isso os países do terceiro mundo; quando não, trata-se de uma disputa de soberania (terrestre ou marítima) sobre um determinado território, dando origem, assim, a um litígio internacional de limites, que normalmente pode ser de natureza jurídica, diplomática, militar, geopolítica etc. Exemplo disso é a Mediação Papal na Questão de Beagle, tema de pesquisa deste livro.

---

6. CONCÍLIO VATICANO II. op. cit.
7. Id. Ibid., n.90.
8. Id. Ibid.
9. Id. Ibid., n.79: no sentido de que os direitos humanos ainda não se afirmaram nas instituições governamentais como seria desejável.
10. Id. Ibid.
11. Id. Ibid., n.83.
12. Id. Ibid.
13. Id. Ibid.

Considerações finais

A atuação diplomática da Santa Sé traz em seu bojo uma concepção de poder diferente em relação àquela dos Estados. Enquanto estes nutrem ambições de poder político, material, mediato ou imediato, a Santa Sé, por sua vez, tem pretensão de poder espiritual, moral, de influência, inspirada somente no desejo de prestar serviço a todos.[14] Em outras palavras, a concepção que a Santa Sé tem de poder revela uma visão peculiar incomum dele, no plano internacional, seja quanto à eficácia, seja quanto à natureza. Em relação à eficácia, não se baseia na coação da força para a sua observância. Quanto à natureza, baseia-se nos valores morais perenes e comuns a todos os seres humanos, não por serem valores católicos, mas valores comuns e universais inerentes à natureza humana. Por conseguinte, a sua estratégia diplomática consiste, sobretudo, em realçar e dar voz à consciência das pessoas e dos povos em geral, para com isso suscitar níveis crescentes de justiça e de respeito nas relações entre os homens e entre os Estados, pois, assim fazendo, a Santa Sé cria as bases para um diálogo e respeito da pessoa humana nas diversas realidades humanas. É por isso, e não por meras ambições de hegemonia política, que ela mantém um diálogo franco e cordial, em nível diplomático, com os governantes. Dirigindo-se às consciências, a Santa Sé promove os princípios humanos fundamentais de caráter universal, sem os quais não se pode falar de uma Comunidade das Nações. Em outras palavras, a Santa Sé se constitui num sujeito soberano de direito internacional, mas de natureza, claramente, além de religiosa, também humanitária, cujo objetivo precípuo é o de promover o bem de toda a humanidade, elevando o homem a níveis de vida sempre mais compatíveis com a dignidade humana, lá onde ele estiver, sobretudo no nível das Instituições Internacionais, tais como a Comunidade dos Povos (Organização das Nações Unidas).

A Santa Sé, assim, se apresenta, no contexto da Comunidade Internacional, como pessoa pré-jurídica, de direito internacional público e como Suprema Autoridade da Igreja Católica. Como pessoa pré-jurídica de direito internacional público é pessoa moral, isto é, emana de um Direito inerente à sua própria natureza, ou seja, que não procede dos meios institucionais legais característicos do regime democrático.[15]

Dessa forma, a Santa Sé, como Suprema Autoridade da Igreja, antecede à própria existência do Estado e à formação dos reinos após a queda do Império Romano, em, pelo menos, quinze séculos, considerando a sua entrada no cenário das relações internacionais a partir dos séculos IV e V.

---

14. Id. Ibid., n.89.
15. Na linguagem canônica, esse Direito inerente chama-se Direito Divino.

Assim, a Santa Sé surge para os Estados modernos como um dado, um fato ou um fenômeno histórico, sociológico, preexistente, incontestável, em relação à existência deles. Os Estados, por sua vez, reconhecem essa realidade de modo oficial, por meio das relações diplomáticas com a Santa Sé (atualmente com 178 países), reconhecendo, pois, a sua condição de sujeito internacional com direitos e deveres próprios. Portanto, a personalidade jurídica da Santa Sé não é conseqüência do reconhecimento dos Estados; os Estados apenas a reconhecem, mas não a legitimam. Os Estados aceitam a personalidade da Santa Sé com todos os direitos e deveres determinados pelo direito internacional, intrinsecamente reconhecendo até a sua natureza específica (Teoria Declaratória). Dito de outro modo, o reconhecimento dos Estados oficializa, no plano internacional, a natureza diplomática da Santa Sé, que, por sua vez, se manifesta por meio da sua atividade diplomática internacional. Ora, enquanto ser diplomático, a Santa Sé possui uma estrutura diplomática no interior do seu ordenamento jurídico: é dotada de um conjunto de órgãos ou de uma estrutura racional, para lidar com assuntos das suas relações com outras entidades a elas assemelhadas (relações exteriores, melhor dito, externas a um ordenamento jurídico nacional)[16]; e, por outro lado, a Santa Sé manifesta este seu ser diplomático atuando-o de uma determinada maneira de conduzir a política exterior do seu Estado[17] ou como possuidora de uma política exterior própria[18], isto é, a da Santa Sé. A maneira ou a forma característica da diplomacia da Santa Sé agir no plano internacional é a de conduzir os assuntos exteriores, no que diz respeito às controvérsias internacionais, utilizando o método pacífico de solução de litígios internacionais (aqueles relacionados pelo Capítulo VI da Carta das Nações), principalmente os Bons Ofícios[19], a Mediação[20] e a negociação, descartando, assim, as operações

---

16. SOARES, G.F.S. *Órgãos dos Estados nas relações internacionais: formas da diplomacia e as imunidades.* Rio de Janeiro, Forense, 2001. p.1.
17. Id. Ibid., p.3.
18. Id., loc. cit.
19. A Carta das Nações Unidas não menciona, explicitamente, os Bons Ofícios dentre os institutos de solução pacífica de controvérsia, mas entende-se que, dado o uso costumeiro milenar desse instituto pela Santa Sé e uma prática imemorável da diplomacia internacional, a inclusão do mesmo naquele elenco se faz de modo implícito, além do fato de que a mesma não é um elenco exaustivo, mas exemplificativo.
20. Aliás, esta práxis diplomática da Santa Sé antecede o Capítulo VI da Carta da ONU em cerca de 15 séculos.

militares. A guerra, aliás, nunca é admitida como meio de solução das contendas internacionais, muito menos o conceito *fora-da-lei*, de guerra preventiva: argumento utilizado hodiernamente por certas potências para operações militares expansionistas, com base em ameaças à sua soberania.[21] A guerra preventiva é a aplicação prática da nova teoria estratégica dos EUA *(preventive actions)*, anunciada pelo presidente George W. Bush, em 2002, na Academia Militar de West Point, consistente na adesão de ações preventivas concentradas, a fim de impedir as materializações das ameaças terroristas de maneira generalizada e, em especial, à segurança interna dos EUA, onde quer que se manifestassem.[22] Tal teoria significa, dentre muitas implicações, o abandono de uma postura de dissuasão do inimigo, pela simples exibição de uma força militar descomunal e sem quaisquer oponentes por uma efetiva estratégia de ação militar (e não mais de autocontensão), com finalidades defensivas, ou, melhor dizendo, de uma efetiva ação militar preventiva. Nesse cenário, é natural que o conceito de guerra preventiva faça sua aparição em moldes um pouco diferentes da *nuclear dissuasion* de McNamara, no Governo Kennedy, tendo em vista seu caráter pragmático e de efeito imediato.[23] Tal conceito arrogar-se-ia "um fundamento jurídico baseado no exercício de um direito subjetivo

---

21. Cf. *Catecismo da Igreja Católica*. Edição Típica Vaticana, São Paulo, Loyola, 1999, n.239. O termo "Guerra Preventiva" foi inventado recentemente e choca-se inconciliavelmente com o "direito de legítima defesa", ou "guerra justa", admitido, por sua vez, pela doutrina da Igreja e pelo Direito Internacional, ao afirmar o seguinte: "É preciso considerar com rigor as condições estritas de uma legítima defesa pela força militar. A gravidade de tal decisão a submete a condições rigorosas de legitimidade moral. É preciso ao menos que:
    – o dano infligido pelo agressor à nação ou à comunidade de nações seja durável, grave e certo;
    – todos os outros meios de pôr fim a tal dano se tenham revelado impraticáveis ou ineficazes;
    – estejam reunidas as condições sérias de êxito;
    – o emprego das armas não acarrete males e desordens mais graves do que o mal a eliminar. O poderio dos meios modernos de destruição pesa muito na avaliação desta condição".
    Estes são os elementos tradicionais enumerados na chamada doutrina da "guerra justa".
22. SOARES, G.F.S. Legitimidade de uma guerra preventiva em pleno 2003? *Política Externa*, São Paulo, v.12, n.1, 2003. p.5.
23. Id., loc. cit., nota de rodapé n.2.

e natural dos Estados a prover à sua legítima defesa preventiva, individual ou coletivamente[24]. Esse entendimento de guerra preventiva resulta, porém, ilegítimo ao direito internacional público, porque o sistema da segurança coletiva atual é aquele sob o império da Organização das Nações Unidas. Como se sabe, as normas jurídicas internacionais que constituem o arcabouço normativo da ONU são as únicas que, na atualidade, legitimam o emprego virtual ou real da força militar nas relações militares. Além de elas provirem de uma verdadeira delegação de poderes que os Estados fizeram à ONU, as decisões dessa organização têm sido consideradas por várias outras fontes normativas como integradas no poderoso arcabouço dos usos e costumes internacionais que abrigam os povos da atualidade.[25]

> A partir do exame das normas do Direito Internacional atualmente vigentes, não há qualquer possibilidade de existir uma guerra preventiva que seja legítima, entendendo-se 'guerra' na sua acepção mais corrente, como um uso efetivo ou uma ameaça de uso das forças armadas, por um Estado ou por um grupo de Estados, nas relações internacionais da atualidade. Se não houver o preenchimento das condições exigidas pelo Direito Internacional, conforme estipuladas no art. 51 da Carta da ONU (uso das forças armadas em legítima defesa individual ou coletiva, ou no art. 39 e art. 42, igualmente da carta da ONU, nos casos de ameaças à segurança e à paz internacionais, assim considerados formalmente pelo Conselho de Segurança), tratar-se-á de um ato de agressão, que a Resolução 3314 (XXIX) de 1974 da Assembléia Geral da ONU definiu e tipificou.[26]

Além da opção pela solução dos conflitos internacionais por meios pacíficos de resolução, a Santa Sé se utiliza dos critérios clássicos de justiça (equidade, *ex bono et equo*) na aplicação da justiça positiva para, assim, conseguir manifestar o justo natural na decisão concreta. O justo natural é o elemento jurídico propriamente dito da Mediação Papal em estudo, tendo em vista que ele manifesta a verdade da solução jurídica adotada para pôr fim à controvérsia. Tal solução jurídica foi construída com atenção aos seguintes critérios: justiça, eqüidade, dignidade, amizade, caridade e desenvolvimento.

---

24. Id., loc. cit.
25. SOARES, G.F.S. op. cit. p.6-7. Para um exame da doutrina, sobre "guerra justa", consulte Id. Ibid., p.9.
26. Id. Ibid., p.26-7.

A aplicação da lei positiva enriquecida por esses parâmetros leva o mediador a discernir o justo natural para cada uma das partes na relação concreta de ambas. Dessa forma, a solução final será justa, legítima, equilibrada, eficaz e definitiva. O Tratado de Paz e Amizade, de 1984, entre Chile e Argentina é a própria expressão do *quid* jurídico de toda a Mediação Papal sobre a Questão de Beagle. Ele concilia em seu bojo a seguinte fórmula: paz com justiça, paz com amizade, paz com desenvolvimento. Em outras palavras, a Mediação Papal do mencionado conflito consistiu em oferecer uma solução (fórmula) jurídica baseada na aplicação da justiça positiva, mas temperada e inspirada no princípio do justo natural e enriquecida pela caridade cristã. A diplomacia é, então, para a Santa Sé, um instrumento que facilita e realiza a sua própria missão no concerto da comunidade internacional. Por conseguinte, a forma característica da Santa Sé de resolver os conflitos internacionais entre os Estados pela via pacífica, como, por exemplo, por meio da Mediação, decorre da natureza da sua própria missão: a Santa Sé é, por excelência, uma instância mediadora na realidade humana e internacional. Dessa forma, não se pode falar de uma *práxis* internacional nova da Santa Sé no caso de Beagle, pois isso vem ocorrendo desde os séculos IV e V.

Ressalta-se, ainda, a colaboração dos dois países para o sucesso da Mediação. Houve uma abertura ao diálogo da parte dos respectivos governos e uma colaboração mútua em todas as fases do processo. E, considerando que em um processo de composição de vontades é condição *sine qua non* que as partes cedam certas aspirações suas, em vista de se obter um bem maior, logo, no tema em apreço, assim também se passou. Chile e Argentina optaram por sacrificar certos interesses seus, ainda que legítimos, entendendo que, assim fazendo, alcançariam um bem maior, a saber: a paz, um progresso econômico compartilhado na região em Questão, um tratado honroso para ambas as partes, além de pôr fim a um conflito que já durava mais de um século e que, por várias vezes durante esse período, quase levou os dois países ao conflito armado. Por último, Chile e Argentina estimaram o esforço sério e equilibrado desempenhado pela Santa Sé na Mediação Papal do conflito de Beagle.

Por último, evidencia-se a diferença entre a Santa Sé e o Estado da Cidade do Vaticano em três níveis, a saber: quanto à origem, quanto à natureza e quanto à finalidade.

Quanto a sua origem, a Santa Sé possui um direito antecedente e inato. Antecedente, pois, como diz a palavra, é anterior à constituição de qualquer dos Estados modernos e porque é anterior ao seu reconhecimento por parte deles. Inato porque é elemento inerente a sua própria natureza. Não provém de nenhum elemento externo de ordem humano-positiva, ou seja, não foi uma instância de poder institucional a fonte desse direito. Em outras palavras, usando uma expressão pouco jurídica, esse direito está presente no DNA da sua natureza. O Estado do Vaticano, por sua vez, é de direito positivo internacional e nasceu com o Tratado de Latrão entre o reino da Itália e a Santa Sé, em 1929.

Quanto à natureza, a Santa Sé é pessoa moral, espiritual e religiosa, com papel político (nacional e internacional), também, a saber: o bem da humanidade, além de ser o centro de governo da Igreja Católica. Já o Estado do Vaticano assegura a soberania e a absoluta imunidade da pessoa do Romano Pontífice como chefe da Igreja Católica e no exercício da sua missão, em relação a qualquer autoridade e lei humana. Assim, os Estados mantêm relação diplomática não com o Estado do Vaticano, mas com a Santa Sé.

Portanto, é a Santa Sé que assina tratados internacionais, concordatas com os Estados. Exemplo: a primeira Concordata oficial foi a de *worms* (que pôs fim às investiduras laicas), celebrado entre a Sé Apostólica e o Sacro Império, em 1122, pelo Imperador Henrique V e o Papa Calisto II.

Quanto à finalidade: é complementar ou interdependente entre a Santa Sé e o Estado do Vaticano.

O Estado do Vaticano tem como finalidade precípua assegurar a soberania e imunidade absolutas da Santa Sé no exercício da sua alta missão espiritual entre os homens.

Assim, mesmo que o Estado do Vaticano, enquanto base territorial, venha a desaparecer, a Santa Sé, todavia, permanece.

O processo de participação na vida política e social interna do Estado romano (Império) e, externamente, em nível dos povos bárbaros que estavam invadindo a fronteira do Império, começou quando o Imperador Teodósio I promulgou, em 27 de fevereiro de 380, o Edito de Tessalônica *Cunctos Populos,* com o qual estabelecia que a religião cristã era oficialmente reconhecida como a religião do Estado. Essa data de 380, portanto, marca o momento histórico mais remoto, a partir do qual a Santa Sé começa a participar ativa e ininterruptamente até os dias atuais das relações internacionais, não obstante os percalços da história política internacional ao longo desses quase 2 mil anos.

A Santa Sé e o Sumo Pontífice são duas expressões com o mesmo significado, ou seja, significam a mesma realidade.

2. OBJETIVO E FINALIDADE ÚLTIMA DE TODA PESQUISA: PONTOS PRINCIPAIS

1. A Questão de Beagle caracterizou-se por ser uma disputa primordialmente de soberania marítima (águas) e complementarmente de soberania sobre terras (ilhas).
2. A causa mais remota desse litígio encontra-se no expansionismo hegemônico, estratégico-militar de Chile e Argentina sobre a região disputada, enquanto a menos remota tem causa tripla:

- a independência dos dois países;
- a utilização do princípio do direito americano do *uti possidetis juris*, de 1810 (de direito), como critério principal de delimitação das fronteiras entre ambos os países;
- a divergência de interpretação entre Chile e Argentina quanto ao artigo 3º do Tratado de 1881.

Por sua vez, a causa imediata da controvérsia é dupla e conseqüente, a saber:

- a declaração de nulidade argentina do Laudo Arbitral, de 1977;
- a guerra iminente entre os dois países.

3. A Mediação Papal desse conflito consiste em oferecer uma solução (fórmula) jurídica baseada na aplicação da justiça positiva, mas temperada e inspirada no princípio do justo natural e enriquecida pela caridade cristã.
4. O pleno acordo alcançado entre os dois países só foi possível porque Chile e Argentina optaram por uma visão larga e de futuro (o que comportou renúncias a interesses legítimos de ambas as partes), em vista de um litígio que se vinha arrastando por mais de um século e de complicada solução. Isso leva à assinatura do Tratado de Paz e de Amizade entre Chile e Argentina, de 1984, que, por sua vez, buscou satisfazer três exigências básicas: paz com justiça, paz com amizade e paz com desenvolvimento.

A Mediação Papal na Questão de Beagle demonstra à Comunidade Internacional como é possível, através da boa e decidida vontade, e com visão ampla e de futuro dos interesses nacionais, encontrar soluções pactuadas, para os problemas mais complicados e difíceis. (Cardeal Casaroli)

5. A quase bimilenar experiência diplomática internacional da Santa Sé é sempre atual e atuante no decurso dos séculos. Exemplo disso é o caso pesquisado nesta obra. A Sé Apostólica tornou-se gradualmente, a partir do século IV, o centro moderador nas relações internacionais entre os Estados (Reinos) no Ocidente: basta pensar na época da *Res Publica Christiana* (Idade Média e Idade Moderna) ou então no período em que o Sumo Pontífice pronunciava arbitragens, realizava mediações e promovia a paz em nome do *jus gentium christianorum*. O Bispo de Roma constituía-se, assim, num verdadeiro órgão superior de recurso ou de apelo para a solução pacífica dos conflitos de toda a cristandade e guardião supremo da ordem internacional estabelecida de todo o Ocidente. A autoridade mediadora era representada na ação pastoral-diplomática do Sumo Pontífice, como titular do Ofício Supremo de Governo da Igreja. Por isso, o Papa exerca as funções de garante e mediador da ordem internacional.
6. Esta obra recupera e salienta a práxis histórica da Santa Sé no plano político internacional, que é a mais antiga da humanidade em ordem de atuação até o século XX, com a criação da ONU.
7. O ofício de titular da Sé Apostólica é transmitido por eleição feita pelo Colégio dos Cardeais e o eleito para esse ofício passa a gozar os plenos poderes inerentes ao cargo, no momento em que aceita formalmente a eleição diante do Colégio Eleitoral.
8. A personalidade jurídica internacional da Santa Sé: ao longo dos séculos, a subjetividade internacional da Santa Sé sobreviveu e superou as diversas investidas de caráter político, ideológico e religioso, tais como as tormentas da Reforma Protestante, da Revolução Francesa, da Anexação Napoleônica, da Anexação Italiana, a tal ponto que, graças à sua atuação ao longo da história e das suas vicissitudes, ela é a única instituição mais antiga da história que sobrevive até hoje atuando com sua rica experiência como instrumento privilegiado de Mediação a serviço da convivência pacífica entre os povos. Prova tangível dessa verdade histórica é a Mediação Papal na Questão de Beagle. A Santa Sé exerce, mesmo nos dias de hoje, uma presença ativa nas relações internacionais, de modo particular no contexto da diplomacia bilateral e multilateral,

mantendo relações diplomáticas, no nível de embaixada, com 178 países, e como membro das Nações Unidas, com *status* de observador permanente. Não se tratando de uma instituição de natureza político-ideológica, mas baseada e fundamentada em valores morais comuns e universais a todos os homens, ela se coloca como um referencial *supra partis* para a Mediação do diálogo e da convivência dos povos. Esse fato é provado pelo reconhecimento explícito de grande parte das nações do mundo (178 países), que com ela mantém relações diplomáticas. A Santa Sé constitui, pois, um sujeito soberano de direito internacional, mas de natureza claramente religiosa. Por conseguinte, a sua estratégia consiste, sobretudo, em realçar e em dar voz à consciência das pessoas e dos povos em geral. É por esse motivo, e não por ambições de poder, que ela mantém um diálogo franco e cordial com os governantes. Dirigindo-se às consciências, ela promove os princípios fundamentais e comuns a todos, sem os quais não pode haver uma Comunidade das Nações.[27]

9. Essa sua atuação já é efetiva pela participação em diversos organismos internacionais, na qualidade de observador permanente, membro em base informal, convidado de honra, delegado, junto à Organização das Nações Unidas e Organismos Internacionais, atuando, assim, no contexto da diplomacia bilateral e multilateral por meio de suas representações diplomáticas (Nunciaturas Apostólicas), que praticamente abrangem todos os países-membros da ONU, salvo raríssimas exceções (China Continental, Coréia do Norte), até com países de maioria religiosa não cristã, como o Irã, Iraque, Arábia Saudita, Egito e Israel.[28]

10. O instituto da solução pacifica de controvérsias, através de dois de seus meios – Bons Ofícios e Mediação – nasceu no seio do cristianismo e foi elaborado e sistematizado como instrumento eficaz na relação entre os povos ao longo dos séculos pela Sé Apostólica. Esse princípio foi usado após a queda do Império Romano do Ocidente como instrumento para a pacificação entre os povos bárbaros beligerantes. Por não ser movida por interesses políticos ou ideológicos de natureza alguma (a não ser

---

27. Intervenção do Secretário para as Relações da Santa Sé com os Estados, Don Jean-Louis Tauran, em 24 de maio de 2003 junto à ONU. Disponível em: <http//www.vaticano.va/roman_curia/secretariat_state/2002/index_it.hlm>. Acessado em 8/11/2003.
28. As exceções não são exaustivas, mas apenas exemplificativas.

aquele de fazer o bem a todos), a Sé Apostólica é, atualmente, mais do que qualquer instituição internacional, uma instância privilegiada para a Mediação pacífica entre os povos.

11. A função da diplomacia da Santa Sé na Comunidade das Nações e a sua razão de ser na comunidade consiste em ser a voz que a consciência humana espera em relação àqueles valores fundamentais e universais a toda pessoa humana, independentemente de raça, credo (político-religioso) e contexto cultural.

12. No seio da Igreja surgiram as sementes que deram conteúdo e forma ao atual direito internacional.

3. SUGESTÃO DE TEMAS A SEREM DESENVOLVIDOS POR EVENTUAIS INTERESSADOS

Não é possível, contudo, concluir a essa pesquisa por aqui. Sabe-se que há, ainda, aspectos não resolvidos pela solução papal para a Questão de Beagle, tais como:[29]

1. Conseqüências geopolíticas em termos bilaterais, regionais e hemisféricos do Tratado de Paz e Amizade entre Chile e Argentina, de 1984.
2. Repercussões do artigo 12 do Tratado de Paz e Amizade: cooperação econômica e integração física entre Chile e Argentina.
3. A natureza política e econômica do Tratado de Paz e Amizade, de 1984.
4. O novo conceito de unidade entre Chile e Argentina.
5. A paz como fundamento da cooperação econômica e política.
6. Revalorização do papel internacional e regional da Argentina e do Chile a partir do Tratado de paz e de Amizade, de 1984.
7. Princípios básicos da aproximação política entre Chile e Argentina a partir do Tratado de Paz e Amizade, de 1984.
8. O novo papel da diplomacia do Chile e da Argentina a partir do Tratado de paz e Amizade, de 1984.
9. A integração física da América do Sul a partir do Tratado de Paz e Amizade, de 1984.

---

29. Para mais sugestões, consulte: ORREGO, F. (ed.). *Chile y Argentina: nuevos enfoques para una relación constructiva.* Santiago, Pehué, 1989.

10. A nova geopolítica do Chile e da Argentina a partir do Tratado de Paz e Amizade, de 1994.
11. O Princípio do justo natural.

Mesmo assim, há a convicção de que existiu uma solução para a pendência diplomática, a qual evitou o recurso a meios extremos, como conflitos armados. Por tais motivos, espera-se ter dado uma idéia, por meio de um estudo de caso, da atuação diplomática, em tudo generosa e inteligente da Santa Sé, na condução de uma missão de Bons Ofícios de Mediação, conforme solicitada por dois Estados da atualidade. Fiel à sua vocação histórica de ser um garante da paz, a Santa Sé conseguiu realizar, com eficácia e competência, o objetivo que tinha proposto.

BIBLIOGRAFIA

1. NOTA INTRODUTÓRIA À BIBLIOGRAFIA

Para esclarecimento em relação à bibliografia, faço uma distinção entre bibliografia citada e referencial.

A bibliografia citada é aquela na qual faço inserção literal do texto no corpo do trabalho.

A bibliografia referencial é aquela sobre a qual não é feita citação literal do texto no corpo do trabalho, mas trata-se de tema pertinente ao assunto em Questão.

2. BIBLIOGRAFIA CITADA

ACCIOLY, H. Há vinte e cinco anos... a personalidade internacional do Papa. Separata de: *A ordem*, 1930.

_____. *Tratado de direito internacional público*. Rio de Janeiro, [s.n.], v.3, 1957.

ACCIOLY, H. & SILVA, G.E.N. *Manual de direito internacional público*. São Paulo, Saraiva, 2002.

ACTA Apostolicae Sedis. *Alocução de Pio XI, 30 maio 1929; 7 jun.* v.21; v.61; v.80, 1929; 1969; 1988.

ALBERDI. Obras completas, t.2, y en Obras Selectas, edición ordenada por el Dr. Joaquín V. Gonzáles: Diplomacia Argentina y Americana, t.1, p.9-11. In: CISNEROS, C.D. *Límites de la República Argentina*. Buenos Aires, Depalma, 1944.

ANZILOTTI, D. La condizione giuridica internazionale della Santa Sede in seguito agli accordi del Laterano. *Rivista di Diritto Internazionale*, v.4, fas.2, 1929.

AQUARONE. *Les frontières refus: six séparatismes africains*. Paris, [s.n.], 1987.
AQUINO, SÃO TOMÁS DE. *Summa theologica I-II*. 3.ed. Madrid, Bac, v.2, 1962.
AZEREDO, C. M. *Histórico da Audiência Pontifical de 9 de março de 1929*. Roma, [s.n.], 1929.
BARROS FRANCO, J. M. *La sentencia arbitral en el caso del canal Beagle*. Santiago, Sociedad Chilena de Derecho Internacional, 1984.
BENADAVA, S. *Recuerdos de la mediación pontificia entre Chile y Argentina (1978-1985)*. Santiago, Universitaria, 1999.
BERNSTEIN CARABANTES, E. *Recuerdos de un diplomático: representante ante el Papa Mediador 1979-1982*. v.4. Santiago, A. Bello, 1989.
BROUILLET, A. La mediation du Saint-Siège dans le différend entre l'Argentine et le Chili sur la zone australe. *Annuaire Français de Droit International*, Paris, v.25, 1979. p.47-73.
BRUNO, J.L. *Mediaciones papales en la historia*. Montevideo, Ministerio de Relaciones Exteriores, 1981.
CARREAU, D. *Droit international*. Paris, Pedone, [s.d.].
CIC (Codex Iuris Canonici). Tradução em língua portuguesa da Conferência Nacional do Brasil. São Paulo, Loyola, 1983.
CISNEROS, C.D. *Límites de la República Argentina*. Buenos Aires, Depalma, 1944.
COMBY, J. *Para ler a História da Igreja, das origens ao século XV*. São Paulo, Loyola, 2001.
CONCÍLIO DO VATICANO II. Constituição dogmática Lumen Gentium. 24, *Compêndio do Vaticano II*. Petrópolis, Vozes, 1968.
DE LA BARRO, F. La médiation et la conciliation internationales. *Recueil de Cours*. t.1. Paris, 1923.
DE LA BRIÈRE, Y. La question romaine et le traité de Latran. *Revue de Droit International*, t.3, 1929.
_____. *L'organisation internationale du monde contemporain et la Papauté souveraine*. v.3. Paris, Spes, 1930.
DELOS, J.T. Le Traité de Latran et la situation nouvelle de la Papauté. *Revue de Droit International*. t.36, 3.série, t.3, 1929.
D'OSTILIO, F. *Prontuario di diritto canônico*. Cidade do Vaticano, Libreria Editrice Vaticano, 1994.
FRÖHLISCH, R. *Curso básico de história da Igreja*. São Paulo, Paulus, 1997.
GAUTHIER, A. *Principi generali dell'attività giuridica nella chiesa*. Roma, Pontifícia Università San Tommaso, 1983.
GÓES FILHO, S.S. *Navegantes, bandeirantes diplomatas: um ensaio sobre a formação das fronteiras do Brasil*. São Paulo, Martins Fontes, 2001.
HOUAISS, A & VILLAR, M.S. *Dicionário Houaiss da Língua Portuguesa*. Rio de Janeiro, Objetiva, 2001.

JOÃO PAULO II, Papa. *Constituição Apostólica Pastor Bonus sobre a Cúria Romana*. Cidade do Vaticano, Tipografia Poliglotta Vaticano, 1988.

JUAN, J. & ULLOA, A. *Disertación histórico y geográfica sobre el meridiano de demarcacion MDCCLIX*. Madrid, Instituto Histórico de Marina, 1972.

KOBYLANSKI, J.K. *El conflicto del Beagle y la mediación Papal*. Montevideo, 1978.

_____. *El conflicto del Beagle y la mediación papal*. Montevideo, 1987.

LAPRADELLE, P. *La frontière*. Paris, [s.n.], 1928.

LE FUR, L. *La Saint Siége et le droit des gens*. Paris, 1930.

LIPOVETZKY, J.C. *Disparen sobre el Beagle: en defensa de la mediación papal*. Buenos Aires, Distal Librería-Editorial, 1984.

MATOS, H.C.J. *Introdução à história da Igreja*. v.1, Belo Horizonte, O Lutador, 1997.

MELLO, C.D.A. *Curso de direito internacional público*. v.2, Rio de Janeiro, Renovar, 2000.

MELO, A.L. & STRUBBIA, M. *La mediación papal y el conflicto austral*. Buenos Aires, Depalma, 1981.

MORA, J.F. *Dicionário de filosofia*. t.3. São Paulo, Loyola, 2000.

ORREGO, F. (ed.). *Chile y Argentina: nuevos enfoques para una relación constructiva*. Santiago, Pehuén, 1989.

ORTIZ, F. *¿Dónde puede estallar la guerra? La Nación*. Buenos Aires, 1982.

PASTOR, C.W. Chile: la guerra o la paz. In: JALABE, S.R. (comp.). *La política exterior Argentina y sus protagonistas 1880-1995*. Buenos Aires, Nuevohacer, [s. d.].

PASTOR RIDRUEJO, J.A. *Curso de derecho internacional publico y organizaciones internacionales*. 6.ed. Buenos Aires, Tecnos, 1996.

PECORARI, P. *Chiesa, azione cattolica e fascismo nell'Italia settentrionale durante il pontificato di Pio XI (1922-1939)*, Vita e Pensiero, 1931, Ave. Roma, 1983.

_____. *Quatroventi*. Urbino, 1985.

RANGEL, V. M. *Direitos e relações internacionais*. 6.ed. São Paulo, Revista dos Tribunais, 1981.

RIZZO ROMANO, A. *La cuestión de límites con Chile en la zona del Beagle*. Buenos Aires, Pleamar, 1967.

_____. *La cuestión de límites con la República de Chile en la zona del Canal de Beagle*. Rawson, Instituto de Estudios Superiores, 1967.

_____. *La cuestión de límites con Chile en la zona del Beagle*. 2.ed. Buenos Aires, Pleamar, 1968.

SABATÉ LICHTSCHEIN, D. *Problemas argentinos de soberanía territorial*. 3.ed. Buenos Aires, Abeledo-Perrot, 1984.

_____. *El problema del Canal Beagle*. Buenos Aires, Abeledo-Perrot, 1985.

SALVADOR, C.C. & EMBIL, J.M.U. *Dicionário de direito canônico.* São Paulo, Loyola, 1993.
SALVATORELLI, L. *Pio XI e la sua eredità pontificale.* Torino, Einandi, 1939.
SANTIBÁÑEZ ESCOBAR, R. *Los derechos del Chile en el Beagle.* Buenos Aires, Andrés Bello, 1969.
_____. La posición chilena en el Beagle. *Estrategia,* n.3, 1969.
SCENNA, M.A. *Argentina-Chile: una frontera caliente.* Buenos Aires, Del Belgrano, 1981.
SCHELES, G. *Revue Générale de Droit International Public.* t.24, 1917.
SHAW, M. Dispute settlement in Africa. In: KEETON, G.W. & SCHWARZENBERG, G. (coords). *The year book of world affairs.* London, Stevens and Sons, 1983.
SOARES, G.F.S. In: MERCADANTE, A. & MAGALHÃES, J. C. (coords.). *Solução e prevenção de litígios internacionais.* São Paulo, Livraria do Advogado, v.2, 1999.
_____. *Órgãos dos Estados nas relações internacionais: formas da diplomacia e as imunidades.* Rio de Janeiro, Forense, 2001.
_____. *Curso de direito internacional público.* São Paulo, Atlas, v.1, 2002.
_____. *Legitimidade de uma guerra preventiva em pleno 2003? Política Externa.* São Paulo, v.12, n.1, 2003.
STORIA della Chiesa. *I cattolici nel mondo contemporaneo (1922-1928).* Milano, Paoline, v.23, 1991.
VALLEJO, M.D.V. *Instituciones de derecho internacional publico.* 12.ed. Madrid, Tecnos, 1999.
VILLALOBOS, R.S. *El Beagle: historia de una controversia.* Buenos Aires, Andrés Bello, 1979.
VILLEGAS, O. La cuestion del Beagle y su interconexion oceânica Atlântico-Pacífico. *Revista Argentina de Estúdios Estratégicos,* ano 5, n.9, 1988.
VILLEY, M. *Filosofia del derecho.* Pamplona, Universidad de Navarra, v.1, 1979.
VIO VALDIVIESO, F. *La mediación de S.S. el Papa Juan Pablo II en el conflicto chileno-argentino sobre delimitación de jurisdicciones marítimas en la zona austral – antecedentes, desarrollo y destino.* Santiago, Aconcagua, 1984.
ZIMMERMANN, M. Organisation internationale (Fin du Moyen Age). *Recueil des Cours,* v.2, 1933.

3. BIBLIOGRAFIA REFERENCIAL

ACCIOLY, H. *Manual de direito internacional público.* São Paulo, Saraiva, 1961.
Acuerdo de arbitraje, compromiso, respecto a una controversia entre la República Argentina y la República de Chile en la zona del canal de Beagle. *Estrategia,* n.12, 1971. p.132-5.

AGO, R. *Occupazione bellica dell'Italia e Trattato lateranense*. Communicazioni e Studi, 1946.

AGOSTINI, A.M. *Mapa de Tierra del Fuego*. Escala 1:1.000.000, cartografía del Prof. G. de Agostini. Milano, [s.d.].

AJA ESPIL, J.A. *El encuentro en Brasilia*. Buenos Aires, La Nación, 1982.

ALBÓNICO, R.D. *El tratado de paz y amistad entre Chile e la Argentina*. Santiago, Universitária, 1988.

ALBUQUERQUE MELLO, C. *Curso de direito internacional público*. Rio de Janeiro, Freitas Bastos, 1979.

ALVAREZ NATALE, H. *Beagle: de brujos y fantasmas a la decisión final*. Buenos Aires, Politeia, 1984.

AMUCHÁSTEGUI ASTRADA, A. *Argentina-Chile: controversias y mediación*. Buenos Aires, Ediciones Ghersi, 1980.

AMUNÁTEGUI, M.L. *La cuestión de límites entre Chile y la República Argentina*. Santiago, Editorial Nacional, 1879-1880.

ANCE, J. *La cuestión de límites con Chile*. Buenos Aires, [s.n.], 1965.

ANGELIS, P. *Memoria histórica sobre los derechos de soberanía y dominio de la Confederación Argentina a la parte austral del Continente Americano, comprendida entre las costas del océano Atlántico u la Gran Cordillera de los Andes, desde la boca del Río de la Plata hasta el Cabo de Hornos, incluso la isla de los Estados, la Tierra del Fuego y el Estrecho de Magallanes en toda su extensión*. Buenos Aires, [s.n.], 1852.

ANTOKOLETZ, D. *Derecho internacional público*. Buenos Aires, 1944.

ANTONOPOULOS, C. The principle of uti possidetis in international law. *Revue Helsinque de Droit International*. v.49, n.1, 1996.

AQUARONE. *Les frontières refus: six séparatismes africains*. Paris, [s.n.], 1987.

ARGENTINA. Tratados. Chile, 1979. Argentina-Chile: agreement to accept papal mediation of dispute involving the Beagle Channel Region. *International Legal Materials*. v.18, n.1, p.1-3, Jan. 1979.

ARGENTINA-CHILE. Ganar la paz. Encuentro Universitario Argentino-Chileno. *Colección Testimonios Contemporáneos*. Chile, Editorial del Belgrano, 1983.

AUZA, N.T. *Santiago Estrada y el conflicto de límites con Chile*. Buenos Aires, Editorial Estrada, 1965.

AZAMBUJA, P. *Antártida: história e geopolítica*. Rio Grande do Sul, Corag, 1981.

BALDASSARI, A. *Il Trattato del Laterano*. Bari, [s.n.], 1930, 41p.

BANDRILLART, M. et al. *Les Accords du Latran*. Paris, Spes, 1930.

BARADON, H. Some views on international mediation. In: *International problems*. [s.l.], [s.n.], 1971.

BARBERIS, J.A. Sujetos vinculados a la actividade religiosa. In: *Los sujetos del derecho internacional actual*. Madrid, [s.n.], 1984. cap.3.

_____. La regla del *uti possidetis* en las controversias limítrofes entre Estados hispanoamericanos. In: LIBER A.O. *Colección de estudios juridicos en homenaje al Prof. Dr. José Pérez Montero.* v.1, 1988.

_____. Un precedente poco conocido sobre la aplication del *uti possidetis* a un rio limitrofe que cambió de curso. *Anuario de Derecho Internacional.* Pamplona, 1994. p.61-82.

BARDONNET, D. *Les frontières terrestres et la relativité de leur tracé (problèmes juridiques choisis). Recueil des Cours.* v.4, 1976.

_____ (ed.). Le règlement pacifique des différends internationaux en Europe: perspectives d'avenir. In: COLLOQUE, LA HAYA. *Académie de Droit International,* 1991.

BARROS, M. *Historia diplomática de Chile (1541-1938).* Barcelona, Ariel, 1970.

BARROS ARANA, D. *La cuestión de límites entre Chile y Argentina.* Santiago, Imprenta Cervantes, 1895.

_____. *Un decenio de la historia de Chile (1841-1851).* t.1. Santiago, [s.n.], 1905.

_____. Archivo: *Misión en el plata (1876-1878)* por BORGOÑO, L.B. Santiago, Prensa de la Universidad de Chile, 1936.

BARROS FRANCO, J.M. *Palena: un río de arbitraje.* Santiago, Santillana, 1984.

BASCUÑAN MONTES, A. *Recopilación de Tratados y Convenciones celebrados entre la República de Chile y las potencias extranjeras.* [s.l.]: Imprenta Cervantes, 1894. 3t.: 1º - 1819-1853; 2º - 1863-1893; 3º 1893-1897.

BASÍLICO, E. *La controversia sobre el Canal de Beagle.* Buenos Aires, Editorial Colombo, 1963.

_____. *Los derechos de la Argentina en el Beagle.* Buenos Aires, El Instituto, 1970.

_____. *Sobre el canal de Beagle y las islas litigiosas: comentarios a un informe oficial británico.* Buenos Aires, Centro Naval, Instituto de Publicaciones Navales, 1974.

BASUALDO MOINE, E. El arbitraje del Beagle. *La Nación.* Buenos Aires, 1977.

BAUDRILLART, M. et al. *Les Accords du Latran.* Paris, Spes, 1930.

BAZÁN DÁVILA, R. El planteamiento argentino ante el derecho internacional. *El Mercurio.* Santiago de Chile, 1978.

BELLO, A. *Principios de derecho internacional.* Valparaíso, [s.n.], 1844.

_____. *Historia de las fronteras de Chile.* Santiago, Universitaria, 1993.

BENADAVA, S. *Los títulos de Chile en la mediación de la Santa Sede sobre la zona austral: estudios.* Chile, Sociedad Chilena de Derecho Internacional, 1990.

BENSALATH, T. *L'enquête internationale dans le règlement des conflit: regles juridiques aplicables.* Paris, [s.n.], 1976.

BERMEJO, A. *La cuestión chilena y el arbitraje.* Buenos Aires, [s.n.], 1879.

BERNSTEIN CARABANTES, E. Beagle: punto final. *La Voz del Interior,* 23 dic. 1984.

_____. Del acuerdo con Chile. *Ámbito Financiero,* 1984.

_____. Paz y amistad: un tratado ejemplar. *Imagen,* año 2, n.5, p.2-4, dic. 1986.

_____. Las memorias chilenas de la mediación papal. *La Nación*, Buenos Aires, 1992.

BERSELLI, A. Documenti sulle trattative per la soluzione della questione romana nel 1861. *Archivo storico italiano*, n.113, 1955.

BERTRAND, A. *Estudio técnico para la demarcación de límites entre Chile y la República Argentina*. [s.l.] Imprenta Cervantes, 1895.

BEUMERDSAOWD TREDANO. *Intangibilité des frontiéres coloniales et espace étatique em Afrique*. Paris, [s.n.], 1989.

BIANCHI, A. Y VON KIRCH. El canal de Beagle: fábula y especulación. *Estrategia* n.3, p.55-65, 1969.

_____. El Beagle en los pactos de julio. *Estrategia*, n.12, p.23-33, 1971.

BIANCO, J. El Tratado de 1881. *Exposición documentada*. Buenos Aires, [s.n.], 1901.

BIDAU, E.L. *Limites con Chile*. t. 7- 8. Buenos Aires, La Biblioteca, 1898.

BOLLECKER-STERN, B. L'arbitrage dans l'affaire du canal de Beagle entre l'Argentine et le Chili. *Revue Générale de Droit International Public*. t.83, p.7-52, 1979.

BOLOGNA, A.B. Metodología para el estudio de las relaciones internacionales. *Estrategia*, n.34-5, 1975. p.85-92.

BONNET, P.A. & CARLO, G. *La curia romana nella Constituição Apostólica "Pastor Bonus": lineamenti historici giuridici*. Cidade do Vaticano, Librerie Editrice Vaticano, 1990. (Studi Giuridici XXI).

BORGOÑO, L.B. *Através de una correspondencia. Misión en el Plata 1876/78*. Santiago, Imprenta Universitaria, 1917.

BOURJORL-FLÉCHER. Heurs et malheurs de l'"utis possidetis". L'intrangibilité des frontiéres africaines. *Revue Juridique et Politique: Indépendence et Coopération*, 1981.

BRAUN MENÉDEZ, A. *Fuerte Bulnes*. Buenos Aires, Editorial Francisco de Aguirre, 1968.

_____. *Pequeña historia magallánica*. Buenos Aires, Editorial Francisco de Aguirre, 1969.

_____. Roca y los Pactos de Mayo. *Estrategia*, n. 3, Buenos Aires, 1969.

BRAVO, A.A. El canal del Beagle y el ocaso del arbitraje. *Geopolítica*, n.9-10, 1977. p.5-6

BRAVO, L. Cabo de Hornos. *Rev. Seguridad Nacional*, Santiago, n.12, 1979.

_____. El principio oceánico o tesis Atlántico-Pacífico. *Rev. Geosur*. Montevideo, n.35, 1982.

_____. *Análisis crítico de la tesis del principio bioceánico*. Chile, [s.n.], 1983. (Colección Terra Nostra, n.2).

_____. Los océanos y los mares. *Rev. Política y Estrategia*, Santiago, n.27, 1983.

BRENNER, H.K. *Río Encuentro: territorio argentino, bases jurídicas, históricas y geográficas que fundamentan nuestra soberanía*. Buenos Aires, Círculo Militar, Plan Cultural, 1963.

BUSTAMANTE & SIRVEN, A.S. *Manual de derecho internacional publico*. La Habana, [s.n.], 1942.

BUSTILLO, E. *Una presunta opinión del perito Moreno sobre el tema del Beagle*. La Prensa, 6 dic. 1971.

CAFFI, M.T.I. Controversia chileno-argentina em la región del canal Beagle: laudo arbitral de 18 de abril de 1977. *Revista Chilena de Derecho*. v.6, n.5-6, 1977. p.423-47

_____. *Argentina y Chile: percepciones del conflito de la zona del Beagle*. Estúdios Internacionales, año 17, n.67, 1984. p.337-58.

_____. Una política común de transporte y tránsito. In: ORREGO, F. (Ed.). *Chile y Argentina: nuevos enfoques para una relación constructiva*. Santiago, Pehuén, 1989.

CAFLISCH, L. Vers une renaissance de l'arbitrage entre États?. In: *LIBER amicorum* Adolf F. Schnitzer, Geneva, 1979.

_____. Vers des mécanismes pan-européens de règlement pacifique des différends. *Revue Général de Droit International*. Paris, n.2, 1993.

CAILLET-BOIS, R. *Cuestiones internacionales*. Buenos Aires, [s.n.], 1970.

CÁMARAS DEL CONGRESO DE LA NACIÓN ARGENTINA. Cuestión del Beagle. *Estrategia*, n.34-5, p.41-53, 1975.

CAMILIÓN, O. Los protocolos de 1960 y las relaciones argentino-chilenas. *Estrategia*, n.3, 1969.

CAMPOBASSI, J.S. *Argentina en el Atlántico Sur y Chile en el Pacífico*. Buenos Aires, Platero, 1981.

CAMPOS, E. *Controversia argentino-chilena sobre el Canal de Beagle*. Buenos Aires, [s.n.], 1965.

CAÑAS MONTALVA, R. Chile el mas antártico de los países del orbe y su responsabilidad continental en el sur Pacífico. *Rev. Seguridad Nacional*. Santiago, n.48, 1979.

CANESSA ROBERT, J. *La realización en Chile y sus proyecciones*. Santiago, Conara, 1977.

CARABANTES, E.B. *Recuerdos de un diplomático*. Santiago, Andrés Bello, 1989.

CARASALES, J.C. Política exterior del gobierno argentino 1973-1976. In: JALABE, S.R. (comp.). *La política exterior Argentina y sus protagonistas 1880-1995*. Buenos Aires, Nuevohacer, [s.d.].

CARDOSO; KIRSCHBAUN & VAN DER KOOY. *Malvinas: la trama secreta*. 13.ed. Buenos Aires, Sudamericana Planeta, 1984.

CARRASCO DOMÍNGUEZ, G. *El reconocimiento de la Independencia de Chile por España*. Andrés Bello, 1961.

_____ *El arbitraje británico de 1899-1903: sus aspectos procésales.* Santiago, Jurídico de Chile, 1968.

_____ Selección y mapas. *El laudo arbitral del canal Beagle.* Santiago, Jurídico de Chile, 1978.

_____ Selección y notas. *Argentina y el laudo arbitral del canal Beagle.* Santiago, Jurídico de Chile, 1978.

CARRIÓ, G.R. Uma crítica al laudo arbitral dictado en el caso del Beagle. *Estratégia*, n.45, mar./abr. 1977. p.19-26.

CARTA de Fitz-Roy. London, [s.n.], 1877.

CASTRO, T. El Atlántico Sur: sus imperativos geopolíticos y geoestratégicos. In: *Geopolítica y relaciones internacionales.* Buenos Aires, Pleamar, 1981.

CHARLÍN, R.B. Liberación comercial y cooperación económica chileno-argentina. In: ORREGO, F. (ed.). *Chile y Argentina: nuevos enfoques para una relación constructiva.* Santiago, Pehuén, 1989.

CILD, J. *Geopolitics and conflict in South America; quarrels among nations.* Nova York, Praeger, 1985.

CISNEROS, C.D. El debate acerca del derecho internacional americano. In: *Estudios de derecho internacional publico.* 1926.

_____. *Alberdi ante la filofosia y el derecho de gentes.* Buenos Aires, [s.n.], 1930.

_____. *El fundador del derecho internacional americano.* Buenos Aires, [s.n.], 1931.

_____. Origen y valor de la concepción de un derecho internacional americano. *Boletín de la Internacional Law Association*, 1932.

_____. *Cuestiones de límites de la Republica Argentina.* Buenos Aires, [s.n.], 1955.

CLIFTON GOLDNEY, A.A. *Río Encuentro.* Buenos Aires, Biblioteca del Oficial, 1964.

COCHAUX, H. *Le Pape e l'Italie, les Accords du Latran.* Paris, Beauchesne, 1929.

CONCÍLIO DO VATICANO II. *Decreto Christus Dominus 9. Compêndio do Vaticano II (Constituições, Decretos, Declarações).* Petrópolis, Vozes, 1968.

CORNEJO C.A. *Juan Pablo II o el valor de la vida humana.* Santiago, Andrés Bello, 1984.

CORTESÃO, J. *Alexandre de Gusmão, de 1695 a 1753.* t.2. Rio de Janeiro, Ministério das Relações Exteriores, Instituto Rio Branco, 1940.

_____. *Alexandre de Gusmão e o Tratado de Madrid (1750).* Rio de Janeiro, Ministério das Relações Exteriores, Instituto Rio Branco, 1950.

_____. *Documentos biográficos.* t.1. Rio de Janeiro, Ministério das Relações Exteriores, Instituto Rio Branco, 1950.

_____. *Antecedentes do Tratado de Madri, jesuítas e Bandeirantes no Paraguai.* Biblioteca Nacional, 1955.

_____. (org. e coment.). *Alexandre de Gusmão e o Tratado de Madrid (Obras Completas).* Lisboa, Livros Horizonte, 1984.

COT, J. P. *La conciliation internationale*. Paris, [s.n.], 1968.
CRUCHAGA OSSA, A. *Estudios de historia diplomática chilena*. Santiago, Andrés Bello, 1962. (Investigaciones y Ensayos 19).
CUCCORESE, H.J. *La cuestión limítrofe con Chile*. Buenos Aires, Academia Nacional de la Historia, 1975.
CUKURAH. *The settlement of boundary disputes and international law: a policy-oriented study*. Manchester, 1967.
DARWIN, C. Narrative of Surveying Voyagers of His Majesty's Ships. Adventure and Beagle. *Journal and Remarks 1832-1836*. London, [s.n.], 1839.
DAUS, F.A. *Caracteres geográficos del límite entre los océanos atlántico y pacífico*. Boletín de GAEA, n.32, jun. 1956. p.2-4.
_____. *Geografía y unidad Argentina*. Buenos Aires, El Ateneo, 1978.
D'AVACK, A. P. La qualifica giuridica della Santa Sede nelle stipulazioni del trattato lateranense. *Rivista di Diritto Internazionale*, 1935.
DAVID DAVIES MEMORIAL INSTITUTE OF INTERNATIONAL STUDIES. *International disputes: the legal aspects (report of a study group)*. London, Europa Publication, 1972.
DE ANGELIS, P. *Memoria historia de los documentos de soberanía de la Confederación Argentina e la parte austral del continente*. Buenos Aires, [s.n.], 1852.
DE LA BARRA, E. *El problema de los Andes*. Santiago, Imprenta De Pablo, 1895.
_____. *El problema del Pacífico*. Santiago, Imprenta Universitaria, 1919.
_____. *El alegato de la República de Chile*. Santiago, Imprenta Cervantes, 1924.
DE LA BRIÈRE, Y. La condition juridique de la Cité du Vatican. *Recueil des Cours*, v. 3., 1930.
DE LA ROCHÈRE, J. D. L'affaire du canal de Beagle (sentece rendue por la Reine d'Angleterre). *Annuaire Français de Droit International*, v. 23, 1977.
DELBEZ, L. L'évolution des idées en matière de règlement pacifique des conflicts. *Révue Générale de Droit International*, 1951.
_____. *Les principes généraux du contentieux international*. Paris, [s.n.], 1962.
DEL CARRIL, B. *La cuestión con Chile*. Buenos Aires, Emecé Ed., 1984.
DE PINHO CAMPINOS, A.S. L'actualité de l'uti possidetis in Société Française pour le Droit International. La frontiérie. In: *Colloque de Poitiers, 17-19 mai 1979*. Paris, 1980.
DEL RE, N. *La curia romana*. Cidade do Vaticano, Libreria Editrice Vaticano, 1998.
DEVOGHEL, E. *La question romaine sous Pie XI et Mussolini*. Paris, Blond et Gay, 1930.
DIARIO LA PRENSA DE BUENOS AIRES. Ejemplares del: 20 de diciembre de 1914 y 26 de diciembre de 1914; 9, 17 y 20 de enero de 1915; intitulados: los artículos: El Estrecho de Magallanes, La neutralidad del Estrecho de Magallanes, División de las islas del Canal de Beagle, y el Canal de Beagle, se atribuyen a su entonces redactor el Dr. Estanislao S. Cevallos.

DÍAS ALBONICO, R. (ed.). *El tratado de paz y amistad entre Argentina y Chile.* Santiago, Universitaria, 1988.

DÍAS LOZA, F. Geopolítica de Chile. *Estrategia,* n.45, p.56-66, 1977.

DIAZ, F.I. *Límites de Chile 1535-1985.* Buenos Aires, Vanguardia, 1986.

DI TELLA, G. Política exterior Argentina: actualidad y perspectiva 1991-1995. In: JALABE, S.R. (comp.). *La política exterior Argentina y sus protagonistas 1880-1995.* Buenos Aires, Nuevohacer, [s.d.].

DONATI, D. *La Cittá del Vaticano nella teoria generale dello Stato.* Padova, [s.n.], 1980.

DON JUAN DE LA CRUZ. *Mapa de América Meridional (1775) y las fronteras del Reino de Chile.* Santiago, [s.n.], 1984. (Colección Terra Nostra, n.3).

DRONII, M.L.S.M. *Argentina contemporánea de Perón a Menen.* Buenos Aires, Ciudad Argentina, 1996.

DUPUY, A. *La diplomatie du Saint Siège après lê II Concile Vatican II. Le pontificat du Pape Paul VI, 1963-1978.* Paris, [s.n.], 1980.

DURAN-BACHTER. La doctrina latinoamericana del *uti possidetis. Concepción.* [s.n.], 1977.

DUROSELLE, J.B. *Histoire diplomatique de 1919 à nours jours.* Paris, Dalloz, 1971.

DUTHEIL DE LA ROCHÉRE J. L'Affaire du canal de Beagle. *Annuaire Français de Droit International,* Paris, 1977.

DUTHEIL DE LA ROCHÉRE, J. L'interprétation de l'Accord franco-americains rélatif au transport aérien international. *Annuaire Français de Droit International,* 1979.

DUVAL, F. Les applications pratiques de la doctrine de l'Eglise sur la guerre au Moyen-Age. In: *L'Eglise et la guerre,* Paris, [s.n.], 1913.

ECHEVERRÍA, L. Funciones de los legados del Romano Pontífice. *Revista Eclesiastica de Derecho Canonico,* n.24, 1970, p.573-636.

EDITORIALES DE LA PRENSA CHILENA. Arbitraje en el Beagle. ("El Mercurio", 12 de diciembre de 1967). *Estrategia,* n.3, 1969, p.81-2.

_____. La controversia sobre el canal de Beagle ("El Mercurio", 27 de octubre de 1966). *Estrategia,* 1969, n.3, p.81-2.

_____. Nuevamente el Beagle. ("El Mercurio", 19 de junio de 1968). *Estrategia,* n.3, 1969, p.81-2, sep./oct..

EFREMOFF, J. La conciliation internationale. *R. Des C.,* t.18, 1927 (III).

EL QUALI. L' "uti possidetis" on le non seus du "príncipe de base" de l'OUA pour le règlement des differends territoriaux. *Le Mois em Afrique,* 1985.

ENCINA, F. A. *La cuestión de límites entre Chile y Argentina desde la Independencia hasta el Tratado de 1881.* [s.l.], Editorial Nascimento, 1959.

EPPISTEIN, J. *The catholic tradition of the law of nations.* Washington, 1935.

ERRÁZURIZ GUILISASTI, O. *Las relaciones chileno-argentinas durante la presidencia de Risco 1901-1906.* Buenos Aires, Andrés Bello, 1968.

ESPINOSA NORAGA, O. *La postguerra del Pacífico y la Punta de Atacama (1884-1899)*. Santiago, Andrés Bello, 1958.

_____. Artículos: El tratado Fierro-Sarratea, etapa de la entrega de los territórios patagónicos; Génesis del aislamiento de Chile en América; la misión Lastarria en el Plata. *Rev. Zigzag*, n.2825, 2845 e 2846, Santiago, 1959.

_____. *El aislamiento de Chile*. Santiago, Nascimento, 1961.

_____. *El precio de la paz chileno-Argentina*. t.3. Santiago, Nascimento, 1969.

_____. *Presencia del Brasil*. Santiago, Ed. Nascimento, 1974.

ETCHEPAREBORDA, R. *Historia de las relaciones internacionales argentinas*. Buenos Aires, Pleamar, 1978.

ETCHEVERRY BONEO, R. *Canal de Beagle. Crónica de una mediación*. Buenos Aires, Círculo Militar, 2000.

EYZAGUIRRE, J. *La soberanía de Chile en las tierras australes*. Santiago, Zig-Zag, 1958.

_____. *Breve historia de las fronteras de Chile*. Santiago, Universitaria, 1979.

FERLITO, S. *L'attivitá internazionale della Santa Sede*. Milano, [s.n.], 1988.

FERRARI, G. *Conflicto y paz con Chile (1893-1903)*. Buenos Aires, Eudeba, 1968.

_____. El fin de los Pactos de Mayo. *La Nación*, Buenos Aires, 10 ene. 1973.

FIGUEROA, C. La relación chileno-argentina: cambios y perspectivas. *Revista Diplomacia*, Buenos Aires, n.62, dic.1993.

FIGUEROLA, F. J. *Programa de política exterior justicialista*. Buenos Aires, Dirección General de Planeamiento del Ministerio de Relaciones Exteriores y Culto, 1973.

FINAM, P.T *Latin American diplomatic history*. London, [s.n.], 1974.

FITTE, E. J. *Los límites con Chile*. Buenos Aires, Plus Ultra, 1977.

FLORIT, C. A. *Política exterior nacional*. Buenos Aires, Arayu, 1961.

_____. *Política exterior Argentina*. Buenos Aires, Arlequín, 1967.

FONSECA, G. & CARNEIRO LEÃO, V. (Org.). *Temas de política externa brasileira*. Brasília, IPRI, 1989. (Coleção Relações Internacionais, 9).

FOUCHER, M. *Fronts et frontières: un tour du mond geopolitique*. Paris, [s.n.], 1988.

FRAGA, J.A. *El mar y la Antártica en la geopolítica Argentina*. Buenos Aires, [s.n.], 1980.

_____. *La Argentina y el Atlántico Sur: conflictos y objetivos*. Buenos Aires, Pleamar, 1983.

FRAGONARD, J.H. *La condition des personnes dans la Cité du Vatican*. Paris, Domat-Montchrestien, 1930.

FRÍAS, P. J. *Una experiencia diplomática en Bélgica, la Santa Sede y la mediación papal*. Córdoba, El Copista, 1999.

FRIAS VALENZUELA, F. *Manual de historia de Chile*. Santiago, Nascimento, 1977.

_____. The Beagle Channel affair. *American Journal of International Law,* v.71, n.4, Oct. 1977, p.733-40.

GALLARDO, C.R. *Chile y Argentina: consolidación de sus fronteras.* Santiago, del Pacífico, 1900.

GAMBA, V. La nato y el atlántico sur. *La Nación,* Buenos Aires, 1982.

GARASINO, L. Una llave estratégica en el Beagle. *Clarín,* Buenos Aires, 1977.

GARCÍA, L.R. La problemática contemporánea de la paz. *Revista de Política Internacional,* n.155, 1978.

GARCÍA DELLA COSTA, F. *El juez me robó dos islas.* Buenos Aires, Almafuerte, 1970.

GARCÍA GHIRELLI, J.I (Recop. y notas). *Tratados y documentos internacionales.* 12.ed. Buenos Aires, Zavalia, 2001.

GARCÍA JIMÉNEZ, M.E. Notas sobre la conciliación: ¿un procedimiento de arreglo pacífico de controversias internacionales con sentido actual de futuro? *Anuario de Derecho Internacional,* 1993.

GARRETT, J.L. The Beagle channel: confrontation and negotiation in the Southern Cone. *Journal of Interamerican Studies and World Affairs,* v.27, n.3, 1985.

_____. The Beagle channel dispute: confrontation and negotiation in the Southern Cone. *Journal of Interamerican Studies and Word Affairs,* v.27, n.3, 1985, p.81-105.

GESTOSO TUDELA, L. *La independencia de la Santa Sede y el Tratado de Letrán.* Murcia, [s.n.], 1930.

GHISOLFO ARAYA, F. *Origen y desarrollo del diferendo limítrofe austral.* Santiago, Universitaria, 1983. (Colección Terra Nostra, n.1).

_____. El poder naval al servicio de la sociedad en tiempo de paz. *Rev. Geosur,* Montevideo, n.48, 1983.

GOBBI, H.J. Problemas australes argentino-chilenos. *Estrategia,* n.45, 1977.

GOÑI GARRIDO, C.M. *Crónica del conflicto chileno-argentino.* Santiago, Ediar, 1984.

GONZALEZ, J. V. *Los tratados de paz de 1902 ante el Congreso.* Buenos Aires, [s.n.], 1904.

GONZÁLEZ MADARIAGA, E. *Nuestras relaciones con Argentina: una historia deprimente.* Santiago, Andrés Bello, 1970/1972.

GONZÁLEZ PUEBLA, M. *Las relaciones chileno-argentinas.* Santiago, [s.n.], 1948.

GORSHKPV, S. *Las fuerzas navales.* Moscú, Progreso, 1976.

GOY, J. *Les deux Rome et l'opinion française.* Paris, 1931. (Cartas de Doubet a Rendu em 1853).

GOYAU, C. L'Église catholique et le droit des gens. *Recueil des Cours,* 1925.

GREÑO VELASCO, J. Cronología diplomática y Acuerdo de Montevideo. *Re. Geosur,* n.6, Montevideo, 1980.

GROS ESPIELL. *España y solución pacífica de los conflictos limítrofes en Hispano-América.* Madrid, [s.n.], 1984.

GUAGLIATTI DE BELLIS, B. Actualidad geopolítica del Canal de Beagle. *Geopolítica,* n.9-10, 1977.

GUALCO, J.N. *Cono sur elección de un destino.* Buenos Aires, Compañía General Fabril, 1972.

GUANI. La solidarite internationale dans l'Amérique Latine. *Recueil des Cours,* n.3, 1925.

GUGLIALMELLI, J.E. El área meridional del atlántico sur occidental, la geopolítica de Chile y el laudo del Beagle. *Estrategia,* n.45, 1977.

_____. Cuestión del Beagle: negociación directa o diálogo de armas. *Estrategia,* n.45, 1977.

_____. *Geopolítica del cono sur.* Buenos Aires, El Cid, 1979.

_____. *El conflicto del Beagle.* Buenos Aires, El Cid, 1980.

_____. El problema del Beagle. *Revista Argentina de Estudios Estratégicos,* año 1, n.1, 1984.

GUILHANDIS, J.F. Ramarques à propos de récents conflits territoriaux entre Etats africans (Bande d'Aozou, Ogodev, Saillant de Kyaka). In: *Annuaire Français de Droit International.* 1979.

GUILLERMO GUERRA, J. *La soberanía chilena en las islas al sur del canal de Beagle.* Santiago, Prensa Universitaria, 1917.

GUIÑAZÚ, J.R. *No hay tal canal Beagle sino el estrecho Beagle.* Buenos Aires, La Prensa, 1978.

HAASS, R.N. *Ripeness and the settlement of international disputes.* v.30, n.3, London, Survival, 1988.

HENNESSY, A. *The frontier in Latin American history.* London, Edward Arnold Publishers, 1978.

HERBERT. The creation and maintenance of national boundaries in Africa. *International Organization,* 1989.

HOLDICH, T.H. *The countries of King's award.* London, [s.n.], 1904.

HORMAZÁBAL, G.M. *Breve historia de los Tratados de 1856 y 1881.* Santiago, [s.n.], 1984. (Colección Terra Nostra, n.5).

IBÁÑEZ, A. *Cuestión de límites entre Chile y la República Argentina.* Valparaíso, Imprenta de la Patria, 1874.

IGLESIAS ROUCO, J. El mapa del Papa. *La Prensa,* Buenos Aires, 1981.

_____. *La respuesta al Papa.* Buenos Aires, La Prensa, 1983.

IGOBONE, A.D. *La Patagonia en la realidad Argentina.* Buenos Aires, El Ateneo, 1945.

IMAZ, J.L. *Perón e Ibáñez: el tratado económico argentino-chileno en nueva mirada a la historia.* Santiago, VER, 1996.

INCONVENIENCIA de un arbitraje sobre el Beagle. *Estrategia*, n.45, 1977. p.61-5.

INFANTE, M.T. Controversia chileno-argentina en la región del canal Beagle: laudo arbitral de 18 de abril de 1977. *Revista Chilena de Derecho*, v.6, n.5-6, 1979, p.423-47.

INFANTE DÍAZ, F. Los problemas limítrofes de Chile. In: CURSO SEMINARIO UNIV. DE CHILE, jul./ago. 1978. *Mimeógrafo. Evolución y antecedentes históricos de los límites de Chile.*

_____. *Límites de Chile 1535-1985.* Santiago, Vanguarda, 1986.

_____. *El Tratado de Paz y Amistad entre Chile y Argentina.* Santiago, Universitaria, 1988.

INSTITUTO DE ESTUDIOS GEOPOLÍTICOS (Buenos Aires). Declaración del Instituto de Estudios Geopolíticos sobre el conflicto del canal del Beagle. *Geopolítica*, n.9-10, 1977. p.5-6.

IRARRÁZAVAL LARRAÍN, J.M. *La Patagonia.* Santiago, Andrés Bello, 1966.

IRELAND, B. *Possessions and conflicts in South America.* Cambrigde, Mass., [s.n.], 1928.

IRIGOYEN, B. *Discursos sobre el tratado de 1881 con Chile.* Buenos Aires, [s.n.], 1882.

JARRIGE, R. *La condition internationale du Saint-Siège avant et xaprès les Accords du Latran.* Paris, Rousseau, 1930.

JAVIERRE, J.M. *El Papa en España, Juan Pablo II y nuestro tiempo.* 2.ed. Valencia y Sevilla, España, Argantonio y Edicep, 1982.

JEANNEL, V. R. La Conférence de Montreaux sur le règlement des différends dans le cadre de la CSCE. *Annuaire Français de Droit International,* 1978.

JIMÉNEZ DE ARÉCHAGA, E. Boundary disputes in Latin America: uti possidetis doctrine. In: BERNHARDT (A cura di). *Encyclopedia of Public International Law.* v.6, 1983.

JOÃO PAULO II, Papa. *Propuesta del mediador: sugerencias y consejos.* Cidade do Vaticano, [s.n.], 1980.

KELLER, R. C. *Nuestra frontera en el Canal de Beagle.* Santiago, [s.n.], 1959.

KOHEN, M.G. L'uti possidetis revisite: l'arret du 11 septembre 1992 dans l'affaire El Salvador/Honduras. *Revue Générale de Droit International,* v.34, n.4,1993. p.939-73.

KOHEN, M.G. *Le principe de l'uti possidetis juris (in corso di'stampa),* par. I. 1.

KUNUGI, T. State succession and the territorial problems of new states. In: *United Nations Regional Symposium in International Law for Africa (Accra, 14-28 jan.1971).* UNITAR/SIC.2/B., 1971. p.5.

KUNZ, J. L. The status of the Holy See in international law. *A J I L,* n.46, 1952.

LADMANN, E. R. (Coord.). *Política exterior y tratados. Argentina – Chile – MERCOSUR.* Buenos Aires, Ciudad Argentina, 1999.

LAGOS CARMONA, G. *Historia de las fronteras de Chile: los tratados de límites con Argentina.* Santiago, Andrés Bello, 1980.
LAGOS CARMONA, G. *Las fronteras de Chile.* Santiago, Zig-Zag, 1966.
LALONDE, S. Uti possidetis: its colonial past revinted. *Revue Belge de Droit International.* v.34, n.1, 2001, p.23-99.
LANÚS, J.A. *De Chapultepec al Beagle: política exterior Argentina 1945-1980.* Buenos Aires, Emecé, 1989.
LASTARRIA, J.V. *Bosquejo histórico de la Constitución del Gobierno de Chile.* Santiago, Imprenta Chilena, 1847.
LE FUR, L. Le Saint Siége e le droit international. *Revue de Droit International*, Paris, t.3, 1929.
LE HÉGARAT, L. La stratégie, théorie d'une pratique? *Défense Nationale. Problèmes politiques, économiques, scientifiques, militaires.* ano 40, p.51-67, 1984.
LEÓN WÖPPKE, M.C. *Documentos de 1881 a 1979 (sin fecha).* Valparaíso, Universidad de Chile. Facultad de Educación y Letras, 1981.
_____. *Del laudo arbitral de 1977 a la mediación: estudio histórico.* Valparaíso, Universidad de Chile. Facultad de Educación y Letras, t.2. 1981.
LESOURD, P. *La cité de César et la cité de Dieu.* Paris, Portiques, 1930.
LEVI, V. *De un país lejano. San Pablo II.* Madrid, B.A.C., 1981.
LEVINSTON, R.M. Antecedentes, negociaciones y consecuencias del Tratado de Paz y Amistad Argentino-Chileno (1984-1985). *Revista Argentina de Estudios Estratégicos,* ano 2, n.3, ene./mar.1985.
LITTLE, W. International conflict in Latin America. *International Affairs.* London, Aug. 1987.
LLAVER, M.C. Las competencias y la política de poder en el Atlántico Sur. *Rev. Geosur.* Montevideo, n.33, 1982.
LOIREAU, C. *Saint-Siège et fascisme: les Accords du Latran devant l'histoire et la politique.* Paris, Gamber, 1930.
LONDON, G. *De Pie IX à Pie XI.* Paris, Portiques, 1929.
LORCA, J.F. *Aspectos jurídicos de la cuestión del canal Beagle.* [s.l., s.n.], 1959.
LUCO, L.O. *La cuestión Argentina.* Buenos Aires, [s.n.], 1902.
LUDER, I. A. *La Argentina y sus claves geopolíticas.* Buenos Aires, Universitaria de Buenos Aires, 1974.
LYNCH, J. *Administración colonial española 1782-1818.* Londres, [s.n.], 1962.
LYRA, C. *A controvérsia entre a Argentina e o Chile na região do canal de Beagle e os atuais interesses da política externa brasileira: uma abordagem política.* Brasília, Instituto Rio Branco, VI Curso de Altos Estudos, 1982.
MAKONNEN. *International law and the new states of Africa: a study of the international legal problems of state succession in the newly independent states of Eastern Africa.* Malta, [s.n.], 1983.

_____. State succession in Africa: selected problems. *Recueil des Cours*, v. 5, 1986.

MALBRÁN, M. *La cuestión del Beagle*. Buenos Aires, Emecé, 1973.

MALUWA. The peaceful settlement of disputes among africain states, 1963-1983: some conceptual issues and practical trends. *International and Comp. Law Quaterly*, 1989.

MARÍN MADRID, A. *Arbitraje del Beagle y actitud Argentina*. Santiago, Editorial Universitaria, 1978.

MARIÑO MENÉNDEZ, F. La mediación de la Santa Sede en el asunto del Canal de Beagle. *Revista Española de Derecho Internacional*, n.2, 1985.

MARTÍN, A. La nota di Benedetto XV ai capi delle nazioni belligeranti (1º agosto 1917). *Civitá Cattolica*, n.1, 1962. p.417-26.

MARTÍN, I. Presencia de la Iglesia cerca de los Estados. *Concilium*, n.58, 1970.

MARTÍNEZ, J.M. *Juan Pablo II al servicio de la humanidad*. España, Castell, 1980.

MARTINIC BEROS, M. *Presencia de Chile en la Patagonia 1843-1879*. Santiago, Andrés Bello, 1963.

_____. *Crónica de las tierras del sur del canal de Beagle*. Buenos Aires, Biblioteca Fco. Aguirre, 1973. (Colección Cruz del Sur n.10).

MARTINIÈRE, G. Les estratégies frontalières du Brésil Colonial. *Cahier des Amérique Latines*, n.18.

MARZONE, L.A. *Soberanía territorial Argentina*. Buenos Aires, Depalma, 1982.

MASCHWITZ, E.A. Ushuaia y el Beagle; teoría del arbitraje. *La Nación*, Buenos Aires, 26 dic.1976.

McEWEN. *International Boundaries of East Africa*. Oxford, [s.n.], 1972.

MEDINA, J. T. *Cosas de la Colonia*. Santiago, [s.n.], 1889.

MELINARI, D.L. *La primera unión de sur: origens de la frontera austral argentino-chilena. Patagonia, Islas Malvinas y Antártida*. Buenos Aires, [s.n.], 1961.

MELO, A.L. *La cuestión internacional del canal de Beagle*. Buenos Aires, Depalma, 1979.

MELO, A.L. & STRUBBIA, M. *La mediación papal y el conflicto austral*. Buenos Aires, Depalma, 1981.

MENÉNDEZ, A.B. *Pequeña historia magallánica*. Buenos Aires, [s.n.], 1937.

MERINO CASTRO, J. Visión geopolítica de Chile en el futuro del Pacífico. *Geopolítica*, n.5, Santiago, 1985.

MIAJA DE LA MUELA, A. Solución de diferencias internacionales (medios políticos y arbitraje) In: *Cursos y conferencias de la Escuela de Funcionarios Internacionales*. Madrid, [s.n.], 1956-1957. t.2.

_____. Las negociaciones diplomáticas previas a las reclamaciones ante los tribunales internacionales. *Anuario Hispano-Luso-Americano de Derecho Internacional*, v.2, 1963.

MILENKI, E. *Argentine foreign policy.* Boulder, Westview Press, 1978.
MILLA, F.A. et. al. *La Antlantártida.* Buenos Aires, Pleamar, 1978.
MILLAR, W. *Historia de Chile.* Santiago, Zig-Zag, 1975.
MINGHETTI, M. *Miei ricordi III.* Roma, [s.n.], [s. d.].
_____. *La questione romana negli anni 1860-1861.* Roma, [s.n.], [s. d.].
MIRANDA, O.M. *El laudo arbitral del canal Beagle y su relación con el Tratado de Paz y Amistad.* Santiago do Chile, Sociedad Chilena de Derecho Internacional, 1984. (Estudios 1984).
MITRE, J.C. La guerra del mar. *La Nación,* Buenos Aires, 1980.
MONCAYO, G. Una delimitación marítima ilícita. *Clarín.* Buenos Aires, 1977.
MONETA, C.J. *Intereses argentinos en el Atlántico Sur.* Buenos Aires, Pleamar, 1978.
MONETA, C.J. et. al. *Geopolítica y política de poder en el Atlántico Sur.* Buenos Aires, Pleamar, 1983.
MONTAÑEZ SANTIAGO, J.M. La cuestión al oriente del cabo de Hornos. *Estrategia,* n.45, 1977. p.37-55.
MORALES SOLA, J. *Asalto a la ilusión; historia secreta del poder en la Argentina desde 1983.* Buenos Aires, Planeta Espejo de la Argentina, 1990.
MORELLI, G. Nozione ed elementi constitutivi della controversie internacionale. *Rivista di Diritto Internazionale,* Milano, 1960.
MORLA VICUÑA, C. *Derechos de Chile a la Patagonia.* Valparaiso, Imprenta J. Olaye, 1876.
_____. *La cuestión de límites entre Chile y la República Argentina.* Valparaiso, [s.n.], 1879.
MORLA VICUÑA, C. *Estudio histórico.* Valparaiso, [s.n.], 1903.
MORRIS, M.A. (ed.). *Great power relations in Argentina, Chile and Antarctica.* London, The Macmillan Press, 1990.
MORZONE, L.A. *Compendio de soberanía territorial argentino.* Buenos Aires, Depalma, 1979.
_____ *Soberanía territorial argentina.* 2.ed. Buenos Aires, Depalma, 1982.
MOSLER, H. & BERNHARDT, R. (eds.). *Judicial settlement of international disputes.* Berlin, [s.n.], 1974.
MUJICA, A. Los pactos de mayo. *Rev. Derecho, Historia y Letras,* t.17.
NELSON. The arbitration of boundary disputes in Latin America. *Netherland International Law Review,* 1973.
NESI, G. Uti possidetis juris e delimitazioni marittime. *Rivista de Diritto Internazionale.* v.74, n.3, Milano, 1991, p.534-70.
OCAMPO, R. *Percepciones y expectativas generadas em Santiago por el tratado de paz y amistad celebrado entre Argentina y Chile.* Santiago, ICCOM, 1985.
OLIVEIRA, J. G. *Gusmão, Bolivar e o princípio do* uti possidetis. São Paulo, Gráfica Bentivegna, 1958.

OLIVERA, D. Caso Beagle: antecedentes. *Revista Argentina de Relaciones Internacionales*, v.4, n.11, 1978. p.62-72.

OLIVIERI, M. *Natura e funzione dei legati pontífice nella storia e nel contesto del Vaticano II*. Torino, [s.n.], 1979.

ORAISON. A propôs du litige anglomauricien sur l'archipel des Chagos (La succession d'Etats sur les îles Diego Garcia, Peros Banho et Salomon). *Revue Belge de Droit International*, 1990.

ORSTEIN, R. M. Consideraciones técnicas sobre el límite austral del mar argentino. *Estrategia*, n.1-42, p.21-5.

OSZLAK, O. *La formación del estado argentino*. 2.ed. Buenos Aires, Belgrano, 1990. (Colección "Conflictos y armonías en la historia Argentina" dirigida por Féliz Luna).

OTT, M.C. Mediation as a method of conflict resolution: two cases. *International Organization*, 1972.

PACECLI, M.F. L'Opera di Pio XI per la conciliazone con l'Italia. In: *Conferência à 7ª Semana Social na Itália*. Milano, Vita e Pensiero, 1929.

PÁRAMO, M. F. La corte internacional de justicia: diferendo argentino-chileno en el sector austral sudamericano. *Revista Argentina de Relaciones Internacionales*. n.11, 1978. p.73-83.

PASCAL, E. *Apuntes breves de derecho internacional marítimo*. [sl., s.n.], 1967.

PASO VIOLA, L.F. La propuesta papal. *La Prensa*, Buenos Aires, 1983.

PASSARELI, B. *El delirio armado. Argentina-Chile: la guerra que evitó el Papa*. Buenos Aires, Sudamericana, 1998.

PASTOR RIDRUEJO, J.A. La solución de controversias en la II Conferencia de las Naciones Unidas sobre el Derecho del Mar. *Revista Española de Derecho Internacional*, v.30, n.1, 1977, p.23-5.

PATRÓN, L.R. *Diccionario geográfico de Chile*. Santiago, [s.n.], 1924.

PAULO VI, J. *Constituição Apostólica* Regimini Ecclesiae Universae. Cidade do Vaticano, Poliglota Vatican, 1967.

PAZ, R.A. *El conflicto pendiente: II. El Beagle y el Cabo de Hornos*. Buenos Aires, Eudeba, 1981.

_____. *El conflicto pendiente: I fronteras con Chile*. Buenos Aires, Eudeba, 1981.

PAZARTZIS, P. *Les engagements internationaux en matière de règlement pacifique des différends entre États*. Paris, [s.n.], 1992.

PELLIZA, M. *La cuestión del Estrecho de Magallanes*. Buenos Aires, Eudeba, 1881.

PERTINAX. *Le partage de Rome*. Paris, Granet, 1929.

PHILIPPI, J. El Beagle y el tratado de arbitraje de 1902. *Estrategia*. n.3, 1969. p.79-80.

PIEDRABUENA, C. ¿Sin información sobre el Beagle? *Estrategia*. n.34-5, 1975. p.22-33.

PILLET, G. La cuestión del canal de Beagle. *Estrategia*, n.12, 1971. p.34-41.
PINOCHET UGARTE, A. *Geopolítica*. Santiago, Andrés Bello, 1974.
PLANTEY, A. La négotiation: quelques considerátions sur l'art de la diplomatie comparé à celui de la guerre. *Défense Nationale: problèmes politiques, économiques, scientifiques, militaires*, ano 30, 1974.
_____. *La négociation internationale: principes et méthode*. Paris, C.N.R.S., 1980. (Couronné par l'Academie Française).
_____. Diplomatie et armement. *Défense Nationale: problèmes politiques, économiques, scientifiques, militaires*, ano 40, 1984. p.31-50.
_____. Pour une approche culturelle de la negotiatión internationale. *Revue Défense Nationale*, 1984.
_____. Une diplomatie au service de la défense. *Revue Défense Nationale*, 1984.
_____. *De la politique entre les états. Principes de diplomatie*. Paris, Pedone, 1987.
PRINCEN, T.E. *Geopolítica del Atlántico Sur*. 1.ed. Montevideo, Fundación de Cultura, 1976.
_____. *Intermediary intervention: a model of intervention and a study of the Beagle Channel case*. Michigan, Harvard University, UMI Dissertation Services, 1988.
PUENTE EGIDO, G. M. Note in tema di immunità della Chiesa Cattolica secondo il diritto internacionale. *Diritto Internazionale*, Milano, 1960.
QUAGLIOTTI DE BELLIS, B. Actualidad geopolítica del canal de Beagle. *Geopolítica*. n.9/10, 1977. p.36-43.
_____. El Atlántico Sur. *Rev. Nexo*, Buenos Aires, n.11, 1987.
QUELLET, R.L. *El canal de Beagle*. 3.ed. Buenos Aires, Escuela de Comando y Estado Mayor de la Fuerza Aérea, 1978.
_____. *El conflicto austral*. Buenos Aires, Escuela de Comando y Estado Mayor de la Fuerza Aérea, 1979.
QUENEUDEC, J.P. Remarques sur le règlement des conflits frontaliers en Afrique. *Revue Général de Droit International Public*. Paris, 1970.
_____. L'affaire de la délimitation du plateau continental entre la France et le Royaume Uni. *Révue Genérale de Droit International Public*, Paris, 1979.
QUESADA, V.G. *Virreinato del Río de la Plata 1776-1810, apuntamientos crítico-históricos para servir a la cuestión de límites entre la República Argentina y Chile*. Buenos Aires, M. Biedma, 1881.
_____. *Historia diplomática latinoamericana*. Buenos Aires, [s.n.], 1918.
QUESADA ZAPIOLA, H. El asunto del canal de Beagle. *La Nación*. Buenos Aires, 1971.
RATTENBACH, A.B. & BALLESTER, H.P. Conflicto del Beagle: falsedad histórica durante las negociaciones. *Geopolítica*. v.5, n.15/16, dic. 1979.

RAYALA. Le principe de l'uti possidetis et le règlement des questions territoriales em Amérique. *Revue de Droit Internationale.* Paris, 1931.
REVISTA CHILENA. *Influencia de la cartografía en los tratados de límites.* ano 10, n.73, 1926.
REVISTA ESTRATEGIA. Documento y comentarios. Arbitraje sobre el Canal Beagle. Serie documento n.3, Buenos Aires, 1978.
_____. Documentos vinculados con la cuestión del Beagle. n.49/50 e 57, Buenos Aires, 1978; 1979.
RICHARDS, J.E. Algunos antecedentes de nulidad de fallos. *La Nación,* Buenos Aires, 3 feb. 1978.
RIESCO JARAMILLO, R. Fronteras y tareas geopolíticas chilenas en el océano Pacífico y en el continente antártico. *Rev. Geopolítica,* n.3, Santiago, 1985.
RÍOS GALLARDO, C. *Después de la Paz.* Santiago, Imprenta Universitaria, 1926.
_____. *Chile y Argentina.* Santiago do Chile, Ed. del Pacífico, 1960.
RIOS VALDIVIA, A. *La misión la valle.* Santiago do Chile, Imp. Universo, 1924.
RIVERA, J.B. *Ensayo sobre la geografía militar de Chile.* 2.ed. Santiago, [s.n.], 1905.
RIVET, L. La question romaine et le Traté de Latran. *Recueil des Cours,* Paris, 1931.
RIZZO ROMANO, A.H. Aspectos legales del arbitraje solicitado por Chile en la cuestión del Beagle. *Estrategia.* n.3, 1969. p.66-72.
_____. Las relaciones argentino-chilenas en los últimos 70 años. *Investigaciones y Ensayos.* Academia Nacional de Historia, n.13, 1972.
_____. La constitución nacional y el acuerdo arbitral argentino-chileno-británico de 1971. *Estrategia.* n.34-5, 1975. p.35-40.
ROCHÈRE, J.D. L'affaire du canal de Beagle (sentence rendue par la Reine D'Angleterre le 22 avril 1977). *Annuaire Français de Droit International.* Paris, v.23, 1977. p.408-35.
RODRÍGUEZ, J.A. *Islas chilenas al sur del canal Beagle.* Valparaiso, Imprenta Mercantil, 1955.
_____. *Chile en el canal Beagle y mares australes.* Valparaíso, Imprenta Mercantil, 1958.
RODRÍGUEZ ZÍA, J. *De mar a mar; el fallo del Beagle.* Buenos Aires, Moharra, 1978.
_____. *Tergiversación de la mediación papal.* Santa Fe de la Vera Cruz, [s.n.], 1981.
ROJAS VALDÉS, X. *Don Adolfo Ibáñez.* Santiago, Andrés Bello, 1970.
ROMERO, J.L. *Breve historia de la Argentina.* Buenos Aires, CREA, 1979.
ROSSI DE FLORY, M.L. *Argentina y Chile en la zona del Beagle.* Buenos Aires, Ministerio de Educación y Justicia, 1984.
ROTH, R. *Después de Malvinas, ¿qué?* Buenos Aires, La Campana, 1978.

ROTNER, S.R. *Uti possidetis* and the borders of new states. *American Journal of International Law,* v.90, n.4, oct. 1996, p.590-624.

ROUSSEAU, C. L'Etal de la Cité du Vatican. *Revue Genérale du Droit Internationale Public.* v.3, 1930. p.145-53.

_____. *Derecho Internacional Público.* Barcelona, [s.n.], 1961.

RUGGIERI, A. Canal de Beagle. *Rev. Estrategia.* n.45, Buenos Aires, 1977.

_____. Canal de Beagle: algunas reflexiones sobre el laudo arbitral. *Estrategia.* n.45, 1977. p.48-66.

RUIZ MORENO, I. *Historia de las relaciones exteriores argentinas (1810-1955).* Buenos Aires, Perrot, 1961.

_____. Después del fallo. *La Prensa,* Buenos Aires, 6 de mayo de 1977.

_____. Las mediaciones de los gobiernos argentinos. *La Prensa,* Buenos Aires, 1979.

RULLI, S.I.G. La mediazione della Santa Sede fra Argentina e Cile per la zona australe dei due paesi. *La Civiltá Católica,* quaderno 3089, 1979.

RUSSEL, R. (Comp.). *América Latina y la guerra del Atlántico Sur: experiencias y desafíos.* Buenos Aires, del Belgrano, 1984.

SABATE LICHTSCHEIN, D. *El arbitraje y la cuestión del Beagle.* Buenos Aires, [s.n.], 1955.

_____. *La soberanía Argentina sobre las islas Picton, Lennox y Nueva.* Buenos Aires, [s.n.], 1959.

_____. La controversia del canal Beagle y las islas fueguinas del Atlántico. *La Prensa,* Buenos Aires, 1968.

_____. *Niebla jurídica sobre el arbitraje para el canal Beagle.* Buenos Aires, La Prensa, 12-IV, 1976.

SALDÍAS, A. *Historia de la Confederación Argentina.* Buenos Aires, El Ateneo, 1952.

SÁNCHEZ RODRIGUES, L.I. *Uti possidetis*: la actualización jurisprudencial de um viejo principio (a proposito de la sentencia del TIJ [sala] en el assunto Burkina Faso/Mali). *Revista Espanõla de Derecho Internacional,* 1988.

_____. L'*uti possidetis* et les frontaliers contentieux territeriáux et frontaliers. *Recueil des Cours,* n.263, 1997, p.149-382.

SAN MARTINO DE DROMI, M.L. *Historia política argentina (1955-1988).* v.1-2. Buenos Aires, Astrea, 1988.

SANTIBÁÑEZ ESCOBAR, R. *Los derechos de Chile en el Beagle.* Santiago, 1969.

SANTIS ARENA, H. Chile y su desarrollo territorial. *Colección Terra Nostra,* n.4, 1984.

_____. Las fronteras y límites marítimos en el contexto de la territorialidad: el caso chileno. *Geopolítica,* v.2, n.3, Santiago, 1986.

SÃO TOMÁS DE AQUINO. *Suma theologica* I.

SARMIENTO, D.F. *Cuestiones americanas. Límites con Chile.* Tomo XXXV de sus Obras Completas, publicadas bajo los auspicios del Gobierno Argentino, Buenos Aires, 1900.

SCENNA, M.A. Argentina-Chile: el secular diferendo. *Todo es Historia,* Buenos Aires, n.43-5, 1971.

_____. *Argentina-Chile: una frontera caliente.* Buenos Aires, Editorial de Belgrano, 1981.

SERRANO MONTANER, R. *Límites con la República Argentina.* Santiago, Imprenta Cervantes, 1898.

SHAW, M. Title to territory in Africa. *International Legal Issues,* Oxford, 1986.

SILVA, C.A. *La política internacional de la Nación Argentina.* Buenos Aires, [s.n.], 1946.

_____. Exame dos principais tratados bilaterais e multilaterais vigentes entre países latino-americanos (não-pertencentes ao sistema interamericano) sobre soluções pacíficas de conflitos, com ênfase especial em seu possível hermetismo e suas aplicações. In: *Seminário de Integração Solidária para Manutenção da Paz na América Latina.* Caracas, 1979.

_____. *Órgãos das soluções extrajudiciárias de litígios.* São Paulo, Revista dos Tribunais, 1985.

_____. O território nacional e os espaços internacionais no Brasil. *Margem,* São Paulo, v.2, 1993.

_____. As instituições do Mercosul e as soluções de litígios no seu âmbito: sugestões de *lege ferenda.* In: BAPTISTA, L.O.; MERCADANTE, A.A. & CASELLA, P.B. (orgs.). *Mercosul.* São Paulo, LTr, 1994.

_____. Uma revisão em profundidade em 1996 das instituições do Mercosul e as soluções de litígio no seu âmbito: sugestões. In: BAPTISTA, L.O.; MERCADANTE, A.A. & CASELLA, P.B. (orgs.). *Mercosul: das negociações à implantação.* São Paulo, LTr, 1998.

_____. As dimensões globais da diplomacia dos Estados, no final do século XX: três aspectos de uma realidade atual. In: DOWBOR, L.; IANNI, O. & RESENDE, P.E.A. Separata de: *Desafios da globalização.* Petrópolis, Vozes, 1998.

_____. Os órgãos das relações exteriores dos Estados e as formas de diplomacia. In: *Livro em homenagem ao professor Vicente Marotta Rangel.* No prelo.

SOARES, G.F.S. Introdução histórica ao estudo das soluções pacíficas de litígios e das arbitragens comerciais internacionais. *Revista da Faculdade de Direito da USP.* São Paulo, n.71, 1976, p.163-208.

SOCIEDAD ARGENTINA DE ESTUDIOS GEOGRÁFICOS. Declaración de los geógrafos argentinos sobre el laudo de la corona británica en el litigio del Beagle con la República del Chile (29/10/1977). *Geopolítica.* v.8, n.24, 1982.

SODERINI, E. Arbitrati e mediazioni papali. *La Rassegna Italiana*, 1885.

_____. La mediazione di Leone XIII nel conflitto hispano-tedesco sulle Isole Caroline. *La Rassegna Italiana.* 1886. p.66-101.

SONEGO, V. M. *Las dos Argentinas: pistas para una lectura crítica de nuestra historia.* 3.ed. Buenos Aires, Don Bosco Argentina, v.1 e v.2, 1989. 246p. e 266p.

SOREL, J.M. & MEHDI, R. L'*uti possidetis* entre la consécration juridique et la pratique: essai de réactualisation. *Annuaire Français de Droit International,* n.11, 1994. p.26-7.

SOTOMAYOR, C. M. La cooperación internacional y el nuevo derecho del mar. In: *Estudios 1984.* Santiago, Sociedad Chilena de Derecho Internacional, 1984.

_____. El marco del acercamiento político entre Chile y Argentina. In: ORREGO, F. (ed.). *Chile y Argentina: nuevos enfoques para una relación constructiva.* Santiago, Pehuén, 1989.

STONE, J. *Legal controls of international conflict: a treatise of the dynamics of disputes and war law.* Londres, [s.n.], 1954.

STORNI, S.R. *Trabajos hidrográficos y límite argentino en el Canal de Beagle.* Buenos Aires, [s.n.], 1905.

_____. *Intereses argentinos en el mar.* Buenos Aires, Instituto de Publicaciones Navales, 1967.

TAUBE, M. Les origines de l'arbitrage international. Antiquité et moyen âge. *Recueil des Cour,* v.42.

TEITELBOIM, S. *Chile y la soberanía en el mar.* Santiago, Andrés Bello, 1966.

THIRDWAY. The law and procedure of the international court of justice, 1960-1989. In: *British Year Book of International Law.* London, [s.n.], 1990.

TOMO, A.P. Recursos marinos vivientes del Océano Austral. *Estrategia,* n.43-4, nov.1976/febr. 1977. p.100-11.

TOSTAIN, L. *Le traité politique du Latran et la personnalité en droit public.* Paris, Spes, 1930.

TRATADO de Paz y Amistad entre los Gobiernos de Argentina y Chile. *Revista de Estudios Internacionales,* ene./mar. 1985.

TRELLES, R. *Refutación a Amunátegui.* Ministerio de Relaciones Exteriores. Santiago, 1887. t.3.

TRINDADE, A. A. C. Os métodos de solução pacífica de controvérsias internacionais: tendências recentes. *Estudos Jurídicos,* ano 17, n.39, 1984.

TUROLO, C. *Malvinas. Testimonio de su gobernador.* Buenos Aires, Sudamericana, 1983.

UKWRAH. The organization of African Unity and African Territorial and boundary problems: 1963-1973. *Indian Journal of International Law,* 1973.

UMBRICHT, V. Une expérience de médiation: le cas de l'ancienne Communauté Africaine Orientale. *Annuaire Français de Droit International,* 1984.

URQUID, J.M. *El* uti possidetis *juris y el de facto.* Cochabamba, [s.n.], 1946.
VALLAT, F. The peaceful settlement of disputes. In: *Essays in honour of Lord McNair.* Cambridge, [s.n.], 1965.
VARELA, L.V. *La República Argentina y Chile: historia de la demarcación de sus fronteras (desde 1843 hasta 1899).* Buenos Aires, [s.n.], 1899. t.1 y t.2.
_____. *La República Argentina y Chile ante el árbitro.* Buenos Aires, [s.n.], 1901.
_____. *La República Argentina y Chile: defensa de los últimos pactos internacionales.* Buenos Aires, [s.n.], 1902.
VÁSQUEZ DE ACUÑA, I.Y & CABRERA, O. *Breve historia del territorio de Chile.* Santiago, Universidad de Santiago, 1984.
_____. *Don Juan de la Cruz, en mapa de América Meridional (1775) y las fronteras del Reino de Chile.* Santiago, Universidad de Santiago, 1984.
VELASCO, J.E.G. Canal de Beagle: el laudo arbitral de la Corona Británica. *Revista de Política Internacional,* n.155, 1978. p.65-102.
VÉLEZ SÁRSFIELD, D. *Discusión de los títulos del gobierno de Chile a las Tierras del Estrecho de Magallanes.* Buenos Aires, [s.n.], 1853.
_____. *Discusión de los títulos del Gobierno de Chile al Estrecho.* Buenos Aires, [s.n.], 1864.
VICUÑA MACKENNA, C. *La Patagonia: estudios geográficos y políticos dirigidos a esclarecer la "Cuestión Patagónica" con motivo de las amenazas recíprocas de guerra entre Chile y la República Argentina.* Santiago, Centro, 1880.
_____. *Estudio histórico sobre el descubrimiento y conquista de la Patagonia y de la Tierra del Fuego.* Leipzig, [s.n.], 1903.
VILLALOBOS, R.S. *La disputa del Beagle.* Buenos Aires, Tradición, 1968.
VILLEGAS, O. *Tiempo geopolítico argentino.* Buenos Aires, Pleamar, 1975.
_____. *El conflicto con Chile en la región austral.* Buenos Aires, Pleamar, 1978.
_____. *La propuesta pontificia y el espacio nacional comprometido.* Buenos Aires, Pleamar, 1982.
_____. La división oceánica. Cabo de Hornos punto de partida obligado. *Revista Geosur,* Montevideo, n.41, 1983.
VIO VALDIVIESO, F. *Convenios entre Chile y Argentina de 1960.* Santiago, Del Pacífico, 1960.
_____. *El diferendo chileno-argentino en la zona del canal de Beagle: el compromiso arbitral e sus antecedentes.* Santiago, del Pacífico, 1972.
_____. *La mediación de S.S. el Papa Juan Pablo II en el conflicto chileno-argentino sobre delimitación de jurisdicciones marítimas en la zona austral antecedentes, desarrollo y destino.* Santiago, Aconcagua, 1984. p.60-1
VIVES, J.V. *Tratado general de geopolítica.* 2. ed. Barcelona, [s.n.], 1956.
WAART, V. P. J. *The element of negotiation in the pacific settlement of disputes between States: an analysis of provisions made and applied since 1918 in the field of the pacific settlement of international disputes.* La Haya, [s.n.], 1973.

WALDMANN, P. & VALDES, E.G. (Comp.). *El poder militar en la Argentina (1976-1981)*. Buenos Aires, Galerna, 1983.

WALKER MARTÍNEZ, J. *Las invasiones del Valle Lacar.* [s.l.], [s.n.], 1901.

_____. *Clamores de intervención diplomática.* Imprenta Chile, 1919.

WILSON, L.G. A prática e o status da intervenção e da não-intervenção no direito internacional contemporâneo. *Revista de Informação Legislativa*, Brasília, v.20, n.79, 1983.

WOOLDRIDGE. *Uti possidetis doctrine.* X. [s.l.], [s.n.], 1987.

WYNIA, G.W. *Argentina: illusions and realities.* Londres, Holmes & Meier, 1983.

ZEBALLOS, E. *Cuestiones de límites entre la República Argentina, el Brasil y Chile.* Buenos Aires, Memoria del Ministerio de Relaciones Exteriores, 1892.

_____. El incidente de límites con Chile sobre las islas Nueva y Picton. *Revista de Derecho, Historia y Letras*, t.20.

_____. La política exterior de Chile y las Repúblicas de Bolivia, Perú y Argentina. *Revista de Estudios*, t.6.

ZEGERS, J. *Relaciones entre Chile y Argentina.* Santiago, Imprenta Cervantes, 1902.

ZORRAQUIN BECU, R. *Inglaterra prometió abandonar las Malvinas.* Buenos Aires, [s.n.], 1975. Notas 339-40.

4. DOCUMENTOS OFICIAIS DO ESTADO E DAS INSTITUIÇÕES INTERNACIONAIS

ANNUARIO PONTIFICIO. Cittá del Vaticano. Libreria Editrice Vaticano, 2002.

ARBITRAJE DEL CANAL DE BEAGLE ENTRE LA REPÚBLICA ARGENTINA Y LA REPÚBLICA DE CHILE. "Informe y Decisión de la Corte de Arbitraje sometidos al Gobierno de Su Majestad Británica para el Reino Unido". República de Chile, Edición Bilingüe, 1977.

ARGENTINA, REPÚBLICA. *La frontera argentino-chilena. Demarcación general 1894-1906.* Ministerio de Relaciones Exteriores, Oficina de Límites Internacionales.

ATLAS GEOGRÁFICO DE LA REPÚBLICA ARGENTINA, Buenos Aires, 1887.

BOLETÍN DEL CENTRO NAVAL DE ARGENTINA. Buenos Aires, 1905.

CENTRO DE INVESTIGACIONES SOCIALES DE ARGENTINA (C.I.S.A.). *Argentina, Chile, análisis histórico, jurídico y político de nuestras relaciones con la República de Chile.* Buenos Aires, 1967.

COLECCIÓN DE TRATADOS CELEBRADOS POR LA REPÚBLICA ARGENTINA CON LAS NACIONES EXTRANJERAS. Buenos Aires, 1863.

COLECCIÓN DE TRATADOS CELEBRADOS POR LA REPÚBLICA DE CHILE CON LOS ESTADOS EXTRANJEROS. Tomo I, Imprenta Nacional, 1857.

CONSEJO ARGENTINO DE RELACIONES INTERNACIONALES. *Diplomacia Argentina. Las naciones 1946 a 1981*. C.A.R.I., Ed. Chargas, 1983.

CUESTIÓN ARGENTINO-CHILENA. Notas diplomáticas y otros escritos en defensa de los derechos de la República Argentina. Buenos Aires, Imprenta y Librería de Mayo, 1877.

LA CUESTIÓN DE LÍMITES ENTRE LA REPÚBLICA ARGENTINA Y CHILE. Buenos Aires, 1881.

DEPARTAMENTO DE RELACIONES EXTERIORES Y DEFENSA DA ARGENTINA. *Documentos sobre el conflicto argentino-chileno en la zona austral*. Dirección de Información Parlamentaria del Congreso de la Nación, n.1, 1984.

DICCIONARIO GEOGRÁFICO ESTADÍSTICO NACIONAL ARGENTINO. Buenos Aires, 1885.

LA FRONTERA ARGENTINA-CHILENA. Documentos de la demarcación. T. II, Buenos Aires, 1908.

GEOGRAFÍA DE LA REPÚBLICA ARGENTINA. Buenos Aires, 1886.

INSTITUTO ARGENTINO DE ESTUDIOS ESTRATÉGICOS DE LAS RELACIONES INTERNACIONALES. *Arbitraje sobre el Canal Beagle: informe y decisión de la corte de arbitraje, abril-mayo 1977*. Buenos Aires, El Instituto, 1978.

INSTITUTO GEOGRÁFICO MILITAR. *Carta provisional de la República Argentina*. 2.ed. 1948.

MEMORIA DEL MINISTERIO DE RELACIONES EXTERIORES DE LA REPÚBLICA ARGENTINA. Buenos Aires, 1882.

MINISTERIO DE RELACIONES EXTERIORES Y CULTO DA ARGENTINA. *Instrumentos relativos a cuestiones de límites argentino-chilenas*. Buenos Aires, 1962.

MINISTERIO DE RELACIONES EXTERIORES DE LA REPUBLICA ARGENTINA. *Arbitraje sobre el canal de Beagle, entre la República Argentina y la República de Chile. Informe e decisión de la Corte e Arbitraje elevada al Gobierno de Su Majestad Británica en el Reino Unido*. Buenos Aires, 1977.

MINISTERIO SECRETARÍA GENERAL DE GOBIERNO DE LA REPÚBLICA DE CHILE. *Mediación por la paz*. Ministerio Secretaria General de Gobierno de la República de Santiago, 1988.

PONTIFICIA ACADEMIA DE LAS CIENCIAS. *XV aniversario de la firma del Tratado de Paz y Amistad entre las Repúblicas de Argentina y Chile*. Ciudad del Vaticano, 1999.

REPÚBLICA ARGENTINA. *Frontera argentino-chilena*. 777 Memoria presentada al Tribunal Arbitral. Impresa para el Gob. de la Rep. Argentina Londres, 1902.

REPÚBLICA DE CHILE. *Manual de Fronteras y Límites del Estado*. 1971.

_____. *Caso fronterizo zona de Palena Argentina-Chile*. 1976.

_____. *Controversia en la región del canal Beagle*. 1977.

_____. *Arbitraje del canal Beagle entre la República Argentina y la República de Chile*. Informe y decisión dela Corte de Arbitraje sometidos al Gobierno de Su Majestad Británica para el Reino Unido, 1977.

_____. Ministerio Secretario-General de Gobierno de Chile. *Mediación por la paz*. Santiago, Ministerio Secretaria General de Gobierno, 1988.

VILLEGAS, G. *La propuesta pontifícia y el espacio nacional comprometido*. Buenos Aires, Pleamar, 1981.

ANEXOS

ANEXO I

Relação de Estados com os quais a Santa Sé mantém Relações Diplomáticas

África do Sul	Albânia
Alemanha	Andorra
Angola	Antiga Iugoslávia
Antígua e Barbuda	Argélia
Argentina	Armênia
Austrália	Azerbaijão
Bahamas	Bahrain
Bangladesh	Barbados
Bélgica	Belize
Bielorússia	Bolívia
Bósnia-Herzegóvina	Brasil
Bulgária	Burkina Faso
Burundi	Cabo Verde
Camarões	Camboja
Canadá	Cazaquistão
Chade	Chile
China	Chipre
Colômbia	Coréia
Costa do Marfim	Costa Rica

Croácia	Cuba
Dinamarca	Dominica
Egito	El Salvador
Equador	Eritréia
Eslováquia	Eslovênia
Espanha	Estados Unidos da América
Estônia	Etiópia
Fiji	Filipinas
Finlândia	França
Gabão	Gâmbia
Gana	Geórgia
Grã-Bretanha	Granada
Grécia	Guatemala
Guiana	Guiné
Guiné-Bissau	Guiné Equatorial
Haiti	Honduras
Hungria	Iêmen
Ilhas Cook	Ilhas Marshall
Ilhas Salomão	Índia
Indonésia	Irã
Iraque	Irlanda
Islândia	Israel
Itália	Jamaica
Japão	Jordânia
Kiribati	Kuwait
Lesoto	Letônia
Líbano	Libéria
Líbia	Liechtenstein
Lituânia	Luxemburgo
Macedônia	Malaui

Mali	Malta
Marrocos	Maurício
México	Micronésia
Moçambique	Moldova
Mônaco	Mongólia
Namíbia	Nauru
Nepal	Nicarágua
Níger	Nigéria
Noruega	Nova Zelândia
Países Baixos	Palau
Panamá	Papua-Nova Guiné
Paquistão	Paraguai
Peru	Polônia
Portugal	Quênia
Quirziquistão	República Centro-Africana
República Democrática do Congo	República do Congo
República Dominicana	República Tcheca
Romênia	Ruanda
Samoa Ocidental	San Marino
Santa Lúcia	São Cristóvão e Névis
São Tomé e Príncipe	São Vicente e Granadinas
Senegal	Serra Leoa
Seycheller	Singapura
Síria	Sri Lanka
Suazilândia	Sudão
Suécia	Suíça
Suriname	Tadjiquistão
Tanzânia	Togo
Tonga	Trinidad e Tobago
Tunísia	Turcomenistão

301

Turquia	Ucrânia
Uganda	Uruguai
Uzbequistão	Vanuatu
Venezuela	Zâmbia
Zimbábue	

ANEXO II

Relação das Organizações e Organismos Internacionais dos quais a Santa Sé participa

IAEA[1]	Agência Internacional para a Energia Atômica (AIEA), Viena, *Membro*.
UNHCR	Alto Comissariado das Nações Unidas para os Refugiados (ACNUR), Genebra, *Membro*.
UNCHS/Habitat	Centro das Nações Unidas para os Assentamentos Humanos, Nairobe, *Observador*.
UNCOPUOS	Comitê das Nações Unidas para Usos Pacíficos do Espaço Extra-Atmosférico, Viena, *Observador em base informal*.
ICMM	Comitê Internacional da Medicina Militar, Bruxelas, *Membro*.
UNCSD	Comissão das Nações Unidas sobre o Desenvolvimento Sustentável, Nova Iorque, *Observador em base informal*.
UNCTAD	Conferência das Nações Unidas sobre o Comércio e o Desenvolvimento, Genebra, *Membro*.
IGC	Conselho Internacional para os Cereais, Londres, *Membro também pelo Estado da Cidade do Vaticano*.
IFAD	Fundo Internacional para o Desenvolvimento Agrícola, Roma, *Observador*.
ISDR	Estratégia Internacional para a Redução de Desastres, Genebra, *Observador em base informal*.

---

1. As siglas encontram-se no original em inglês, e a tradução para o vernáculo é do autor.

UNIDROIT	Instituto para a Unificação do Direito Privado, Roma, *Membro também pelo Estado da Cidade do Vaticano.*
ONU	Organização das Nações Unidas, Nova Iorque, Genebra, Viena, *Observador.*
FAO	Organização das Nações Unidas para a Alimentação e a Agricultura, Roma, *Observador.*
UNESCO	Organização das Nações Unidas para a Educação, a Ciência e a Cultura, Paris, *Observador.*
UNIDO	Organização das Nações Unidas para o Desenvolvimento Industrial, Viena, *Observador.*
ICAO	Organização Internacional da Aviação Civil, Montreal, *Observador em base informal.*
INTELSAT	Organização Internacional para as Comunicações via Satélites, Washington, *Membro também pelo Estado da Cidade do Vaticano.*
IOM	Organização Internacional para as Migrações, Genebra, *Observador.*
IMO	Organização Marítima Internacional, Londres, *Observador em base informal.*
WMO	Organização Meteorológica Internacional, Genebra, *Observador em base informal.*
WTO	Organização Mundial do Turismo (OMT), Madri, *Observador.*
WIPO	Organização Internacional da Propriedade Intelectual (OMPI), Genebra, *Membro.*
WHO	Organização Mundial de Saúde (OMS), Genebra, *Observador.*
WTO	Organização para o Comércio Mundial, Genebra, *Observador.*
CTBTO	Organização para a Aplicação do Tratado para a Eliminação Completa das Experiências Nucleares, Viena, *Membro.*
OPCW	Organização para a Proibição das Armas Químicas, Haia, *Membro.*
WFP	Programa Alimentar Mundial (PAM), Roma, *Observador.*
UNDCP	Programa das Nações Unidas para o Controle das Drogas, Viena, *Observador.*
UNEP	Programa das Nações Unidas para o Ambiente, Nairobe, *Observador.*

ILO	Ofício Internacional do Trabalho (OIT), Genebra, *Observador.*
ITU	União Internacional das Telecomunicações, Genebra, *Membro também pelo Estado da Cidade do Vaticano.*
UL	União Latina, Paris, *Observador.*
UPU	União Postal Universal, Berna, *Membro também pelo Estado da Cidade do Vaticano.*
AALCC	Comitê Legal Consultor Afro-Asiático, Nova Deli, *Observador em base informal.*
OSCE PA	Assembléia Parlamentar da Organização para a Segurança e a Cooperação Européia, *Convidado de honra.*
CEPT	Conferência Européia das Administrações de Correios e Telecomunicações, *Membro também pelo Estado da Cidade do Vaticano.*
CE	Conselho da Europa, Estrasburgo, *Observador.*
CE-CDCC	Conselho para a Cooperação Cultural do Conselho da Europa, Estrasburgo, *Membro.*
LA	Liga Árabe, Cairo, *Delegado.*
OEA	Organização dos Estados Americanos, Washington, *Observador.*
EUTELSAT	Organização Européia para a Exploração dos Satélites para as Telecomunicações, Paris, *Membro também pelo Estado da Cidade do Vaticano.*
OAU	Organização pela Unidade Africana, Adis Abeba, *Observador.*
OSCE	Organização para a Segurança e a Cooperação Européia, Viena, *Membro.*

ANEXO III

2-BIS

ANO: 2000

- Intervenção da Santa Sé na reunião anual dos Ministros do Exterior dos países-membros da OSCE (27 de novembro de 2000).
- Intervenção do Monsenhor Agostinho Machetto sobre o tema "Biotecnologia: esperanças na luta contra a fome?" (18 de novembro de 2000).
- Intervenção da Santa Sé junto à Organização das Nações Unidas, por ocasião da 55ª Sessão da Assembléia Geral sobre o tema "Conferência Mundial para a Infância" (15 de novembro de 2000).
- Intervenção da Santa Sé junto à Organização das Nações Unidas, por ocasião da 55ª Sessão da Assembléia Geral sobre o tema "Belém 2000" (7 de novembro de 2000).
- Intervenção da Santa Sé junto à Organização das Nações Unidas, por ocasião da 55ª Sessão da Assembléia Geral sobre o tema dos refugiados, dos repatriados, dos desabrigados e sobre questões humanitárias (6 de novembro de 2000).
- Intervenção do Monsenhor Julián Herranz na Conferência Ministerial para a celebração do 50º aniversário da Convenção Européia para a salvaguarda dos direitos dos homens e das liberdades fundamentais (3 e 4 de novembro de 2000).
- Intervenção da Santa Sé junto à Organização das Nações Unidas por ocasião da 55ª Sessão da Assembléia Geral sobre a "Cultura da Paz" (2 de novembro de 2000).

- Intervenção da Santa Sé junto à Organização das Nações Unidas por ocasião da 55ª Sessão da Assembléia Geral sobre o tema "Agência das Nações Unidas para o apoio dos refugiados no Oriente Médio" (30 de novembro de 2000).
- Intervenção da Santa Sé na V Sessão da Comissão dos Direitos do Homem da ONU, dedicada à proteção dos direitos do homem no Oriente Médio (17 a 19 de outubro de 2000).
- Intervenção da Delegação da Santa Sé na 23ª Sessão especial da Assembléia Geral da ONU sobre o tema "Mulheres 2000: desenvolvimento e paz para o vigésimo primeiro século" (9 de outubro de 2000).
- Intervenção do Monsenhor Martinho na 55ª Sessão da Assembléia Geral sobre "Desarmamento geral e completo" (6 de outubro de 2000).
- Intervenção da Delegação Permanente da Santa Sé na Sessão Ordinária da Assembléia Geral da ONU sobre o Desenvolvimento Social (28 de outubro de 2000).
- Intervenção da Santa Sé na Conferência Internacional sobre "Crianças afetadas pela guerra" (22 de setembro de 2000).
- Intervenção da Santa Sé na 44ª Sessão da Conferência Geral da IAEA (20 de setembro de 2000).
- Intervenção do Monsenhor Giuseppe Bertello na 2ª Assembléia dos Estados-parte na convenção sobre a proibição de minas (12 de setembro de 2000).
- Intervenção da Santa Sé junto às Organizações das Nações Unidas para a alimentação e agricultura na XXII Sessão da Conferência Regional para a Europa (25 de julho de 2000).
- Intervenção da Delegação Permanente da Santa Sé na Sessão Especial da Assembléia Geral da ONU sobre o desenvolvimento social (30 de junho de 2000).
- Intervenção da Santa Sé na 88ª Sessão da Conferência Geral da Organização Internacional do Trabalho (19 de junho de 2000).
- Intervenção da Santa Sé na XXIII Sessão Especial da Assembléia Geral da ONU sobre "Mulheres 2000: igualdade de desenvolvimento e paz para o século XXI" (13 de junho de 2000).
- Intervenção do Monsenhor Jean Louis Tauran na VI Conferência de Revisão do Tratado de Não Proliferação de Armas Nucleares (27 de abril de 2000).

- Intervenção do Observador Permanente da Santa Sé na 56ª Sessão da Comissão dos Direitos Humanos (12 de abril de 2000).
- Intervenção da Santa Sé no X Congresso das Nações Unidas sobre prevenção do crime e o tratamento dos delinqüentes (11 de abril de 2000).
- Intervenção da Santa Sé junto ao Ofício das nações Unidas e dos institutos especializados em Genebra na 56ª Sessão pelas Comissões dos Direitos Humanos (8 de abril de 2000).
- Intervenção da Santa Sé na "Consulta sobre questões humanitárias: situação do desenvolvimento – problemas e experiências" do Programa Alimentar Mundial (16 de março de 2000).
- Intervenção da Santa Sé na X Sessão da Conferência das Nações Unidas para o Comércio e o Desenvolvimento – NUCED/UNCTAD – (17 de fevereiro de 2000).

ANO: 2001

- Intervenção da Santa Sé no II Congresso Mundial contra a Exploração Sexual Comercial de Crianças (21 de dezembro de 2001).
- Intervenção da Santa Sé na reunião ministerial dos Estados-parte da Convenção de 1951, relativa à condição dos refugiados (9 de dezembro de 2001).
- Intervenção da Santa Sé na 9ª reunião do Conselho dos Ministros Exteriores dos Países-membro da OSCE (4 de dezembro de 2001).
- Intervenção do Observador Permanente da Santa Sé na ONU sobre "As causas dos conflitos e a promoção de uma paz e um desenvolvimento durável na África" (4 de dezembro de 2001).
- Intervenção do Observador Permanente da Santa Sé na ONU sobre condições ambientais (28 de novembro de 2001).
- Intervenção da Santa Sé na conferência consultiva sobre educação escolar, relativa à liberdade de religião e de convicção, à tolerância e à não discriminação (24 de novembro de 2001).
- Intervenção do Observador Permanente da Santa Sé na ONU na Terceira Comissão da Assembléia Geral sobre o item 114 (20 de novembro de 2001).
- Intervenção da Santa Sé na 6ª Comissão da Assembléia Geral da ONU sobre a Convenção Internacional contra a Clonagem Reprodutiva de Seres Humanos (19 de novembro de 2001).

- Intervenção da Santa Sé na Terceira Comissão da Assembléia Geral da ONU sobre o tema 119c: "Questões de Direitos Humanos – Tolerância Religiosa" (13 de novembro de 2001).
- Intervenção da Santa Sé na 4ª Conferência Ministerial de Doha (Quatão) (12 de novembro de 2001).
- Intervenção da Santa Sé na conferência sobre a entrada em vigor do tratado sobre proibição total de experimentação nuclear – CTBT – (11 de novembro de 2001).
- Intervenção da Santa Sé na Assembléia Plenária da ONU sobre o item 25: ano do diálogo entre as civilizações das Nações Unidas (9 de novembro de 2001).
- Intervenção da Santa Sé na XXXI Sessão da Conferência Geral da FAO (7 de novembro de 2001).
- Intervenção da Santa Sé na Assembléia Geral da ONU sobre "Desenvolvimento sustentado e cooperação econômica internacional" (6 de novembro de 2001).
- Nota da Santa Sé sobre a preparação da Conferência Ministerial de Doha: as dimensões do desenvolvimento na Organização Mundial do Comércio (30 de outubro de 2001).
- Intervenção da Santa Sé na 4ª Comissão da Assembléia Geral da ONU no item 87 – Agência das Nações Unidas para o apoio dos palestinos (29 de outubro de 2001).
- Intervenção da Santa Sé na 56ª sessão da Assembléia Geral das Nações Unidas sobre "Cultura da paz" (22 de outubro de 2001).
- Intervenção da Santa Sé na XXXI sessão da Conferência Geral da UNESCO (19 de outubro de 2001).
- Intervenção da Santa Sé na 3ª Comissão da 56ª sessão da Assembléia Geral da ONU (19 de outubro de 2001).
- Intervenção da Santa Sé na 56ª Sessão da Assembléia Geral das Nações Unidas sobre a erradicação da pobreza (12 de outubro de 2001).
- Intervenção do Monsenhor Giórgio Zur na 29ª Conferência dos Ministros Europeus da Justiça (4 de outubro de 2001).
- Intervenção da Santa Sé na 52ª sessão do Comitê Executivo do Alto Comissariado das Nações Unidas para os Refugiados – ACNUR – (2 de outubro de 2001).
- Intervenção da Santa Sé na Conferência Ministerial da Comissão Econômica para a Europa das Nações Unidas – UM/ECE – (24 de setembro de 2001).

Anexos

- Intervenção da Santa Sé na III Reunião Anual dos Estados-parte na Convenção sobre Proibição de Minas (19 de setembro de 2001).
- Intervenção da Santa Sé na 45ª Sessão da Conferência Geral da Agência Internacional de Energia Atômica – AIEA – (18 de setembro de 2001).
- Intervenção da Santa Sé na Conferência Mundial contra o Racismo, a Discriminação Racial, a Xenofobia e a Intolerância Conexa em curso de Durban (3 de outubro de 2001).
- Intervenção do Cardeal Roger Echegueray na mesa redonda em preparação à conferência mundial contra a discriminação racial (3 de agosto de 2001).
- Ratificação pela Santa Sé do Tratado de proibição total das experiências nucleares – CTBT– (18 de julho de 2001).
- Intervenção da Santa Sé na sessão anual do Conselho Econômico e Social da ONU (18 de julho de 2001).
- Intervenção da Delegação da Santa Sé na conferência internacional sobre o tráfico ilegal de armas leves (11 de julho de 2001).
- Declaração interpretativa da Santa Sé no mérito do documento aprovado pela Assembléia da ONU sobre HIV/AIDS (27 de junho de 2001).
- Intervenção do Monsenhor Javier Lozzano Barragón na XXVI Sessão Especial da Assembléia Geral da ONU sobre AIDS (27 de junho de 2001).
- Declaração da Delegação da Santa Sé no Primeiro Congresso Mundial contra a Pena de Morte (21 de junho de 2001).
- Intervenção da Santa Sé na 89ª Sessão da Conferência Geral do Trabalho (12 de junho de 2001).
- Intervenção da Delegação da Santa Sé na Sessão Especial da Assembléia Geral sobre "Habitat + 5" (8 de junho de 2001).
- Intervenção da Santa Sé na 54ª Assembléia Mundial da Saúde, em Genebra (16 de maio de 2001).
- Intervenção da Delegação da Santa Sé na 3ª Conferência das Nações Unidas sobre países menos desenvolvidos (16 de maio de 2001).
- Intervenção da Santa Sé por ocasião da abertura dos trabalhos da 16ª Sessão do Comitê de Agricultura da FAO (26 de março de 2001).
- Intervenção da Santa Sé na Segunda Reunião Preparatória da Sessão Especial sobre Infância das Nações Unidas (31 de janeiro de 2001).

ANO: 2002

- Intervenção do Observador da Santa Sé junto à Organização Mundial do Comércio na última sessão de 2002 do Conselho Geral (20 de dezembro de 2002).
- Intervenção da Santa Sé na 10ª reunião do Conselho de Ministros Exteriores dos Países-membros da OSCE (6 de dezembro de 2002).
- Intervenção do Monsenhor Renato Raffaele Martino no 3º Comitê da LVII Sessão da Assembléia Geral da ONU sobre os refugiados (7 de novembro de 2002).
- Intervenção do Monsenhor Renato Raffaele Martino na LVII Sessão da Assembléia Geral da ONU sobre o tema 76: "Agência das nações Unidas para o apoio dos refugiados palestinos no Oriente Médio" (5 de novembro de 2002).
- Intervenção do Monsenhor Renato Raffaele Martino na LVII Sessão da Assembléia Geral da ONU sobre o tema 89: "Implementação da primeira década para a erradicação da pobreza das Nações Unidas" (30 de outubro de 2002).
- Segundo Comitê da LVII Sessão da Assembléia Geral da ONU sobre as relações entre cultura e desenvolvimento (17 de outubro de 2002).
- Intervenção do Monsenhor Renato Raffaele Martino na Assembléia Geral da ONU sobre as condições de legitimidade dos embargos e das outras sanções econômicas internacionais (16 de outubro de 2002).
- Intervenção do Monsenhor Renato Raffaele Martino no 3º Comitê da Assembléia Geral da ONU sobre o tema "Promoção e tutela dos direitos das crianças" (14 de outubro de 2002).
- Intervenção da senhora Mary B. Maguirre no 3º Comitê da Assembléia Geral da ONU sobre a mulher (10 de outubro de 2002).
- Intervenção do Monsenhor Renato Raffaele Martino no 3º Comitê da Assembléia Geral da ONU sobre envelhecimento (7 de outubro de 2002).
- Intervenção do Monsenhor Renato Raffaele Martino no 3º Comitê da Assembléia Geral da ONU sobre o prosseguimento da Cúpula Mundial sobre Desenvolvimento (4 de outubro de 2002).
- Intervenção do Monsenhor Piero Monni na 69ª Sessão do Conselho Executivo da Organização Mundial do Turismo (4 de outubro de 2002).
- Intervenção do Monsenhor Diarmuid Martin no Comitê Executivo do Programa do Alto Comissariado da ONU para os refugiados – ACNUR – (1 de outubro de 2002).

Anexos

- Intervenção do Monsenhor Renato Raffaele Martino no 1º Comitê da Assembléia Geral da ONU sobre desarmamento (1 de outubro de 2002).
- Intervenção do Monsenhor Renato Raffaele Martino no Comitê Especial da Assembléia Geral da ONU sobre clonagem humana "reprodutiva" (23 de setembro de 2002).
- Intervenção do Monsenhor Leo Boccardi na 46ª Sessão da Conferência Geral da Agência Internacional de Energia Atômica – AIEA – (17 de setembro de 2002).
- Intervenção do Monsenhor Diarmuid Martin na Conferência Ministerial sobre envelhecimento.
- Intervenção do Monsenhor Ettore Balestrero na reunião anual da Organização para a Segurança e a Cooperação na Europa (9 de setembro de 2002).
- Intervenção conclusiva sobre o plano de ação da Cúpula Mundial sobre Desenvolvimento Sustentável (4 de setembro de 2002).
- Intervenção do Monsenhor Renato Raffaele Martino, Observador Permanente da Santa Sé na ONU, na Cúpula Mundial para o Desenvolvimento Sustentável (setembro de 2002).
- Intervenção do Monsenhor Diarmuid Martin na segunda reunião de um grupo de especialistas de governo (23 de julho de 2002).
- Intervenção do Monsenhor Diarmuid Martin na primeira sessão do Comitê Preparatório para a Cúpula Mundial sobre Sociedade da Informação (3 de julho de 2002).
- Intervenção do Chefe da Delegação da Santa Sé, Monsenhor John Patrick Foley, ao encontro da Assembléia Geral da ONU sobre informação e tecnologia de comunicação para o desenvolvimento (18 de junho de 2002).
- Intervenção do Monsenhor Diarmuid Martin na 90ª Sessão da Conferência Geral do Trabalho (17 de junho de 2002).
- Intervenção do Monsenhor Piero Monini na Cúpula Mundial de Ecoturismo (21 de maio de 2002).
- Intervenção do Monsenhor Javier Lozano Barragón na 55ª Assembléia Mundial da Saúde (15 de maio de 2002).
- Declaração interpretativa da Delegação da Santa Sé na conclusão da sessão especial da Assembléia Geral da ONU sobre crianças (10 de maio de 2002).

- Intervenção do Cardeal Alfonso López Trujillo na 25ª Sessão Especial da Assembléia Geral da ONU dedicada às crianças (9 de maio de 2002).
- Intervenção do Representante da Santa Sé, Cardeal Alfonso López Trujillo, no Encontro de Líderes Religiosos durante a Sessão Especial da Assemléia Geral da ONU sobre crianças (7 de maio de 2002).
- Intervenção do Observador Permanente da Santa Sé na 58ª Sessão da Comissão dos Direitos Humanos das Nações Unidas (24 de abril de 2002).
- Intervenção da Santa Sé no seminário sobre "Os sistemas judiciários e os direitos humanos", promovido pelo Ofício para as Instituições Democráticas e os Direitos Humanos da Organização para a Segurança e Cooperação na Europa (23 de abril de 2002).
- Discurso de Jean Louis Tauran sobre "A presença da Santa Sé nos Organismos Internacionais" (22 de abril de 2002).
- Intervenção do Observador Permanente da Santa Sé na 58ª Sessão da Comissão dos Direitos Humanos das Nações Unidas (12 de abril de 2002).
- Intervenção do Observador Permanente da Santa Sé na reunião do Conselho Permanente da OSCE (11 de abril de 2002).
- Intervenção do Observador Permanente da Santa Sé na 58ª Sessão da Comissão dos Direitos Humanos das Nações Unidas (10 de abril de 2002).
- Intervenção do Monsenhor Francis a Chullikatt na revisão do Tratado de Não-Proliferação de Armas Nucleares (8 de abril de 2002).
- Intervenção do Observador Permanente da Santa Sé na 58ª Sessão da Comissão dos Direitos Humanos das Nações Unidas (5 de abril de 2002).
- Intervenção do Observador Permanente da Santa Sé na 58ª Sessão da Comissão dos Direitos Humanos das Nações Unidas (25 de março de 2002).
- Intervenção do Observador Permanente da Santa Sé na 58ª Sessão da Comissão dos Direitos Humanos das Nações Unidas (22 de março de 2002).
- Intervenção da Delegação da Santa Sé na Conferência Internacional sobre financiamento do desenvolvimento (21 de março de 2002).
- Intervenção da Santa Sé nas Nações Unidas sobre o racismo, a discriminação racial, a xenofobia e a intolerância (28 de janeiro de 2002).

- Adesão da Santa Sé na Convenção sobre Proibição do Desenvolvimento, Produção e Armazenamento de Armas Bacteriológicas (Biológicas) e Tóxicas e sobre a sua destruição (4 de janeiro de 2002).

ANO: 2003

- Intervenção do Monsenhor Celestino Migliore no primeiro encontro bienal dos Estados sobre o comércio ilegal de armas leves e de pequeno calibre (8 de julho de 2003).
- Intervenção do Monsenhor Celestino Migliore no ECOSOC, sessão de Alto Nível (1 de julho de 2003).
- Intervenção do Monsenhor Renato R. Martino na Conferência Ministerial sobre organismos geneticamente modificados (23-25 de junho de 2003).
- Intervenção do Giampaolo Crepaldi na 91ª Sessão da Conferência Geral do Trabalho (16 de junho de 2003).
- Intervenção do Monsenhor Celestino Migliore na segunda sessão do fórum permanente da ONU sobre problemáticas das populações indígenas (21 de maio de 2003).
- Intervenção do Monsenhor Javier Lozano Barragón na 56ª Assembléia Mundial da Saúde (21 de maio de 2003).
- Intervenção do Monsenhor Ettore Balestrero na 11ª Reunião do Foco Econômico da Organização para a Segurança e a Cooperação na Europa sobre "O tráfico de seres humanos, de drogas, de armas leves e de pequeno calibre: impacto sobre a economia nacional e internacional" (20 de maio de 2003).
- Intervenção do Monsenhor Diarmuid Martin junto ao Ofício das Nações Unidas na segunda sessão do Comitê Preparatório da VII Conferência de Exame do Tratado de Não-Proliferação de Armas Nucleares (29 de abril de 2003).
- Intervenção do Monsenhor Diarmuid Martin no Ofício das Nações Unidas na 59ª Sessão da Comissão dos Direitos Humanos sobre trabalhadores migrados (17 de abril de 2003).
- Intervenção do Arcebispo Javier Lozano Barragón na 46ª Sessão da Comissão de Narcóticos – CND – (16 e 17 de abril de 2003).
- Intervenção do Monsenhor Diarmuid Martin junto ao Ofício das Nações Unidas na 59ª Sessão da Comissão dos Direitos Humanos sobre direitos civis e políticos (8 de abril de 2003).

- Intervenção do Monsenhor Diarmuid Martin junto ao Ofício das Nações Unidas na 59ª Sessão da Comissão de Direitos Humanos sobre direitos econômicos, sociais e culturais (7 de abril de 2003).
- Intervenção do Monsenhor Celestino Migliore na sessão anual da Comissão sobre Desarmamento (1º de abril de 2003).
- Intervenção do Monsenhor Diarmuid Martin na 59ª Sessão da Comissão dos Direitos Humanos (25 de março de 2003).
- Intervenção do Monsenhor Celestino Migliore durante os encontros do Conselho de Segurança da ONU sobre a situação entre Iraque e Kwait (19 de fevereiro de 2003).
- Intervenção do Monsenhor Piero Monni na 70ª sessão do Conselho Executivo da Organização Mundial de Turismo (4 de junho de 2003).
- Declaração do Secretário de Estado referente ao conflito iraquiano (10 de abril de 2003).
- Intervenção do Monsenhor Piero Monni junto à Organização Mundial de Turismo na "Conferência européia para a proteção das crianças da exploração sexual" (4 de abril de 2003).

ANEXO IV

Documento n. 1[2]
Tratado de Amistad
del 20 de Noviembre de 1826

Art. 1º – Las Repúblicas de las Provincias Unidas del Río de la Plata y Chile ratifican de un modo solemne y a perpetuidad, la amistad y buena inteligencia que naturalmente han existido entre ambas Repúblicas por la identidad de sus principios y comunidad de sus intereses.

Art. 2º – Las Repúblicas de las Provincias Unidas del Río de la Plata y Chile contraen Alianza Perpetua en sostén de su Independencia contra cualquier dominación extranjera.

Art. 3º – Las Repúblicas contratantes se obligan a garantir la integridad de sus territorios y a obrar contra todo poder extranjero que intente mudar por violencia los limites de dichas Repúblicas, reconocidos antes de su emancipación, o posteriormente, en virtud de Tratados especiales.

Art. 4º – Las Repúblicas Contratantes se comprometen a no celebrar Tratado de Paz, Neutralidad ni Comercio con el Gobierno Español, si no procede al reconocimiento de todos los Estados de la América antes Española.

Art. 5º – En el caso de la Alianza se reglará la cooperación conforme a las circunstancias y recursos de cada una de las Partes Contratantes.

Art. 6º – Las relaciones de Amistad, Comercio y Navegación entre ambas Repúblicas, reconocen por base una reciprocidad perfecta, y la libre concurrencia de la industria de los ciudadanos de dichas Repúblicas, en ambos y cada uno de los mencionados territorios.

---

2. KOBYLANSKI, J.K. *El conflicto del Beagle y la mediacion papal.* Montevideo, 1987. p.127-9. Publicação do autor.

Art. 7º – Consiguientemente los ciudadanos de las Repúblicas contratantes gozarán en cualquiera de los dos territorios, de los mismos derechos y privilegios que conceden las leyes, o en adelante concedieren a los naturales del país en que residan, y no se les impondrá, ni exigirá más contribuciones y derechos que los que se impongan y exigen a los mismos naturales.

Art. 8º – Las propiedades existentes en el territorio de las dos Repúblicas Contratantes que pertenezcan a ciudadanos de ellas, serán inviolables en paz y en guerra y gozarán de las inmunidades y privilegios que conceden las leyes a los naturales del país donde existan.

Art. 9º – Los ciudadanos de cada una de las Repúblicas Contratantes estarán exentos en el territorio de la otra de todo servicio militar obligatorio en los cuerpos de línea o armada: de todo empréstito forzoso, o requisiciones militares.

Art. 10 – Todos los artículos de producción, cultivo o fabricación de las dos Repúblicas Contratantes, que se introduzcan por tierra del territorio de la una al territorio de la otra, serán libres de todo derecho: y tanto en su tránsito, como a su exportación a otro país. Serán considerados para la imposición de derechos, como si fuesen de producción, cultivo o fabricación del territorio en que se hallen.

Art. 11 – Los artículos que no sean de producción, cultivo o fabricación de alguna de las dos Repúblicas Contratantes, y que se introduzcan por tierra al territorio de la otra, pagarán un diez por ciento sobre el avalúo de la Aduana del país a donde sean introducidos.

Art. 12 – La ejecución de los artículos 11 y 12 no altera las restricciones que tienen los efectos actualmente estancados en alguna de las Repúblicas Contratantes.

Art. 13 – No se impondrá prohibición alguna a la introducción o extracción de los artículos de producción, cultivo, fabricación o procedencia de cualquiera de las dos Repúblicas Contratantes, que no comprenda igualmente a las demás naciones.

Art. 14 – Los buques pertenecientes a ciudadanos de cualquiera de las dos Repúblicas Contratantes gozarán de la franqueza de llegar segura y libremente a todos aquellos Parajes, Puertos y Ríos de los dichos territorios adonde sea permitido llegar a los ciudadanos o súbditos de la nación más favorecida.

Art. 15 – Los artículos de producción, cultivo o fabricación de las Repúblicas Contratantes que se introduzcan o extraigan por tos Puertos de cada una de ellas, pagarán los mismos derechos y gozarán de las unas mismas concesiones y privilegios, siempre que se introduzcan o extraigan en Buques Nacionales de cualquiera de las dos Repúblicas Contratantes.

Art. 16 – Los buques de las dos Repúblicas Contratantes y los cargamentos que en ellos se introduzcan o extraigan, no pagarán más derecho local. Que los que pagan o en adelante pagaren los buques de la República en cuyo territorio se baga la mencionada introducción o extracción.

Art. 17 – Cada una de las Partes Contratantes estará facultada para nombrar cónsules en protección de su Comercio en el territorio de la otra; Pero antes que ningún Cónsul pueda ejercer sus funciones, deberá en la forma acostumbrada ser aprobado y admitido por el gobierno de la República cerca del cual sea enviado; y cada una de las Partes Contratantes podrá exceptuar de la residencia de Cónsules aquellos puntos de su territorio que juzgue oportuno.

Art. 18 – Siempre que en el territorio de algunas de las Repúblicas Contratantes muera un ciudadano de la otra, sin haber hecho su última disposición testamentarla, el cónsul general respectivo o en su ausencia el que lo representare, tendrá derecho a nombrar por sí solo curadores que se encarguen de los bienes del expresado ciudadano a beneficio de sus legítimos herederos y acreedores, dando cuenta a las autoridades respectivas de una y otra República.

Art. 19 – El presente Tratado será ratificado en el modo y forma que establecen las leyes de las respectivas Repúblicas, canjeándose las ratificaciones en esta ciudad dentro de cuatro meses o antes si fuera posible.

ANEXO V

Documento n. 3[3]
Tratado de Amistad del 29 de Abril de 1856

De su extenso articulado (41 artículos), firmado en Santiago de Chile, se han extraído aquellos artículos que específicamente tratan sobre el tema de este libro.

Art. 1º – Habrá paz inalterable y amistad perpetua entre los Gobiernos de la República de Chile y el de la Confederación Argentina, y entre los ciudadanos de ambas Repúblicas, sin excepción de personas, ni de lugares para la identidad de sus principios y comunidad de sus intereses.

(Los artículos 2 1/13 se refieren a lo relativo al Comercio entre ciudadanos de ambas naciones)

(Los artículos 14 al 22 regulan la libre navegación de buques comerciales y de guerra, fijando el artículo 18):

Art. 18 – Los buques de guerra, y los paquetes del Estado en una de las dos potencias, podrán entrar, morar y carenarse en los puertos de la otra, cuyo acceso es permitido a la nación más favorecida. Estarán allí sujetos a las mismas reglas y gozarán de las ventajas.

(Los artículos 23 al 38, regulan las actividades de representantes consulares. Servicios de correo y reconocen el principio de la inviolabilidad del asilo de los acusados o refugiados por causas o crímenes políticos).

Art. 39 – Ambas Partes Contratantes, reconocen como limites de sus respectivos territorios, los que poseían como tales al tiempo de separarse de la dominación española el ano 18lo, y convienen en aplazar las cuestiones que han podido o puedan suscitarse sobre esta materia para discutirlas después

---

3. Id. Ibid., p.130-1.

pacífica y amigablemente, sin recurrir jamás a medidas violentas, y en caso de no arribar a un completo arreglo, someter la decisión al arbitraje de una nación amiga.

Art. 40 – El presente Tratado durará doce anos, contados desde el día de canje de las ratificaciones, y si doce meses antes de expirar este término, ni la una ni la otra de las dos Partes Contratantes, anuncia por una declaración oficial, su intención de hacer cesar su efecto, el dicho Tratado será todavía obligatorio durante un año, y así sucesivamente hasta la expiración de los doce meses que siguieren a la declaración oficial en cuestión, cualquiera que sea la época en que tenga lugar.

Bien entendido que en caso de que esta declaración fuere hecha por la una o por la otra de las Partes Contratantes, las disposiciones del Tratado relativas al comercio y a la navegación serán las únicas cuyo efecto se considere haber cesado y expirado, sin que por esto el Tratado quede menos perpetuamente obligatorio para las dos potencias, con respeto a los artículos concernientes a las relaciones de paz y amistad.

Art. 41 – El presente Tratado será ratificado y las ratificaciones serán canjeadas en el término de doce meses o antes si fuere posible en esta ciudad de Santiago.

Este acuerdo fue ratificado por Argentina en octubre de 1856, ratificado por Chile en abril de 1856.

ANEXO VI

Documento n. 4[4]
Tratado Fierro-Sarratea – Noviembre 1878

Art. 1º – Los gobiernos de Chile y la República Argentina nombrarán, respectivamente, dentro del término de treinta días contados desde que esta convención sea canjeada, dos ciudadanos chilenos y dos argentinos, los cuales formarán un tribunal mixto que resolverá las cuestiones. Este tribunal decidirá, también, las demandas que cualquiera de las dos potencias deduzca para obtener las reparaciones que crea debidas a su dignidad, derechos e intereses.

Art. 2º – Los gobiernos de ambas repúblicas nombrarán dentro del término de tres meses contados desde la fecha en que esta convención sea firmada por sus plenipotenciarios, dos ministros ad hoc, uno por cada parte, quienes acordarán los territorios y las cuestiones que han de someterse al fallo del tribunal, las formas de procedimiento a que éste haya de sujetarse y lugar y día de su instalación.

Art. 3º – Si tres meses después de efectuado el canje de esta convención, los gobiernos no se hubiesen puesto de acuerdo respecto de los territorios y cuestiones que hayan de someterse al fallo de los árbitros, o si habiendo celebrado una transacción, ésta no estuviere aprobada por los respectivos congresos, el tribunal queda ampliamente facultado para proceder a desempeñar sus funciones fijando las reglas de procedimiento que deban observar y entrando enseguida a conocer y decidir todas las cuestiones y sus incidencias en el estado en que se encontrasen.

Art. 4º – El tribunal iniciará sus tareas designando un estadista americano. Que no sea chileno ni argentino, o un gobierno amigo que. Como "arbitro juris", resuelva los casos en que los jueces estuvieren en desacuerdo.

---

4. Id. Ibid., p.131-3.

Art. 5º – El tribunal fallará con arreglo a derecho y adoptará como fundamento de su sentencia, tanto el principio establecido por las dos partes contratantes en el artículo 39 del tratado que celebraron en 1856, reconociendo como limites de sus territorios los que poseían al tiempo de separarse de la dominación española en 1810, como también el principio de derecho público americano, según el cual no existen en la América que fue española, territorios que puedan considerarse "res nullíus", de manera que los disputados deben considerarse de Chile o de Argentina.

Art. 6º – Mientras el Tribunal no resuelva la cuestión de limites, la República de Chile ejercerá jurisdicción en el mar y costas del Estrecho de Magallanes, canales e islas adyacentes, y la República Argentina en el mar y costas del Atlántico e islas adyacentes.

Art. 7º – La jurisdicción establecida en el artículo anterior no altera los derechos de dominio que tuviera cada una de las dos naciones y en ella no se fundarán títulos que puedan invocarse ante el tribunal.

Art. 8º – El statu quo o modus vivendi designado en el artículo VI durará catorce meses, contados desde el día en que esta convención sea definitivamente aprobada y este plazo podrá ser prorrogado un año más, si el tribunal lo juzga necesario para dar su sentencia.

Art. 9º – Las cuestiones que suscitase la inteligencia que las partes contratantes atribuyan a este acto, serán resueltas por el tribunal.

Art. 10 – Sea cual fuere la resolución de los árbitros y la condición internacional en que puedan encontrarse las relaciones de ambos países, la navegación del Estrecho de Magallanes será libre para todas las banderas.

Art. 11 – La sentencia del tribunal servirá de antecedente para la celebración de un tratado de amistad, comercio y navegación entre ambas repúblicas, en el que se establecerá el régimen que ha de observarse en las fronteras, a fin de evitar las depredaciones de las tribus indígenas y obtener su completa pacificación.

Art. 12 – Las ratificaciones de esta convención serán canjeadas en el término de acho meses o antes si fuera posible y el canje tendrá lugar en las ciudades de Santiago o Buenos Aires.

Santiago de Chile, 6 de noviembre de 1878

Alejandro Fierro
Mariano de Sarratea

ANEXO VII

Documento n. 6[5]
Tratado de Limites del
23 de Julio de 1881

En nombre de Dios Todopoderoso:

Animados los Gobiernos de la República Argentina y de la República de Chile del propósito de resolver amistosa y dignamente la controversia de limites que ha existido entre ambos países y dando cumplimiento al artículo 39 del Tratado de abril del año 1856, han resuelto celebrar un Tratado de Límites y nombrado a este efecto sus plenipotenciarios, a saber:

Su Excelencia el Presidente de la República Argentina, al doctor don Bernardo de Irigoyen, Ministro Secretario de Estado en el Departamento de Relaciones Exteriores:

Su Excelencia el presidente de la República de Chile, a don Francisco de B. Echeverría, cónsul general de aquella República. Quienes, después de haberse manifestado sus plenos poderes y encontrándolos bastantes para celebrar este acto, han convenido en los artículos siguientes:

Art. 1º – El límite entre la República Argentina y Chile, es de Norte a Sur hasta al paralelo 52 de latitud, la Cordillera de los Andes, la línea fronteriza correrá en esa extensión por las cumbres más elevadas de dichas cordilleras que dividen las aguas y pasará por entre las tenientes que se desprenden a un lado y otro. Las dificultades que pudieran suscitarse por la existencia de cienos valles formados por la bifurcación de la Cordillera, y en que no sea clara la línea divisoria de las aguas serán resueltas amistosamente por dos peritos nombrados uno de cada parte. En caso de no arribar éstos a un acuerdo, será llamado a decidirlas un tercer perito designado por ambos

---

5. Id. Ibid., p.134-6.

Gobiernos. De las operaciones que practiquen se levantará un acta en doble ejemplar, firmada por los dos peritos, en los puntos en que hubieran estado de acuerdo, y además por el tercer perito en los puntos resueltos por éste. Esta acta producirá pleno efecto desde que estuviese suscrita por ellos y se considerará fine y valedera sin necesidad de otras formalidades o trámites. Un ejemplar del acta será elevado a cada uno de los dos Gobiernos.

Art. 2º – En la parte Austral del Continente y al Norte del Estrecho de Magallanes el límite entre los dos países será una línea que, partiendo de Punta Dungeness, se prolongue por tierra hasta Monte Dinero: De aquí continuará hacia el Oeste siguiendo las mayores elevaciones de la cadena de colinas que allí existen hasta tocar en la altura de Monte Aymond. De este punto se prolongará la línea hasta la intersección del meridiano 70 con el paralelo 52 de latitud y de aquí seguirá hacia él Oeste coincidiendo Con este último paralelo hasta el "divortia aquarum" de los Andes. Los territorios que quedan al Norte de dicha línea pertenecerán a la República Argentina; y a Chile los que se extiendan al Sur sin perjuicio de lo que dispone respecto de la Tierra del Fuego a islas adyacentes el artículo tercero.

Art. 3º – En la Tierra del Fuego se trazará una línea que, partiendo del punto denominado Cabo del Espíritu Santo en la latitud 52 grados 40 minutos, se prolongará hacia el Sur, coincidiendo Con el meridiano occidental de Greenwich, 68 grados 34 minutos, hasta tocar en el Canal "Beagle". La Tierra del Fuego, dividida de esta manera, será chilena en la parte occidental y argentina en la parte oriental. En cuanto a las islas pertenecerán a la República Argentina la isla de los Estados, los islotes próximamente inmediatos y ésta y las demás islas que haya sobre el Atlántico; y perteneciente a Chile todas las islas al Sur del Canal "Beagle" hasta el Cabo de Homos y las que haya al occidente de la Tierra del Fuego.

Art. 4º – Los mismos peritos a que se refiere el artículo primero fijarán en el terreno las líneas indicadas en los dos artículos anteriores y procederán en la misma forma que allí se determina.

Art. 5º – El Estrecho de Magallanes queda neutralizado a perpetuidad y asegurada su libre navegación para las banderas de todas las Naciones. En el interés de asegurar esta libertad y neutralidad no se construirán en las Costas fortificaciones ni defensas militares que puedan contrariar ese propósito.

Art. 6º - Los Gobiernos de la República Argentina y Chile ejercerán pleno dominio y a perpetuidad sobre los territorios que respectivamente les pertenecen según el presente arreglo. Toda cuestión que, por desgracia, surgiere entre ambos países, ya sea con motivo de esta transacción ya sea de cualquiera otra causa, será sometida al fallo de una Potencia amiga quedando en todo caso como límite inconmovible entre las dos Repúblicas el que se expresa en el presente arreglo.

Art. 7º – Las ratificaciones de este Tratado serán canjeadas en el término de sesenta días, o antes si fuese posible, y el canje tendrá lugar en la ciudad de Buenos Aires o en la de Santiago de Chile.

En fe de los cual los plenipotenciarios de la República Argentina y de la República de Chile firmaron y sellaron con sus respectivos sellos, y por duplicado, el presente Tratado en al ciudad de Buenos Aires a veintitrés días del mes de julio del año de Nuestro Señor mil ochocientos ochenta y uno.

Bernardo de Irigoyen
Francisco de B. Echeverria

ANEXO VIII

Documento n. 8[6]
el Tratado de 1902

Artículos esenciales del Tratado:

Art. 1° – Las Altas Partes Contratantes se obligan a someter a juicio arbitral, todas las controversias de cualquier naturaleza que por cualquier causa surgieren entere ellas en cuanto no afecten a los preceptos de la Constitución de uno y otro país y siempre que no puedan ser solucionadas mediante negociaciones directas.

Art. 2° – No pueden renovarse en virtud de este Tratado, las cuestiones que hayan sido objeto de arreglos definitivos entre las Partes.

En tales casos, el arbitraje se limitará exclusivamente a las cuestiones que susciten sobre validez, interpretación y cumplimiento de dichos arreglos.

Art. 3° – Las Altas Partes Contratantes designan como Arbitro al Gobierno de su Majestad Británica. Si alguna de las Partes llegare a cortar sus relaciones amistosas con el Gobierno de Su Majestad Británica, ambas Partes designan como Arbitro para tal evento al Gobierno de la Confederación Suiza.

Art. 4° – Los puntos, cuestiones o divergencias comprometidos se fijarán por los Gobiernos Contratantes, quienes podrán determinar la amplitud de los poderes del Arbitro y cualquier otra circunstancia relativa al procedimiento.

Art. 5° – En defecto de acuerdo, cualquiera de las Partes podrá solicitar la intervención del árbitro a quien corresponderá fijar el compromiso, la época, lugar y formalidades del procedimiento, así como resolver todas las dificultades procesales que pudieran surgir en el curso del debate. Los com-

---

6. Id. Ibid., p.139.

promitentes se obligan a poner a disposición del Arbitro todos los medios de información que de ellos dependan.

Art. 8° – El Arbitro deberá decidir de acuerdo con los principios del derecho lnternacional, a menos que el compromiso imponga la aplicación de reglas especiales o lo autorice a decidir como amigable componedor.

Art. 9º – El laudo resolverá definitivamente cada punto, expresando sus fundamentos.

Art. 10 – Será redactado en doble ejemplar y notificado a las partes por medio de sus representantes.

Art. 11 – Pronunciado legalmente decide la contienda en los límites de su alcance.

Art. 12 – El árbitro establecerá en su fallo el plazo y las cuestiones relativas a su ejecución

Art. 13 – El laudo es inapelable, y su cumplimiento queda confiado al honor de los signatarios. Se admite, sin embargo, el recurso de revisión ante el mismo árbitro, siempre que se interponga antes de vencido el plazo de su ejecución; para los casos en qué el fallo se dicte en base a error de derecho resultante de los documentos aportados, o que se compruebe falsedad o adulteración de éstos.

Art. 14 – Cada Parte pagará los gastos propios y la mitad de los genérales del árbitro.

Art. 15 – El Tratado regirá durante diez años a partir del canje de las ratificaciones, y en caso de no ser denunciado seis meses antes de su vencimiento, se renovará sucesivamente por períodos iguales.

ANEXO IX

Documento n. 11[7] – Declaración de Nulidad de la Decisión de la Corte Arbitral y del Laudo de su Majestad Británica (25 de Enero de 1978)

El Gobierno Argentino fue notificado el 2 de mayo de 1977 del Laudo Arbitral dictado por Su Majestad Británica en el litigio entre la República Argentina y la República de Chile sobre la región del Canal Beagle, en virtud del Compromiso Arbitral de 22 de julio de 1971.

De acuerdo con este Compromiso, el conocimiento y la decisión de la controversia fueron confiados a una Corte especial de arbitraje, integrada por cinco miembros en ejercicio de la Corte Internacional de Justicia.

ARBITRAJE SOBRE EL CANAL BEAGLE

La Decisión de esta Corte especial sólo podía ser aprobada o rechazada por Su Majestad Británica, como árbitro formal, según el Tratado General de Arbitraje de 1902. Su función quedó así limitada a esas dos alternativas, sin que pudiera en ningún caso modificar aspecto alguno de la decisión de la Corte especial.

El gobierno Argentino ha efectuado un meditado estudio de esta decisión ala luz de las normas internacionales que regulan los aspectos procesales y de fondo de esa controversia.

Las normas mencionadas se encuentran contenidas en el Tratado General de Arbitraje de 1902 y en el Compromiso Arbitral concertado en julio de 1971.

---

7. Id. Ibid., p.145-3.

Los instrumentos jurídicos prescriben ciertos requisitos a los que debió ajustarse la decisión de la Corte especial. Así, el Compromiso Arbitral señala que ella debía limitarse al área geográfica específicamente sometida a arbitraje (Art. 1, incs. 1-4) más allá de la cual el tribunal carecía de competencia. Igualmente el Tratado de 1902 (Art. IX) y el Compromiso Arbitral (Art. XII, inc. 2), establecen que la decisión debía resolver sobre cada punto en litigio y expresar sus fundamentos. Ambos acuerdos disponen también que el diferendo debía ser decidido según los principios del derecho internacional (Art. VIII del Tratado de 1902 y Art. I, inc. 7, del Compromiso Arbitral). Ello implica que la Corte especial debió aplicar las normas generales del derecho de gentes, tanto en los aspectos de fondo como de procedimiento, en la medida en que no estaban específicamente mencionadas en los convenios celados.

El análisis realizado ha permitido al Gobierno Argentino comprobar que la decisión de la Corte especial adolece de defectos graves y numerosos, y lo ha llevado a la conclusión que dicha decisión ha sido dictada en violación de las normas internacionales a que la Corte debía ajustar su cometido. Por lo tanto esa decisión, y el Laudo de Su Majestad Británica dictado en su consecuencia, son nulos, pues no reúnen las condiciones de validez exigidas por el derecho de gentes para ser tenido por tales.

Los defectos que violan la Decisión arbitral son de distinta naturaleza, pero se hallan estrechamente vinculados entre sí y se relacionan de tal modo que vulneran los argumentos principales en que se basa la parte dispositiva.

Estos defectos pueden ser agrupados en las seis categorías siguientes:

a) Deformación de las tesis argentinas

La Decisión, en varias oportunidades, describe como tesis argentina algo que la República nunca sostuvo ante la Corte Arbitral, y luego ésta resuelve acerca de esa versión tergiversada. Esta metodología de deformar una reclamación y decidir, no sobre lo verdaderamente argumentado, sino sobre lo que la Corte dice que la República ha pedido, es aplicada incluso para el examen de una de las principales argumentaciones argentinas.

En efecto, la República sostuvo que la boca oriental del Canal Beagle, de cuya determinación depende en gran medida la solución de la disputa, se encuentra, de acuerdo con la documentación emanada de los descubridores y primeros exploradores del Canal, al norte de la isla Lennox, entre las islas Picton y Navarino.

La Corte Arbitral, por el contrario, afirma que la Argentina sostuvo como "verdadero curso oriental...." uno que

> se aparta de la previa dirección general oeste-este de aquél y describe, lo que gradualmente se transforma en una curva casi en ángulo rento, para pasar al sur y al oeste de la isla Picton, entre ésta e isla Navarino, y de allí entre esta última e isla Lennox en lo que se ha convertido en una dirección general norte-sur, o incluso sur-oeste (frente a isla Lennox), llegando al mar entre Punta María de esa isla y la Punta Guanaco de Navarino – subrayado agregado (pará. 4 de la Decisión)

Esta grave deformación de la tesis argentina que importa desconocer la verdadera argumentación sobre el tema, se repite en otras partes de la decisión (parás. 51 y 93), repercute sobre todo el razonamiento de la Corte Arbitral y afecta sus conclusiones sobre el significado del término "Canal Beagle" en el Tratado de Límites de 1881.

La consecuencia más grave de esta deformación se ve reflejada en los párrafos 93 y 96 de la sentencia donde la Corte, después de descartar como insuficientes otros métodos, busca determinar cuál es el Canal del Tratado de 1881 a través del análisis exclusivo de los términos de éste.

En esta parte de la decisión la Corte rechaza la idea del Canal que ella misma ha atribuido a la Argentina, porque considera imposible que el Tratado utilice la expresión "al sur del Canal Beagle" para referirse a un canal que, en un punto dado de su recorrido, tuerce hacia el sur y continúa un largo trecho en dirección norte-sur.

La Corte basa pues toda fuerza de esta conclusión en una ridiculización de una alegación de fondo a una de las partes.

La Corte deforma igualmente la posición argentina al atribuir a la República una argumentación que ésta no sostuvo respecto del sentido amplio del término "Tierra del Fuego", prescindiendo de los argumentos realmente esgrimidos (pará. 57), así como al afirmar que la Argentina consideró a las islas Picton, Nueva y Lennox como un grupo indivisible (pará. 7, c).

Estos ejemplos constituyen, entre otros, los casos más elocuentes de este vicio en que incurre la Corte, que hace que ella decida según sus propias versiones deformadas de lo alegado por las Partes en litigio y no sobre lo realmente argumentado por éstas.

b) Opinión sobre cuestiones litigiosas no sometidas a arbitraje

La Corte emite opinión sobre cuestiones litigiosas que no se hallaban sometidas a arbitraje y que estaban fuera de su competencia. Así, durante el proceso arbitral quedó de manifiesto que existía una controversia entre la Argentina y Chile sobre las islas al sur del "martillo", o sea, al sur de la zona sometida a arbitraje (Terhalten, Sesambre, Evout, Barnevelt, etc.), y cuyo conocimiento escapaba a la competencia de la Corte. Sin embargo, ésta se pronuncia sobre el status de las mencionadas islas en algunos pasajes de su Decisión.

Por ejemplo, en el párrafo 60, 2 bis, al negar la aplicabilidad del principio Atlántico-Pacífico a la cláusula "Islas" del artículo 3 del Tratado de 1881, la Corte dice que éste adjudicó a Chile todas las islas al sur del Canal Beagle, se hallen al este o al oeste del Cabo de Hornos, con lo cual incluye a las islas al sur del "martillo". Igualmente, en el parágrafo 96, al rechazar el concepto de Canal Beagle que atribuye erróneamente a la Argentina, agrega una frase que implícitamente condena la reclamación de la República sobre las islas australes.

También quedó en claro en el procedimiento arbitral que existe otra controversia entre las Partes acerca de la boca oriental del Estrecho de Magallanes. Chile sostiene que ejerce la jurisdicción sobre todo el Estrecho, en tanto que la Argentina afirma que el límite oriental de aquél está formado por una línea que une el Cabo Vírgenes con el Cabo Espíritu Santo; que la Punta Dungeness esta dentro del Estrecho y que, en consecuencia, le pertenece una parte de su boca oriental. La Corte Arbitral afirma, en el parágrafo 31 de la Decisión, que el Tratado de 1881 dio a Chile el control exclusivo del Estrecho de Magallanes y, en el parágrafo 24, que la Punta Dungeness está sobre el Atlántico, con lo cual se pronuncia sobre otra cuestión que está fuera de su competencia.

c) Contradicciones en el razonamiento

Otro de los defectos de que adopta la Decisión arbitral consiste en las contradicciones en que incurre. Es un principio elemental que no se puede simultáneamente afirmar y negar algo de alguien o de algo. Esto constituye una contradicción y toda contradicción es necesariamente falsa. También es una regla de lógica formal que no se puede incluir una contradicción entre las premisas de un razonamiento, pues de él entonces puede derivarse cualquier conclusión por absurda que parezca.

Estos principios reglan la validez de lodo razonamiento humano, dentro del cual, como es natural, se encuentra el pensar jurídico. Sin embargo, la

Corte Arbitral parece desconocer estas normas elementales e incurre en reiteradas contradicciones, lo cual le permite llegar a conclusiones infundadas.

Así, en primer lugar, el Laudo contiene una contradicción lógica y jurídica de la mayor gravedad en el tratamiento que hace de la cuestión de las islas del Canal. En lo que respecta al tramo del Canal que se extiende desde Lapatala hasta Snipe, considera la corte que las islas allí situadas "en el Canal" (y no al sur del mismo); dice que el Tratado de 1881 no las atribuyó a ninguno de los dos países, y que deben, por lo tanto, ser divididas entre ambas. En la parte "externa" del Canal, y de las varias posibilidades existentes, la Corte se limita a considerar que el Canal tiene dos brazos: el "chileno", hasta el Cabo San Pió y aún más allá, y el "argentino", por los pasos Picton y Gorce (ya se ha visto más arriba – punto A – que esto último es una deformación de la tesis argentina): por consiguiente Picton, Nueva y Lennox están tambien dentro del Canal. Cabe preguntarse por qué, en este caso la Corle no las ha repartido según el principio de la "appurtenance" (accesión, contigüidad o adyacencia) que aplicó a las demás islas dentro del Canal.

La respuesta es que la Corte no admite la posibilidad de este régimen para Picton, Lennox y Nueva, porque prima facie – dice – todos los territorios disputados debían considerarse como habiendo sido motivo de una cláusula expresa del Tratado su pena de un total fracaso de este último (para 92). Hay aquí una contradicción con el enfoque del problema de las islas del Canal, de las que, como se expresa más arriba, la Corte afirma que no caen dentro de ninguna adjudicación específica (paras. 98c y 106). Como consecuencia de esta contradicción divide el Canal Beagle, tal como ella misma lo definió, en dos secciones sujetas a regímenes jurídicos diferentes, sin aportar justificación alguna para ello. Otros ejemplos merecen ser citados:

En el parágrafo 66, 3), sobre el tema de la interpretación del Tratado de 1881, la Decisión considera que el "Discurso" de Bernardo de Irigoyen de 1881 y el "Mensaje" de Melquíades Valderrama, en cuanto se refieren a las islas en disputa, son diametralmente opuestos y decide desdeñarlos porque se excluyen entre sí.

Pero en el parágrafo 130, al tratar del material confirmatorio posterior a aquel Tratado, en tanto que descarta el mencionado discurso de Irigoyen por insuficiente para probar las tesis argentinas, acepta el "Mensaje" de Valderrama como prueba clara de la interpretación chilena del Tratado.

En los parágrafos 14 y 24, la Decisión arbitral incluye la totalidad del archipiélago de Tierra del Fuego entre las regiones en disputa antes de 1881 y que fueran materia del Tratado de Límites. En cambio, en el parágrafo 101, para eludir el problema interpretativo que le plantean las islas al occidente de Tierra del Fuego, la Corte decide considerar esta parte del archipiélago como fuera de la "controversia de limites" anterior a 1881 y , por ende, no regida por el Tratado.

d) Vicios de interpretación

Todo juez a cuya decisión se somete un litigio, está llamado a interpretar las normas jurídicas que ha de aplicar. La interpretación del derecho es una función que se encuentra regulada por el orden jurídico. El interprete tiene un ámbito dentro del cual puede precisar el contenido de la norma jurídica que interpreta. Además, el derecho le indica los métodos que ha de utilizar para proceder a la interpretación. En este sentido, la Convención de Viena sobre el Derecho de los Tratados ha codificado algunas normas consuetudinarias sobre la materia e incluso ha establecido cierto orden de prelación entre ellas.

La interpretación es, pues, una función determinada y regulada por el derecho internacional y no se trata de una labor librada a la enlacra discreción o a la fantasía del juez. No está permitido a éste pasar los límites establecidos pues entonces su función no sería la de interpretar cl derecho, sino la de revisarlo. "La Corte está llamada a interpretar los tratados, no a revisarlos", expresa precisamente la Corte Internacional de Justicia en un pasaje bien conocido de su opinión consultiva sobre la interpretación de los tratados de paz (CIJ, Rccuei11950, p. 229).

La Decisión arbitral se basa fundamentalmente en el texto del Tratado de 1881. Siendo así, la corte debió guiarse en la interpretación, entre otras reglas, por aquellas conocidas con los nombres de "recurso al contexto" y del "efecto útil". La Corte desconoce estas normas, particularmente la segunda, lo que trae como consecuencia que el Tratado, en vez de ser "interpretado", es sometido a una suerte de reforma y adaptación de su texto que contradice su letra y su espíritu.

Así, al resolver en el parágrafo 101 que las islas al occidente de la Tierra del Fuego no forman parte de la controversia de límites anterior a 1881 y por ello no fueron materia del tratado, la Decisión despoja de efecto útil a un término expreso del artículo 3 de esa convención.

También deja sin efecto útil buena parte del artículo 1º del Tratado en cuanto se refiere a zonas que, según la Decisión, no formaron parte de la "cuestión de límites".

Igualmente la Corte rechaza en el parágrafo 65 la tesis argentina de que, por la cláusula "las demás islas que haya sobre el Atlántico", el artículo 3 del Tratado le atribuyó, entre otras, las islas Picton, Nueva y Lennox; Pero habiendo descartado esta interpretación, la Corte, en violación de la regla del efecto útil, no explica cuáles serían concretamente – en defecto de Nueva, Picton y Lennox – las islas que el Tratado asignó a la Argentina por esa cláusula.

Del mismo modo, los términos "hasta el Cabo de Hornos" en el artículo 3 de Tratado son privados de todo sentido y la cláusula de adjudicación de islas a Chile es interpretada como si estableciera sólo como condición el hecho de encontrarse "al sur del Canal Beagle".

Al interpretar el artículo 2 del Tratado de Límites, la Decisión afirma que esta disposición asignó a la Argentina toda la Patagonia hasta el Río Negro, conclusión que no se apoya en el texto del convenio que no menciona allí ni la Patagonia ni el Río Negro. Además, deja sin efecto útil o convierte en redundante buena parte del ámbito de aplicación del artículo 10, que define la frontera de norte a sur hasta el paralelo 52" de latitud sur.

Además, al interpretar el texto del artículo 3 del Tratado, la Corte crea como elemento de la delimitación el concepto de la costa meridional de la Isla Grande, operando una revisión, ya que dicho concepto no figura en el texto del Tratado, ni en los trabajos preparatorios, ni fue sostenido por ninguna de las Partes.

e) Errores geográficos e históricos

Además de los vicios indicados, la Decisión contiene afirmaciones erróneas sobre hechos que afectan ya sea su motivación, la parte dispositiva, o ambas a la vez.

Algunos de estos errores son de orden geográfico. Por ejemplo, en los parágrafos 100 y 101, se dice que las islas Stewart, O'Brien y Londonberry están al sur del brazo noroccidental del Canal Beagle. En realidad, esas islas no tienen ninguna relación con el Canal; están fuera de él e incluso al norte de su dirección general. En el parágrafo 14, la Decisión inventa un "archipiélago del Cabo de Hornos", que se extendería al sur, suroeste y oeste de la Isla Grande, como algo distinto del archipiélago de la Tierra del Fuego.

Igualmente debe señalarse que el trazado de límite marítimo, efectuado por la Corte Arbitral en la carta adjunta al Laudo, adolece de imprecisiones y errores técnicos que le quitan confiabilidad.

Otros errores pertenecen al ámbito histórico. La Corte Arbitral realiza algunas afirmaciones en esta materia, que no se ajustan a la verdad ni concuerdan con las pruebas aportadas, ni tampoco parecen deducirse de investigaciones propias efectuadas por el Tribunal. En este orden de ideas cabe mencionar las afirmaciones de que Chile, durante toda la controversia de limites previa a 1881, reclamó siempre la totalidad de la Patagonia hasta el Río Negro (parágrafo 13); Que las islas al occidente del archipiélago de la Tierra del Fuego no estuvieron en disputa ni fueron materia del Tratado de Límites (parágrafo 101); que existen documentos del descubrimiento y primeras exploraciones del Canal Beagle que señalan como su verdadero curso oriental el brazo meridional que la propla Corte definió prenisamente como incluyendo el Paso Goree entre las islas Lennox y Navarino (parás. 87 y 4); que el Océano Atlántico, para los negociadores de 1876-1881, sólo llegaba hasta la isla de los Estados (parágrafo 65, c).

Esta última posición de la Corte se une a la afirmación que hace el Tribunal respecto de la inaplicabilidad del principio atlántico en la cláusula argentina de adjudicación de islas "sobre el Atlántico" que figura en el artículo 3 del Tratado (parágrafo 66, 2.b) con lo que incurre además en una contradicción manifiesta.

Esta limitación de la validez del principio atlántico configura además un error geográfico, toda vez que deja de lado la opinión de la comunidad científica internacional (Bureau Hidrográfico Internacional, 1919), que ha definido al Cabo de Hornos como el punto determinante de límite entre los Océanos Atlántico y Pacífico.

El Laudo, al dejar de lado la cuestión de la división oceánica en relación con el límite tradicional entre los dos países (el Cabo de Hornos) prescinde así del principio mentor que guió la división jurisdiccional entre la Argentina y Chile aún desde antes de su independencia, concretado luego en distintos indumentos, muy especialmente el Tratado de 1881, el Protocolo de 1893 y el Acta aclaratoria de los Pactos sobre Arbitraje y Limitación de Armamentos de 1902.

En este mismo orden de ideas merece destacarse también que en el tratamiento del argumento argentino en defensa de aquel principio, la Corte incurre en un serio error histórico al analizar el alcance del protocolo de 1893 (parás. 73 a 78). La Argentina sostuvo que este Protocolo por su carácter "Adicional y Aclaratorio" del Tratado de 1881, constituyó una interpretación auténtica de este Tratado. Toda vez que la frase del artículo II del Protocolo dice:

entiéndase que, por las disposiciones de dicho Tratado (de 1881), la soberanía de cada Estado sobre el litoral respectivo es absoluta, del tal suerte que Chile no puede pretender punto alguno hacia el Atlántico, como la República Argentina no puede pretenderlo hacia el Pacífico.

Siendo por lo tanto confirmación del principio Atlántico-Pacífico contenido en el Tratado de 1881, y, como tal, aplicable a la controversia actual. La Argentina sostuvo además que el Protocolo introducía modificaciones al Tratado en dos secciones concretas de la frontera en donde hasta aquel momento habían surgido dificultades en la demarcación, y así lo hacía por aplicación del principio general del respeto de la soberanía absoluta de cada Estado sobre su litoral respectivo. Por el contrario, la Corte afirma que el tema del Protocolo "cae fuera del Tratado como tal, tanto en fecha como en contenido", lo que constituye un error esencial de derecho ya que el Protocolo de 1893 fue siempre considerado por ambas Partes – sin perjuicio de las divergencias sobre su alcance – como un Tratado que modificó e interpretó específicamente al Tratado de 1881, según surge de su texto y de su objeto y fin. Pero la Corte incurre inmediatamente en una contradicción al admitir en párrafos siguientes que el Protocolo sí se refirió al Tratado de 1881.

Además de este error esencial, la Corte incurre en otros igualmente graves al caracterizar al Protocolo corno un simple instrumento de afirmación y afirmar que no tuvo relación alguna con la región del Canal Beagle y de las islas en disputa, ni pudo tenerla porque el Tratado de 1881 no había previsto ninguna demarcación para esta región.

La Corte se equivoca respecto de la naturaleza del Protocolo, ya que el mismo, aparte de precisar los procedimientos de demarcación, contuvo disposiciones sustanciales de delimitación que incluso modificaron el límite previsto en el Tratado de 1881.

f) Falta de equilibrio en la apreciación de la argumentación y de la prueba producida por cada Parte

El Fallo no considera en un pie de igualdad las tesis y la prueba de una y otra Parte. No hay en él una consideración objetiva de lodos los puntos importantes de la controversia sobre la interpretación del Tratado, susceptibles de gravitar en el resultado. Ignora antecedentes obrantes en la causa que constituyen elementos concretos y relevantes de la situación juzgada y deja de lado, en particular en lo relativo a la conducta posterior, el contexto histórico concreto de la disputa, basándose en pautas o criterios generales derivados de una reconstrucción moderna de esa conducta. Las consecuencias de ese desequilibrio son particularmente serias por la circunstancia de que el Tribunal no llega a una conclusión nítida en favor de la interpretación chilena, sino que únicamente la prefiere a la interpretación argentina luego de sopesar la acumulación de las debilidades respectivas. Pero la balanza se inclina así en favor de la interpretación chilena previo silencio o deformación de las tesis argentinas, ignorancia de prueba importante, errores de hecho, etc.

Esta actitud de sistemática parcialidad de la Corte en favor de Chile y en contra de la Argentina se halla presente en todo el Laudo pero se nota con particular transparencia en la parte II, Capítulo III – Análisis de las disposiciones del Tratado de 1881 – y IV Consideración de los incidentes y material confirmatorio y corroborativo, sobre todo cuando decide acerca de cuál es el verdadero Canal Beagle, respecto del significado del concepto Océano Atlántico o del valor respectivo de los escritos y demarcaciones de los negociadores del Tratado de 1881.

También es evidente esta falla de equilibrio cuando la Corte omite considerar importantes líneas argumentales argentinas a la vez que desconoce la prueba relativa a esa argumentación. Es lo es particularmente notorio en el tema de la actitud de las Partes respecto de la cartografía, el sentido amplio de "Tierra del Fuego" en la cláusula "Islas" del artículo 3, y el reconocimiento oficial por ambas Partes de la existencia de una demarcación pendiente en la región en disputa.

La enunciación de defectos que se acaba de hacer de ningún modo es exhaustiva. Aún así, los que aquí se señalan bastan para demostrar el exceso de poder, los errores manifiestos y la violación de reglas jurídicas esenciales en que ha incurrido el Tribunal Arbitral, tanto en materia de fondo corno de procedimiento.

Por ello, y por todo lo enunciado precedentemente, el Gobierno de la República Argentina declara que, en razón de la nulidad manifiesta de la Decisión de la Corte Arbitral y del Laudo de Su Majestad Británica, que es su consecuencia, no se considera obligado a su cumplimiento.

Partes respecto de la cartografía, el sentido amplio de "Tierra del Fuego" en la cláusula "Islas" del artículo 3, y el reconocimiento oficial por ambas Partes de la existencia de una demarcación pendiente en la región en disputa.

La enunciación de derechos que se acaba de hacer de ningún modo es exhaustiva. Aún así, los que aquí se señalan bastan para demostrar el exceso de poder, los errores manifiestos y la violación de reglas jurídicas esenciales en que ha incurrido el Tribunal Arbitral, tanto en malcría de rondo corno de procedimiento.

Por ello, y por todo lo enunciado precedentemente, el Gobierno de la República Argentina declara que, en razón de la nulidad manifiesta de la Decisión de la Corte Arbitral y del Laudo de Su Majestad Británica, que es su consecuencia, no se considera obligado a su cumplimiento.

ANEXO X

Actas de Montevideo[8]

El Cardenal Antonio Samoré, Enviado Especial de Su Santidad Juan Pablo II, al recibir la solicitud de mediación formulada por los Gobiernos de la República de Chile y de la República Argentina, pide que dicha solicitud vaya acompañada con el compromiso de que los dos Estados no recurrirán a la fuerza en sus relaciones mutuas, realizarán un retorno gradual a la situación militar existente al principio de 1977 y se abstendrán de adoptar medidas que puedan alterar la armonia en cualquier sector.

Los Cancilleres de ambas Repúblicas, Excmo. Señor Hernán Cubillos Sallato y Excmo. Señor Carlos Washington Pastor, dan su acuerdo en nombre de sus respectivos Gobiernos y firman con el mismo Cardenal seis ejemplares de ldéntico tenor.

Dado en Montevideo, el dia 8 del mes de enero del año 1979.

Por el Gobierno de la
República Argentina

Por el Gobierno de la
República de Chile

Ministro de Relaciones
Exteriores y Culto

Ministro de Relaciones
Exteriores

---

8. MINISTERIO SECRETARÍA GENERAL DE GOBIERNO DE LA REPÚBLICA DE CHILE. *Mediacion por la paz*. Montevidéu, Ministerio Secretaria General de Gobierno de la República de Chile, 1988. p.31-3.

1. Invitados por Su Eminencia el Señor Cardenal Antonio Samoré, Representante Especial de Su santidad el Papa Juan Pablo II para cumplir una misión de paz aceptada por los Gobiernos de la República de Chile y de la República de Argentina, se han reunido en Montevideo los Cancilleres de ambas Repúblicas, Excelentísimo Señor Hernán Cubillos Sallato y Excelentísimo señor Carlos W. Pastor, quiénes despues de analizar el diferendo y teniendo en Consideración;
2. Que Su Santidad Juan Pablo II expresó en su Mensaje a los Presidentes de ambos países, el día 11 de Diciembre de 1978, su convencimiento de que un examen sereno y responsable del problema podrá hacer prevalecer las exigencias de la justicia de la equidad y de la prudencia como tundamento sequro y estable de la convivencia fraterna de los dos pueblos;
3. Que en la alocución al Colegio Cardenalicio, el 22 de Diciembre de 1978, el Santo Padre recordó las preocupaciones y los votos que ya expresara para la búsqueda del modo de salvaguardar la paz, vivamente deseada por los pueblos de ambos países;
4. Que Su Santidad el Papa Juan Pablo II manifestó el deseo de enviar a las capitales de los dos Estados un Representante Especial suyo para obtener intormaciones mas directas y concretas sobre las posiciones respectivas y para contribuir al logro de un arreglo pacífico de la controversia;
5. Que tan noble iniciativa fue aceptada por ambos Gobiernos;
6. Que designado para esta misión de paz Su Emlnencla el Cardenal AntonIo Samoré ha mantenido, a partir del día 26 de Diciembre de 1978, conversaciones con las más altas Autoridades de ambos países y con sus más inmediatos colaboradores;
7. Que el día 1º de Enero, en que por disposición Pontiticia se celebró la "Jornada Mundial de la Paz", Su Santidad Juan Pablo II se refirió a esta delicada situación e hizo votos para que las Autoridades de ambos países con visión de futuro, equilibrio y valentía, recorran los caminos de paz y pueda alcanzarse, cuanto antes, la meta de una solución justa y honorable;
8. Declaran que ambos Gobiernos renuevan en este Acto su reconocimiento al Sumo Pontifice Juan Pablo II por el envio de un Representante Especial. Resuelven servirse del ofrecimiento de la Sede Apostólica de llevar a cabo una gestión y, estimando dar todo su valor a esta disponibilidad de la Santa Sede, acuerdan solicitarle que actúe como

Mediador con la finalidad de guiarlos en las negociaciones y asistirlos en la búsqueda de una solución del diferendo para el cual ambos Gobiernos convinieron buscar el método de solución pacifica que consideraron mas adecuado.

A tal fin se tendrán cuidadosamente en cuenta las posiciones sostenidas y desarrolladas por las partes en las negociaciones ya realizadas relacionadas con el Acta de Puerto Montt y los trabajos a que ésta dió lugar;

9. Ambos Gobiernos pondrán en conocimiento de la Santa Sede tanto los términos de la controversia como los antecedentes y criterios que estimen pertinentes, especialmente aquellos considerados en el curso de las diferentes negociaciones, cuyas actas, instrumentos y proyectos serán puestos a su disposición;

10. Ambos Gobiernos declaran no poner objeción a que la Santa Sede, en el curso de estas gestiones, manifieste ideas que le sugieran sus detenidos estudios sobre todos los aspectos controvertidos del problema de la zona austral, con el ánimo de contrtbuir a un arreglo pacífico y aceptable para ambas partes. Estas declaran su buena disposición para considerar las ideas que la Santa Sede pueda expresar;

11. Por consiguiente, con este acuerdo que se inscribe en el espíritu de las normas contenidas en instrumentos internacionales tendientes a preservar la paz – ambos Gobiernos se suman a la preocupación de Su Santidad Juan Pablo II y reafirman – consecuentemente – su voluntad conducente a solucionar por vía de la mediación la cuestión pendiente.

Dado en Montevideo, el día 8 del mes de enero del año 1979, y firmado en seis ejemplares de idéntico tenor.

ANEXO XI

El Tratado de Paz y Amistad[9]

El Tratado que, según sus términos, es una transacción, contiene, en lo principal, tres órdenes de materias:

- Paz, amistad entre ambas Naciones, renuncia a la amenaza y uso de la fuerza y medios para asegurar una solución pacífica de controversias;
- Disposiciones acerca de delimitaciones de espacios marítimos; y
- Normas sobre cooperación e integración.

La inclusión del primer aspecto que se señala, paz, amistad, prevención y solución de controversias, tiene su razón de ser en algunos antecedentes hisóricos. En especial, la seria crisis sufrida en las relaciones chileno-argentinas en el año 1978. En estas circunstancias, se estimó necesario establecer en el Tratado una declaración que reafirmara los vínculos de paz y amistad que unen a ambos países.

A este respecto, el Mediador y los negociadores tuvieron presente que ya los primeros tratados suscritos entre ambos países, al comienzo de su vida independiente en el siglo XIX, contenían declaraciones de paz y amistad. Las cláusulas pertinentes del "Tratado de Paz, Amistad, Comercio y Negociación", suscrito em 1855, tienen carácter de perpetuas.

Por tal razón, invocando a Dios Todopoderoso, el actual Tratado, recogiendo esos principios, expresa que Chile y Argentina "reiteran solemne-

---

9. Id. Ibid., p.45-9.

mente su compromiso de preservar, reforzar y desarrollar sus vínculos de paz inalterable y amistad perpetua".

Por otra parte, la denuncia en 1982, del Tratado sobre Solución Judicial de Controversias de 1972, hizo necesario reestablecer un sistema de arreglo de diferendos, ya que históricamente Chile y Argentina siempre estuvieron ligados u, más aún, protegidos por un régimen de solución de controversia preestabelecido. Las normas que sobre la materia contiene el actual Tratado son perennes y comprenden varias fases previas a un procedimiento de arbitraje obligatorio, cuyo término debe ser una sentencia dictada en derecho.

El segundo orden de materiais incluido en el Tratado es el relativo a delimitación de espacios marítimos. Tales espacios se ubican, geográficamente, en el Mar Austral, a partir del término de la delimitación efectuada por el Laudo Arbitral de 1977 y, el otro, en el acceso oriental del Estrecho de Magallanes.

En la actualidad esta clase de delimitación constituye para los países con costas adyacentes o situadas frente a frente, es decir, con espacios marítimos que se superponen, una situación común que deben resolver por medios pacíficos, sea mediante un acuerdo de voluntades, como en el caso chileno-argentino, sea recurriendo a un procedimiento contencioso, como ha ocurrido entre tantos otros países. Es, en consecuencia, un poroblema actual en el ámbito de las relaciones internacionales.

El tercer aspecto contemplado en el Tratado de Paz y Amistad es el relativo a la cooperación económica y la integración física. Las normas del Tratado tienden a reforzar los lazos entre ambos países y, al efecto, se crea una Comisión Binacional de carácter permanente señalándose, a manera de ejemplo, diversas materiais cuyo desarrollo deberá promover. En este mismo capítulo de cooperación e integración, el Tratado contempla disposiciones sobre navegación.

Finalmente, el Tratado incluye una serie de importantes disposiciones de carácter general, entre las que cabe destacar la declaración de que el documento "constituye la solución completa y definitiva" de las cuestiones a que él se refiere, que "los límites señalados constituyen un confín definitivo e inconmovible" y que las Partes "se comprometen a no presentar reivindicaciones ni interpretaciones que sean incompatibles" con el Tratado.

Además es preciso resaltar que el Tratado deja completamente a salvo las posiciones que Chile e argentina tienen respecto de la Antártida. En efecto, el instrumento señala que sólo se aplican a ese continente las cláusulas sobre paz, amistad, renuncia a la fuerza y solución de controversias. Todas las demás disposiciones, señala el Tratado, "no afectarán de modo alguno ni podrán ser interpretadas en el setido de que puedan afectar, directa o indirectamente, la soberanía, los derechos, las posiciones jurídicas de las Partes, o las delimitaciones en la Antártida o en sus espacios marítimos adyacentes, comprendiendo el suelo y el subsuelo".

Chile y Argentina, acogiendo el ofrecimiento de Santo Padre, colocan el Tratado "bajo el amparo moral de la Santa Sede", cláusula que reviste la mayor importancia.

El Tratado de Paz y Amistad consta de diecinueve artículos y tiene dos anexos y cuatro cartas anexas. El primer anexo lo constituyen las Normas Relativas al Procedimiento de Conciliación y Arbitraje y el segundo contiene normas referentes a la Navegación. Las cartas geográficas señalan las líneas de delimitación en el Mar Austral, en la boa oriental del Estrecho de Magallanes y la navegación en el Canal Beagle y en otras rutas.

Tal es una breve visión del Tratado de paz y Amistad. Este Tratado, los demás instrumentos que ligan a ambos países, entre otros, el Tratado de Límites de 1881 y los Laudos Arbitrales de 1902, 1966 y 1977 constituyen el principal fundamento jurídico de las relaciones chileno-argentinas.

El Tratado abre para Chile y Argentina promisorias perspectivas en el ámbito del intercambio bilateral y permite intensificar el proceso de cooperación económica e integración física.

La suscripción del Tratado de Paz y Amistad demuestra la voluntad por lograr una paz permanente y es testimonio para las futuras generaciones de la tradición chileno-argentina de solucionar pacíficamente sus controversias. Como lo destacó Su Santidad el papa Juan Pablo II en el discurso del 12 de diciembre de 1980,

> nunca ha habido un conflicto bélico entre los dos países... se trata de un hecho singular, quizás único en la historia de las relaciones entre Naciones limítrofes [...].

Por su parte, el Presidente de la República, Capitán General Don Augusto Pinochet Ugarte, expresó, con motivo de la ratificación del Tratado de Paz y Amistad:

> La negociación que hoy ha concluido ha demostrado al mundo la responsabilidad y seriedad con que Chile ha superado las diferencias existentes con la República Argentina, dejando a salvo el honor y la dignidad

nacionales, manteniéndose fiel al principio de sus libertades. La solución alcanzada no sólo abre una vía propicia para el entendimiento, sino también para la integración definitiva de ambos países, por lo que llamo a todos los chilenos, y en especial a los jóvenes, a tomar conciencia de este momento y a valorar, en toda su dimensión, el significado del Tratado como afirmación concreta y material de la paz.

TRATADO DE PAZ Y AMISTAD[10]

En nombre de Dios Todopoderoso,

El Gobierno de la República de Chile y el Gobierno de la República Argentina,

Recordando que el ocho de enero de mil novecientos setenta y nueve solicitaron a la Santa Sede que actuara como Mediador en el diferendo suscitado en la zona austral, con la finalidad de guiarlos en las negociaciones y asistirlos en la búsqueda de una solución; y que requirieron su valiosa ayuda para fijar una línea de delimitación, que determinara las respectivas jurisdicciones al Oriente y al Occidente de esa línea, a partir del término de la delimitación existente;

Convencidos de que es deber ineludible de ambos Gobiernos dar expresión a las aspiraciones de paz de sus Pueblos;

Teniendo presente el Tratado de Límites de 1881, fundamento inconmovible de las relaciones entre la República Argentina y la República de Chile, y sus instrumentos complementarios y declaratorios;

Reiterando la obligación de solucionar siempre todas sus controversias por medios pacíficos y de no recurrir jamás a la amenaza o al uso de la fuerza en sus relaciones mutuas;

Animados del propósito de intensificar la cooperación económica y la integración física de sus respectivos países;

Teniendo especialmente en consideración la "Propuesta del Mediador, sugerencias y consejos", de doce de diciembre de mil novecientos ochenta;

Testimoniando, en nombre de sus Pueblos, los agradecimientos a Su Santidad el Papa Juan Pablo II por sus esclarecidos esfuerzos para lograr la solución del diferendo y fortalecer la amistad y el entendimiento entre ambas Naciones;

---

10. MINISTERIO SECRETARÍA GENERAL DE GOBIERNO DE LA REPÚBLICA DE CHILE. op. cit.

Han resuelto celebrar el siguiente Tratado, que constituye una transacción, a cuyo efecto vienen en designar como sus Representantes:

Su Excelencia el Presidente de la República de Chile al señor Jaime dell Valle Alliende, Ministro de Relaciones Exteriores;

Su Excelencia el Presidente de la República Argentina al señor Dante Mario Caputo, Ministro de Relaciones Exteriores y Culto, quienes han convenido lo siguiente:

ARTICULO 1°

Las Altas Partes Contratantes, respondiendo a los intereses fundamentales de sus Pueblos, reiteran solemnemente su compromiso de preservar, reforzar y desarrollar sus vínculos de paz inalterable y amistad perpetua.

Las Partes celebrarán reuniones peródicas de consulta en las cuales examinarán especialmente todo hecho o situación que sea susceptible de alterar la armonía entre ellas, procurarán evitar que una discrepancia de sus puntos de vista origine una controversia y sugerirán o adoptarán medidas concretas tendientes a mantener y afianzar las buenas relaciones entre ambos países.

ARTICULO 2°

Las Partes confirman su obligación de abstenerse de recurrir directa o indirectamente a toda forma de amenaza o uso de la fuerza y de adoptar toda otra medida que pueda alterar la armonía en cualquier sector de sus relaciones mutuas.

Confirman asimismo su obligación de solucionar siempre y exclusivamente por medios pacíficos todas las controversias, de cualquier naturaleza, que por cualquier causa hayan surgido o puedan surgir entre ellas, en conformidad con las disposiciones siguientes.

ARTICULO 3°

Si surgiere una controversia, las Partes adoptarán las medidas adecuadas para mantener las mejores condiciones generales de convivencia en todos los ámbitos de sus relaciones y para evitar que la controversia se agrave o se prolongue.

ARTICULO 4°

Las Partes se esforzarán por lograr la solución de toda controversia entre ellas mediante negociaciones directas, realizadas de buena fe y con espíritu de cooperación.

Si, a juicio de ambas partes o de una de ellas, las negociaciones directas no alcanzarem un resultado satisfactorio, cualquiera de las Partes podrá invitar a la otra a someter la controversia a un medio de arreglo pacífico elegido de común acuerdo.

ARTICULO 5º

En caso de que las Partes, dentro del plazo de cuatro meses a partir de la invitación a que se refiere el artículo anterior, no se pusieren de acuerdo sobre otro medio de arreglo pacífico y sobre el plazo y demás modalidades de su aplicación, o que obtenido dicho acuerdo la solución o se alcanzare por cualquier causa, se aplicará el procedimiento de conciliación que se estipula en el Capítulo I del Anexo nº 1.

ARTICULO 6º

Si ambas Partes o una de ellas no hubieren aceptado los términos de arreglo propuestos por la Comisión de Conciliación dentro del plazo fijado por su Presidente, o si el procedimiento de conciliación fracasare por cualquier causa, ambas Partes o cualquiera de ellas podrá someter la controversia al procedimiento arbitral establecido en el Capítulo II del Anexo nº 1.

El mismo procedimiento se aplicará cuando las partes, en conformidad con el Artículo 4º, elijan el arbitraje como medio de solución de la controversia, a menos qe ellas convengan otras reglas.

No podrán renovarse em virtud del presente artículo las cuestiones que hayan sido objeto de arreglos definitivos entre las Partes. En tales casos, el arbitraje se limitará exclusivamente a las cuestiones que susciten sobre la validez, interpretación y cumplimiento de dichos arreglos.

DELIMITACIÓN MARITIMA

ARTICULO 7º

El límite entre las respectivas soberanías sobre el mar, suelo y subsuelo de la República Argentina y de la República de Chile en el Mar de la Zona Austral a partir del término de la delimitación existente en el Canal Beagle, esto es, el punto fijado por las coordenadas 55º 07', 3 de latitud Sur y 66º 25', 0 de longitud Oeste, será la línea que una los puntos que a continuación se indican:

A partir del punto fijado por las coordenadas 55º 07", 3 de latitud Sur y 66º 25', 0 de longitud Oeste (punto A), la delimitación seguirá hacia el Sudeste por una línea loxodrómica hasta un punto situado entre las costas de la Isla Nueva e da Isla Grande de Tierra del Fuego, cuyas coordenadas son 55º 11', 0 de latitud Sur y 66º 04', 7 de longitud Oeste (punto B); desde allí continuará en dirección Sudeste en un ángulo de cuarenta y cinco grados, medido en dicho punto B, y se prolongará hasta el punto cuyas coordenadas son 55º 22', 9 de latitud Sur y 65º 43', 6 de longitud Oeste (punto C); seguirá directamente hacia el Sur por dicho meridiano hasta el paralelo 56º 22', 8 de latitud Sur (punto D); desde allí continuará por ese paralelo situado veinticuatro millas marinas al Sur del extremo más austral de la Isla Hornos, hacia el Oeste hasta su intesección con el meridiano correspondiente al punto más austral de dicha Isla Hornos en las coordenadas 56º 22', 8 de latitud Sur y 67º 16', 0 de longitud Oeste (punto E); desde allí el límite continuará hacia el Sur hasta el punto cuyas coordenadas son 58º 21', 1 de latitud Sur y 67º 16', 0 de longitud Oeste (punto F).

La línea de delimitación marítima anteriormente descrita queda representada en la Carta nº I anexa.

Las Zonas Económicas Exclusivas de la República Argentina y de la República de Chile se extenderán respectivamente al Oriente y al Occidente del límite así descrito.

Al Sur del punto final del límite (punto F), la Zona Económica Exclusiva de la República de Chile se prolongará, hasta la distancia permitida por el derecho internacional, al Occidente del meridiano 67º 16', 0 de longitud Oeste, deslindando al Oriente con el alta mar.

ARTICULO 8º

Las Partes acuerdan que en el espacio comprendido entre el Cabo Hornos y el punto más oriental de la Isla de los Estados, los efectos jurídicos del mar territorial quedan limitados, en sus relaciones mutuas, a una franja de tres millas marinas medidas desde sus respectivas líneas de base.

En el espacio indicado en el inciso anterior, cada Parte podrá invocar frente a terceros Estados la anchura máxima de mar territorial que le permita el derecho internacional.

ARTICULO 9º

Las Partes acuerdan denominar "Mar de la Zona Austral" el espacio marítimo que ha sido objeto de delimitación en los dos artículos anteriores.

ARTICULO 10°

La República Argentina y la República de Chile acuerdan que en el término oriental del Estrecho de Magallanes, determinado por Punta Dungeness en el Norte y Cabo del Espíritu Santo en el Sur, el límite entre sus respectivas soberanías será la línea recta que una el "Hito Ex-Baliza Dungeness", situado en el extremo de dicho accidente geográfico, y el "Hito I Cabo del Espíritu Santo" en Tierra del Fuego.

La línea de delimitación anteriormente descrita queda representada en la Carta n° II anexa.

La soberanía de la República Argentina y la soberanía de la República de Chile sobre el mar, suelo y subsuelo se extenderán, respectivamente, al Oriente y al Occidente de dicho límite.

La delimitación aquí convenida en nada altera lo establecido en el Tratado de Límites de 1881, de acuerdo con el cual el Estrecho de Magallanes está neutralizado a perpetuidad y asegurada su libre navegación para las banderas de todas las naciones en los términos que señala su Artículo V.

La República Argentina se obliga a mantener, en cualquier tiempo y circunstancias, el derecho de los busques de todas las banderas a navegar en forma expedita y sin obstáculos a través de sus aguas jurisdiccionales hacia y desde el Estrecho de Magallanes.

ARTICULO 11°

Las Partes se reconocen mutuamente las líneas de base rectas que han trazado en sus respectivos territorios.

COOPERACIÓN ECONÓMICA E INTEGRACIÓN FÍSICA

ARTICULO 12°

Las Partes acuerdan crear una Comisión Binacional de carácter permanente con el objeto de intensificar la cooperación económica y la integración física. La Comisión Binacional estará encargada de promover y desarrollar iniciativas, entre otros, sobre los siguientes temas: sistema global de enlaces terrestres, habilitación mutua de puertos y zonas francas, transporte terrestre, aeronavegación, interconexiones eléctricas, protección del medio ambiente y complementación turística.

Dentro de los seis meses de la entrada en vigor del presente Tratado, las Parte constituirán la Comisión Binacional y establecerán su reglamento.

ARTICULO 13°

La República de Chile, en ejercicio de sus derechos soberanos, otorga a la República Argentina las facilidades de navegación que se especifican en los Artículos 1º al 9º del Anexo nº 2.

La República de Chile declara que los buques de terceras banderas podrán navegar sin obstáculos por las rutas indicadas en los Artículos 1º y 8º del Anexo nº 2, sujetándose a la reglamentación chilena pertinente.

Ambas Partes acuerdan el régimen de Navegación, Practicaje y Pilotaje en el Canal Beagle que se especifica en el referido Anexo nº 2, Artículos 11º al 16º.

Las estipulaciones sobre navegación en la zona austral contenidas en este Tratado sustituyen cualquier acuerdo anterior sobre la materia que existiere entre las Partes.

CLAUSULAS FINALES

ARTICULO 14°

Las Partes declaran solemnemente que el presente Tratado constituye la solución completa y definitiva de las cuestiones a que él se refiere.

Los límites señalados en este Tratado constituyen un confín definitivo e inconmovible entre las soberanías de la República Argentina y de la República de Chile.

Las Partes se comprometen a no representar reivindicaciones ni interpretaciones que sean incompatibles con lo establecido en este Tratado.

ARTICULO 15°

Serán aplicables en el territorio antártico los Artículos 1º al 6º del presente Tratado. Las demás disposiciones no afectarán de modo alguno ni podrán ser interpretados en el sentido de que puedan afectar, directa o indirectamente, la soberanía, los derechos, las posiciones jurídicas de las Partes, o las delimitaciones en la Antártida o en sus espacios marítimos adyacentes, comprendiendo el suelo y el subsuelo.

ARTICULO 16°

Acogiendo el generoso ofrecimiento del Santo Padre, las Altas Partes Contratantes colocan el presente Tratado bajo el amparo moral de la Santa Sede.

ARTICULO 17°

Forman parte integrante del presente Tratado:
a) el Anexo n° 1 sobre procedimiento de Conciliación y Arbitraje, que consta de 41 artículos;
b) el Anexo n° 2 relativo a Navegación, que consta de 16 artículos; y
c) las Cartas referidas en los Artículos 7° y 10° del Tratado y en los Artículos 1°, 8° y 11° del Anexo n° 2.

Las referencias al presente Tratado se entienden también hechas a sus respectivos Anexos y Cartas.

ARTICULO 18°

El presente Tratado está sujeto a ratificación y entrará en vigor en la fecha del canje de los instrumentos de ratificación.

ARTICULO 19°

El presente Tratado será registrado de conformidad con el Artículo 102 de la Carta de las Naciones Unidas.

EN FE DE LO CUAL, firman y sellan el presente Tratado en seis ejemplares del mismo tenor, de los cuales dos quedarán en poder de la Santa Sede y los otros en poder de cada una de las Partes.

Hecho en la Ciudad del Vaticano el veintinueve de noviembre de mil novecientos ochenta y cuatro.

ANEXO XI.A
CAPÍTULO 1

Procedimiento de Conciliación Previsto en el Artículo 5° del Tratado de Paz y Amistad

ARTICULO 1°

Dentro del plazo de seis meses contados desde la entrada en vigor del presente Tratado las Partes constituirán una Comisión Permanente de Conciliación argentino-chilena, en adelante "la Comisión".

La Comisión se compondrá de tres miembros. Cada una de las Partes nombrará un miembro, el cual podrá ser elegido entre sus nacionales. El tercer miembro, que actuará como Presidente de la Comisión, será elegido por ambas Partes entre nacionales de terceros Estados que no tengan su residencia habitual en el territorio de ellas ni se encuentren a su servicio.

Los miembros serán nombrados por un plazo de tres años y podrán ser reelegidos. Cada una de las Partes podrá proceder en cualquier tiempo al reemplazo del miembro nombrado por ella. El tercer miembro podrá ser reemplazado durante su mandato por acuerdo entre las Partes.

Las vacantes produzidas por fallecimento o por cualqueir otra razón se proveerán en la misma forma que los nombramientos iniciales, dentro de un plazo no superior a tres meses.

Si el nombramiento del tercer miembro de la Comisión no pudiere efectuarse dentro del plazo de seis meses desde la entrada en vigor de este Tratado o dentro del plazo de tres meses de producida su vacante, según el caso, cualquiera de las Partes podrá solicitar a la Santa Sede que efectué la designación.

ARTICULO 2°

En la situación prevista en el Artículo 5º del Tratado de Paz y Amistad la controversia será sometida a la Comisión por solicitud escrita, ya sea conjunta o separada de las partes, o de una de ellas, dirigida al Presidente de la Comisión. En la soclicitud se indicará sumariamente el objeto de la controversia.

Si la solicitud no fuere conjunta, la Parte recurrente la notificará de inmediato a la otra Parte.

ARTICULO 3°

La solicitud o solicitudes escritas por medio de las cuales la controversia se someta a la Comisión contendrán, en la medida de lo posible, la designación del Delegado o de los Delegados por quíenes la Parte o las Partes de que emanan las solicitudes serán repreentadas en la Comisión.

Corresponderá al Presidente de la Comisión invitar a la Parte o a las Partes que no hayan designado Delegado a que procedan a su pronta designación.

ARTICULO 4°

Sometida una controversia a la Comisión, y para el solo efecto de la misma, las Partes podrán designar, de común acuerdo, dos miembros más que la integren. La presidencia de la comisión seguirá siendo ejercida por el tercer miembro anteriormente designado.

ARTICULO 5°

Si al tiempo de someterse la controversia a la Comisión alguno de los miembros nombrados por una Parte no estuviere en condiciones de participar plenamente en el procedimiento de conciliación, esa Parte deberá sustituirlo a la mayor brevedad al solo efecto de dicha conciliación.

A solicitud de cualquiera de las partes, o por propia iniciativa, el Presidente podrá requerir a la otra que proceda a esa sustitución.

Si el Presidente de la comisión no estuviere en condiciones de participar plenamente en el procedimiento de conciliación, las Partes deberán sustituirlo de común acuerdo, a la mayor brevedad, por otra persona al solo efecto de dicha conciliación. A falta de acuerdo cualquiera de las Partes podrá pedir a la Santa Sede que efectué la designación.

ARTICULO 6°

Recebida una solicitud, el Presidente fijará el lugar y la fecha de la primera reunión y convocará a ella a los miembros de la Comisión y a los Delegados de las Partes.

En la primeira reunión la Comisión nombrará su Secretario, quien no podrá ser nacional de ninguna de las Partes ni tener en el territorio de ellas residencia permanente o encontrarse a su servicio. El secretario permanecerá en funciones mientras dure la conciliación.

En la misma reunión la Comisión determinará el procedimiento a que habrá de ajustarse la conciliación. Salvo acuerdo de las Partes, tal procedimiento será contradictorio.

ARTICULO 7°

Las Partes estarán representadas en la Comisión por sus Delegados; podrán, además, hacerse asistir por consejeros y expertos nombrados por ellas a estos efectos y solicitar los testimonios que consideraren convenientes.

La Comisión tendrá la facultad de solicitar explicaciones a los Delegados, consejeros y expertos de las Partes, así como a las demás personas que estimare útil.

ARTICULO 8°

La Comisión se reunirá en el lugar que las Partes acuerden y, a falta de acuerdo, en el lugar designado por su Presidente.

ARTICULO 9°

La Comisión podrá recomendar a las Partes medidas tendientes a evitar que la controversia se agrave o que la conciliación se dificulte.

ARTICULO 10°

La Comisión no podrá sesionar sin la presencia de todos sus miembros.

Salvo acuerdo en contrario de las Partes, todas las decisiones de la Comisión se tomarán por mayoría de votos de sus miembros. En las actas respectivas no se hará constar si las decisiones han sido tomadas por unanimidad o por mayoría.

ARTICULO 11°

Las Partes facilitarán los trabajos de la Comisión y le procurarán, en la medida más amplia posible, todos los documentos o informaciones útiles. Asimismo, le permitirán que proceda en sus respectivos territorios a la citación y audiencia de testigos o peritos y a la práctica de inspecciones oculares.

ARTICULO 12°

Al finalizar el examen de la controversia la Comisión se esforzará por definir los términos de un arreglo susceptible de ser aceptado por ambas Partes. La Comisión podrá, a este efecto, proceder a intercambiar puntos e vista con los Delegados de las Partes, a quienes podrá oir conjunta o separadamente.

Los términos propuestos por la Comisión sólo revestirán el carácter de recomendaciones sometidas a la consideración de las Partes para facilitar un arreglo recíprocamente aceptable.

Los términos de dicho arreglo serán comunicados, por escrito, por el Presidente a los Delegados de las Partes, a quienes invitará a hacerle saber, en el plazo que fije, sí los Gobiernos respectivos aceptan o no el arreglo propuesto.

Al efectuar la comunicación atendicha el Presidente expondrá personalmente las razones que, en opinión de la Comisión, aconsejan a las partes aceptar el arreglo.

Si la controversia versare exclusivamente sobre cuestiones de hecho, la Comisión se limitará a la investigación de ellas y consignará sus conclusiones en un acta.

ARTICULO 13°

Una vez aceptado por ambas Partes el arreglo propuesto por la Comisión, se levantará in acta que constará dicho arreglo, la cual será firmada por el Presidente, el Secretario de la Comisión u los Delegados. Una copia del acta, firmada por el Presidente y el Secretario, será enviada a cada una de las Partes.

ARTICULO 14°

Si ambas Partes o una de ellas no aceptaren el arreglo propuesto y la Comisión jusgare superfluo tratar de obtener acuerdo sobre términos de arreglo diferentes, se levantará acta firmada por el Presidente y el Secretario, en la cual, sin reproducir los términos del arreglo propuesto, se expresará que las Partes no pudieron ser conciliadas.

ARTICULO 15°

Los trabajos de la Comisión deberán terminar en el plazo de seis meses contados desde el día en que la controversia haya sido sometida a su conocimiento, a menos que las Partes acuerden otra cosa.

ARTICULO 16°

Ninguna declaración o comunicación de los Delegados o de los miembros de la Comisión sobre el fondo de la controversia será consignada en las actas de sesiones, a menos que consientan en ello el Delegado o el miembro de quien emana. Por el contrario, serán anexados a eças actas de sesiones los informes periciales escritos u orales y las actas relativas a las inspecciones oculares y a las declaraciones de testigos, a menos que la Comisión decida otra cosa.

ARTICULO 17°

Serán enviadas copias autenticadas de las actas de sesiones y de sus anexos a los Delegados de las partes por intermedio del Secretario de la Comisión, a menos que la comisión decida otra cosa.

ARTICULO 18°

Los trabajos de la Comisión no se harán públicos sino en virtud de una decisión tomada por la Comisión con el asentimiento de ambas Partes.

ARTICULO 19°

Ninguna admisión ni proposición formulada durante el curso del procedimiento de conciliación, sea por una de las Partes o por la Comisión, podrá prejuzgar o afectar, en manera alguna, los derechos o pretensiones de una u otra Parte en caso de que nos prosperare el procedimiento de conciliación. En igual forma, la aceptación por una Parte de un Proyecto de arreglo formulado por la Comisión no implicará, en manera alguna, aceptar las consideraciones de hecho o de derecho en las cuales podría basarse tal arreglo.

ARTICULO 20°

Terminados los trabajos de la Comisión, las Partes considerarán si autorizan la publicación total o parcial de la documentación relativa a ellos. La Comisión podrá dirigirles una recomendación a este efecto.

ARTICULO 21°

Durante los trabaljos de la Comisión, cada uno de sus miembros percibirá una compensación pecuniaria cuya cuantía se fijará de común acuerdo por las Partes, las cuales la sufragarán por mitades.

Cada una de las Partes pagará sus propios gastos y la mitad de las expensas comunes de la Comisión.

ARTICULO 22°

Al término de la conciliación, el Presidente de la Comisión depositará toda la documentación relativa a ella en los archivos de la Santa Sede, manteniéndose el carácter reservado de dicha documentación, dentro de los límites indicados en los artículos 18º y 20º del presente Anexo.

CAPÍTULO 2

Procedimiento Arbitral Previsto en el Artículo 6° del Tratado de Paz y Amistad

ARTICULO 23°

La Parte que intente recurrir al arbitraje lo hará saber a la otra por notificación escrita. En la misma comunicación solicitará la constitución del Tribunal Arbitral, en adelante "el Tribunal", indicará sumariamente el objeto de la controversia, mencionará el nombre del árbitro elegido por ella para integrar el Tribunal e invitará a la otra Parte a celebrar un compromiso o acuerdo arbitral.

La parte requerida deberá cooperar en la constitución del Tribunal y en la celebración del compromiso.

ARTICULO 24°

Salvo acuerdo en contrario de las partes, el Tribunal se compondrá de cinco miembros designados a título personal. Cada una de las partes nombrará un miembro, que podrá ser nacional suyo. Los otros tres miembros, uno de los cuales será Presidente del Tribunal, serán elegidos de común acuerdo entre nacionales de terceros Estados. Estos tres árbitros deberán ser de nacionalidad diferente, no tener residencia habitual en el territorio de las partes ni encontrarse a su servicio.

ARTICULO 25°

Si todos los miembros del Tribunal no hubieren sido nombrados dentro del plazo de tres meses a contar de la recepción de la comunicación prevista en el Artículo 23º, el nombramiento de los miembros que falten será hecho por el Gobierno de la Condeferación Suiza a solicitud de cualquiera de las Partes.

El Presidente del Tribunal será designado de común acuerdo por las Partes dentro del plazo previsto en el inciso anterior. A falta de acuerdo tal designacíon será hecha por el Gobierno de la Condeferación Suiza a solicitud de cualquiera de las Partes.

Designados todos los miembros, el Presidente los convocará a una sesión a fin de declarar constituído el Tribunal y adoptar los demás acuerdos que sean necesarios para su funcionamiento. La sesión se celebrará en el lugar, día y hora que el Presidente señale y en ella será aplicable lo dispuesto en el Artículo 34º del presente Anexo.

ARTICULO 26°

Las vacantes que puedan producirse por muerte, renuncia o cualquier otra causa serán cubiertas en la siguiente forma:

Si la vacante fuera la de un miembro del Tribunal nombrado por una sola de las partes, dicha parte la llenará a la brevedad posible y, en todo caso, dentro del plazo de treinta días desde que la otra Parte la invite por escrito a hacerlo.

Si dentro de los plazos indicados en los incisos anteriores no se hubiesen llenado las vacantes referidas, cualquiera de las partes podrá solicitar al Gobierno de la Confederación Suiza que proceda a hacerlo.

ARTICULO 27°

En caso de no llegarse a celebrar el compromiso para someter la controversia al Tribunal dentro del plazo de tres meses contados desde su constitución, cualquiera de las Partes podrá someterle la controversia por solicitud escrita.

ARTICULO 28°

El Tribunal adoptará sus propias reglas de procedimiento, sin perjuizio de aquellas que las partes pudieren haber convenido en el compromiso.

ARTICULO 29°

El Tribunal tendrá facultades para interpretar el compromiso y pronunciarse sobre su propria competencia.

ARTICULO 30°

Las Partes brindará su colaboración a la labor del Tribunal y le procurarán todos los documentos, facilidades e informaciones útiles. Asimismo, le permitirán que proceda en sus respectivos territorios, a la citación y audiencia de testigos o peritos y a la práctica de inspecciones oculares.

ARTICULO 31°

El Tribunal tendrá la facultad de ordenar medidas provisionales tendientes a salvaguardar los derechos e las Partes.

ARTICULO 32°

Cuando una de las partes en la controversia no comparezca ante el Tribunal o se abstenga de hacer la defensa de su caso, la otra Parte podrá pedir al Tribunal que prosiga las actuaciones y dicte sentencia. La circunstancia de que una de las partes se encuentre ausente o no comparezca, no será obstáculo para llevar adelante las actuaciones ni para dictar sentencia.

ARTICULO 33°

El Tribunal devidirá conforme al derecho internacional, a menos que las partes hubieren dispuesto otra cosa en el compromiso.

ARTICULO 34°

Las decisiones del Tribunal se adoparán por mayoría de sus miembros. La ausencia o abstención de uno o dos de sus miembros no será impedimento para que el Tribunal sesione o llegue a una decisión. En caso de empate, decidirá el voto del Presidente.

ARTICULO 35°

La sentencia del Tribunal será motivada. Mencionará los nombres de los miembros del Tribunal que hayan participado en su adopción. Y la fecha en que haya sido dictada. Todo miembro del Tribunal tendrá derecho a que se agregue la sentencia su opinión separada o disidente.

ARTICULO 36°

La sentencia será obligatoria para las Partes, definitiva e inapelable. Su cumplimiento será entregado al honor de las Naciones signatarias del Tratado de Paz y Amistad.

ARTICULO 37°

La sentencia deverá ser ejecutada sin demora en la forma y dentro de los plazos que el Tribunal señale.

ARTICULO 38°

El Tribunal no cesará en sus funciones hasta que haya declarado que, en su opinión, se ha dado ejecución material y completa a la sentencia.

ARTICULO 39°

A menos que las Partes convinieren otra cosa, los desacuerdos que surjan entre las partes acerca de la interpretación o el modo de ejecución de la sentencia arbitral podrán ser sometidos por cualquiera de las Partes a la decisión del Tribunal que la haya dictado. A tal efecto, toda vacacione ocurrida en el Tribunal será cubierta en la forma establecida en el Artículo 26º del presente Anexo.

ARTICULO 40°

Cualqueira le podrá pedir la revisión de la sentencia ante el Tribunal que la dictó siempre que se deduzca antes de vencido el plazo señalado para su ejecución, y en los siguientes casos:
 1. Si se ha dictado sentencia en virtud de un documento falso o adulterado.
 2. Si la sentencia ha sido en todo o en parte consecuencia de un error de hecho, que resulte de las actuaciones o documentos de la causa.

A tal efecto, todavacante ocurrida en el Tribunal será cubierta en la forma establecida en el Artículo 26º del presente Anexo.

ARTICULO 41°

Cada uno de los miembros del Tribunal recibirá una compensación pecuniaria cuya cuantía será fijada de común acuerdo con las Partes, las cuales la sufragarán por mitades.

Cada una de las partes pagará sus propios gastos y la mitad de las expensas comunes del Tribunal.

ANEXO XI.B

Navegación entre el Estrecho de Magallanes y Puertos Argentinos en el Canal Beagle, y Viceversa

ARTICULO 1°

Para el tráfico marítimo entre el Estrecho de Magallanes y puertos argentinos en el Canal Beagle, y viceversa, a través de aguas interiores chilenas, los buques argentinos gozarán de facilidades de navegación exclusivamente para el paso por la siguiente ruta:

Canal Magdalena, Canal Cockburn, Paso Brecknock, o Canal Ocasión, Canal Balenero, Canal O'Brien, Paso Timbales, Brazo Noroeste del Canal Beagle y Canal Beagle hasta el meridiano 68° 36',5 longitud Oeste y viceversa.

La descripción de la ruta mencionada se señala en la Carta n° III adjunta.

ARTICULO 2°

El paso se realizará con piloto chileno, quien actuará como asesor técnico del Comandante o Capitán del buque.

Para la oportuna designación y emarque del piloto, la autoridad argentina comunicará al Comandante en Jefe de la Tercera Zona Naval chilena, por lo menos con cuarenta y ocho horas de anticipación, la fecha en que el buque iniciará la navegación.

El piloto ejercerá su función entre el punto cuyas coordenadas geográficas son: 54° 02',8 de latitud Sur y 70° 57',9 de longitud Oeste y el meridiano 68° 36',5 de longitud Oeste en el Canal Beagle.

En la navegación desde o hacia la boca oriental del Estrecho de Magallanes, el piloto embarcará o desembarcará en el Puesto de Pilotos de Bahía Posesión en el Estrecho de Magallanes. En la navegación hacia o desde la boca occidental del Estrecho de Magallanes, embarcará o desembarcará en el punto correspondiente señalado en el inciso anterior. Será conducido hacia y desde los puntos citados anteriormente por un medio de transporte chileno.

En la navegación desde o hacia puertos argentinos en el Canal Beagle, el piloto embarcará o desembarcará en Ushuaia, y será conducido desde Puerto Williams hacia Ushuaia o desde este último puerto hacia Puerto Williams por un medio de transporte argentino.

Los buques mercantes deberá cancelar los gastos de pilotaje establecidos en el Reglamento de Tarifas de la Dirección General del Territorio Marítimo y de Marina Mercante de Chile.

ARTICULO 3°

El paso de los buques argentinos se hará em forma continua e interrumpida. En caso de detención o fondeo por causa de fuerza mayor en la ruta indicada en el Artículo 1°, el Comandante o Capitán del buque argentino informará del hecho a la autoridad naval chilena más próxima.

ARTICULO 4°

En los casos no previstos en el presente Tratado, los buques argentinos se sujetarán a las normas del derecho internacional. Durante el paso dichos buques se abstendrán de realizar cualquier actividad que no esté directamente relacionada con el paso, como las siguientes: ejercícios o prácticas con armas de cualquier clase; lanzamiento, aterrizaje o recepción de aeronaves o dispositivos militares a bordo; embarco o desembarco de personas; actividades de pesca; investigaciones; levantamientos hidrográficos; y actividades que puedan perturbar la seguridad y los sistemas de comunicación de la República de Chile.

ARTICULO 5°

Los submarinos y cualesquiera otros vehículos sumergibles deberán navegar en la superfície. Todos los buques navegarán con luces encendidas y enarbolando su pabellón.

ARTICULO 6°

La República de Chile podrá suspender temporariamente el paso de buqyes en caso de impedimento a la navegación por causa de fuerza mayor y únicamente por el tiempo que tal impedimento dure. Tal suspensión tendrá efecto una vez comunicada a la autoridad argentina.

ARTICULO 7°

El número de buques de guerra argentinos que naveguen simultáneamente en la ruta descrita en el Artículo 1º no podrá exceder de tres. Los buques no podrán llevar unidades de desembarco a bordo.

NAVEGACIÓN ENTRE PUERTOS ARGENTINOS EN EL CANAL BEAGLE Y LA ANTARTIDA, Y VICEVERSA; O ENTRE PUERTOS ARGENTINOS EN EL CANAL BEAGLE Y LA ZONA ECONOMICA EXCLUSIVA ARGENTINA ADYACENTE AL LIMITE MARITIMO ENTRE LA REPÚBLICA DE CHILE E LA REPÚBLICA ARGENTINA, Y VICEVERSA.

ARTICULO 8°

Para el tráfico marítimo entre puertos argentinos en el Canal Beagle y la Antártida, y viceversa; o entre puertos argentinos en el Canal Beagle y la Zona Económica Exclusiva argentina adyacente al límite marítimo entre la República de Chile e la República Argentina, y viceversa, los buques argentinos gozáran e facilidades de navegación para el paso a través de aguas interiores chilenas exclusivamente por la siguiente ruta:

Pasos Picton y Richmond siguiend luego, a partir del punto fijado por las coordenadas 55º 21',0 de latitud Sur y 66º 41',0 de longitud Oeste, la dirección general del arco comprendido entre al 90º y 180º geográficos verdaderos, para salir al mar territorial chileno; o cruzando el mar territorial chileno en dirección general del arco compreendido entre 270º e 000º geográficos verdaderos, y continuando por los Pasos Richmond y Picton.

El paso se realizará sin piloto chileno ni aviso.

La descripción de la mencionada ruta se señala en la Carta nº III adjunta.

ARTICULO 9°

Se aplicarán al paso por la ruta indicada en el artículo anterior las disposiciones contenidas en los Artículos 3º, 4º y 5º del presente Anexo.

NAVEGACIÓN HACIA Y DESDE EL NORTE POR EL ESTRECHO DE LE MAIRE

ARTICULO 10°

Para el tráfico marítimo hacia y desde el Norte por el Estrecho de Le Maire, los buques chilenos gozarán de facilidades de navegación para el paso por dicho Estrecho, sin piloto argentino ni aviso.

Se aplicarán al paso por esta ruta mutatis mutandis, las disposiciones contenidas en los Artículos 3º, 4º y 5º del presente Anexo.

REGIMEN DE NAGECACIÓN, PRACTICAJE Y PILOTAJE EN EL CANAL BEAGLE

ARTICULO 11º

En el Canal Beagle, a ambos lados del límite existente entre el meridiano 68º 36' 38",5 de longitud Oeste y el meridiano 66º 25",0 de longitud Oeste señalado en la Carta nº IV adjunta, se establece el régimen de navegación, practicaje y pilotaje que se define en los artículos siguientes.

ARTICULO 12º

Las Partes acuerdan libertad de navegación para los buques chilenos y argentinos en el tramo indicado en el artículo anterior.

En el tramo indicado los buques mercantes de terceras banderas gozarán del derecho de paso con sujeción a las reglas que se establecen en el presente Anexo.

ARTICULO 13º

Los buques de guerra de terceras banderas que se dirijan a un puerto de una de las partes situado dentro del tramo indicado en el Artículo 11º del presente Anexo, deberán contar con la previa autorización de dicha Parte. Esta informará a la otra del arribo o zarpe de un buque de guerra extranjero.

ARTICULO 14º

Las Partes se obligan recíprocamente a desarrollar, en el tramo indicado en el Artículo 11º del presente Anexo, en las zonas que están bajo sus respectivas jurisdicciones, las ayudas a la navegación y a coordinar entre sí tales ayudas a fin de facilitar la navegación y garantizar su seguridad.

Las derrotas usuales de navegación se mantendrán permanentemente despejadas de todo obstáculo o actividade que pueda afectar la navegación.

Las Partes convendrán sistemas o ordenamiento de tráfico para la seguridad de la navegación en las áreas geográficas de difícil paso.

ARTICULO 15º

Los buques chilenos y argentinos no están obligados a tomar piloto en el tramo indicado en el Artículo 11º del presente Anexo.

Los buques de terceras banderas que naveguen desde o hacia un puerto en dicho tramo, deberán cumplir el Reglamento de Pilotaje y Practicaje del país del puerto de zarpe o de destino.

Cuando dichos buques naveguen entre puertos de una otra y otra Parte cumplirán el Reglamento de Pilotaje de la Parte del puerto de zarpe y el Reglamento de Practicaje de la Parte del Puerto de arribo.

ARTICULO 16°

Las Partes aplicarán sus propias reglamentaciones en materia de Practicaje en los puertos ubicados en sus respectivas jurisdicciones.

Los buques que utilicen piloto izarán la bandera del país cuyo reglamento estén aplicando.

Todo buque que utilice los servicios de pilotaje y practicaje deberá pagar los derechos correspondientes a ese servicio uy todo otro gravamen que exista a este respecto en la reglamentación de la Parte que efectué el pilotaje y practicaje.

Las Partes brindarán a los pilotos y prácticos las máximas facilidades en el cumplimiento de su misión. Dichos pilotos o prácticos podrán desembarcar libremente en los puertos de una u otra Parte.

Las partes procurarán establecer normas concordantes y uniformes para el pilotaje.

ANEXO XII

Acta de Principio de Acuerdo de Puerto Montt

En Puerto Montt, a los días 20 del mês de febrero de 1978, reunidos por común iniciativa los excelentísimos senõres Presidentes de Chile, general de ejército don Augusto Pinochet Ugarte y de Argentina, teniente general don Jorge Rafael Videla, dentro del espiritu de concordia y amistad que informó la entrevista celebrada en Mendoza República Argentina, el 19 de enero de 1978, luego de haber examinado en estos encuentros los aspectos tocantes a las relaciones entre ambos países, particularmente derivados de la actual situación en la región austral, y animados por un idéntico propósito de afianzar os históricos y fraternales vínculos de ambos pueblos, dejan testimonio de lo seguinte:

a) Que en la citada reunión de Mendoza se sentaron las bases para poner en marcha negociaciones que hagan posible entendimientos directos sobre las cuestiones fundamentales que conciernen a la relación bilateral entre Chile yy Argentina, en particular los asuntos que a juicio de uno u outro gobieno se encuentren pendientes e la región austral.

b) Que dichas bases de entendimiento – en esta reunión ratificadas – no configuran modificación alguna de las posiciones que las partes sostienen com respecto al laudo arbitral sobre el Canal de Beagle, establecidas en las notas y declaraciones que los respectivos gobiernos han emitido.

c) Que ambos gobiernos han impartido órdenes de las autoridades respectivas de la zona austral en referencia, a fin de evitar acciones o actitudes contrarias al espíritu y de pacífica convivencia que debe mantenerse entre ambos países

d) los excelentísimos señores presidentes de Chile y Argentina, perseverando por encontrar vías que permitan alcanzar entendimiento directos, manteniendo en su integridad las respectivas posiciones y derechos de sus gobiernos y bajo expresa reserva de los mismos, han convenido lo seguinte:

1) Se establece un sistema de negociaciones que comprenderá tres fases, desarrolladas por comisiones formadas por representantes de ambos gobiernos.

2) En la primera fase, sin perjuicio de lo expuesto en el punto c) y de otras disposiciones que pueden tomar los gobiernos de Chile y Argentina a fin de fortalecer la convivencia, una comisión mixta propondrá a los Gobiernos, dentro del término de 45 días a partir de la fecha de la presente acta, las medidas conducentes a crear las necesarias condiciones de armonía y equidad, mientras se logre la solución integral y definitiva de las custiones que se señalan en el punto 3. Los gobiernos de Chile y Argentina acordarán las medidas adecuadas. Asimismo, mientras se realicen las negociaciones las partes no aplicarán normas particulares sobre delimitación que una u outra de ellas hubiera dictado ni producirán hechos, que puedan servir de base o apoyo cualquier futura delimitación en la zona austral en cuanto tales normas o hechos puedan ocasionar roces o dificultades com la outra parte.

3) En la segunda fase, outra comisión, integrada asimismo por representantes argentinos y chilenos, examinar:

3.1. Delimitación definitiva de las jurisdicciones que corresponden a Argentina y Chile en la zona austral.

3.2. Medidas para promover políticas de integración física, complementación económica y explotación de recursos naturales por cada Estado o en común, incluyendo la protección del medio ambiente.

3.3. Consideración de los comunes intereses antárticos, cordinación de políticas atinentes al continente helado, defensa jurídica de los derechos de ambos países y estudio de avances en los acuerdos bilaterales sobre común vecindad en la Antártica.

3.4. Cuestiones relacionadas com el Estrecho de Magallanes que indiquen las partes, considerando los tratados y reglas de derecho internacional pertinentes.

3.5. Cuestiones relacionadas con la línea de bases rectas. Esta comisón deberá iniciar su cometido a partir de la fecha en que ambos gobiernos hayan llegado a acuerdo sobre las proposiciones de la comisión primera y finalizará su labor en un plazo de seis meses.

4) En la tercera fase, cumplidas las dos primeras, las proposiciones de la comisión serán elevadas a los gobiernos de Argentina y Chile, a fin de que éstos convengan los instrumentos internacionales correspondientes. Queda entendido que dichos instrumentos se inspirarán en el espíritu de los tratados que ligan a las partes entre sí, de modo que sin afectarlos ni modificarlos sean compatibles com ellos.

De la misma manera, lo que se pactare no tendrá efecto com respecto a la Antártida, ni podrá interpretarse como prejuzgamiento en cuanto a la soberanía de una y outra parte en los territorios antárticos.

e) Se deja constancia que en el ánimo de lograr a la brevedad una solución a las custiones pendientes, los excelentísimos señores presidentes de Argentina y Chile intercambiaron opiniones sobre posibles líneas de delimitación de la jurisdicción que correspondería a los respectivos países.

f) Al proceder así, ambos presidentes están ciertos de interpretar las profundas aspiraciones de paz, amistad y progreso de los pueblos de Argentina y Chile, así como de haber sido ficles al legado e los padres de la patria:

La presente Acta se extiende en dos ejemplares iguales del mismo tenor. *(A. Pinochet, R. Videla)*

Impressão e Acabamento